新版
行政書士の繁栄講座

坂本廣身 著

はしがき（新版出版に際して）

　初版は大変好評でたちまち売り切れ、再出版を望む声が多く困っていた。

　士業の業界はそれぞれの商売繁盛のハウツーを書いた本が氾濫しているのに、行政書士業務における適切な業務遂行要領を書いた実用書は無いようである。

　私が知っているのは兼子仁先生の名著だけである。

　本書は初版を買えなかった人達の為の追加出版なのだが、折角出版するのだから第二編の「しっかり稼いで感謝される要領」・第五編「法律家ならしっかり稼げ」を追加した。

　行政書士は民法の「代理権」については全員十分な知識を持っている、という前提で書いたが、実は、その知識が不十分な人も少なからずいることを知り、代理権については詳述しておいた。

　しっかり稼ぐ要領を簡潔に書いた部分は、第八編の法律家としての行政書士業務の発展、充実の策について東京会の会報の毎年の新年号の巻頭に書いた文章である。代書、代筆型ではなく法律家としての稼ぎ方に脱皮すれば収入の単価が違ってくることを記した。

　他に山口地裁所長、静岡家裁所長などを歴任された元裁判官の櫻井登美雄氏は第九編の「行政書士と文書」を、松岡正高弁護士は付録部分を加筆してくれた。

　本文中の至る所で繰返して書いておいたが、「しっかり稼ぐ要領」は本書を読んで各人が各自、自分なりに応用することである。本書の要領は最大公約数的な表現であり、行政書士の資格は共通でも、年齢差、得手不得手、地域差、男女の性別、貧富の資力差など一人一人全てが違っ

ている。

　従って各人、それぞれ自分に適した応用をして頂かないと稼ぎは増えないものと思われる。

　しっかり稼ぐには、仕事を沢山することと、報酬を多めに頂くことの二本柱が必要である。

　本書は仕事はいくらでもあること、報酬は安売り競争・値段で勝負を止めて、高めに頂いて感謝される要領を詳述しておいた。

　本書を読んで頂いて、それが役に立たない人は、行政書士という客商売に向いていないのかもしれない。

　七士業の最上位にいた弁護士業界が没落して、今では２０代、３０代の弁護士は貧困の為結婚できない人や、自宅を事務所として携帯電話で依頼者と連絡を取っている弁護士や、１０人くらいの弁護士が共同して一部屋借りて各人の机と電話だけがその弁護士の法律事務所、という形態が多くなっている。

　しかも、これらの弁護士は学力が低く依頼者層は社会の底辺の人達に限られている。

　この状況は、行政書士業界にとっては稼がせて頂くのに有難い社会的環境なのである。

　但し、しっかり稼ぐには本書を熟読玩味しただけでは駄目で、依頼者を安心させる人格と力量を備えていなければならない。

　弁護士業界で勝ち組と呼ばれている人達は、弁護士になってからも血を吐く思いで孤軍奮闘の大活躍をした者である。私の知る限りでは勝ち組弁護士は貧困家庭出身者に多く、富豪の息子は並の収入の弁護士で終わるようである。

　本書の全体は、行政書士は行政書士法に拘束されず、白い紙に黒い文字を書くだけの職業であってはならず、法律家になったのであるから法律家としての稼ぎ方をせねばならない。

はしがき（新版出版に際して）

　但し、法律家は依頼者との間で信頼関係が無ければならず、信頼関係が形成されるには一般的知識が豊かであるだけでは足りず、物事の予知能力があり理解が早く判断が正確であって、会話も文章も上手であるなど自分自身をしっかり鍛えておかねばならないのである。

　つまり、しっかり稼ぐのは読者次第なのである。

　　　　　　　　　　　　　　　　　　　　　　　　　　坂本廣身

はしがき

　本書は若い行政書士、働き盛りの行政書士の先生方の日常の業務遂行が円滑に行き、そして職域がさらに拡張し、さらに稼ぎを増やすことを願って書いている。
　行政書士は資格試験に合格して登録しさえすれば、一人前の資格者とされているから、全くの素人から、つまり行政書士業務に関する全く無知、無能力のままでスタートする訳でOJT（オン・ザ・ジョブ・トレーニング）の場も無い。
　私は行政書士会の顧問弁護士を昭和５３年からしているので、行政書士の先生方から、これ迄、何百回と講演を頼まれてきた。
　本書は、それらのレジュメに手を加えて一冊の本の体裁に整えたものである。
　従って重複記載の箇所が多い為、一度書いたところは二箇所目は削除しようとしたところ本書のゲラを読んでくれた人たちから「一部が重複していても大事なところだから削除しないでくれ」と言われている。
　それでも無駄な重複部分は削除したが、とにかく出版を急かされているので、出版後は読者の意を受けてそれに従いたいと思っている。
　行政書士を取り巻く環境は近い将来、さらに、しかも急速に悪化することが予想されている。
　原因は弁護士大増員による弁護士自治の解体と司法改革の大混乱、弁護士業界を中心とする士業の急速に進むグローバル化などである。
　司法改革の終着点は七士業をロイヤーとして統一することである。七士業と言っても旧司法試験合格組と昔の行政書士では学力の差がありすぎた時代があった。行政書士等にはキャリア公務員としての２年間の研

修がないことも、その差を大きくしていた。七士業を統一するなら、互いに能力や収入などを概ね平均化する必要がある。他士業従事者を旧司法試験のレベルに上げるのは困難でも司法試験のランクを下げて「読み書き算数ヤットコサ」のレベルにすれば弁護士業界全体が没落する。そうやって各士業の能力、所得水準を概ね平均化してから統合しようと言うのである。

その為には現在の司法試験合格者を年間５０００人にすれば現在の行政書士試験より易しくなって合格者のレベルは行政書士より劣ることになる。七士業をロイヤーに合体させるには、これを急がねばならないのである。

それでは裁判官や検察官も「読み書き算数ヤットコサ」の連中がなるのか？については心配はいらない。司法試験と呼び司法修習生と呼んで言葉が旧司法試験と同じだが欺されてはいけない。

司法修習生という法曹界の徒弟制度を廃止して実務科目を法科大学院で学習したことにして裁判所や検察庁を見学させてもらっている「お客さん」になっているのである。

司法修習生というのは旧司法試験では国内最上級のキャリア公務員とされ霞が関の上級公務員よりもランクが上の待遇が与えられていた。公務員だから有給でボーナスもあり修習終了時には退職金も出た。長距離電車はグリーン料金も出た（現実にはクラスの飲み会の酒代に充当されていた。行政庁のキャリアは本省の課長以上がグリーン車である）。

現在の司法修習生は公務員ではなく無給であり支給される貸与金は貸主が国という修習生の借金生活なのである。これを司法修習生と呼ぶから司法試験制度が継続していると錯覚するのである。司法研修所も司法修習生も旧司法試験と用語は同じでも実体は骨抜きになって形骸化しているなら、裁判官も検察官も、そんな司法修習生が就任するのか？それで本当に大丈夫か？の疑問があり不安になっている。

だが、これは心配いらない。現行司法試験合格者の中の５％程しかいない優秀な者を採用して裁判所の内部、検察庁の内部において徒弟制度の変形のようなシステムで個別研修制度が既に確立しているのである。
　司法改革のこの流れは団結して反対運動を起こしても阻止できるものではない。
　従って、この混乱、仁義なき戦いの中を上手に泳ぐ要領を、働き盛りの行政書士の先生方に、しかも主として収入の少ない先生方を対象に伝授するつもりで書いている。
　これ迄の私の講演に対しては、「行政書士の稼ぎのノウハウは、各行政書士一人一人が苦労して会得するものであって、ほとんどの行政書士が苦労を重ねて築いたノウハウを短時間の研修で、公開されてはたまらない」、とか、「これでは新米行政書士が、古参行政書士の職域に侵蝕することを奨めているようなものだ！」などの批判も聞く。
　本書の評価にもおそらく賛否両論あると思われるが、批判への弁解はしない。
　有料の出版物は売上げを増やすため、内容を面白く且つ針小棒大な表現で、ありもしない事実を真実のように描写したりする本も多いが、本書は行政書士の先生方に内容について信じてもらえるようにと思って、全て真実を書いている。例外は、明らかに大きな紛争を生ずると予想されるため、僅かだが人名を書かなかった部分があるが、それでも記述の意味、内容には影響はない。他の事実に関し年月日を特定し人名、肩書を表示した部分は本人から抗議が来ることも予想されるが、それは本書の記述の信憑性を強めるためであり、若い先生方に印象を強めて頂く為である。
　当然のことながら本書は主として坂本廣身の個人的見解であり、必ずしも正しいことが保障されている訳ではないことに御留意願いたい。

はしがき

　特に弁護士法７２条の解釈は、例えばスピード違反の「時速６０㎞超を罰する」のような明確な線引きは出来ず、紛争性の強弱という抽象概念を犯罪構成要件に持ち込んでいるので、論理明快が困難な類型であることを理解して頂かねばならないのである。

　将来は、もっと体系化した書物にしたいと考えているが、本書の出版を期待してくれていた諸先生方に、約束した執筆が遅れ続けていることの叱責を受け、急かされるので、とりあえずこんな粗末な体裁になり体系的、系統的に統一しないまま発行させて頂いた。

　後日、体系化、系統化して読み易く整えて責を果たしたいと思っている。

　なお、本書が行政書士業務の実務書であることから、行政書士業務にとっての必須科目である遺言、相続などの項目などにつき付録として巻末に添付しておいた。

　働き盛りの先生方に本書がお役に立てれば幸いである。

著者

新版 行政書士の繁栄講座

目　次

はしがき（新版出版に際して）･････････････････････････････ 3
はしがき･･ 6

第一編　行政書士の開業繁栄講座････････････････････････ 14
　第1章　新版のはじめに･････････････････････････････････ 14
　第2章　はじめに･･･････････････････････････････････････ 21
　第3章　開業準備･･･････････････････････････････････････ 26
　第4章　奉仕の充実（奉仕の中身の充実のために）･･･････ 32
　第5章　行政書士の集客方法････････････････････････････ 36
　第6章　経営の安定････････････････････････････････････ 39
　第7章　依頼者（固定客）層の階層･･････････････････････ 40
　第8章　依頼者との会話････････････････････････････････ 40
　第9章　接客時の要領･･････････････････････････････････ 43

第二編　しっかり稼いで感謝される要領･･････････････････ 45
　第1章　はじめに･･････････････････････････････････････ 45
　第2章　しっかり稼ぐには････････････････････････････････ 46
　第3章　資金はあるか。努力はしているか･････････････････ 49
　第4章　中小企業経営者層を束ねて依頼者層を作れ！･･･････ 50
　第5章　貧困生活は長引かせるな！･･････････････････････ 51

目 次

- 第６章　教養水準を高めよ················ 53
- 第７章　士業は貧困では稼げない············ 56
- 第８章　本書の要領は、これは基本であり、そっくり本書通りに
  したとしても稼げるとは限らない········· 57
- 第９章　仕事はいくらでもある············· 58
- 第１０章　しっかり稼いで格好良く暮らせ······· 61

第三編　行政書士と代理権············· **63**
- 第１章　代理権とは何か················· 63
- 第２章　行政書士法の代理権とは何か········· 64
- 第３章　「書類を代理人として作成する」とは…？（１）··· 69
- 第４章　「書類を代理人として作成する」とは…？（２）··· 72
- 第５章　事実行為に代理があるか？··········· 73
- 第６章　関連事項····················· 74

第四編　職域拡張と報酬のとり方など······· **78**
- 第１章　はじめに···················· 78
- 第２章　自分自身を高めるために············ 79
- 第３章　行政書士の職域拡張、収入増大、必勝の策···· 100
- 第４章　職域拡張、収入増大の具体策·········· 104

第五編　法律家ならしっかり稼げ········· **112**
- 第１章　···························· 112
- 第２章　行政書士は法律家に昇格した·········· 113
- 第３章　各人の増収策は各人の負担と責任ですることであり、
  行政書士会の仕事ではない············· 115
- 第４章　法律家に期待される在り方と稼ぎ方······· 116

第 5 章　行政書士は、なぜ稼ぎが少ないのか······················117
第 6 章　しっかり稼ぐには？··································118

第六編　行政書士制度と行政書士会······························**120**
第 1 章　行政書士の歴史······································120
第 2 章　行政書士会の近代史··································129
第 3 章　行政書士とＡＤＲ····································140
第 4 章　行政書士の将来像（他士業との関係）····················140
第 5 章　他士業との協力、競争について ························156
第 6 章　能力における行政書士と他士業との比較··················162
第 7 章　他士業の職域への侵蝕状況····························184
第 8 章　行政書士の将来像····································191
第 9 章　行政書士の将来の展望
　　　　（行政書士が名実共に法律家となる道程）············210
第 10 章　行政書士業界における男女差別について············212

第七編　行政書士と弁護士法７２条······························**231**
第 1 章　はじめに（いわゆる隣接士業問題）····················231
第 2 章　弁護士法７２条について······························235
第 3 章　弁護士法７２条に関する具体的事例の検討··············250
第 4 章　弁護士法７２条違反の有無の解釈の基本
　　　　（坂本廣身の見解）············259
第 5 章　行政書士業務と弁護士法７２条························263

第八編　東京都行政書士会顧問として行政書士の先生方への新年の御挨拶
　　···**296**

目　次

第九編　行政書士と文書 ･･････････････････････ **308**
　一　はじめに ･････････････････････････････ 308
　二　略歴 ･････････････････････････････････ 309
　三　書いた判決5万件 ･････････････････････ 311
　四　文書作成の心得 ･･･････････････････････ 316
　五　行政書士の地位 ･･･････････････････････ 334
　六　行政書士の法律文書 ･･･････････････････ 338
　七　趣味との交叉 ･････････････････････････ 344
　八　未特例判事補の教育環境 ･･･････････････ 350
　九　未特例判事補の教育実践 ･･･････････････ 363
　十　終わりに ･････････････････････････････ 377

付　　録 ･･････････････････････････････････ **380**
あとがき ･････････････････････････････････････ 453

第一編　行政書士の開業繁栄講座

第1章　新版のはじめに

第1節　仕事はいくらでもある

　行政書士がしっかり稼ぐには、仕事を沢山受任することである。仕事はいくらでもあるのである。
　次に報酬は、なるべく高収入を選ぶことである。
　つまり、報酬の高い仕事を沢山することである。
　分かりきったことを言うな。仕事が少ないから貧乏しているのだ。
　高い報酬を請求したら、依頼者が逃げて行くではないか（この反論は、後で詳述する）。
　そもそも「行政書士は何をして良い職業ですか？」の質問をよく聞く。単位会の上部にいる幹部役員からも、毎年のようにそんな質問を受ける。
　日行連の機関誌や、単位会の会報にも「行政書士は行政書士法を守り、行政書士法からはみ出さないようにしましょう」などと毎年繰返し書かれている。
　私は昭和の時代、日行連の顧問をしている時に、「行政書士は行政書士法を守り行政書士法からはみ出さないようにしましょう」との文章は日行連の機関誌に書いてはいけない、と言い続けてきたが、止めてはくれず今日まで３０年も４０年もそんな表現を書き続けている。
　単位会の会報にも毎年同じことが繰返し書かれていることは、会報を読んでいる人なら憶えている筈である。
　仕事を沢山して、報酬は高めに頂けば、稼ぎが増える。以下これを詳

述する。
　仕事は沢山あるのです。
　行政書士は何をして良い職業ですか？
　本気でこういう質問をする人は、とても法律家の資質は無い。
　短期間に秀才、才媛に変身しない限り貧乏生活が続くことになる。
　以下、仕事はいくらでもある、という根拠を大きく民主主義、自由主義、自由主義経済、職業選択の自由、財産権の保障、契約自由の原則について述べる。
　次に法規範の体系について述べる。
　憲法が最上位で法律はその下位にあり、政令、条例はもっと下である。
　法規範の上下の関係は、矛盾する範囲で下位の法規範は無効になるのである。
　これは、大日本帝国の敗戦による日本国憲法の制定により、戦前の多数の法令が無効になったことを憶えている人も少なくない筈である。
　この民主主義の自由主義経済は日本国憲法の次元の規範であり、行政書士法は国会議員だけで立法行為が出来る法律でしかない。日本国憲法の立法行為は日本国民全体で行う立法行為であり、国会議員だけで出来る立法行為ではないのである。
　これだけ言っても、まだ理解できない読者も少なくないと思われる。
　余談のようだが、しっかり頭に叩き込んで頂く為に、民主主義について詳述しておく。
　報酬を高めに頂く為には、依頼者から人格者だ！知識人だ！と思ってもらわねばならない。
　私が約５０年前、司法試験の受験科目で政治学を勉強した時の知識で書いているから、当時の通説・多数説は今は老化しているのかもしれない。法律の変化には気を配っても、政治学の変化には関心が無かったからである。

私の政治学は学術一本の政治学であり、共産主義は民主主義か？などとは全く無縁の学問であった。
　民主主義とはコイゲンの学説によれば、国民によって選出された議員による議会政治である。
　他の学説は、バーンズの民主主義とは、政治の形態に政治的自由があって、その目標が国民の福祉の増進に向けられているもの。
　３番目は誰の学説か忘れたが、上記コイゲンの学説とバーンズの学説を繋いで、その両方だ、という学説である。
　大学で政治を学んだ人なら、こんなことは入門、初心者の知識である。
　話は前後するが、行政書士は本当に何でも出来る資格ですか？などと本気で聞く人が少なくないので、これを続ける。
　民主主義という用語は、大日本帝国の敗北によってアメリカ陸軍の軍事政権の支配を受けた日本政府の、デモクラシー（民主主義）という言葉の誤訳から始まっている。
　デモクラシーとは、前述のコイゲンの民主主義のことである。政治は権力によって国民大衆を支配する。その支配される国民が支配する権力を選出する。つまり支配者と被支配者に同一性があるのが、民主主義なのである。
　従って民主主義とは主義、主張のことではなく政治組織の在り方、政治形態のことであるから、民主主義ではなく民主政とか民主制、或いは民主政治、民主制度など組織を指す用語を選ぶべきだったのである。
　誤訳の原因は吉野作造の民本主義にあったようだが、これは余談。
　私が民主主義についてコイゲンの学説を採るのは、政治学の恩師、原田剛先生の見解だからであり、司法試験の答案が書き易かったからだが、要するにデモクラシーとは、こんな程度の内容である。
　さて、バーンズの政治の目標が国民の福祉の増進に向けられたもの、という見解はこれでは政治形態が民主政、民主制か独裁制、君主制かの

区別がつかなくなる。
　コイゲンの学説とバーンズの学説を繋いだものが民主政、民主制だとする学説は、政治学の初心者に対しては響きが良いが、よく考えて頂きたい。政治形態と政治の理念を混同しているではないか！
　結局、民主主義とは英語のデモクラシーを日本語にしたものである限りコイゲンの学説が正しいことになる。
　以上の次第で以下、誤訳であると指摘したものの民主主義で定着しているので民主主義の用語を用いる。
　行政書士の業務は行政書士法に拘束されることはない。如何なる職業をしても良いのである。
　その根拠は民主主義の自由主義経済であり、職業選択の自由があり職業選択とは一人の人が複数の職業を選択する自由を含んでいることは説明する迄も無い事である。
　ここで憲法の解説までするのは面倒だから、読者諸氏は各自日本国憲法１１条、１２条、１３条、１４条、２２条、２４条、２５条、２９条、３１条を読んで頂きたい。
　職業選択の自由は条文に書かなくてもその権利があることは明白だが、ちゃんと明文で書かれている。
　憲法と法律を比べると憲法が上位にあることは明白である。これは説明不要であろう。
　行政書士法は法律である。
　行政書士が、憲法上保障された職業上の権利を行政書士法という下位の法規範で制限することなど、出来る筈は無いのである。
　では行政書士法は何の為にあるのか？
　歴代日行連会長のほとんどは、行政書士制度の趣旨を知らない人達だった。
　皆さんに言っておくが、各人の知的能力は日常の言語、動作、態度を

通じて周辺の人達に見抜かれているのである。皆さんが他人を観察する物差しを持って人物の上下、価値を計るように、世間の皆さんも行政書士の上下、優劣を計る物差しを持っているのである。

ここでは、行政書士法で、憲法で保障している職業選択の自由を変更することが出来ないことさえ理解できないようでは、到底法律家と呼んでもらう資格、能力が無いことになる。

では弁護士法７２条はどうなるのだ！

憲法１３条を読んで頂きたい。個人の尊重、幸福追求権、公共の福祉の条文である。

公共の福祉の条文がある。

これを詳しく説明しないと納得出来ないようだと、到底法律家としての稼ぎは期待できない。白い紙に黒い文字を書くことしか能が無い人、つまり代書、代筆だけなら高収入が期待できないのは当然である。

私がアメリカ西海岸のサンディエゴ弁護士会を訪問した時のナントカ委員会の委員長から聞いた話である。

ロイヤーで、仕事が不足している人の生活費はどうやって稼いでいるのか？に対して夜は別の仕事をしている人が多い。別の仕事とは、例えば、どんな仕事があるのか？に対してタクシーの運転手とか他に２つ３つの職業を聞いたが、要するに豊かなロイヤーはロイヤー専業であり、底辺のロイヤーは他の仕事と兼業である、というのである。

行政書士が「仕事が無い」「仕事が無い」と愚痴を言い続けている貧乏な人には、本来の行政書士としての依頼者も近づいて来てくれないのである。

兼業も栄えておれば豊かな生活になり、他人に安心感を与える。この安心感は大切である。

商売繁昌の基はこれである。金銭は磁石（じしゃく、じせき）と同じ性質がある。

金銭は金銭を吸引する性質を持つ。

貧乏なところには金銭は近づかない性質がある。近づいても小銭だけであり、しかも、すぐ逃げる。

仕事はいくらでもあることが分かったら、次は、なるべく効率良く高収入を工夫することである。

これは己の身の丈に合った稼ぎ高からスタートしないと、突如巨万の富を得ようとすれば、大怪我をする恐れがある。

次に報酬はなるべく高額を頂くことである。

これについては本文を読んで頂きたい。

第2節　行政書士制度の目的

行政とは何か？行政権とは何か？行政書士制度の目的は何か？について述べる。

行政概念は諸種の学説があり、明快な概念規定は無い、という混乱状態にある。

要するに国家権力のうち立法、司法を除いた部分が行政である。

立法は法規範を定立する作用であり、行政と司法は法規範を具体的、個別的事件に適用・執行する作用のことである。その執行作用のうち司法を除いた全てが行政である。

行政権の頂点は内閣である（憲法６５条）。行政権の行使は極めて複雑多岐に亘るから、内閣の行政権行使を補佐する行政組織が憲法その他諸法令で定められている。

行政書士制度は、国民の側から行政権の行使を補佐するシステムである。

行政とは国家権力による国民支配というイメージを持ち、税金や警察による規制などを考えがちだが憲法の福祉主義の精神から、行政は国民の生活上の利便に奉仕する性質を持っているから、その手続に関与して

行政の円滑化を図り国民の利便に資するのが行政書士制度の目的である。

その手段として行政書士法第1条の目的は「その業務の適正を図ることにより」と明文で書かれている。

業務の適正とは、「行政手続に関し、国民の利便に資する」に足るだけの学力と行動力を必要とする。こんなことは条文には書かれていないが、法律には分かり切ったことは書かない、という約束事がある。行政書士が前述の公益的業務を適正に行使するには、その業務遂行に見合う対価を得なければならない。それが同法1条の2の「他人の依頼を受け報酬を得て」の文言である。

法律の実務は条文上の根拠が無いまま実務の慣行によるものが少なくない。例えば日本の領土は明文規定は無いし、弁護士は弁護士資格のまま行政書士業務が出来る、などは条文の根拠は無く実務の慣行によっている。

法律家というのは明文規定は無いが、明治5年の太政官布告以来145年の訴訟制度の歴史により法律家の概念は確立されている。

行政書士は法律家に格上げされたのである。

これは、司法書士法の改正と同時に弁護士法72条が改正されたことによる。

これまで代書、代筆の伝統の代書屋さんのイメージから法律家になったのだから、法律家の稼ぎ方をすれば稼ぎの単価が高くなる。

ただし、弁護士業界でも高い単価で上手に稼いで繁昌している者もいれば、書類を作成して裁判所を往復するだけの代書人型弁護士もいる。

結局、法律家としての学力や、依頼者に安心感を与える人柄と紛争解決の力量の差であろう。

法律家になったのだから法律の入門書を読め！と言い続けているのだが、本も読まず、従ってほとんどの行政書士は法律家としての紛争解決

の力が足りないようである。

　武家屋敷の奉公人が士分に取り立てられたとすれば、武士としての話術、作法の他に剣術の入門程度の技術さえ無いようでは本人がサムライだと名乗っても世間は武士とは認めてくれない、と思われる。

　いわゆる勝ち組弁護士は法律家の模範である。

　彼等は市民の法律問題に限らず、六法全書を看板にしている街の便利屋なのである。

　弁護士業界でも仕事が少ない、事件が無い、と嘆いている貧困弁護士が多い中で、千客万来の繁昌している弁護士は本来の弁護士業務でなくてもたっぷり稼いでいるのである。

　行政書士の皆さんは、これをしっかり見習えば稼ぎは増す筈である。

第2章　はじめに

第1節　行政書士は稼がねばならない

　貧乏していては良い仕事ができない。良い仕事をして依頼者への奉仕を充実させる。

　それにより顧客を増やす。そして収入を増やす。稼いだ金は依頼者への奉仕の充実に使う。このサイクルで業務遂行の力量をあげ、稼ぎを増やす。

　この心構えの行政書士は福々しい雰囲気のオーラを持つことができる。陰気な性格には客は来ない。来ても偶発的であり、リピーターになってもらえない。金が欲しいのは万人共通の本音であるが、それが目標である人と、奉仕優先で金が貯まるのはその結果であり、奉仕の充実しか考えていない人であるかは、依頼者に見抜かれている。勿論、栄えるのは後者である。但し、奉仕の充実には知恵も力量も必要である。

　行政書士は就業時に弁護士のような研修がない。業務の発展、向上の

ための研究、研鑽は行政書士会や、その支部でしているものの、それが業務に関する十分な情報やノウハウの提供となっているか、と言えば失礼ながら建前でやっているだけのように思える。

　（注）平成初期まで司法修習生は最高位のキャリア公務員とされて修習期間は２年間だった。

　行政書士の将来像は明るいように言われているが、それはいわゆる勝ち組のことで、負け組は資格だけあって稼ぎが無い、という状況になる。業務の研修、ノウハウの共有、行政書士相互の情報の交換などによる能力向上、増進の役割は、同業者として競争関係にある行政書士の先生が行えば、何か他に目的があるのでは？と素直に聞いてもらえないようで、他業種の弁護士なら、それはない。

　そこで私が行政書士専業を志す若い先生方のために業務繁栄の策を公開する。

第２節　まず実力をつけることである

　資格はあっても実務処理能力が不足では、トラブルだらけとなる。トラブルの連続はストレスばかり溜まる。ためるべきはストレスではなく「お金」である。貧乏神はストレスとセットになって陰気な人、能力不足の人に取り憑く。陰気な性格、能力の不足は、それを顔に書いているような感じの人もいる。そんな人には客は来ない。まれに来る客には、飛びつく勢いで受任する。それを知っている詐欺師、いかさま師は、人の良さそうな依頼者を装って依頼して、その後、結果に難癖、言掛かりをつけてたかりを始める。

　業種は違うが、近時の仕事の無い新米弁護士に、この被害にかかるのが増えている。行政書士の新人は、この被害にかかると廃業していくようである。

　士業には、いずれも誠実な人柄が必要であり、奉仕を充実させるには

業務の遂行にプロの力量を備えていることが必要である。力量は常に磨いていないと、劣化する。刀と同じで定期的に磨かねばならない。

　行政書士を開業したら、まず職域を拡張せねばならない。依頼者にはリピーターになってもらわねばならない。さらに別の顧客を紹介してもらわねばならない。

　依頼者は行政書士の力量と人柄を見ている。人柄は誠実さである。誠実とは誠意を尽くす、裏切らないことである。期待に叛かないことである。誠実な人格についても力量と同じで性格、根性が堕落していないか定期的に反省せねばならない。

　海軍兵学校に有名な五省というのがあった。これは戦勝国、米海軍がアナポリスの米海軍兵学校で英訳して掲示したそうで、海上自衛隊では海軍の伝統として承継されているという。その内容は「至誠に悖るなかりしか！」「言行に恥ずるなかりしか！」「気力に缺くるなかりしか！…精神力に欠けていないか！」「努力に憾みなかりしか！…努力は十分したのか！」「不精に亘るなかりしか！…不精に亘るとは精を出さなかったことはないか、怠けなかったか！のことである」。力量は常に磨いていないと劣化する、と言ったが人柄も同じである。海軍兵学校の五省のように常に人柄、品位、品性を高く保つため胸中に銘記して守るべきことがある。

　飛行機にシーリングという航法がある。高々度の飛行限度一杯の高度を飛ぶことである。この飛行方法は機首を離陸時の角度で上昇させる体勢で飛ぶのだそうである。だが機体が上昇限度一杯の高度にいるため、これ以上は上昇できないのである。この高度で水平飛行の姿勢では、機体は少しずつ下がるそうである。従って飛行高度の限度高度まで上昇して、その高度を維持するためには常時離陸時の体勢でなければならない。人柄についても同じことが言える。常に品位、品性を高く保っていなければならないのである。

ニュートンの引力の法則は、重量と落下速度の関連を発見し、さらに加速度の計算式まで作った。これによってニュートンは、天才と呼ばれることになった。だが、まだ上がいた。ニュートンの引力の法則は間違いでは無かったが、引力の作用は一般的にはニュートンの言う通りだが、引力も相対的に作用することに気づいていない。それに気づいたのはアインシュタインだった。

　人格がニュートンやアインシュタインと関係があるのか？人は年を取る度に人柄に磨きがかかる人よりも年を取る度にずるくなる人の方が多い、と言われる。つまり引力は固体や液体に作用するだけではなく、精神構造の中の人格、品位、品性にまで作用してしまう、と言っているのである。前述の海軍兵学校の五省にある「至誠」「言行に恥じない」「気力充実」「努力」「精を尽くす」を一つでも怠っていないか！は常に上を目指していなければならない、と言っているのである。これは私が説教がましく言っているのではなく、帝国海軍最高指揮官養成学校とも言うべき兵学校の教訓なのである。

　但し、人格、品位、品性が容易に堕落する危険なコースがある。それは悪事に加担させられることである。危険な仕事はしないことである。出来の悪い人達とは付き合わないことである。この問題は後で詳述する。

　但し、力量と人柄の二つの要件を備えても年齢、経験、開業する場所、健康状態、従業員の質など他の要素もあり、必ずしも栄えるとは限らない。しかし、力量と人柄が繁栄の基本である。

　同業者の悪口は言わない。悪口は風が運んでいずれ相手に伝わる。悪口を聞かされる依頼者に軽蔑されるのでは採算が合わない。

第3節　自信のない行政書士は客が逃げる

　頼りない行政書士にすり寄ってくる依頼者は、要注意人物であることが多い。人格、人柄については、第3章「奉仕の充実」第8節「人格、人柄」

の欄で述べる。

第4節　行政書士は法律家になっている

　弁護士法７２条が改正された後にも、日行連会長と日政連会長は連名で行政書士は学力が低いからロイヤーとは名乗らないと日弁連に文書で申し出ているが、総務省は法律家と名乗って良い、と認めている。弁護士法７２条が改正されるまでは、行政書士は法律家と名乗ってはいけない、と自治省、総務省から厳重注意が行政書士会に繰り返されていた。
　法律家なら法律解釈の能力が不可欠となる。

第5節　行政書士は代理人である

　この意味を知らないのは二流の行政書士である。自分自身の職業について必須の知識さえない行政書士では収入が乏しいのは当然の結果である。これでは依頼者に十分なサービスが提供できない。日行連執行部にも代理権を理解している人は、いくらもいない感じである（代理権については第二編にて後述する）。如何なる職業でも最低限の必須の知識がある。法律家だから意思表示や代理など法律行為の基礎的部分は知っていなければならない。

第6節　行政書士の将来

　規制緩和、司法改革の終着点はロイヤーに統合される。これは行政書士の将来の予想に重要であり、この政治的背景を知らねば司法改革が理解できない（詳細は後述する）。

第7節　行政書士に必要な法律は行政法規より民法である
　　　（この方が金になるし勉強が易しい）

　民法の勉強の仕方については、大学の法学部と同じことをしていては

間に合わない。

　実務に無用の理論部分は省略でよい。但し法廷で争う弁護士は、そうはいかないが、高度な理論は弁護士に委せて行政書士は民法入門程度の知識で間に合う。

　弁護士も日常業務は民法入門程度の学力で仕事しており、地方の弁護士に至っては大事件の法律論でも、こんなレベルである。行政法規は研究しても金にならないのが実情である。

第3章　開業準備

第1節　開業に必要なもの

第1項　開業資金、事務所、備品、補助者など客観的要件

　5年も7年も前の六法全書を使っていたり、甚だしいのは六法全書を持っていない先生さえいる。これは先生方の商売道具だから常に最新の六法全書を備えること。依頼者は、こんなところも見ている。

　（注）六法全書が無くてもパソコンで間に合うが依頼者を迎える事務所には六法全書その他、法律の諸道具があった方がよい。

　拠点となる事務所はどこにするか？（当面は自宅か）。事務所所在地の決定は大事だが、良い場所は金もかかる。各人の資力にもよるが余裕が無いなら不便な場所、狭い事務所で我慢して、後日、便利な場所、広い事務所に移転するしかない。働き盛りの先生が便利な場所から不便な場所に移ると、能力不足の落ち目の先生では！と疑われてイメージを落とすことになる。

　事務所名はどうするか？イメージの良い名称にすること。名刺には何と書くか？業種を細かく書きすぎず、必ずその他○○全般などと入れる。

補助者はどうするか？補助者のせいで客が逃げるのは困る、補助者の優劣は女房の優劣ほど影響が大きい。

第2項　開業、就業に当たる心構え、覚悟、奉仕の精神など精神面
　これは物的な側面より大事、精神が充実していないと栄えない。依頼者と気持ちが通じ合うことが大切。
　それ迄の仕事を退職して独立開業すれば、従業員ではなくなるから給料はない。自分自身で生活費を稼がないと、生きて行けない。
　貧乏な人には依頼は来ない。豊かな生活をしている人で福々しい感じの人には安心感がある。これは大事なことであり後述する。
　話術が下手では行政書士はつとまらない。これも大切で後述する。電話の会話の上手下手も大事である。文章の上手下手も大事である。

第3項　まず稼ぐこと
　類は友を呼ぶで、貧乏人は貧乏な人同志の集団が出来て、金持ちは金持ちの集団がある。行政書士の客筋は中小企業経営者が多いから、その経済水準まで自己を高める必要がある。その経済力が無いなら、無理をして背伸びして付き合う必要がある。
　但し無理にも限度があり度が過ぎると挫折する。その無理の程度は、各人各様だから各人で判断するしかない。この前提で金持ちグループの人脈を作る、或いは、その仲間に入れてもらうことである。
　目標は、稼ぐことより奉仕することに重点を置く。「金を欲しがる」この気持ちが剥き出しになっている人からは、依頼者の皆さんは逃げて行く。

第4項　顧客はどう集めるのか？
　宣伝して知名度を上げる。人脈を作って人間関係を広げることであ

第5項　人間関係、人脈の作り方

　良質な人間関係を築くには、自分自身が、他人から見て立派な人格者でなければならない。ただし聖人君子を目標としなくても世間に安心感を与える人柄で足りる。

　人脈を作って人間関係を広げる、と言っても仕事につながる人間関係、金儲けにつながる人間関係を目的としてはいけない。これでは親切、感謝のマナーを持った正しい人間関係は出来ない、と言ってもよい。人間関係で避けたい人は暴力団員や、それに近い人たち、極貧生活のため周囲の人に迷惑をかけている人たち、左翼的政治思想の人、左翼活動家（この人たちと仲良くすると、それを嫌う社長連中が付き合いを止めたがることが多い）。右翼思想は農家の長老などにもいるが、その行動をしているのは暴力団系の右翼団体しかおらず、政治思想の左右両極端は避けた方がよい。

　要するに、性格、根性まともな人たちとの人間関係を広げることである。その関係の維持には費用もかかる。

　従って、行政書士は稼がねばならないのである。しっかり稼げば、よい人脈が出来て、その人脈が結局、金を稼がせてくれる源泉となる。このサイクルが出来たら、それを維持するのは行政書士会の役職、肩書きではない。親切、感謝の良質な人間関係の継続である。

第2節　行政書士の活動領域

　街の便利屋型法律家となることである。行政書士は何をしてよいのか？ではない。「仕事がない」という先生は知恵が無いか、能力不足であることが多い。

歴代日行連会長は、行政書士は「行政書士法」から外にはみ出すな！と言い続けてきた。日行連の会報にも、よく書かれていることである。
　日行連は会員に職域拡張の面では、あまり奉仕してはいない。他士業の団体は職域拡張の利益追求集団化しているが、日行連だけは行政書士の職域拡張や収入の増加には、熱心ではない。行政書士会は職域拡張目的の組織ではないから、行政書士法上は、それでよい筈で、結局、職域拡張、仕事を増やす、この作業は各人の責任、各人の努力、各人の工夫でするしかない。
　考え方としては行政書士は何をしてよいのか？ではなく、他の法律で禁止条項がない限り六法全書を持った街の便利屋だと思えば職域は広がる。
　つまり行政書士法の仕事もするが、それは仕事の一部でしかない…これで職域は存分に拡張する筈である（但し、非弁活動、司法書士法違反など禁じられていることまで、して良い、と言っているのではない）。

第3節　職域拡張、顧客開拓はどうする

　行政書士会は仕事の斡旋はしない。自己責任で開拓せねば飯は食えない。同業者と苛酷、熾烈な競争となることが予想されている。司法書士、税理士など隣接業種とも事実上競争となっており、負けていては生活費が稼げない。
　女郎蜘蛛のように客待ち姿勢ではなく、蜜蜂のように出歩かなくてはいけない。
　その為には体は丈夫でなければならないが気持ちはファイト、闘志を持っていなければならない。無気力人間には顧客開拓は出来ない。

第4節　依頼者をリピーターとする

　さらに依頼者に仕事を紹介してもらう。これは人脈形成の第一歩であ

る。依頼者と信頼関係の築けない人には、依頼者が紹介者になってはくれない。

第5節　人格を磨き倫理を守る

【悪い例】怖い顔をしている人、言葉使いが汚い人、貧弱な服装、不潔な服装、印象・感じの悪い人、頼りない雰囲気の人、マナーを知らない人、会話が下手で話が分かりにくい人、品のない笑い声の人、笑ってばかりの人など。

私達は電車の中で手鏡を見ながら化粧している若い女性をよく見る。彼女らは混んでいる車中でも気にせず化粧をしている。

また、若い女性で電車の中でパンやニギリ飯を食べているのも珍しくない。

こういうことはしてはならないことは説明するまでもあるまい。

行政書士の先生は男性が多いから、手鏡を出して化粧することはないとしても電車の中でパンやニギリ飯を食べてはいけない。

「俺の勝手ではないか！」と言うなら確かにその通りである。

だが、前述の車中の女性達で、手鏡で化粧している人達にインテリジェンスのありそうな才媛イメージの女性がいたであろうか！

賢そうな美貌女性は全くおらず社会の底辺に住むイメージの女性ばかりであることに気づけば私達客商売の士業は依頼者が見ていても見ていなくても守るべき規律の維持の大切さを知る。

【良い例】はその逆である。

学力、知識が豊かであるか否かは依頼者に容易に見抜かれる。その為にはどうすればよいのか！むずかしい問題ではあるが、悪い例の人達とは仲良くしないことである。立派な人達のグループに入れてもらって、その環境で生活することである。そのためにも自分自身も立派にならなくてはならない。

だが人間社会は、単純ではない。立派な人物なのに「無くて七癖」で一つだけ欠点が有る、など１００点満点の人は、ほとんどいない。概ね優秀な人のグループでも例外的に癖の強いのがいたりする。従って現実には概ね優秀な人たちと付き合うべきだ、ということになる。

第６節　報酬

　上手に報酬を取る。安売りしない。

　報酬を値切られたら、原則として説得により請求額を払ってもらうよう努力すること。仕事が少なくて困っている新人の行政書士は、そうはいかないかもしれないが、値切られたら減額するのでは逆にリピーターになってくれないことが多いようである。依頼者が報酬を感謝して払ってくれるようになるとリピーターになってくれることが多い。

　依頼者が欲しいのは、経営者の知恵の不足を補ってくれる頼れる先生である。信頼関係が出来て頼ってもらえるようになると、手数料の多寡より安心感、信頼感の満足を喜ぶ。この関係がリピーターのはじまりであり、顧問契約に進み易い。顧問料は安くても顧問契約をさせてもらうのがよい。長期間にわたるリピーターは、新しい仕事の紹介者になってくれることが多い。

　但し、リピーターは良質な人間関係の人に限る。犯罪すれすれの仕事をしている人や、暴力団に近い人たちをリピーターにしていると、危ない仕事は報酬も多いが、これを続けていると数箇月後、３年後、５年後、或いは１０年後に必ず重大事故を起こし、立ち直れない程の失敗の原因となる。行政書士が逮捕されるのは、この種の事案が多い。弁護士の退会命令による廃業も、ほとんど原因はこれである。

第4章　奉仕の充実（奉仕の中身の充実のために）

第1節　手続きは早く着手して早く終えるが基本である

　忙しすぎて、いつも遅くなるのは受任の安売りか、能力不足、行政書士に向いていない、補助者不足、健康状態が悪い、などが原因と考えられる。慢性的に仕事が遅い人は、たいてい大きな事故を起こしている。

第2節　長引く手続きは途中経過を報告する

　社会人にとって「報・連・相」は常識である。経過報告をマメにする、何かあればすぐ連絡をするなど、依頼者と常日頃から密なコミュニケーションをとっていれば、信頼関係を築くことができる。信頼関係があれば、依頼者の望まない結論になりそうなときでも、依頼者に納得（妥協）してもらいやすくなる。常日頃の経過報告、連絡が無いようでは、これは難しい。

第3節　依頼者に渡した書類は控えを取っておくこと

　郵送する場合は、郵便物の発受信簿を作成し、受信日・発信日、内容物、差出人・宛先、などを記録しておくとよい。

　行政書士に限らず、士業は一般に几帳面な性格の人がよい。郵便物の他にも記録の大切さは承知していながら手抜きしている人は、受任が安売りになっており手をかけては採算が合わない、という状況になってはいないか？

第4節　依頼者に協力してもらう

　この上手下手による差は大きい。最大の協力者は補助者ではなく、依頼者なのだから。「高い金を払っているのだから先生がして下さいよ」と言われるような雑用は受任者がすべきであり、依頼者に協力してもら

う事項は選んで頼まねばならない。頼むと言うより依頼者のアクションを指導する、と言った方が適切であろうか。

第5節　受任簿、事件簿、顧客簿などを作る

　継続中、手続中、未着手などが明快に分かるようにしておく。受任日や紹介者、報酬の約定、所在地、電話番号なども書いておく。
　これらを几帳面にしている先生と全てズボラでしている先生の差は大きい。ズボラの原因が薄利多売の超多忙では、働くほどトラブルを増やす結果となる。
　これらの整理はパソコンのソフトを利用すればよい。パソコン操作が十分でない先生は若い補助者を使えばよい。補助者を雇う収入がなければ昔ながらの手書きでするしかない。

第6節　奉仕の充実が自分自身を高めてくれる

　手間がかかっても手を抜かない。良い仕事をして、皆さんに貢献できれば、お金はあとからついてくる。どんな小さな依頼でも一生懸命にやっていくことで、人間性が高まり、信頼が積み上がって、次第に質の高い仕事が来るようになる。
　安い仕事の次に大きな仕事をもらうなどリピーターから来る仕事は波があることが多いので、安い仕事も手が抜けない。
　但し、行きずりの客、一見の客ばかり相手にしている業務形態では奉仕のあり方も違ってくる。

第7節　稼いだ金は奉仕の充実に使う

　これまで繰り返して述べた奉仕の充実、優秀な人脈の形成と、その維持には金がかかる。この人脈を生かして良い仕事をして感謝してもらい、それによって稼ぎを増やしサービスをさらに充実させる、このサイクル

を作ることである。このサイクルを作り、それを維持するには金がかかる。これに成功している人は概ね福々しい雰囲気を持っている。

第8節　人格、人柄

　性格は明るいこと…笑っておればよいのではない。これは客商売の基本であり大事である。性格は陽気でなければならない。

　健康であること。その為には何かスポーツを継続的にすることが良いようである。スポーツクラブやゴルフ場は貧困層の人たちの集まるところよりグレードの高い方がよい。

　行政書士自身が依頼者に貧困であるようなイメージを与えるのは、なるべく避けること。本当に貧困であるとしたら依頼者は他の資産を有する行政書士を選ぶことになる。如何なる職業でも人間のすることである。長い年月の間、全くミスが無い、というのは現実には避けがたいことがある。その場合、責任を取る資力がないのでは依頼者は安心できないことになる。事故、不始末は避けるべきだが、保険には加入しておかねばならない。

　清潔であること。他人に与えるイメージも「清潔さ」がなければならない。

　努力家であること。上記と同じで努力家のイメージを与えること。

　真面目であること。これは説明不要であろう。

　謙虚であること。これは依頼者に好感を与える大事な要素だが、謙虚といっても程度がある。この加減は、教えるのがむずかしく各人、気を付けて適切な感覚を掴むに限る。依頼者が最も敏感に感じるのは、依頼する行政書士の性格の「明るさ」と「謙虚さ」である。

　要するに行政書士だからどうだということはなく、人格、人柄についてはどの仕事でも同じである。

第4章　奉仕の充実（奉仕の中身の充実のために）

第9節　話術が上手なこと

　会話の約束事を知る。

　依頼者には安心感とロマンを与えることである。復唱の必要なこともあり、耳の遠い人もいる。それらには適切な対応をすること。

　会話がのろまな行政書士は頼りないイメージを与える。

　聞く人が理解しやすい表現で話すこと。

　話す人の頭が整理できていないままの話は、聞く人に意味が通じにくい。通じても別の意味に誤解される。聞く人が疲れる話し方をする、こういうタイプの行政書士の先生も少なからずいるが、概して事務所は閑散としている。

　会話の無駄な部分は省くのが基本。例えば３分で話せる内容を２０分もかけて話す人は直ちに改める方がよい。前置きはなるべく短くすること。

　話術が上手な人は聞き上手である。話術の本は大きな本屋に行けば、いろいろ並んでいる。

　それらを読んで身につけるには（良書もあれば駄作もあるが）書かれていることを鵜呑みにせず自分流に消化して身につけることである。

　こういうことは若いうちに癖づけておけば楽なのだが、年齢に関係なく口下手では稼げない。

第10節　文章が上手なこと

　上手でなくても下手ではないこと。意味不明、冗長で読みづらく依頼者より下手だと思われては栄えない。字の上手、下手もあるが近年はパソコンの活字が主流だし、有名人でも字の下手はいくらでもいる。だが文章が悪いのは能力不足のイメージを与えることになりかねない。

第11節　本業に関する知識は豊かであること

　行政書士は万般の事項を扱うから、業務の全般の知識を充実させることは不可能である。だが権利、義務の基礎、契約や物権関係の初歩的な知識、許認可など行政法規の入門的な知識さえ無いようでは、貧乏なまま人生を送ることになりかねない。

　しっかり稼ぐとは稼げるだけの健康な体と、依頼者の期待に応える頭脳、学力も必要とする。

第12節　受任事件の処理は迅速であること

　特に初動のスピードは目立つので、スタートは早い方がよい。受任案件の着手のことである。スタートが遅くなる事案は、その理由を述べて納得させておくこと。

第5章　行政書士の集客方法

第1節　広告、宣伝、紹介、リピーター、人脈

　行政書士の職域拡張は行政書士会の努力目標である筈だが、自分の職域拡張は自分自身で努力せねばならない。行きずりの客、一見の客相手でなければ依頼者は人間関係で来るのが基本であるため、世間に信頼され一度依頼した客がリピーターになってくれる力量、人柄を備えることが前提となる。

　行政書士のマーケティングはどうするべきか？

　マーケティングとは、メーカーがエンドユーザーへの売り上げを増やす為の市場調査、宣伝広告、販売促進などの企業活動のことだが、アメリカではロイヤー（行政書士や司法書士もロイヤーと呼ばれている）の顧客層拡大の為の活動もマーケティングと呼んでいる。

　筆者が駆け出しの弁護士の頃は全国の弁護士が1万人もおらず、弁護

士不足の上に、弁護士は宣伝行為が禁止されていたのでマーケティングの経験が無いため十分な解説は出来ないかもしれない。

だが、昭和53年に行政書士会の顧問になって以来、仕事の少ない先生、収入の少ない先生方へ繰返し説教がましいことを言ってきたので、この場でまた繰り返させて頂く。

開業間もない先生は、一見の客、行きずりの客も相手にせねば仕事は少ない。

だが一見の客は新米行政書士や呆け老人気味の老行政書士を喰い物にするのがいるから、一見の客が腐ったものが発するような悪臭を放っている時は、上手い話であっても受任してはならないのである。

第2節　広告、宣伝による客とリピーターの差

広告、宣伝による客は、いわゆる一見客が増えるという副作用がある。不良客層、クレーマー、他の行政書士に断られて行政書士事務所を転々としてから来た客。暴力団から受任し、仕事が終わると難癖をつけてたかられるなど。始めに儲けさせて油断させ深みに入れてから甘言で手形の裏書、連帯保証人などをさせて行政書士の人生を破滅させるなど。これにやられると家庭の崩壊となる。

健全なリピーターなら良い客層で固められる。

第3節　宣伝、広告費

リピーター、紹介を受ける、などは宣伝費がいらない。一見の客は相手にしていない形態であっても、宣伝、広告は必要である。それをリピーターが見ているからである。

依頼者には年賀状、暑中見舞いなどを定期的に送り、関係を続けている意識を持ってもらうのが良い。

第4節　紹介者に謝金を払うのか？

　弁護士法は紹介者に謝金を払って客集めすることを禁じている。それでも謝金を払って事件を集めている弁護士は昔からいたが、近頃は新米弁護士に多いようである。紹介者に紹介料を払うのは不健全であり、弁護士の例では貧困層の弁護士達であり、能力も低い傾向にある。依頼者は自力で開拓すべきである。

　筆者の駆け出しの頃は弁護士の不足していた時代であり、事件があったら紹介してくれ、と頼んだことは無かった。

　だが、その頃でも事件があったら紹介してくれ！と頼んで廻っている弁護士は僅かながらいた。

　その弁護士達は貧乏たらしいイメージだったり、明快な会話もできず頼りない感じの人達だったりした。

　だが現在の行政書士の開業は、家族・知人・学友・御近所の人達・既存客などに顧客紹介を依頼するのが良いと思われる。

　紹介して頂いた顧客には常連客になってもらい、さらに新規の客を紹介して頂くなどすれば、最初の紹介者との関係も良好に保たれる。商売繁盛はこうあらねばならない。

第5節　ホームページを作る

　専門の業者へ依頼する。または市販の専用ソフトで自作する。ただし、パソコン操作に不慣れな人やホームページ作成の時間が無い人は、自作するよりも費用対効果を考えた上で、専門業者への依頼を検討すると良い。

　一般にホームページは最も費用対効果の上がる広告方法と言われる。よって自分の事務所のセールスポイントは何かを絞り、第三者が魅力的と感じるような広告が良い広告である。

第6節　顧客向けのニュースレターや定期的な事務所報の発行

　弁護士や税理士に事務所報を発行している例を見るが、弁護士の場合、政治色を出しているものが多い。革新勢力が依頼者の弁護士グループのようである。まれに行政書士で事務所報を発行している人を見るが、目立ちたいだけのイメージであり、成功していると思われている例には、まだ出会ったことがない。

第6章　経営の安定

第1節　固定的収入を作る

　昭和末期の日行連会報に「行政書士は顧問契約により顧問料を受領することが出来ない（日行連会長談）」という記事があった。これはひどい。その根拠として書かれていたのは、行政書士が顧問となることの可否について日行連が日弁連に伺いに行くと、日弁連から「行政書士には顧問になる資格がない」と言われたからだという事だった。これはひどい。日行連上層部が全国4万人の行政書士貧困化を招いているのである。顧問になるのに法律上の資格は必要ではない。日行連上層部はこんな初歩的、社会常識的知識さえ欠いていた。

　私が日行連事務総長に抗議すると「日行連幹部が日弁連に来て、行政書士は法律の能力が不足しているから顧問契約はさせません、と言った。その申し出を承っただけで、それが良いとも悪いとも言ってはいない。これが真実だった」と言う。日弁連事務総長と顧問契約問題で面談したのは、名前は書かないが、ベレー帽を被った行政書士だった。

　顧問料が多いと安定収入となり、顧問先は最良のリピーターとなってくれる。顧問契約を多数持って固定収入を得ると経営は楽になる。

第2節　安売りの受任はしない。値段で勝負の態度は避ける

　安心感を与え信頼関係を作る。リピーターになってくれる依頼者が欲しいのは「安さ」より信頼関係の安心感である。

　但し、開業早々の行政書士は安売りも仕方がないのかもしれない。

第3節　得意分野を伸ばす

　得意分野は稼げる分野がよく、どの分野か？については各人各様、とりまく環境が違うので一概には言えない。

第4節　アクセス障害の解消、女郎蜘蛛のように巣で待つだけでは不可

　蜜蜂となって四方八方に網を張ること。

第7章　依頼者（固定客）層の階層

　優良企業、大会社対象か貧困層が対象か。行きずりの一見客相手か、身元不明の人は断るのか。金持ちしか相手にしないと楽ではあるが、金を欲しがるだけではシェークスピアのシャイロックみたいになる心配がある。貧困、低所得者を救済するのはよいが、親切に対しても感謝のない人、衣食足りていないので礼節を知らない人が多いという現実がある。開業早々のときは貧困層も相手にして、ベテランになって金持ち中心というのが無難であろうか？

第8章　依頼者との会話

第1節　話し上手であること

　法律家は弁論をもって立つ仕事だから、口下手では飯が食えない。戦前の川柳の「法律家、本当に口で飯を食い」でなければならない。自分

の頭が整理できていないまま話すと、聞く人は全く理解できないか、話の趣旨を誤解したりする。

　手続、進行の順序、所要予想期間、結果の予想、必要な費用の見込みなど、依頼者の知りたがっていることを説明する。話すべき事を話さない先生は、依頼者と意思の疎通を欠き、結局栄えない。医師と同じである。

　逆に依頼者からは聞き上手でなければならない。口数の少ない依頼者からは質問して要点を把握し、大事なツボは確認しておかねばならない。一般に行政書士は、依頼者からの聞き取りが足りない傾向にあるようである。これでは意思の疎通を欠いて、依頼者が不満を残すおそれがある。特に紛争性のある書類の作成は、詳細に聞き取りをする方がよい。依頼者が大事な話をしているのに、この先生はメモも取ってくれない、と思われては、おそらく内心は不満を持たれている。

　長話は話す要領がある。文章でも長文は書く要領がある。要領の悪い長話は嫌われる。会議は短いほどよく、スピーチや講演の長話を聞くのは誰でも嫌である。書面に書いても要領の悪い長文は嫌われる。「要するに何を言っているのだ！」では困るのである。

　一般的には長話になるときは、結論の要旨を先に告げ、大切な部分の各論は相手が関心を持つ話し方をすることである。この具体的な説明の理解は、各人の日頃の心懸けによって会得せねばならない、と思われるが、小手先の技術よりも、その人の性格の明るさ、陽気な性格、感じの良さ、頼もしさ、などが説得力を補佐する雰囲気を作ってくれるようである。陰気な性格で嫌われていると、一生懸命に説明しても好意的に聞いてもらえないため、相手にとっては「下手な説明、わかりにくい説明」になりがちである。

　説得する時は理解し易いように話す。不快な相手、無礼な人には、難解な表現、あいまいな表現にするのか？これについてはケース、バイ、ケースであると思われる。紛争性の事案は争点を整理する。要件事実、

証拠も検討させる。紛争性のある案件に進出するなら、要件事実の知識も必要となる。証拠の心証の程度についても理解しておく必要がある。そうでなければ、説得力のある説明は出来ない。

第2節　話は依頼者に「頼りがいのある先生だ、委せて安心できる先生だ」と思わせる話し方がよい

　ベテランの繁盛している先生は既に自然に、そんな雰囲気を備えた貫禄を持っている。若い行政書士が模範とするなら「床屋さん、美容師さん、回転寿司でない寿司屋のオヤジさん」などは雑談が上手だから、その雰囲気を憶えておくと良い。

　依頼者が自慢話を始めたら上手に相槌を打てばよい。但し、お世辞が過ぎるのは嫌われたり軽蔑されたりすることがある。上手に相槌を打つには、事前に依頼者のホームページ、ブログ、ツイッター、フェイスブックなどを見ておけばよい。

第3節　会話の為の発声練習、顔の表情、会話中の視線などについては詳細に記したハウツー本もあるようである

　会話の上手、下手は、その人の人柄、誠実さであり、外形の巧拙で信頼させるのは詐欺師の会話術であって、信頼関係は外形の巧拙では決まるものではない。詐欺師の修行は顔の表情や話の間の取り方、声の高低など多岐にわたるようである。

　まともな行政書士の会話は、「人柄」「誠実さ」が大切で、さらに依頼者からの「見た目」も大切にしなければならない。従って詐欺師の修行と共通する点があるが、決定的に違うのは人格下劣の鬼畜の話術と人格高潔な、まともな人の話術の差であって、詐欺師の会話は、ほとんどが教育水準の低い階層とか、高齢者相手だが、士業の話術は主として働き盛りを相手にしている。

長期的に見れば詐欺師は必ず破綻するが、この人達は一度、技術を身につけると懲りることを知らないようで人生を「欺し」と「失敗」で惨めに終わるようである。読者には判然、区別できないかも知れないが、剣術に譬えれば、物盗り用の殺人目的の邪剣と破邪顕正の正義の剣の差であろうか！邪剣の持主と正義の剣の持主の発する、それぞれの雰囲気は陰気と陽気の差となって相手に伝わる。

第9章　接客時の要領

第1節　見通しを述べる

費用、終了までの期間の予想を説明しておく。

許認可の成否の予想を述べる。断定する言い方は避けた方がよいことがある。しかし予想や見込みさえ言ってもらえないのでは頼りないと思われる。

準備に要する手間や、目的達成までに依頼者自身がせねばならない事柄なども知らせておくこと。

第2節　服装、態度など

服装、時計、靴などは清潔で正装であるのが基本である。服装は安物過ぎてはいけないが、高価な時計などはよくない。靴の色は年中黒が基本である。背広は上下セットがよく上下の色が違うのは本来の正装ではない。髪型や言葉遣いにも注意、但し、神経質になることはない。

第3節　依頼者は明快な説明を好む

断定的に言えないときは、その訳を説明しておく。

長話になるときは何の説明かを知らせてから話す。目的不明の長話は聞く人を疲れさせイライラさせる。その上、長話を聞かされたのに話の

中身が理解できない、となってしまうのは、話が下手だからである。文章の場合、長文が読みにくいように、刑事裁判の起訴状みたいに、主語、述語が繰り返し出てくるのも読みにくい。

第二編　しっかり稼いで感謝される要領

(注) 本編は第一編と一部重複するが、稼ぎの要領をまとめると以下のようになる。

第1章　はじめに

　仕事を楽しみながら皆さんから感謝され、報酬は高めに頂いているのに依頼者から「それだけでよいのですか？」などと言って頂ける、これぞ士業冥利につきる。

　こういう士業は行政書士にも司法書士にも弁護士にも沢山いる。

　ただ、弁護士は他士業に比べて取り扱う案件が比較的高額であることから貧困青年から巨萬の財を成した成功者は弁護士に多い、という実状にある。

　だが、弁護士業界は年収数億円の「勝ち組」と呼ばれるグループがあるもののピラミッド構成の底辺の貧困弁護士の皆さんは、プライドは高いものの人柄、力量の程度は低い。

　弁護士業界は司法改革により司法試験が、学力が低くても大量合格できるようにして、その合格者の中から特別に学力の高い者だけを裁判官、検察官に任官させて昔の司法試験のような司法修習は裁判所内部或いは検察庁内部で行っている。

　司法修習生は昔のようなキャリア公務員ではなく、単なる法科大学院の延長でしかない。

　名称が司法試験とか、司法修習とか言うので昔の司法試験の延長線上にあるものと世間の皆さんは錯覚しているが、今の若い弁護士は極端に学力が低くて世間の笑いものになっている。

この現状を知れば、行政書士の皆さんは自信を回復すると思われる。
これから行政書士が「しっかり稼ぐ要領」を述べる。

第2章　しっかり稼ぐには

第1節　人柄と力量

その行政書士の人物、人柄が重要である。力量もなければならない。

健康問題もある。家庭環境もある。例えば兄弟姉妹が暴力団員であったり、過激思想の行動家だったりすれば本人は、そんな兄弟姉妹とは絶縁していなければ本人が悪いのではないのに仕事は栄えない。

そんな枝葉の問題は省略してしっかり稼ぐ要領の基本は行政書士の人柄と力量の二本柱である。

依頼者を満足させる能力を必要とする。信頼してもらえるよう意思の疎通を図り、安心してもらわねばならない。

第2節　人柄、人格について

依頼者に信頼して頂けるに価する人物であるのか？

自信満々と言える修業、訓練を重ね、心身を鍛え技能を練ったのか？

具体的には人品卑しい雰囲気の人物ではないか？

ほとんどの人は「見た目」で判断する。つまり先入観は容易に変更できない。

第一印象とは容姿容貌もあるが、大事なのは話術と顔の表情である。

依頼者を見下げてはならない。行政書士や弁護士など士業が依頼者をどんな人か見抜くように、依頼者も行政書士の人物、性格、根性を見抜いているのである。例えは悪いかもしれないが、若い男が知り合った女に対して「この女を抱くのはどうすればよいのか？なんとかして抱きたい」と考えていると、その気持ちは相手の女性に見抜かれてしまうので

ある。男女関係なら見抜かれても、それだけでは深刻な事態にはならないが、己の職業に対する真剣さが足りず人格的、性格的なものに魅力が感じられず、ぼんやりムードで暮らす無気力人間と見られては、到底千客万来の商売繁昌とはいかない。

性格は明るいか？性格が明るい、とは一日中笑ってばかりのことと理解していることはないか？依頼者を笑顔にしているか！これは大事なことである。だが、常に心懸けて、そうならねば稼げる人にはならないのである。

行政書士に適した人柄は旧日本軍の軍人勅諭が参考になる。戦争の話ではないが、一番目の天皇に対する「忠節を尽くすを本分とすべし」の部分を「依頼者や、市民の皆さんに奉仕することを心懸ける」と変えれば、そっくり適合する。忠礼武信質の「忠」を「奉仕」に変えるだけである。

奉仕を心懸ける人は嘘をついてはいけない。嘘は相手に見抜かれる、と思っていなければいけない。しかも相手は嘘と見抜いても、その場では欺されたふりをしておいて、結局、その行政書士から離れていったりする。

軍人勅諭の「礼儀」とは階級社会における上命下服の規律に「礼儀」を利用した軍国主義の礼儀だったが、私が申し上げるのは身分の上下とは関係なく、人間関係は貧富、貴賤、親疎、のいずれにも礼儀は不可欠だと言うことである。

マナーの悪い行政書士は栄えない。礼儀正しい人は几帳面でなければならない。

武勇とは度胸と思えばよい。物事に動じない心のことである。過度に怖がってはいないか？怯え過ぎではないか？相手が強そうでも立向かう勇気はあるか？などで、怖がってばかりの性格の人は弱者を侮る、という性癖がありがちである。

依頼者が過度に心配している場合は、度胸のある行政書士の励ましの

方が説得力がある。
　信とは信義のことである。民法１条の信義と同じである。
　質素とは驕奢華美の逆である。数百万円の腕時計をつけたり、千万円近い乗用車に乗ったりしないことだが、極貧生活の不潔な格好をするよりは、驕奢華美の方がましか？だが、この両極端はどっちも良くないことはいうまでもない。会話は上手か？これは非常に大事である。話の順序、話の入口をどうもっていくか、間の取り方も大事、格言、比喩、例え話などの材料は十分に持っていなければならない。笑いを誘う会話も必要だし、油断も隙も無い現実を突きつけて危険性を意識させることや、浪花節の義理、人情を入れて、しんみりさせることも必要である。
　士業の会話は大衆相手の政治家の話や不特定多数の来客相手の落語家の話と違って依頼者という単独、若しくは少人数しか相手にしていない。しかも話の相手方は行政書士に主として経済的利益追求の手段としての手続を依頼するのが、ほとんどである。となると、世間の皆さんや他人のことより、私にはどんな利益があるのか？それによって私の将来は、どんな展開になると予想されるのか？など具体的な見通し、結果に対する各論的な予想を欲しがる。
　結論に至る過程は相手に合わせて緩急自在の巧みさが好ましい。
　結果に至る展望は明るい見通しを好むことは説明はいらないだろう。結果の予想が苦痛、不幸な事態だったらどうするのか？依頼者は行政書士に頼めばなんでも出来る、とは思っていない。この先生に依頼したからこそ、その程度で済みそうだ！と思ってもらうことである。
　これこそ、その行政書士の人柄と力量である。これは話の上手下手よりも、その行政書士の人柄、力量の問題が大きい事を知るべきである。文章は上手か？これも非常に大事である。

第3章　資金はあるか。努力はしているか

　無一文の貧乏人には大金を払ってくれる人はいない。
　外形は人格者、有能な人物、信頼に足る人物、という貫禄を持っているのか？
　貧乏青年から財を成した成功弁護士を見ていると、共通しているのは仕事熱心だったことである。
　野球選手でも、お相撲さんでもトップクラスの人気者は、そこに至るまでの目標は人気を得たい、ということもあろうが地位が即ち金になる、という魂胆のため己の命を削る勢いで努力してきた筈である。
　行政書士はスポーツ選手と違って肉体労働者ではない。だが、男が仕事にかける情熱は肉体労働も精神労働も無い。共に命を削って鍛錬せねばならない。ここで大事なことは、己が選んだ道だから仕事が好きでなければならない。
　依頼者が喜んでくれる態度により仕事が楽しくなければならない。
　質の悪い依頼者ばかり、貧困生活者ばかり相手にしていたり、行きずりの人だけが依頼者だったりすれば、依頼者との関係で感謝されることがなく、これでは仕事が生き甲斐にはなり得ない。
　良質の依頼者に囲まれて親切感謝の信頼関係で行政書士業務を継続すればいわゆる「勝ち組」として財を成す筈である。そんな行政書士の先生が北海道だったか、青森県だったかにおられた。
　かなり昔のことだが私は頼まれて行政書士会の講演をしたことがあるが、この先生は「勝ち組」と呼ばれる弁護士と同じように富裕層の依頼者に囲まれて成功していた。
　この項で申し上げたいのは、士業にも色々いて上下の隔たりは大きい、行政書士業界において人格的なランクも貫禄も上位にいないと栄えない、ということである。その為には、日常生活において仕事に関する

ネタは海綿が水を吸うように、どんどん吸収せねばならないということである。

特に若い行政書士の皆さんには、そう申し上げたい。

第4章　中小企業経営者層を束ねて依頼者層を作れ！

選挙に出る人が人脈をもって組織化しているのと同じことである。

この組織の形成にも、組織の維持にも経費はかかる。だが、この組織は金づるであり、この皆さんが稼がせてくれるその儲けの一部を組織運営の経費に充てるのである。

組織運営には弁護士の場合、会報を発行しているところもあるが、私は会報を発行したことがないので、このノウハウは知らない。

組織運営には、ゴルフコンペ、カラオケ大会、時事問題、経営問題などの小規模講演会と懇親会、日頃行けないところの見学会や忘年会、新年会、花見などがある。

大事なことは、この組織に社会的に信頼度が高い有名人に加わって頂くことである。人のフンドシで相撲を取らせて頂くことである。これで組織運営の費用は節約できる。それによって自分自身に十分な貫禄が出来たら、人脈の運営は楽になる。

但し、この組織は、彼等を利用して金を儲けようと考えては皆さんが逃げて行く。私が御奉仕申し上げる為の人脈だ！と心得ていなければならない。この人脈維持には金がかかると言ったが、金をたかりに来るような貧困な人は、この中に入れてはいけないのである。

費用をかけずに人脈を作ると、集まるのはいかがわしい健康食品の販売だったり、言葉巧みに金儲け話で人を勧誘する業者だったり、要するに詐欺師まがいの貧乏人ばかりとなりがちである。

金をかけなくても良質の人脈を作る手段、方法もある筈だが、それに

は、その人物が、有名人であったり特殊な才能があったり、と普通の人では真似の出来ないものがあるようである。

　良質の人脈の性格、根性まともで豊かな人達なら、たかられることはないどころか、先生に費用の負担をかけてはいけないから、と大抵の人は配慮してくれる筈である。

　この人脈作りは選挙の候補者と違って選挙違反の心配がない分、楽である。

第5章　貧困生活は長引かせるな！

　貧乏生活が長くなると慢性化してしまう。
　そうなると気力も欠けて健康状態も頑健とは行かず、自信喪失、陰気な性格となってしまい、良質の依頼者は近づいてくれない。
　行きずりの知らない人相手の値段で勝負という生活になってしまう。
　こういう蟻地獄に落ち込むと、容易に抜け出すことが出来ないのである。こんな人達は貧乏故にトラブルばかり起こす。そのトラブルから逃れる為に、貧困なのに、さらに無駄に金がかかることになる。
　私は昭和53年から行政書士会の顧問をしているから、「金はこうやって稼げ」と言い続けているが、それで成功する人もおれば、うまくいかない人もいる。
　成功する為には、各人の環境は全員異なっており、各人各様で得手不得手があり、年齢差、男女の性別、資金力の差など千態万様なので、稼ぎ方の基本的な要領を理解したらそれを自分自身に最も適した手段、方法を探して応用することである。
　成功者の事例をそっくり真似するのではなく、彼と私の違いを知り私流に一部を変形して用いなければならない。
　貧困故に失敗する人は、稀に来る依頼者に極めて高額の報酬を請求し

てトラブルになるのが目立つ。

　簡単な手続きで数千円も頂ければ良いような事案でも、生活苦の為に十数万円を請求して、驚いた依頼者が弁護士会に駆け込む。

　弁護士会は十数万円の請求の根拠を求め納得のいく説明がないと告訴（告発）する！と告げる。こんな事例の相談を稀に受ける。

　私が十数万円の請求の根拠を聞くと、例えば戸籍謄本を取るのに〇〇区の区役所に行った交通費や、往復半日かかった日当で8万円とか9万円などと言う。戸籍謄本を取りに区役所に行くのは急ぐ事案もあるので、それ自体は悪くはないし、補助者で間に合うことを自分自身でするのは補助者のいない先生もいるから悪いことではない。だが、報酬には世間の相場がある。

　職域拡張には、蜜蜂のように活躍せねばならないのに、女郎蜘蛛のように年中客待ち生活では、稀に来る客からは絞り取らねば生活費が足りないからかもしれない。

　こういうことでトラブルと、最悪は弁護士会の告発を受けることになり、そこまで行かなくても弁護士会により吊し上げを喰うと、余計な手間がかかることになり、おまけに、こんな金はすぐに返金せねば返金する迄ゴタゴタが続く訳で、仮に訴訟になれば判決で返金させられることになると思われる。

　こんなトラブルで溜まるストレスは大きい。金は貯めてもよいがストレスは溜めてはいけないのである。こんなことをする行政書士は、容易に貧困から抜け出すことが出来ないと思われる。

　ではどうすれば良いのだ。本書の各所に繰り返し書いておいた。後は各人各様、己に合った工夫と努力をすることである。

　貧困から抜け出すには、それなりの苦労がある。だが、その暗闇のトンネルから抜け出して「勝ち組」と呼ばれる経済状態に至ると「積る苦労も苦労にゃならぬ」と快適な笑顔が産まれるのである。

若い人、働き盛りの先生方で貧乏している人は、工夫と努力次第で「勝ち組」と呼ばれる明日の明るいロマンを目指して、苦労に挑んで頂きたい。

第6章　教養水準を高めよ

　中小企業、零細企業経営者は、彼等の欲しいのは自分より上位にいる知識人である。一般的知識が豊かで、理解が早く物事の予見能力があり判断力が正確で思慮分別をわきまえている人と親しく付き合うことを望んでいる。しかし、そのような人は身近にはいない。いても私などでは、とても付き合って頂けない、と思っている。

　しっかり稼ぐ行政書士になるには、上記の彼等が、仲良く付き合ってもらいたい、と思ってくれるように己自身を変身させねばならない。ヤゴがトンボになり土の中の白いイモ虫のようなのがセミに変身するように、並の人から勝ち組と呼ばれる貫禄があって格好が良い名士に変身せねばならないのである。

　行政書士の先生方で学歴が高校卒の先生も珍しくはない。現に前の日行連会長は高卒だった。高卒は学力が低い、とか教養が不足気味、とは言い切れないが、平均すれば、その傾向にあると思われる。

　前日行連会長が東北の津波の翌年、某県行政書士会の新年会の日行連会長祝辞において「今年の日行連の最重点目標を東北の津波の被害の救済に置く」と日行連の重点目標を明らかにした。その言葉に「絆を深める」という表現もあった。

　少し古い話だが、某県の行政書士会会長は生活苦の為、夜逃げをした。現職会長が行政書士会の金の全てを持ち逃げしたのである。そうなると会員が支払った単位会の会費も、日行連に上納する会費も、再度支払わねばならないのか？の問題で揉めることになる。

この単位会会長は、会長の肩書きを捨てて、〈稼ぎ〉に専念すべきであったものを、おそらくその程度の人物であったのであろう。
　この程度の人物を単位会会長に選出するようでは、あまりにも水準が低い。
　弁護士業界にも不適当な人物が会務の重職に就いているのは珍しくないが、行政書士業界も気をつけねばならない。
　日行連会長が日行連の存在目的を理解していないという、驚く程の知的水準の低さを示していた。式辞が終わると懇親会の酒席となった。私は酒の席で日行連会長に申し上げた。日行連は公的な組織であるから日行連の最重点目標が「津波の被害救済」であって良い筈はない。公的活動が目的外活動であってはならない。行政書士の先生方は貧困生活者が少なくない。従って今年は行政書士の収入増大に置く。
　但し、皆さんは、上手く収入が増大できた時はその増えた分は自分の為には使わず東北の津波の被災者の為に奉仕して頂けませんか、と言った方が良かったのではないか！と申し上げた。
　彼は「明日は〇〇県の行政書士会の新年会だから、そこではそう言いましょう」と言った。
　一年後、また日行連会長は某県行政書士会の新年会で「本年度の日行連の最重点目標は東北の津波の被害救済に置く」と同じことを言った。
　日行連の存在理由、存在目的を理解しておれば、こんな発言にはならない筈である。
　私が、「絆を深める」という表現は間違いであり絆とはロープのことだから深い浅いは無い。「太い」とか「強い」とか「長い」「短い」などの表現になり「強める」が語感として似合うと思う、とも言っておいたが、その後の日行連の文書には相変わらず「絆を深める」の表現が続いていた。
　都心部の働き盛りの行政書士で、長期に亘る収入不足の為に自殺した

行政書士がいた。慢性的な収入不足につき、妻から寄生虫生活を詰られ、離婚を迫られ、自殺した、と言われている。自殺しなくても己一人の飯の種ぐらいは何とでもなる筈だが、貧乏暮らしの中で気力まで磨り減らしたものらしい。

　彼も学歴は高卒だった。私は彼に学歴が高卒であることは、なるべく世間の皆さんには目立たないようにした方がよい、と言ったのだが、彼は言わなくても良いところで学歴を言っていた。

　私のゴルフ仲間で、中学卒で一部上場会社の創業者で初代社長の大物がいる。小金井カントリーのメンバーで、ロッカーが私の右隣である。

　私のロッカーの左は一部上場会社の有名社長、その左がNHKの籾井元会長である。

　小金井に行くのにNHKのハイヤーで行くから国会で吊し上げられるのだが、これは余談。

　若い行政書士の先生で高卒の人は、それがいけないとは言わないが、大学の夜間部とか、通信教育などで大卒の資格を得ておいた方が、以後の人生が少し楽になるように思うが、どうであろうか？

　働き盛りの年齢になると、妻子もいて、そんな余裕はなくなると思われる。だが良質の依頼者層に恵まれるには教養水準が高くなければならないことは既に述べた。そんな立場の人が簡便に教養を高める方法がある。

　シェークスピアの各種物語、イソップの寓話、その他「ああ無情」「罪と罰」など誰でも知っている古典について知らなかったら、それらの名作の要旨ばかりを並べた、まるでカンニングみたいな本も出ているから、それくらいは読んでおいたほうが良い。

　例えばシェークスピアの作品やジャンバルジャンが話題になった時、その行政書士はその作品を読んだことがあるのか無いのかは、容易にその人に見抜かれるのである。

教養が高いか否かは、頭の良し悪しもあると思われるが、今更それを言っても始まらない。常に海綿が水を吸うように何事も吸収しながら暮らしているか、ぼんやりムードで暮らしているのかの差ではないか、と思われる。

　これは金儲けについても同じである。常に依頼者に奉仕して金を稼ぐことを心懸けていると、金儲けの糸口には敏感になり、積極的に稼ぎに近づくのに、ぼんやりムードの無気力人間は金儲けの仕事を見逃してばかりというていたらくである。

第7章　士業は貧困では稼げない

　依頼者層は行きずりの貧乏な人達より、従業員を擁する経営者群が良い。

　大会社は法務部がある上に、弁護士数が数百人という弁護士事務所が顧問をしているので行政書士が入り込む余地はない。大会社で小規模事務所の弁護士が顧問をしているところは、大会社のトップの親戚筋であったり子供の頃の遊び仲間達だったり、仲の良い同級生だったり、という関係が多い。だが、大組織のトップと知り合いでも、貧困弁護士は大会社に相手にしてもらえず、小規模事務所弁護士で大会社と繋がっているものは、小なりといえどもそれなりの力量と貫禄を持っている弁護士に限られている。

　では行政書士は、どこに的を絞るのがよいか？

　大会社は常連客にはなってくれないので、中小企業、零細企業の経営者に的を絞ることになる。

　的を絞る、という目的は何故か？この問題は各人各様、自分の好きなやり方で、各人勝手にすればよいのだが、例えば、魚釣りでどの魚を釣るのか目的も無く魚をおびき寄せる為の撒き餌をばら撒くのは効率が悪

すぎる、費用の無駄遣いとなる。

　中小企業や零細企業の経営者は、自分にいつでも気軽に知恵を貸してくれる、経営に関する知識の便利屋のような人物と仲良くなりたいのである。こんな連中と仲良くなって、その連中を束ねる組織を作ることである。

　何度も言うが、その為には、その行政書士は仕事における力量があり教養水準も高く人柄が良くなければならない。要するに惚れてもらうことである。

　惚れると言っても男女関係ではないのでその人柄の魅力に心を引かれる、という気持ちにさせることである。こうなるには性格が陰気な人や、何を言っているのか不明な口下手では困難であろう。

　しっかり稼ぐには己自身を磨かねばならず、力量もあり人柄も良く繁盛している行政書士は、さらに長所を伸ばす努力を続けることである。

第8章　本書の要領は、これは基本であり、そっくり本書通りにしたとしても稼げるとは限らない

　本書の表現は平均人と思われるところを基準にして一般的概括的な手段、方法、あり方などを書いたが、人は全て個性があり、各人各様に長所、短所、得手不得手がある。無くて七癖とも言う。

　これらの事項は具体的な各論においては依頼者層も共通、同種という訳ではないし、全ての具体的事案において臨機応変でなければならない。

　しかも、ほとんどの場合に例外がある。例外と原則の区別さえつかない人や、士業の稼ぎ方の基本的知識さえ無いまま就業している人は、行政書士に限らず他士業でも稼ぎが少ないと言うより、結局事故を起こして借財を作るとか廃業していくなどになる。その見本は現代の若年新米弁護士群に見られるが、ここでは詳述はしない。

冒頭にも申し上げたが、しっかり稼がせて頂くと仕事が面白くなり楽しみながら感謝されて儲けさせて頂けることになる。そうなる為には、野球選手やお相撲さんと同じで、命を削って練度を高め、依頼者から絶大な信頼を得ねばならない。行政書士の先生方のうち苦労することは嫌で、努力もせず工夫もせず、難しい事案でも体当たりで挑む覇気も無く、楽して大金を手にしたい、そんな積もりで、だが上手くいかず毎日を愚痴邪見で過ごす人は、金にならないので概ね貧困生活の低空飛行で老いて行くようである。

第9章　仕事はいくらでもある

　本書における行政書士業務は、行政書士資格と無関係な事案もどんどん受任することを前提に述べている。

　白い紙に黒い文字を書いて「考案を要しない文書」「考案を要する文書」などの類型で報酬を貰うことしかしていない行政書士が、財を成すことは無理だと思われる。

　弁護士の、いわゆる「勝ち組」と呼ばれる人達は本来の弁護士業務ではない困り事相談みたいな事案でも、ちゃっかり大儲けしているのである。

　私が若い行政書士、開業して間もない行政書士から良く質問されるのは「行政書士は何と何が出来る資格ですか？」「何と何をしてよいのですか？」である。

　行政書士会の会報には、日行連会長や各単位会の会長談話として「行政書士は行政書士法から、はみ出してはいけない」と昭和の時代から繰り返し書かれているから、それを誤解しているらしい。

　行政書士が弁護士資格や司法書士資格の必要な事務を無資格でして良い筈はないのである。

学歴が高卒の人の多くや、大学が理科系だった人は「職業選択の自由、自由主義社会の自由経済、契約自由の原則」が日本社会の基本秩序であることが理解できていないのかもしれない。
　行政書士業務について解説した本は少ない。兼子仁先生の「行政書士法コンメンタール」さえ読んだことのない行政書士も少なくないのである。そんな人達は、兼子先生の行政書士法を読んでも内容を理解する能力に欠けている怖れさえある。そんな能力では中小企業や零細企業の経営者の知恵袋の役割は果たせないのである。しっかり稼いで豊かに暮らして人生をエンジョイする為には、人柄を魅力的なものとし心身を鍛え技能を練って、良質の依頼者から千軍万馬の頼もしい私の知恵袋、と思ってもらえるように突貫作業で変身しなければならない。
　受任事務（事務とは仕事という程の意味）について、知識が不足していることがある。こういう時でも高い報酬が頂ける案件なら、その方面に詳しい人の助力を得ればプロとしての能力を見せることが出来る。世の中、万事要領である。良質の人脈を形成しておけば、万端の事項を有能にこなすことが出来て依頼者から感謝されることになる。人生は前途に常に明るい展望を持っていなければならない。「功成り名を遂げる」というハッピーな展望である。しっかり稼ぐには富裕層と付き合っていなければならない。彼等の便利屋になって受任する仕事は無限にある。嫌な仕事を頼まれれば自分でせず、他の人を紹介してやればよいのである。この場合、能力不足の人物を紹介して迷惑をかけてはいけない。繰り返して言うが、人脈は常に良質の人脈、つまり性格、根性がまともな人達でなければならない。行政書士という資格を離れた領域まで仕事の範囲を広げると、仕事は無限にある。どんな仕事があるのか？については各人各様に、人脈も、得手不得手も、各人の置かれている環境も人の数だけ異なっているので各人各様に対応するしかない。質問するなら「どんな仕事があるのか？」ではなく、「いくらくらい貰えるのか？」であ

ろう。

　世間の富裕層の皆さんは同じ結果の成果でも、いわゆる勝ち組の貫禄を持つ人に払う金は高いとは思わず、ヨレヨレの背広を着てワイシャツの袖口がすり切れ、ボロ靴を履いている貧相な人には気前よく払ってはくれない。

　世間は富裕層と貧困層に分かれている。富裕層の下位と貧困層の上の方が接点となっていると考えれば、何とかして下位でもよいから富裕層に加わりたいのは世の常である。

　行政書士は人柄、力量さえ優れておれば仕事はいくらでもあることは前述した。そして富裕層の仲間に入れて頂いて背伸びをしながら暮らすと、いつの間にか本当に背が伸びて、性格はさらに明るく楽しい人生を堪能することが出来る。ただし、注意すべきは金を貯めるばかりでは駄目で、然るべき使い方をしなければならない。

　金を欲しがってはいけない。しっかり奉仕して依頼者の期待に応え、十分な奉仕の結果、金が貯まるのでなければ人様は信頼してくれない。

　貧乏な人を見下げてはいけない。そんな気持ちでいると世間の人は、その眼差し（まなざし）を見抜いてしまうのである。

　人柄、性格、根性を磨くのは、私が詳述するより、そのハウツー本で勉強してもらいたい。冠婚葬祭、マナーの本も必読である。未だ読んだことがないという人は、今からでも急いで読んでおかねばならない。

第10章　しっかり稼いで格好良く暮らせ

　以上、こまごま申し上げたが、結局己自身に合った稼ぎ方、収入増大策は自分自身で見つけなければならない。これは大切なことである。

　子供の家庭教師のように面倒を見て指導してもらえば、具体的、現実的な稼ぎの手段、方法を知ることが出来ると思われるが、そんな指導者は現実社会には存在しない。

　「しっかり稼ぐ」のはどうすればよいのだ！

　それは、本書にこれまでこまごま書いてきたことを実行することである。実行しなければ成功はないのは当然のことである。

　本書では依頼者層の人脈形成を述べたが、それには人柄、教養なども必要だ、とも述べた。そして栄える行政書士は常に格好良く見えなくてはならない。服装や時計や靴などが貧相ではいけない、などの話ではない。テレビや映画の時代劇で、主人公の馬上の武士が頼もしく見える、あれである。

　戦争映画の主人公の馬上の軍人も格好良く見える。行政書士は軍人ではないし現代では馬は交通機関ではないが、格好が良いとは話し上手であり意見を述べて論ずると相手には、大変分かりやすく簡潔で好感を持たれ、文章を書くと明快、名文で好感を持って頂くことである。要するに惚れてもらうことである。格好が悪いと人は惚れてくれない。人は見た目で評価されることが、ほとんどである。第一印象が正しい評価であることは、万人の承知（経験）していることである。

　他人に与える印象は顔の表情と動作である。勿論、会話もある。

　見た目が良い印象を与えるには、その人の性格、根性、人柄が良くなければならない。これは一朝一夕の問題ではなく、日常の問題であり、それを常とする生活のリズムを作ればよいのである。これらは既に述べたことの繰返しである。

歩き方でも格好良く歩かねばならない。顔も格好良くなければならない。冗談言うな！親から貰った顔が格好良く変えられるか！馬鹿を言ってはいけない。暴力団みたいな怖い顔の人は行政書士にはいないと思われるが、顔の表情がボンヤリムードの人もおれば利口そうな顔の人もいる。

　若い行政書士はそのままで良いが、老齢の行政書士は「爺臭い」イメージを与えてはならない。年より老けて見える人は、顔のシミは取る、シワは小さくする、ホクロは除去する、イボも取るなど、いわゆる美容整形で元気なイメージを作るのである。これは選挙のある議員さんや、老弁護士などがよくやっていることである。費用は健康保険が使えて、しかも大手術ではない。痛くもなく短時間で終わる。若し健康保険が使えない、という医師がいたら他の保険の使える医師の世話になれば良い。険しい雰囲気の顔より福々しい顔が良いに決まっている。貧乏生活をしていると本人は気づかなくても貧相な顔になってしまう。

　貧相の反対は福相と言う。しっかり稼いで人様への奉仕を生き甲斐にして、人生をエンジョイできれば、裕福な運命の明るい未来が来る。

第三編　行政書士と代理権

第1章　代理権とは何か

　民法総則に書いている代理権のことである。
　代理権とは、他人（代理人）が本人の為に意思表示をし、または意思表示を受領することによって、直接本人について法律効果を発生させる制度である。（拙著、民法概説、立花書房、39ページ）大事なことだから他の表現も掲げておく。
　代理とは、代理人という他人が、独立に意思表示をし、または意思表示を受領することによって、本人が直接にその意思表示の法律効果を取得する制度である。（我妻栄・有泉亨著、川井健補訂、民法Ⅰ、一粒社150ページ）
　私の若い頃の学位論文のテーマが代理権であったことから、私は今でも代理権については詳しい。行政書士と他士業間の排他的職務権限の問題について、「代理権」に関する知識は重要である。
　しっかり稼ぐためには、こういうところもしっかり知っている、という学力を必要とする。読み書き算数ヤットコサ程度では弁護士でなくても低収入、低空飛行の人生を送ることになる。
　くどいようだが、さらに代理権の理解を深めるために、説明を続ける。
　「代理権とは或る人が他人の為に意思表示を為し、又は意思表示を受け、これに因って法律効果が直接にその他人に付き生ずることをいう（民99条）。この他人の為に意思表示を為し又はこれを受ける者を代理人といい、その他人を本人という。而して代理人から意思表示を受け又は代理人に対し意思表示をする者を代理の相手方という（薬師寺志光、明

玄書房、日本民法総論新講、下巻５７５ページ)」

第2章　行政書士法の代理権とは何か

　それでは行政書士法の代理権とは何のことか（書類作成の代理、聴聞代理）。

　行政書士法１条の３の２号には「…作成することができる契約その他に関する書類を代理人として作成すること」と書かれている。この条文は実に難解で、どの本を読んでも、納得できる解説をしていない。行政書士法コンメンタール（兼子仁先生、北樹出版　第５版）でさえもよく分からない有様である。私に解釈させれば、この条文により、永年行政書士業界の悲願であった代理権獲得が出来たのである。

　これによって行政書士は、これまでの代書人…白い紙に黒い文字を書くことを渡世の生業とした代書人の本流である行政書士より上部にいた他士業と、ようやく肩を並べたのである。

　七士業とか八士業とか言われる業種は、弁護士を除けば全て代書人からの枝分かれである。そして行政書士を除いて、それらの士業はいずれも代理権を持っていた。この状況下で行政書士が、ようやく代理権を獲得したことにクレームをつけたのが、当時の日本弁護士連合会だった。

　当時の法曹界における日弁連の発言力は強かった。実は、この仕組みを知らないと、この条文が理解できない訳がある。

　国会も政府も法曹界に関する法令の改廃や法令運用の現状変更には、法曹界の同意を必要としていた。憲法や法律には、そんな制約があろう筈はないが三権分立という憲法理念が、その根拠とされていた。

　さらに裁判所と検察庁と弁護士業界は三者が対等平等とされ、しかも現実にそのように運用されていた。

第2章　行政書士法の代理権とは何か

　こんな話は、余談、話の脱線ではないのか？と思われるだろうけれども、この舞台裏の取引、妥協の産物が「行政書士の代理権」であるため、さらに続ける。聞きたくない人は、この欄を飛ばして頂ければよい。

　法曹三者が対等平等であった事実を述べる。高等文官試験司法科試験（旧制大学生対象の試験）と弁護士試験（旧制中学生対象の試験…中卒と大卒の中間に旧制高校卒があった）が合体されて司法試験となった一期生が昭和２２年の司法試験合格者である。そして２年間の司法修習生を経て修習終了直前に裁判官、検察官、弁護士と進路が別れることになる。司法試験合格者が年間２００人くらいから始まり徐々に増えて昭和４０年頃、年間４００人くらいの合格者となった。そして、平成初期まで司法試験合格者は３０年近い間、年間４５０人前後と相場が固定していた。行政書士に念願の代理権が与えられたのは、この背景がある。即ち、司法試験制度の大改革により司法研修所を廃止して弁護士試験と裁判官、検察官採用試験の分離案である。この改革案は非常に政治性の強いもので、この計画は極めて隠密裏に進められており、その狙いはマスコミ、学校教育や（警察、自衛隊を除く）公務員に根を張る左翼、共産主義勢力の排除なのだった。

　その一環として司法改革という大きな看板を掲げることになった。そして弁護士自治を廃止するのである。これには弁護士業界の極左勢力が体を張って抵抗しているが、最高裁判所を頂点とする裁判官勢力、最高検察庁を頂点とする法務省、検察官勢力、東京三弁護士会の重鎮グループを頂点とするいわゆる勝ち組弁護士グループが一丸となって作り出す司法改革の大きな潮流を食い止めることは出来なかった。

　こういう時代の流れは、巧みな世論操作によって行われる。弁護士自治を廃止させるための弁護士大増員…これが本音だが、世論操作として規制緩和により、規制は事後規制となる、即ち国民の権利・義務は各国民、それぞれが自己の危険と責任で権利を擁護し、相手方に義務を履行させ

65

る仕組みに変更する。これはアメリカ型社会であり、こうすれば弁護士業務や行政書士業務、その他士業の業務全般が飛躍的に拡大する、と説明した。よって弁護士大増員に進むのである。

おまけに、それが嫌なら検察官採用試験を司法試験から切り離す案までチラつかせるものだから、そうなれば裁判官と弁護士だけを採用する司法試験などが存在できる筈はないので、全国の弁護士連中は弁護士大増員も仕方の無いことか！と諦観ムードが漂った。

この背景に行政書士に代理権授与法案が出て来た。例によって国会は法案を法曹界に投げて意見を求めた。この時点の法曹界の担当者は裁判所、検察庁、と対する弁護士グループは日弁連ではなく、東京三弁護士会を代表するいわゆる勝ち組と呼ばれる在京弁護士界の重鎮グループである。

この三者会談は定期的に開催されており、開催場所は法務省の最上階にある皇居を見下ろすレストランや法曹会館の２階も使ったようだが、主として法務省の三田分室だった。三田分室というのは、港区三田の「桂太郎の屋敷跡」のことである。利用者の間では、桂太郎の屋敷跡だから「桂」と呼ばれていた。この密室の密談の方針に添って最高裁も法務省も日弁連も動いているのである。その密談内容が市民生活に直接関係する分野、たとえば法科大学院の設立や弁護士法７２条に牴触する立法作業などは法務省を通じて国会に送られる。

三田分室は明治の元勲、陸軍大将、総理大臣を３回やった公爵の屋敷跡だけあって、見事な庭を眺めながら高級料理でうまい酒を飲むところだった。そこで飲めるのは、検察庁の上層部と雲の上の人と呼ばれる裁判官達だった。私は某検事正に何度か同伴させて頂いた縁で、紹介者無しで出入りできた。

当時のこの三田分室の実質上の管理者は、旧般若苑の元芸者の文子姐さんだった。管理責任者は古参事務官の誰かだったのだろうけれども、

現実は検察庁の偉い人のお気に入りとなった文子姐さんが仕切っていた感じだった。但し、この場所は日本の司法界、法曹界のトップシークレットの会議の場である。会議は夜ばかりで、帰る時は全員酔っ払っている。三田分室では、何組もの集まりがある時に、別の組と玄関で顔を合わせないよう細かく神経を使っていた。名前を書けば、日本中の誰でも知っている人物が逮捕される前に数回任意の取り調べを受けた場所も、昼間のこの三田分室だった。

　これらの情報は、堅く秘密が守られていた。日本国最高指導者層といって良い権力集団であり、霞が関の官僚権力集団の上を行く陰の政治勢力なのである。この法曹界のトップグループの会合は極秘裏に進められていたので、マスコミには全く気づかれることはなかったが、弁護士業界の左翼勢力の上層部は内容を薄々感じていたようである。この法曹界のトップ会談の議題に行政書士法の代理権問題が出た。

　話が長くなったが、以上、縷々説明した経過により行政書士に代理権を与えることがこのトップ会談で合意できた。これで本来なら決まりである。

　（余談だが）行政書士法の代理権問題は法曹界のトップ会談で決めるのではなく、国会における多数決で決めるのではないのか？と疑問に思う人も多かろうと思われる。

　これについてはその仕組みは詳述した通りであり、国会議員は官僚という釈迦の掌で得意になっている猿（孫悟空）のような存在でしかないのである。

　国会議員というのは人格、識見に優れた人物を言うのでは無く、選挙で当選し易い知名度の高い人とか二世三世議員などで構成せられている。本当に人格、識見に優れていると尊敬されている人は、選挙という投票用紙の札を入れてもらう為のまるで乞食の物乞いのような振る舞いを嫌い立候補しないので、結局知名度の高い二流の役者とか組織力を持

つ労働組合出身者や、二世三世議員にならざるを得ない。そうでないなら、有名タレント、有名スポーツ選手、ニュースキャスター、漫才、落語家など、およそ政治の世界と無縁な、しかも教養水準が高いとは思えない人たちに国会議員という立法作業が務まる筈はないのである。大阪府の知事にコメディアンの横山ノックがなったり、東京都知事に美濃部という三流の経済学者がなっても、大阪府も東京都も都市機能が維持できた過去の例でも分かる通り、政治を動かしているのは官僚なのである（尚、地方政治の行政官僚も霞が関から派遣されたキャリアの東大卒によって行われている）。

　要するに議員の役目は議会において所属政党の指示する賛否の一票を投じるセレモニーをする人であり、そんな彼等国会議員には司法改革の難解な理論は理解できない。マスコミの報道を鵜呑みにするだけである。

　そのマスコミは彼等にとって上得意先である裁判所、検察庁によって巧みに報道内容を誘導された内容で報道する。マスコミには左翼勢力が力を持っていても、自分たちの上得意を敵に廻しては「飯の食い上げ」である。左翼勢力の連帯よりも自分たちの飯の種を大事にしなければならない。そうやって、見えない力によって巧みに世論が形成せられ社会正義が作られている。

　行政書士会の政治連盟は衆参両院に働きかけており、他士業も同じようなことをしているが、彼等国会議員…つまり釈迦の掌の上の猿に陳情しても極めて効率が悪い。政治献金などをうまく吸い上げられたりして馬鹿を見ている。見返りは国会議事堂内部の広大壮麗な殿堂の雰囲気に酔わされてリップサービスを受けることの繰返しでマスコミ報道の裏話を聞かせて頂けることくらいであろうか。

　政治的圧力をかけるなら国会議員よりも霞が関を狙うべきである。

　政治連盟は、いつまでたっても通り一遍のセレモニーしかしていないのではないか？と陰口を叩かれるのは、本当に怠慢なのか、人事で争っ

て敗れた人の負け惜しみか、は知らないが、効率の良い攻撃目標は霞が関である。ただし、霞が関に圧力をかけるのは高度な技術を必要とするので軽率に言えることではない。これは行政書士の個人個人の繁栄とは次元が違う。

　以上の通り日本の進路の梶取りは釈迦の掌を持っている官僚なのであり、その掌の上で踊っているのが政治家であり、大袈裟に言えば国会というのは官僚の描いたセレモニーの芝居小屋なのである。これらを理解できないと行政書士法第１条の３の２号にある「…に関する書類を代理人として作成すること」の正当な解釈が出来なくなるのである。

第３章　「書類を代理人として作成する」とは…？（Ⅰ）

　では、行政書士に「念願の代理権が与えられた」なら、なぜ「…に関する書類を代理人として作成することが出来る」という条文になったのか？「白い紙に黒い文字を代理人として書くことが出来る」というのでは意思表示の代理人とは言えない。

　ここでは詳述しないが、代理とは本人に代わって意思決定をし、その意思を相手方という他人に表示することで、その意思表示をする人を代理人ということは既に本編の冒頭で述べた。従って「書類を代理人として作成する」とは法的には意味不明なのである。

　ここで出てくるのが前述の法曹三者重鎮会議のトップシークレットなのである。実は、この部分については、これ以上、詳細、明確に書きにくい背景がある。本当は「書類作成の代理権」という誰にも解釈できない条文が出来た原因は、この重鎮会議が急いで妥協した産物であり、そして失敗している。この失敗を軽率に口外できない訳があるのである。

　これ迄の記述で察しはつくと思われるが、行政書士の社会的地位を向

上させて代言人と代書人を合体させる、つまりアメリカ型のロイヤーにする、その前段階に弁護士自治を崩壊させる思惑があった。その上、その当時の行政書士試験合格者の水準があまりに低かった、という現状もあった。

当時の行政書士試験は自治庁（後に自治省となり現在の総務省）の所管で、試験は委任事務として各県毎に知事に委されていた。この試験の水準は高いとは言えず、例えば千葉県などでは合格率が実に８７％となる有様だった。学力が低くて読み書き算数ヤットコサ程度の人でも合格できる水準だった。初期の予定では、意思表示のうち紛争性の強いものが弁護士担当で紛争性の弱いものは行政書士の代理権でまかなう、ということになる筈だったが、ここで思わぬ問題が生じた。当時の行政書士の能力で、市民間の権利、義務に関する日常業務につき「業として」代理権を与えて大丈夫か？という懸念である。実は、そういう理由で地方の弁護士会が日弁連に執拗に反対運動を続けたのである。その上、当時の弁護士業界は左翼勢力が支配していて、東京三会の勝ち組と呼ばれる重鎮・長老も左翼勢力との正面衝突を要領よく避けてきた人たちである。

行政書士法改正により、結局、弁護士の社会的地位を低下させ、その終着点が弁護士自治の廃止であることを、薄々感じていた弁護士業界の左翼勢力が行政書士に代理権を与えることにつき地方会所属弁護士達と組んで前記、弁護士業界代表の重鎮達に断固反対することを強硬に申し入れて来た。

弁護士業界の重鎮だけでＹＥＳとかＮＯとか言えることではない。この当時、弁護士業界の左翼勢力は共産党と極左集団とが対立しており、両者はことある毎に争っていた。この背景で前記、弁護士業界の重鎮グループは、左翼勢力のうち共産党勢力と組んで弁護士自治の崩壊を進める道を選んだ。そうして裁判官代表、検察庁代表らと鳩首密談して、行政書士法改正については妥協して代理権は与えるものの、暫定措置とし

て「書類作成の代理権」であることにし、その代償として司法試験合格者を年間３０００人とすることを申し合わせた。年間３０００人の合格も暫定措置であり、将来的には士業を二分し、法律ロイヤーと会計ロイヤーに統一してアメリカ型にし、これにより弁護士自治を完全に無くすという目的を達するのである。

　この司法試験合格者を年間３０００人にするという方針に賛同している勢力は、政治では自民党、行政は霞が関勢力、最高裁、最高検、東京三弁護士業界の重鎮、長老グループ、そして日本共産党に所属する弁護士グループである。しかも芸の細かいことに増員目標は３０００人なのに、当初は年間１５００人に増員と発表することまで決めていた。左翼勢力でありながら弁護士大増員に日本共産党が反対しないのは上記経緯による。この法曹三者の密談による合意は今から既に３０年も昔のことである。これは当時の最高裁判所の裁判官室で私が最高裁判事から聞いていた話である。どうでもよい話だが、この最高裁判事室からは前面の道路は見えず、皇居の濠と森が見えるようになっていた。その方が確かに素晴らしい景観である。だが問題がある。最高裁長官の任命権者は天皇である。他の１４人の最高裁判事は認証官である。要するに天皇は彼等の上司に当たる人である。一方、前面道路を通る市民は帝国臣民ではない主権者国民である。建前の問題のようでも視線は常に上しか向いていないのは、どうであろうか？彼等が奉仕すべき全体としての国民の方向を向くべきではなかろうか。最高裁の屋根の高さは国会議事堂の頂上の高さと同じに建てられていた。互いに上下がない、という意味である。最高裁判事の全ての部屋にトイレがあり、仮に暴漢に襲われたらトイレを経て外部に抜けられる構造になっていた。

　後述するように行政書士の性格、根性が依頼者から見て「頼もしい」「逞しさがある」と思って頂くには、無気力人間ではなく、ことに当たって命を懸ける激しさがなくてはならない。各判事室に全てトイレがあるの

は老裁判官グループだからそれでよいが、防犯対策でトイレから逃げるという構造は、彼等が最高裁という頂点の裁判に命を懸けるという信念を持っていないことを示している。つまり彼等もサラリーマンなのである。

　前述の通り、「書類作成の代理権」というのは意味不明を承知で前述の政治的政策的な都合で入れた文言であり、この意味づけは行政書士業界と弁護士業界の力関係で決まることになる。法解釈とは、少なくとも実務の法解釈…つまり裁判所の法解釈とは、そういうことである。

第4章　「書類を代理人として作成する」とは…？（2）

　以上が代理権獲得の経過だが、では「書類作成の代理権」とは何を指すのか！代理人として書面で意思表示をすることが出来るという意味であることには反対説はない、と思われる。「意思表示を書面でする事ができる」というなら、当たり前の事で条文に書く必要はない。「意思表示を言葉ですることができる」という条文は無いが、あまりに当然で条文にはどこにも書かれていない。では、その意思表示に制約はないのか？勿論、理論的な制約はある。たとえば婚姻、離婚の意思表示がそうである。弁護士法72条の弁護士固有の紛争事件についての意思表示であっても婚姻、離婚の意思表示は代理できない。書類作成行為は意思表示ではなく、従って明らかに代理行為ではない。白い紙に黒い文字を書くことは意思表示とは言わないことは説明不要であろう。「…書類を代理人として作成すること」をこの通り読めば、明らかに支離滅裂な条文である。

　全国の貧困弁護士、地方の弁護士、法科大学院卒の大量生産の学力の低い弁護士達は、この条文を「代理人として書類を書くことだ」と理解している学力の低さである。但し彼等を軽蔑してはいけない。弘法も筆の誤りで、誰にでも誤りや失敗はつきものだからである。

この条文の正しい解釈は、ずばり「行政書士に法律行為の代理権が与えられた」と読めばよいのである。では「書類作成の」とは何の意味か？この経緯は詳述した。文章の構成技術に置字というのがある。焉、矣、而など読むこともあるが読まないこともある文字のことである。この「書類作成の」という文字は置き字と理解すれば素直な解説が出来るではないか！つまり「書類作成の」部分には意味はないのであり、単純に「法律行為（意思表示）の代理権」と読めばよいのである。
　但し代理権を得ても弁護士法７２条の壁は立ちはだかっている。これはしっかり意識しておかねばならない。

第５章　事実行為に代理があるか？

　行政書士法第１条は行政書士業界の収入の増大につき大きく関係する。類似業種から上記解釈に対する激しい反論が予想される。そこで代理と事実行為について説明しておく。
　代理とは他人の為に意思表示を為し、その意思表示の効果が直接本人に発生する法律行為のシステムであることは既に述べた。
　行政書士法１条の「行政書士が作成することができる契約その他に関する書類を代理人として作成すること」とは、どんな代理をすることか？白い紙に黒い文字を代書、代筆することは代理ではない。代理は意思表示を他人に代わって行う制度であり、字を書くことは事実行為であって、法律行為ではない。法律行為は意思表示を要素とする法律要件であり、字を書くことは事実行為であり法律行為ではないのである。事実行為に代理という観念はない、というのが通説である。
　例えば消費貸借は要物契約であり、契約当事者間における貸借という意思表示の合致の他に物の授受がセットになって成立する。そうでなければ貸主は、まだ貸す前から返済請求権を行使できることになる。それ

に対して借主は、まだ借用すべき物を受け取っていないことを抗弁として主張すれば良い、などという珍説は見当たらない。

　金銭の消費貸借なら貸借の合意と共に金銭の授受を伴い、消費貸借契約が成立する。そうすると貸借の合意部分は意思表示であり法律行為だが、金銭の授受は明らかに事実行為であるから、代理人による金銭の授受であっても事実行為自体には代理はないのである。従って行政書士法１条にある「書類を代理人として作成すること」という書類作成は事実行為であるから、代理はあり得ないのである。契約内容に従い物の引渡しや金銭の授受と同じで、代理人が本人の為にする行為であっても代理ではないのである。

　行政書士に代理権を与えたら弁護士業界を荒らされる、と心配した地方の弁護士業界の圧力と、一方、その当時の行政書士の資格試験が中学卒程度の学力で合格できる有様だったことから、市民社会を混乱させ行政書士業界がトラブルメーカーとなりかねないことを案じた法曹界のトップと法務省の密談で、弁護士大増員と引き替えに「書類作成の代理」という笑止千万な条文を作ったのである。

第６章　関連事項

　関連事項を述べておく。
　司法試験合格者は早急に年間３０００人にすることが合意されていた。ところが、当時の貧困弁護士、地方会の弁護士のほぼ全員が弁護士増員には大反対だった。驚いたことに当時の法曹界は裁判官も検察官も弁護士も人数の不足はひどかったにも拘わらず、である。都道府県、全てに裁判所支部がある。その支部に対応して検察庁の支部もある。その支部総数は合計２００箇所もあり、その支部には裁判官も検察官もいるのに、その裁判所管内には弁護士が一人もいない、或いはいても８０才

超の御隠居の老弁護士が一人いるぐらいの地域、いわゆる弁護士ゼロ、ワン地域が実に百数十箇所もあった。これらの地域で弁護士業務を実質上こなして市民に奉仕していたのは行政書士をはじめ旧代書人グループであったことは既に述べた。この弁護士ゼロ、ワン地域には必ず簡易裁判所が併設されていた。概ね簡裁構内には司法書士が一室借りて、或いは廊下の隅で「司法書士」の看板をかけて弁護士業務類似のことをしていた。

　余談だが裁判所構内の司法書士の報酬は異常に高額で、裁判所構内に居を構えていることから市民は「報酬が高い」ともめると裁判所相手に逆らっていることになる！と感じるのか、不満も文句も言わず支払っていた。まるで江戸時代の公事師である。そして裁判所の慰安旅行には同行する。勿論、会費として少なからぬ御祝いを包んで喜んでもらうのである。

　この頃、司法書士業界が自民党に簡易裁判所の訴訟代理権を与えよ！と繰り返し陳情していた。これをさせたのは前述の法曹業界の三者の重鎮会議が背後にいた、と言われているが、それを霞が関が政府与党にそっと耳打ちした、というパターンのようである。

　前述の法曹三者のトップ会談で行政書士の代理権には反対勢力もあることから暫定措置として「書類作成の代理権」と訳の分からぬ文言を入れた経緯は詳述した通りだが、代償として弁護士大増員はどうするのか！これも法曹三者のトップ会談で進行させることになっていた。弁護士自治の崩壊の第一歩として司法書士に簡裁の代理権を与えればよいのである。これには法曹三者のトップは互いに異存はない。但し、弁護士業界、特に貧困弁護士、地方会の弁護士は生活がかかっているため大反対することが予想された。そこで、弁護士業界は日弁連を通じて全国の弁護士会に、こんな嘘をついた。

　「司法書士会が、政治連盟を通じて簡裁の訴訟代理権を与えよ！と猛

烈な運動をしている。これは断固阻止せねばならない。しかし現実は弁護士が簡裁事件を扱うには弁護士数の絶対数が極端に不足しているので、今のままなら司法書士に簡裁の訴訟代理権を与えるしかない。それを防ぐためには、やむを得ないことではあっても弁護士が簡裁事件を扱えるだけの増員をするしか無い」である。

　以上の経過を経て司法試験合格者を急激に増加させ年間４００人台の合格者が急速に増加し、間もなく７００人の合格者となり、その翌年９００人合格となり、その翌年には１５００人合格となって２０００人合格のレベルで横這いとなっている。司法試験合格者の大増員に成功したのに併せて、弁護士業界に反対運動の余裕を与えず、司法書士の簡裁の訴訟代理権も認められた。司法書士に簡裁の訴訟代理権を与えないための弁護士大増員だったのだが、東京在住弁護士の重鎮たちの働きで司法書士に簡裁の弁護士資格が与えられた。これによって弁護士法７２条は弁護士資格が無くても弁護士業務を行えることになり大きな風穴があいた。

　地方の弁護士連中はリッチではない。しかも東京以外の弁護士総数は４６道府県の合計人数が全国の過半数に満たないのである。行動を起こす金も無ければ多数決の人数さえ足りないのである。司法書士も弁護士業務を堂々と出来ることになったのに続いて、税理士や弁理士、社労士らも部分的ながら弁護士資格を得て弁護士法７２条は、今や穴だらけとなっている。

　前記法曹三者のトップ会談は行政書士に対してはどうしたのか？弁護士業務につき旧代書人の枝分かれの七士業は、順次それぞれ弁護士資格の一部を得て、法廷出廷権を得ている。そこで行政書士には司法書士独占業務の一部を解放して行政書士業務とすることでバランスを取ろうとした。司法書士に簡裁の訴訟代理権を与える代償に、登記手続につき行政書士にも資格を与えることは既に法曹三者のトップ会談で合意されて

いた。

　以上要約すると、法曹界の三者トップ会談では、七士業のいずれの業種にも弁護士業界が、これまで独占してきた業種を順次解放して、各士業の専門分野につき法廷出廷権を認め、いわば一部弁護士資格ともいうべきものを与えて、それらを立法的に解決したのである。

　（注）これを信じたがらない行政書士も少なくない。自分で自分を不利にして独占的排他的な職業上の利権を手放すことをする者がいる筈はない、と言うのである。この人たちに、ここで反論はしない。これらの経過を、もう一度読み返して頂ければ、分かる筈だ、と思っている。
　　　明治初期に士農工商の身分を廃止させたのは士階級がしたことだったではないか！それに対し熊本県などでは農民層から士農工商の身分制度を復活させろ！と大規模な暴動が起こっている。司法書士に至っては、管轄が簡易裁判所だけではあるが、弁護士資格を与えられた。司法書士には、最大の職域拡張となったが、その代償に司法書士がほぼ独占していた登記事務の一部を行政書士業務に解放することが予定されていたことは前にも述べた。
　　　ところが、日行連会長と日政連会長は連名で司法書士会（日司連）会長宛に「行政書士は登記事務が出来るよう働きかける運動はしない」旨の誓約書を提出した。驚いたのは、密室の密談専門の当時の法曹三者会議の一同である。弁護士業界の社会的地位を低下させることに反比例して七士業の地位をいずれも大きく向上させることが予定されていたのだが、その一角の行政書士業界が、得られる筈の巨額の利権の受け取りを拒否したのである。これでは、行政書士業界が利益を享受しないのだから、それを強制するのは妥当ではない。行政書士業界の末端では、仕事の不足で貧困に喘ぐ者が珍しくないのに、行政書士業界上層部によって、またまた職域拡張が阻止されて今日に至っている。

第四編　職域拡張と報酬のとり方など

第1章　はじめに

　解決が迅速で、誠実に対応して、報酬は高めに頂くのがよい。
　間違いだらけの手続きを繰り返す、依頼者に何度も同じ質問を繰り返す、事務所に不在がちで依頼者から連絡が取れず仕事も遅い、説明不足、説明の意味が分かりにくいなど、仕事の質は悪いが報酬も安い、これらはいずれも良くないことは言うまでもないが、こんな先生も少なくない。
　仕事の少ない先生、収入の少ない先生は御自分が上記のようになっていないか謙虚に考えてみる必要がある。では、どうすればよいのか？については次章で述べる。
　仕事の質が悪いと高い報酬は取れない。それでも高い報酬を取る先生はトラブルだらけとなる。依頼者は報酬の高いのを嫌うタイプもいるが、貧困であっても、安心や信頼感を求めて、高くても誠実で安心させてくれる人を望む人も少なくない。
　行政書士法（１０条の２、報酬の額の掲示等）の規定は弁護士法と同じである。報酬は単なる書類作成業務より、紛争性のある書類の作成…そこに至る過程の紛争解決による解決書類の作成…の方が報酬が高い。だが、今のところ弁護士法７２条が立ちはだかる。弁護士法７２条は将来廃止される条文であり、現在、急速に規制を弱めていることについては別に述べる。

第2章　自分自身を高めるために

第1節　優秀な同業者と付き合う

　一つの仕事を共同で受任する。但し、相手は有能な行政書士に限る。ベテランの指導を受けてノウハウを盗ませて頂ける。若い人は、どんどん未知の分野に出て行くこと。付き合う同業者は有能、誠実、流行っている人であることが必要である。欠陥人間、トラブルだらけ、流行っていない人とはなるべく付き合わない。こういう人は無気力人間であることが多い。但し、絶対に軽蔑してはいけない。有能、誠実な人にも必ず欠点があり、能力不足気味の人でも見習うべき点はある。要するに同業者を見下げてはいけないのである。能力不足であっても貧困であっても、常に対等平等であると思っていなければならない。依頼者に対してもそうである。能力不足だから依頼に来るのであり、貧困な人でも報酬を払う金さえあれば、リピーターになってくれそうになくても、対等平等に扱うべきである。逆に、大会社から依頼を受け或いは富豪から受任しても依頼者と受任者は対等平等である。頭を下げて尻尾を振るイメージを与えると間違いなく嫌われる。

　この関係には例外がある、暴力団周辺で生活している人、詐欺師みたいな嘘や欺しの中で生活している人、金銭関係にルーズな人たちとは付き合ってはいけないのである。繰り返すが、この人たちと仲良く付き合うと1年後、3年後、或いは5年後など、いずれ大怪我させられて立ち直れないことになる。

第2節　話は上手であること。聞かせる雰囲気を作ること

　その勉強の為にはテレビではなく生の落語を聞くのが役立つとも言われている。但し落語を聞けば良いというのではなく名人の落語を生で聞いて名人のオーラを感じ取ること。テレビで見る落語では感じないもの

があるようである。昔、早稲田大学の雄弁部（弁論部）が、話の間の取り方を見習うために落語を聞きに行った、と言われている。落語家の話を生で聞いていると、言葉としては全く話さなかったのに、その情景が観客の目に浮かび、言葉でも動作でも示さなかったのに観客に意味内容が伝わる程の芸人が少なくない。この応用は名医と言われる有名な医師や、弁護料は高いのに千客万来の弁護士などにも見られる。例は悪いかもしれないが価値が同程度のダイヤモンドの指輪があるとする。浅草の貧弱な店で５０万円で買った人と、日本橋の三越や高島屋で１００万円で買った人がいたとする。浅草で５０万円で買った人は、安かった、と喜んではいないであろうし、日本橋の有名デパートで１００万円で買った人は高かった、とは思わないと考えられる。これと前述の落語の名人芸の話を足して２で割ると、上手な話術とは単に言語だけではないことが分かる。尤も報酬は高くても千客万来に至るには努力の積み重ねの歳月を要すると思われる。

第３節　補助者を適切に使用しているか。依頼者への奉仕は十分か！

　無能な補助者ではないか。適切な待遇を与えているか（無能で給料が安いより給料は高くても、能力も高くしっかり働いてくれる従業員が良いに決まっている）。補助者は依頼者に奉仕しているか。補助者の電話はモシモシを連呼する程度で話が下手ではないか。

　補助者の能力不足は、依頼者から見れば雇い主の行政書士に対するイメージを悪くする。それは、分かってはいるのだが募集しても優秀な人材が来てくれない、と嘆く先生も少なくないと思われる。公証人、弁護士、公認会計士などの従業員に比べて行政書士事務所の従業員募集には、平均すれば応募者の質、量ともに劣るとの嘆きも聞く。だが、そうでもないようである。公証人、弁護士、公認会計士などの事務所の職員は皆、優秀か！と言えば優秀もおれば、そうでないのもいる。どこも同じであ

る。

　一歩譲って仮に行政書士事務所の応募者は、質、量ともに劣るとする。だが、諦めてはいけない。応募者は一流大学卒でなくてもよく、態度が謙虚で仕事熱心であってくれさえすれば、雇い主の指導次第で立派に仕事を消化してくれる人物に育つことが多いのである。三流人物を磨いたら優秀な職員に成長した！という場合、その職員が行政書士試験を受けて独立する、という事例を何度も見て来た。これは本来は喜ぶべきことであり、嬉しいライバルが出来たと、祝福してあげるべきであろう。つまり協力関係の関連事務所が出来たのであり、この種の事務所が増えることは、大切な人脈なのである。馬鹿を言うな、ライバルではないか？考え方次第だが人脈とは直接に金を払ってくれる人だけを言うのか、協力し助け合える大切な人間関係と考えるかによるが、安心して付き合える優秀な同業者は大切な筈である。

　その反対の事例もある。司法書士の例だが司法書士会の副会長など会務に専念すること約２０年、事務所は優秀な番頭格の職員のもと男女数人の職員が、よく働き栄えていた。その司法書士は司法書士会の会務には熱心だが自分の事務所は職員らに委せっ放しだった。職員たちは皆仕事熱心で依頼者層の信頼も厚く周辺の司法書士連中から羨ましがられていた。ところが、その事務所の若くはない番頭格の従業員が司法書士試験に合格した。そして独立し、自分の司法書士事務所（登記事務所）を設立した。他の従業員は一斉に退職して独立した元番頭格の司法書士事務所の従業員となった。千客万来で栄えていた、それまでの顧客層は全てが元番頭格の司法書士事務所に移った。顧客層との強い信頼関係で結ばれていたのは元番頭格を中心に団結して依頼者に奉仕していた従業員一同だったのだから、顧客層にとっては単なる事務所の移転程度の理解となる。その新事務所の開設には盛大な生花が贈られ多大の御祝儀が贈られて祝福されたという。これこそ依頼者層との高度な信頼関係で結ば

れていたことの証しである。

　一方、惨めなのは、その司法書士会副会長である。一瞬にして全ての顧客を失った。しかも本人は司法書士会の役職を欲しがることに熱心で、会長の座を狙う地位にまで登りつめたものの本業の司法書士業務については２０年近くも仕事をしたことが無いのである。昔取った杵柄、昔鍛えた練度の高い腕前、と言ってみたところで２０年は長すぎる。仕事ができないことにやっと気づいて愕然とした。

　男には、こういうところで人物の大小の差が出てしまう。大人物であれば「しまった」と気づいたら直ちに副会長を辞任させてもらって己の司法書士事務所の再建に全力を尽くす筈である。ところが、この人は司法書士の現職副会長のまま最も安易な知恵のない方法を選んだ。○○駅において進行してくる電車に飛び込んで死んだのである。

第４節　行政書士会の役職の肩書と事務所繁栄の関係

　七士業と言われる業界では、どの職業にも会務の役職の肩書を欲しがる人たちがいる。その人たちの多くは会務の上位の役職についていることが依頼者対策として好ましい、と考えているようである。それがいけないとは言わないが、依頼者対策は本書に詳述していることを実行することであり、会務の役職の肩書次第で商売繁昌、金になる、と言うのではない筈である。

　七士業のうち会務に従事しても日当も交通費も全く出ない（つまり各自負担の）業界もある。行政書士会の場合、日当・交通費が出るので、交付されるその日当・交通費欲しさに会務に従事したがる者が多い実情にある、と聞く。七士業のうち平均して収入が最下位なのは行政書士だ、と言われて久しい。指定席になっているようである。

　私は昭和５３年から行政書士の職域拡張、収入増大を言い続けているが、これに賛同して協力してくれる行政書士はいなかった。近年になっ

て極端な不況になり、底辺の行政書士はマジメに働いても生活保護の給付額よりも収入が少ない人さえいるという状況が生じた。そのため行政書士を廃業して退会した人や、奥さんの稼ぎを当てにする期間が長すぎるので、夫婦仲が悪くなった人もいたようである。

　行政書士の会務は勿論大切であるが、就任希望者が多い現状では、一期２年だけやって、会務を内側から見ることはとりあえず一度経験すれば良く、後は自分の事務所運営が軌道に乗って商売繁昌となり、余裕が出来てから復職すればよい。

　私は永年行政書士会の会務の運営を見てきたが、少数の役員のリードで、その他の部員や委員はただの並び大名のようなイメージで運営されているだけであった。確かに賛否両論あったりしているが、大局的に見ると会議は（行政書士会だけではないが）セレモニーとして運営されている。要するに会務に従事することが、その行政書士の職域拡張、収入増大につながるのか？と言えば、そうではないようである。会務に出頭した日当・交通費は、毎日受領できるなら生活費も捻出できるかもしれないが、結局、微々たる額でしかない。会務を長年続けた事による感謝状、表彰状をもらったところで、依頼者の皆さんはそんな紙片に信頼や尊敬はしてくれない。それらに失う時間、労力を依頼者層の開拓、職域拡張、収入増大に向けるべきで、若し依頼者層が十分形成されていたら、その依頼者層の質をより一層高めるよう努力するなど、するべきことは他にもっと大事なことがあるはずである。行政書士に限らず士業に対する依頼者層は、各業界からの表彰状、感謝状に対してほとんどの人が権威を認めておらず、只のアクセサリー程度にしか見てくれていない。それを見て大袈裟に誉めてくれるのはお世辞、社交辞令の「ほめことば」である。つまり、表彰状、感謝状を見せつけられたら、そのように挨拶するのがほとんど確立されたマナーなのである。その「ほめことば」を聞いて、喜んで恍惚状態になっているところを依頼者に見られると、それが

常連客の大切な依頼者だったらその行政書士の精神状態の貧弱さを見抜かれることになる。そうは言っても行政書士会の会務の運営は大切である。誰かが犠牲になって、会務をしっかり遂行して行かなければならない。ただ、私の勝手な言い分かも知れないが、行政書士会の上層部は闘って職域拡張を勝ち取る闘争心、ファイトが不足していたように思う。一例を挙げれば、弁護士法７２条の適切な運用である。これを言い続けているのは弁護士では日本全国でおそらく私一人であり、行政書士には誰もいない、という有様である。

　今までは、それで良かったとしても今は司法改革の大混乱で七士業の最上位にいた弁護士業界でさえ、学力不足のまま近年の司法試験で大量合格した底辺の大群が「弁護士では飯が食えない」と大騒ぎしていることは知らない人はいるまい。昔なら、こんな集団は政治勢力となってマスコミの一部と組んで激しい運動を起こしたが、現況は司法改革の捨て駒にされた落伍者集団でしかなく、日弁連上層部は彼等を本気で救うつもりはないのである。ただ、これを、このまま放置すると他士業の職域になだれ込むことが予想され、現に、弁護士業務遂行能力の欠如のまま、生活費不足のため食うに事欠き市民の皆さんを「欺したり」「脅したり」しているという看過できない社会問題を生じさせている。この弁護士業界の激震の影響を最も受ける士業は行政書士業界だと思われる。対する私の考えは、行政書士業界は守りの姿勢ではなく、弁護士業界の職域に進出、進撃することだと考えている。弁護士法７２条の厚い鉄壁については後述する。

　私は昭和の時代に日行連顧問をしていたが、その頃の私の考えは行政書士の職域拡張のため弁護士業務の一角は行政書士でも扱うことが可能だというものであり、行政書士業界の職域拡張だ！と言い続けてきた。ところが当時の日行連最上層部は、私に対して「行政書士全体のために働く必要はなく、日行連上層部の為に尽くしてくれればよい」との態度

で、歯車が噛み合わず、この状況が続いた末に退任させていただいた。

　行政書士会上層部は、現在、行政書士の職域拡張の為に突貫作業で働かねばならない状況になっている筈である。

　司法改革の犠牲として計画的に大量生産された学力不足、能力不足の落伍者新米弁護士集団と比べて新米行政書士や貧困行政書士の集団は立場が違うのである。

　行政書士会の役員の肩書きは欲しがるほどの値打ちはない、と思われる。現に会の上層部の役職を長年続けているにも拘らず、貧困に喘いでいる古参行政書士も沢山いる。それらの人たちは、会の上層部の役職を長期間続けるなら会の発展の為に、さらに奉仕を充実させるべきであり、単にセレモニーを繰り返すだけより、今一歩、もう一息、汗を流してやって頂ければ、と思われる。そうは言っても、会務遂行だけで何一つ進歩も向上も無かったように見えても担当している役員には、それなりの努力も苦労もあるものである。現状を維持するだけでも「過ち無きをもって功となす」で報いてはもらえない苦労があるのが実務の現実である。

　長話になったが、行政書士会の会務の肩書は世間の皆さんには、たいして評価されておらず、その肩書や表彰状、感謝状の評価も期待する程のものではないことは既に述べた。だが折角、会務の上層部の役員を担当してくれている行政書士の先生方には、末端会員の職域拡張、収入増大の為にさらに頑張って頂きたい。

　済んだ昔の愚痴になるが、行政書士の職域拡張の為の私のアクションを妨害するのは、日行連上層部だったのである。この期間は永く続いた。実は今でも行政書士会上層部に、その体質が残っている。具体例をあげれば事案と人名が特定されるから書かないが、私の行政書士の職域拡張の為の行為への非協力ないし妨害は今後も起こるかも知れない。しかし、職域拡張、収入増大については何度も言うが、それは行政書士会本来の目的ではない。各人の事務所は各人が守り、各人の家庭も各人が守り、

その次に行政書士会を守り併せて市民社会を守るべきであり、自分のことは自分で守る、自分の職域拡張、収入増大は自分自身ですることである。その為に大事なのは行政書士会の肩書より、本書に書いた業務繁栄の基本をしっかり実行することであり、おそらくこれは肝に銘ずべき事である。

第5節　相談する人はいるか。知恵の不足を補ってくれる人がいるか！

　業務遂行にも事務所経営でも相談できる人がいた方がよい。それには人脈が必要である。職業別の人脈、地域別の人脈、老若男女、政治思想の右・左、それぞれの人脈を持っていた方がよい。優秀な人脈は無形の貴重な財産である。社会の底辺にいる無気力人間を集めても、これは「人脈という貴重な財産」ではない。優秀な人脈を作るには金がかかることもあり、その人脈を維持し、さらに拡大するにも金がかかる。その人脈の中心に自分がいることもあり、或いは、実質的には人脈の中心人物ではあるが、別人を表に出して陰で操る、という方法もある。栄えることによって人脈を広げ、広げた人脈によって収入が増える、というサイクルを作らねばならない。働き盛りの行政書士は、これを怠ると三流の人物、三流の人生で終わることになる。

　この人脈の質は大事である。生涯行政書士をするつもりなら、小さい人脈から徐々に大きな人脈へ、そして人脈の質の向上を心懸けることである。自分を取り巻く環境は、子どもの頃と違って各人の意思で変えられる。自分を取り巻く良好な環境を作ることである。例えて言うなら、ここに美貌女性と言われたい願望の少女がいるとする。彼女の鼻の高さや、垂れ目、キツネ目は環境によって変わることはないが、周囲がマナーの正しい美貌女性、才媛婦人ばかりだったら、その少女も美貌女性になってしまうのである。鼻の高さは同じでも、マナーの正しい美人に囲まれていると顔の表情が美しくなる。それを見た男達は、その少女を美人だ

と思うようになる。それだけではない、この少女はマナーの正しい美貌女性、才媛婦人に感化されて言葉遣いも上品になり性格まで良くなる、という利点もある。声の質（音質）は同じでも話し方が美しくなるのである。さらに優秀な人脈は不祥事を未然に防ぎ事故が起きても小さい事故で済ませるという利点もある。要するに相談できる人、助け合える人間関係を作っておくことである。行政書士業務で悪質依頼者を見抜けず受任したら依頼者とトラブルになった、第三者から業務の妨害を受けたなどは一人で悩んでいないで、お知恵拝借でお力添えを頂いた方がよい。助けてもらった、お力添えを頂いたというときは、有形、無形の感謝を忘れてはならない。一人で行政書士をする、或いは補助者一人を置いて２人で行政書士事務所を経営する、という形態は常に孤独な判断をしなければならない。こういう業務形態の場合は意識して群れて暮らすことを心懸けねばならない。別の項でも書いたが、行政書士会の総会、同懇親会、支部総会、同懇親会、旅行会、研修会、新年会など同業者と群れて暮らすことである。

　行政書士が依頼者に欺されて廃業に追い込まれたり依頼者の財産を欺し取ったり依頼者の金品を横領したりするような事は、他に相談する同業者がおらず孤立した環境で発生することが多い、と知るべきである。

第６節　行政書士の周辺業務に関する知識はあるか

　税金、登記、訴訟など隣接業務の知識はあるか。他士業の知識はアバウトでしかないのは止むを得ない。それらの職業の人と仲良く付き合っておくべきことは言うまでもない。周辺業務の知識が豊かであれば、それが千客万来の繁昌のもとになるのだが、そのためには行政書士業務が良質の固定客を持って栄えていなければならない。そうなると仕事が生き甲斐となり、楽しみながら汗を流すことになる。この種の事務所は依頼者が感謝してくれて笑顔で報酬を払ってくれるという状態になり、仕

事が忙しくても疲れを感じなくなるようである。

第7節　行政書士に求められる人物像

　七士業のうち弁護士は、紛争処理業者の側面がある。ゼニカネの奪い合いの戦闘員の面のことである。従って気の弱そうな人、病弱そうな人、元気のない人、声の小さい人、話が多弁なのに聞く人に解りにくい話し方をする人、話の合間に常にエー、アー、ウーなどの声を出す人（昔、大平正芳総理大臣が、この癖が直らなかった）、いつも疲れた感じの顔をしている人などは依頼者に嫌われている。従って、事務所は流行らない。

　他士業は、それでもよいのか？他士業も弁護士業と変わることはなく、依頼者にとっては前述のような人は敬遠される。しかし、他士業は同業者間で争って、金銭の奪い合いをする職業ではないため、戦闘員の面までは求められないかもしれない。何度も繰り返してきたが、依頼者が行政書士に望むのは白い紙に黒い文字を代筆してくれることではなく、中小企業、零細企業の経営の一翼を担うに足る知恵を貸してくれる人、頼れる人である。これを理解して、自分自身をそのような人物として完成させれば、仕事はいくらでも来るのである。何度も繰り返して書いているが、「行政書士は書いてナンボの職業だから、書き方を教えろ」ではないのである。六法全書を商売道具とする街の便利屋になることである。流行っている弁護士は、大金持ちの病人に大病院の有名医師を紹介したり、銀行からの借り入れのノウハウを知りたい経営者のために退職した銀行の支店長を紹介して3人で豪遊したりしている。これらの話は詳述できないが、こんなことをしたこと自体で手数料が取れる筈はなく、単なる人間関係の「親切」であり、それに対する「感謝」が返るのみである。ただし、これら利便提供行為はいずれも金が動く話である。従って、表向きは親切と感謝だけのようでも、結果としてはその弁護士の財布に

はちゃんと金が入るようになっているのが常である。ここで気をつけなければならないことがある。大病院の有名医師を紹介したり、退職した銀行の支店長を紹介したりするのは「人を見て」せねばならないことである。大病院の有名医師は財界、政界の有名人や富豪などばかりを相手にしていて、貧困な病人とは縁がない。財界、政界、富豪などの世界は社会の底辺の貧困層とは、マナーのあり方や生活様式が違っているので、いわゆる「神の手」と称えられている有名医師に対して生活苦の貧困な人を紹介してはならず、消費者金融の取立に苦労している人に銀行の元支店長を紹介するなどしてはならないのである。

　悪質な伝染病を持っている人に近づいてはいけないように、貧困のためトラブルだらけの人、暴力団ないし企業舎弟、フロント企業関係者、奇人、変人と思われて普通の人が付き合わない人、職業をはっきりさせず何かを隠している人、などとは距離を取らなければならない。「六法全書を持った街の便利屋」になっても、こんな連中を客としてはならないのである。

　受任の拒否は、上手に断らねばならない。上手に断る要領は大切である。そんな連中から仕事をもらって、難癖つけられて脅され、たかられてただ働きの上、金を巻き上げられた行政書士は、働き盛りの年齢でありながら、廃業して行く人が少なくないようである。ということは結局、依頼者層の人脈は上流階層、中流階級（ミドルクラス）が良いことになる。だが、富裕層のグループの一員になるには、自分自身も裕福でなければならないのか？の問題がある。必ずしもそうではないようである。富裕層グループと言ってみたところで、互いに仕事の関係では利害を打算する立場だから、必ずしも仲良しクラブの関係にはない。仲良く笑顔で付き合えるのは、ゴルフとか、麻雀、囲碁、パーティーの席などである。この連中と付き合えば、「外国人相手の書いてナンボ」の書類作成の賃仕事とは異なり、大会社、中会社などでは仕事はいくらでもあり、小会

社と言えども羽振りの良い会社には手伝えることがいくらでもある。

　これだけ言っても、まだ理解して頂けない行政書士の先生もいると思われる。大会社、中会社、羽振りの良い小会社を相手に、行政書士が「他人の依頼を受けて、報酬を得て官公署に提出する書類、その他、権利義務又は事実証明に関する書類」の作成依頼が沢山来る、というのか？などと、疑問を持つ行政書士の先生のことである。書類作成以外に融通のきかないタイプの先生には、前述の話は何の役にも立たないことになりそうである。だが、若い行政書士、働き盛りの行政書士の場合、現在の自分は「書類作成以外に融通のきかないタイプである」という自覚があったら、直ちに突貫作業で己を磨き、経営者に必要な能力を身につけ、社交性を備え、新聞は日経新聞を取り、要するに上流、中流階級と付き合ってもらえる器に変身することである。変身は急ぐ必要がある。水の中のヤゴがトンボになり、毛虫が蝶になり、土の中の白い芋虫のようなものが、蝉になる見事な変身はいずれも数分で変身するのである。人間が己の性格を変え、海綿が水を吸うように知識を一気に吸収するのは、数分とはいかないが、そのうちそのうち…と思っているだけの人は、いずれも「書いてナンボ」の低額の賃仕事で生涯を終えることになる。

　では、上流、中流階級にはどうやって仲間入りするのか？その前提として自分自身の学力なり教養水準なりが、彼等と同程度でなければならないことである。能力とか性格などは評価する統一基準はないし、人は誰にも個性があって同程度とは何か？は難しい問題だが、自分自身を彼等と肌が合う、気持ちが通じ合うようにせねばならない。

　どんな人にも必ず人脈がある。まず血縁で、伯父、伯母、従兄弟などもっと遠くの親族まで広げると、出世している者がいるかもしれない。田舎出身の行政書士で、実家は田舎で両親が健在で近所の家から東京で大成功している人がいたりしたら、親を通じて近所の大成功している人の親を紹介してもらうことである。東京で大成功している人物は、財界人で

もよく霞が関の高級役人でもよい。その大物に、「田舎の親が紹介した近所の家のセガレ」となると必ず会ってくれるはずである。或いは、大学のゼミの先輩後輩の関係なら、ゼミの指導教授に紹介してもらうことである。要するに、どんな人でも間に誰かに入ってもらうと大物と言われる人との間に必ず接点があるものである。

では、紹介されて会うときの初対面のハウツーはどうか？本書のタイトルは、行政書士の専門家としての繁栄講座である。それは、別のハウツー物の本を利用願いたい。ただ、一点だけ参考迄に述べておく。私たちの周辺には、仕事をしていく上で、是非お付き合い願いたい人がいる筈である。そういう人から軽蔑されることはしてはいけない。そもそも日常生活において、誰からも軽蔑されるような振る舞いはしてはならないのである。

例えば、互いに顔見知りのゴルフコンペが終わったとする。形ばかりの表彰式が終わって、駅前のレストランで二次会を予定することがある。３０人の参加者のうち、車を運転する人や下戸の人などを除いて、１５人が飲み会に参加したとする。こういう席では話して楽しい人、話題が面白い人もいれば、嫌な感じ、暗い感じの人もいる。ワイワイ騒いで宴もたけなわとなって解散の時間が近づく。こういう時に貧乏している人から順番にトイレに行く振りをしていなくなる。人数の減ったことに気づいた貧困な人は慌てて飛び出していく。要するに、飲み逃げである。こうして残った者だけで割り勘で全員の分を支払うことになる。人脈の形成には金がかかる、と前にも言ったが、この残って割り勘の飲み代を払った少人数で無意識のうちに、これだけでは絆は弱いが、人脈が出来る。

ここで大事なことがある。折角、飲み逃げのような貧困グループの分まで負担したのだからそれなりの貫禄を持っていなければならない。他

第四編　職域拡張と報酬のとり方など

人の飲み代まで取られて大損をした旨の不満、愚痴を言ってはいけないのである。この一言で「飲み逃げ組の貧乏人」と同格の「逃げ遅れの貧乏人」と評価されることになる。

　ついでに金持ちはケチだ！について申し上げる。「金持ちほどケチだ」「金と○○（汚物）は溜まるほど汚くなる」などと言われる。本当に金持ちはケチなのか？ここで「ケチ」とは、過度の節約、度の過ぎたもの惜しみのことである。これでは、貧乏人と同じことではないか！ということになる。確かに金持ちは、皆さん共通して「ケチ」である。だが、それには訳がある。その訳とは、金持ちは金を持っていないのである。その仕組みを例をあげて、実話で申し上げる。

　皇居の西側に濠に面してイギリス大使館がある。そこは千代田区一番町であり、皇居から遠ざかる順に二番町、三番町となり、五番町は四谷駅前である。町の由来は、徳川時代に旗本八万騎と呼ばれた三河以来の直参旗本の身分の順に、一番町、二番町と順次に五番町迄が、彼等の武家屋敷だったのである。怪談の「番町皿屋敷」の井戸に飛び込んで自殺した女中「お菊」の物語で有名な番町とは、この地名のことである。この千代田区一番町のイギリス大使館の裏に実に６５０坪の敷地の木造平家に老夫婦で住んでいる岡本という人がいた。ゴルフの小金井カントリーの古いメンバーだったことから、私が新入会員の頃、ゴルフ場で度々お付き合い頂いていた。ゴルフ場で私が彼に聞いた話である。今から２０年も昔のことで、当時の彼は９２歳で目も耳も足も腰もしっかりしていた。補聴器もつけず、杖も持っていないのである。小金井カントリーにはこういう化け物みたいな超健康体の老人が、常時複数いるのである。当時の小金井カントリーは、アウトのスタート地点にスタート小屋があって、通路にベンチがあった。同伴プレーヤーは、ゼネコンの戸田建設の戸田順之助氏である。御長老は動作が遅いためか大抵２人で廻っている。朝のスタート前の会話である。岡本氏に「一番町から小金

井カントリーまでの交通手段はどうしているのか？」というのが私の質問である。答えは「バスで駅まで行って、院電で来た」だった。

　「院電」とは、「国電」のことですか？に対して、「そうだね、今はＪＲだね！昔は省線とも言ったね、院電は『鉄道院』のことで私の母がいつも『院電』とばかり言っていたので、私も『院電』と言うのが癖になってしまった」などと言う。

　私は、ついでに少々失礼な質問もした。要旨は「一番町の６５０坪の敷地は、木造平家の一軒だけでは空地が広すぎるが、畑でも作っているのですか？」「畑はない。池と大木の林があるだけだ。昔は住宅街で住み心地は良かったが、今は四方が高いマンションで囲まれている」である。

　この地の住宅地６５０坪は、バブル経済の頃の土地価格なら、明らかに数千億円の値段である。平成２９年の現在でも、明らかに数百億円はする筈である。９２歳だから、一番町から小金井カントリーまでハイヤーで往復するのか、タクシーで来るのか？と思ったら、バスとＪＲの電車だと言うから、運動の為とはいえ少し不便である。タクシーなら（平成２９年の時点で）片道約１万３０００円前後の料金である。この人の財産は明らかに、数百億円である。それならハイヤーで往復して、運動は入会金１０００万円の高級スポーツクラブに行けばよいのではないか！

　やっぱり「金持ちはケチだ」…ではない。彼の発言ではなく、これは私の推測だが、おそらく彼にはさほど金はない、高額の現金は持っていないと思われる。数百億円あるではないか！それでも金はないというのか？その通りである。財産は数百億円でも、金とは「強制通用力を有する交換の媒介物」つまり金銭のことを言う。数百億円の土地は現金化しなければ金銭ではないので、現実には使えない。これだけの土地を持てば、おそらく固定資産税は数千万円の金を取られるものと思われる。一方、収入はと言えば、これも人の財布の中を勝手に想像しているだけではあるが（これが本当の下衆の勘繰りであり、亡き岡本幸三郎氏のお許

しを頂かねばならないが)、おそらく僅かの年金と彼がオーナー社長ないし大株主だった機械メーカーの株式の配当金だけだと思われる。支出の方は、おそらく数千万円であろう。巨額の固定資産税の他、林立する大木や池は結構メンテナンスに金がかかるのである。植林の金儲け目的でなければ、山の木は放置しても問題はないが、庭木は手入れしなければならないので、毎年数十人の植木職人を依頼せねばならず、池の水も常に清潔を心懸けるとその費用も馬鹿にならない。池の水を常時流動させるということは、電気代がかかり循環する水の一部を常時排水させておれば上下水道使用料金も安くはない筈である。

　何を言うか！数百億円あるではないか！と思う人が、普通の感覚だと思われる。だが、数百億円の土地も「ちょっと５００万円必要だから、隅の土地を風呂敷一枚分程売るか！」という訳にはいかないのである。数百億円の財産と言ってみても、それは他人が評価した時の値段のことで、買えば数百億円でも売れば国税と地方税などの合計で半分取り上げられてしまう。要するに、数百億円の財産があっても、その持ち主本人の可処分金銭は財布の中の金だけで、これは自宅のマンションのローンを払い終わった平均的サラリーマンと大して違うところがないのである。従って「金持ちはケチだ」は正しいとは言えず「財産はあっても使える金は乏しい」という資産家が少なくない、というのが正しいと思われる。

第8節　自分自身の性格、根性の問題
（士業に従事する適性を備えているか）

第１項　「頼り甲斐」「強さ」「逞しさ」はどうすれば身につくか？

　おそらく男が、ことをなすには命がけの激しい性格、根性を持つことであろう。たとえば女、子どもに罵倒されても、悪態をつかれても反撃しないのに、体重１５０ｋｇの相撲取り崩れの暴力団に襲われて

も、手刀、ないし拳で、そいつの頭を叩き割る強さのイメージか、或いは宮本武蔵、荒木又衛門がイケメンで温厚で人当たりがよい、というイメージであろうか。何が言いたいのか？と言えば、行政書士は達筆に字を書く書家の変型ではなく（字を書いて稼ぐ渡世ではなく）、中小企業の経営者の経営に関連する事項の全般に亘り、そればかりでなく彼の生活全般、人生全般に亘り、知恵を補い、知恵を貸し、助言し、参考意見、反対理由を述べ、計画につき結果の予見、予想を述べるなど経営者の能力の補佐、補充を業とするべきだ、と言いたいのである。これは強制されてすることではないので、「書いてナンボ」の書類作成の賃仕事がいけないと言っているのではない。人生、金を稼ぐことだけを目標にしている人たちのほとんどが内容の空虚な感じの生涯でしかないのを私達はよく見てきた。幸福とは経済力、財産、金銭の多寡だけではないのである。

　読者が「幸福は経済力だけではない」と実感する事例を私は弁護士業務を通じて随分知っている。本書に書けばノンフィクションの物語として興味、関心を持ってもらえそうな事実も多く、その中には世間に知られず闇に消えて行った事実も沢山あるが、現実にあった人の不幸を（既に関係者は皆、故人であっても）書き並べることは出来ない。そんなことは書かなくても、子供ではないはずの行政書士の先生方なら「人間の幸せは金銭の多寡だけで決まるのではない」ことは各人の身辺でいくらでも生々しい事実を見聞しておられる筈である。それでも私は「行政書士は、もっと稼げ」と言いたいのである。

　「稼ぐ」ためには性格は「明るく」「謙虚」でなければならないと申し上げたが、中小企業の経営者の皆さんが「頼りにさせて下さい」「知恵を補給してくれるアウトソーシングの経営の補助者になって下さい」と全面的に信頼してもらうには「明るさ」「謙虚さ」の他に「強さ」「逞(たくま)しさ」が無ければならない。この「強さ」「逞しさ」は、どうすれ

ば身につくのか？難しい問題であるが、おそらく己の性格、根性を鍛えることである。分かり易く言えば自分自身の命をかける性格の激しさである。

例をあげると、少し古い話だが戦前、ワシントン軍縮会議から帰国した内閣総理大臣浜口雄幸は東京駅のホームで「軍縮条約において米英に譲歩し過ぎた」との理由で、けん銃で至近距離から腹部を撃たれた。突然のことで側近に抱き抱えられた総理大臣は、声を絞って「男子の本懐」と叫んだことは有名である。この性格の激しさは、数年前の麻生首相、鳩山首相、管首相にはないものである。但し、小泉首相はしばしば「殺されてもかまわない」のセリフで闘志を示し、国民の強い支持を得たことは皆さんも憶えておられるであろう。

私は、法政大学で評議員をしていた時、評議員会で同大学増田総長の責任を追及したことがある。法政大学と言えば東京六大学、マーチと呼ばれる五大学に名を連ねる有名大学である。昔は政治思想の、極左過激派は大学や国鉄を拠点にしていたが現在は拠点が無い。これほどの過激思想では、支持者はほとんど見込めず現在の過激派は、いずれも高齢化しており、転向して穏やかになった者も多く数も減っている。その過激派の残党が「法政大学の増田総長の自宅に行き応接室で紅茶とケーキを出されて２時間話し合った」と言うのである。

評議員会は理事一同、監事一同の他に大学首脳部と評議員で、総合計約６０人前後の集会である。私の追及はこうである。「法政大学は昔は中核派の拠点となっていたため三流大学扱いされた。中核派を追い出すのに長い年月かけて多大な犠牲と極めて高額の経済的負担があった。その過激派を法政大学総長の立場にありながら自宅の応接間にあげて紅茶とケーキでもてなして話し合うとは一体何用があって何の話をしたのか？」これに対して総長は答えない。会場は一瞬静まりかえっている。私は続けた。「人に言えないような話なのか？何か書

かされたのではないか？」これにも答えない。沈黙の後私が続ける。「会ったのは事前に日時、場所を打合せてあったのか？」「いや自宅に帰ったら玄関で待ち構えていたので仕方なかった」「仕方がないではないだろう。お引き取り願えばよいではないか？あいつらは簡単には引き下がらないだろうから3回、御退去をお願いして、次に１１０番すればよい筈だ。それをなぜ室内に入れた。法政大学総長の立場ではプライベートなお付き合いとは訳が違うことは解らない筈はなかろう」彼の答弁は「玄関先でもめてご近所に迷惑をかけたくなかったから」皆さん、こんな問答だったのである。

　ここで私は「男は命がけでやればこいつらになめられることはない」と述べ、さらに「法政大学総長の立場は法政大学の頂点の地位にあり大学のシンボルであり顔であり、その一挙手一投足が注目されている。それは良い方にも悪い方にも作用する。法政が六大学の最下位、マーチでも最下位争いをしているのは、あなたのその態度も影響しているのではないのか？法政４万人の学生の指導の最高責任者がそんな態度でいい訳がない。４万人を率いるとは軍隊なら大将である。４万人の為なら十分、男が命をかけるに値するではないか！法政大学の総長の職に命をかける、という態度があればその雰囲気は周囲に漂う。そうなれば過激派は自宅に待ち伏せしたりはしない。仮に待ち伏せしたとしても退去要請をすれば、おそらくおとなしく引き下がる筈である」これに、あと一言だけ付け加えたのだが、それは本書の狙いと関係ないので省略する。

　法政大学総長に対する私の、この発言の終了時に校友ＯＢ評議員の一人が「ソーダ、その通りだ」の間の手を入れたので会場では数名の軽い拍手があった。ここに書いたのは、「男が命をかける」という根性を持っておれば、その雰囲気は周囲に漂って周辺の人に空気が伝えてくれるのだ、と言いたいのである。

法政大学の総長には「命をかける」根性がないから過激派になめられるのでその逆なら、そもそも過激派は自宅で待ち伏せはしない。これは行政書士業務にも通じることである。この仕事に「命をかける情熱」の有無は依頼者にとって「頼れる頼もしい先生」「人あたりは良いが逞しい先生」と思って頂けるか否かの分岐点になる。男は強くなければならないのである。

なお、現在の法政大学は過激派の中核派を追い出し教職員も左翼勢力が少なくなり、それによって大学の偏差値も上がり名門大学の名誉を回復している。

第2項 容姿と性格

受任した仕事には命をかけるという性格の激しさには、他にも大切な効果がある。客商売には容姿、容貌の問題がある。「色が白い、黒い」「背が高い、低い」は女性でなければあまり問題にされないが、依頼者から「頼り甲斐」や「頼もしさ」を肯定してもらうには、顔立ちが「ボンヤリムード」「いつもポカンとしている感じ」「愚人ではないのか？知能、理解力が乏しいのでは？」などのイメージを持たれては仕事は栄えない。

取引社会では対人関係で判断する材料は多岐にわたるが、その判断材料で重要なのが相手から受ける印象である。人を判断するのに「見た目」だけでは不正確であるが、それでも初対面の人が相手から受ける印象は、誰でもかなり正確に当たるものである。時に起こる「まさか！そんな人だとは予想できなかった」という第一印象の誤判断より「やっぱり」という正判断が圧倒的に多いものである。就職試験の面接でも、採用担当者との質疑応答は多数の似たような内容の問答でも、現実の採否の決定の要素は各受験者の与える印象であることが多い。特に同等同格で優劣のつかない時の判断は採点者の受けた印象、イメージに

よる決断であることが多い。その印象、イメージは、各人の会話における話し方、声色、立ち居振る舞いにもよるが、メインはその人の顔が相手に与える印象である。
　「よし、わかった。では、『いつもポカンとしている、愚人ではないのか？』という印象を与えない為には、どうすれば良いと言うのだ！」
これについての解答は難しい。好男子、男前は希望してなれるものではなく、鼻が高いとか、眼が「垂れ目」「きつね目」などは整形手術でもせねば他に方法はない。そういう問題ではなく、行政書士に対して依頼者が「頼り甲斐」「頼もしさ」を感じてもらいたいのだが「顔の雰囲気がいつもポカンとしている」「無気力人間の顔をしている」というイメージを払拭して「頼もしい」「逞しい」イメージに改善する為には、どうすればよいのか？を考える。これも受任した仕事には命をかける心構えを持つことである。前述の浜口雄幸首相の、至近距離からけん銃で撃たれた瞬間「男子の本懐」と叫ぶ気性の激しさを持つことである。命がけで事に当る男は「ボンヤリムード」の顔にはならない。だが、そんな印象を与えるタイプの行政書士は直ちに「仕事で殺されるなら男子の本懐」と浜口雄幸の真似をしてはいけない。急ぐと眼付が悪くなるだけである。性格を徐々に変えて行き、命がけの心構えになるには、おそらく臆病な気持ちから命を捨てる覚悟に変えるように気持ちを変化させることだろうと思われる。その手段として、命を捨ててもたいしたことではない、義は大きいが俺の命は小さい、任務は重いが命は軽い、という雰囲気が存分に伝わってくるものには、戦前、戦中の大日本帝国の戦争映画がある。これらはビデオで数千円で購入できる。それと軍歌を憶えることであろうか。
　（注）ただし戦争を礼賛しているのではない。
　だが戦時中の勇ましい戦争映画を沢山見ても軍歌を沢山憶えても、その全員が「逞しい根性」になれるとは限らない。しかも反戦映画を

好む人には全く役に立たない。軍歌や戦争映画は、それを嫌う依頼者も少なくないと思われ、その他にも副作用があるかもしれない。だが「気力に缺くる」「無気力人間」と顔に書いてある、というイメージの人は自分なりの手段で性格、根性を鍛えることである。いわゆるボンヤリムードの人達は概して動作がのろく、会話も冗長である。人当たりは良いが命をかける気性の激しさを内に秘めており、日常の動作においては全てに機敏に対処するよう心懸けることである、と思われる。くどい程、繰返すが、「強い」だけでは駄目である。行政書士がサービス業であり常に良質の人脈の形成を心懸けて金を稼ぐには、性格は「明朗」で「謙虚」であると共にマナー正しく悪事は行わないことである。強さと共に「優しさ」も必要であり人情の機微などバランスが取れていなければならない。

但し、このバランスは千態万様で、どの比率でなければならない、ということはない。臨機応変でもあるが、「強さ」「優しさ」「人情」などのバランスが、まさに人それぞれの個性であり、どれが正しい、という問題ではない。

第3章　行政書士の職域拡張、収入増大、必勝の策

第1節　はじめに

行政書士は、類似業種七士業とか八士業と言われる中で最も収入が低いと言われている。資格による専門分野の違いによる収入の差もあるが、私に言わせれば行政書士は組織力が弱く伝統的に日行連、単位会の執行部が行政書士の職域拡張、収入増大のための活動をしてこなかったからだと思われる。この原因は、同一資格でありながら行政書士を主たる本業とせず、他の収入源を本業としている人が行政書士会の執行部になっていることにもある、と思われる。しかし私は、行政書士業務専門

の人が行政書士会の会長をした例を、何度も見て来たが、彼等は行政書士業界の発展や行政書士業界で生活する人たちの収入増大の為の活躍はせず、行政書士の収入増大の為の活躍は自分の行政書士事務所の収入増大の為だけに頑張っていただけであった。

そこで、行政書士の社会的地位の向上、収入の増大につき早期に効果の現れる話をしたいと思う。行政書士会は組織をあげて職域拡張、収入増大に取り組むことが望ましいが、行政書士会の本来の目的は職域拡張や会員の行政書士に対して仕事を斡旋、紹介することではない。仕事は各自が個人的に契約により受任することが基本である。

第2節　まず、新入会員の行政書士の先生方へ

　行政書士の資格を得た！と優越感を持つのは甘すぎる。資格と収入は別である。資格を得ただけで「念願が叶った」と思う人はまず成功しない。この感覚では、大抵仕事も受任できず、低収入で生活苦のコースになる。それでも、まだ気づかず「世間は馬鹿ばかりだ」「世の中、矛盾だらけだ」などと愚痴と不平で暮らす行政書士に足りないのは「その行政書士本人の知恵」なのである。これでは行政書士の資格があっても生計はたてられない。行政書士資格はゴールではないのである。他の職業から転職した人のスタートラインに過ぎないのである。前職が類似業種で、そこに勤めていたことによりノウハウを会得している人たち、例えば弁護士、税理士、司法書士などの事務所で働いていた人の実務感覚は別として、サラリーマン、その他、給料を貰っていた人は、最早、定期的な収入は無いのだから、自ら稼いで収入を得ることを自覚せねばならない。依頼者から手数料、報酬をもらわねば、もはや、金を払ってくれる雇主はいないのである。そこには同業者らとの過酷、熾烈な生存競争が待っている。この競争に勝たねばならない。行政書士業界全体から見れば、この同業者間の競争の激しさが増す程、行政書士の社会的地位が向上し、

他士業間とのライバル競争にも力を増すことになる。だが、この講座は業界間の競争の優劣より個々の行政書士の収入増大を念頭に述べていることを承知願いたい。

　同業者との競争に勝つには、他人以上に努力する、汗をかく、ということであり、それが苦痛にならない為には己の職業にプライドを持ち仕事を好きにならねばならない。同業者の悪口を言う、より一層安売りをする、などの安易な競争は自滅コースでしかない。

第3節　次に、ベテランの行政書士の先生方へ

　ベテランの中の概ね若い行政書士の先生方にとっては、今後の行政書士業界は大きく変化して行くことを知っておかねばならない。「過去と現在を直線で結んだ延長線上に将来がある」という、これ迄の方式が通用しなくなっている。業界の構造が大きく且つ急激に変化すると予想されている。社会の構造が急激に変化していることも原因で、社会生活のグローバル化、ITテクノロジーの発達、司法制度の改革などにより七士業界全体が急変しつつある。この状況下で稼ぐ行政書士になる為には士業間の混乱の中を上手に泳いで行く技術を身につける必要がある。行政書士の人口も、どんどん増えて行く。その上、司法改革による弁護士大増員により食い詰めた弁護士が行政書士の職域にどんどん進入してきている。進入は「侵入」と言うべきか？現に日弁連は「入管業務は若手弁護士が代理人としてどんどん進出せよ」とハッパをかけている。行政書士は業界内部で同業者との競争であったものが、他士業の人達とも競争せねばならなくなっている。

　この対策は行政書士が法的な学力を向上させることである。紛争解決の力量をつけることである。弁護士法７２条は空洞化して穴だらけである。但し、未だ弁護士法７２条は厳然と存在している。これまで弁護士法７２条違反で追及された行政書士の抗弁で出てくるのが決まって私の

名前と兼子仁先生の名前である。弁護士法７２条を過度に怖がることはないとしても…この説明は後で述べる。

第４節　行政書士の歴史、代書人と代言人について

これについては章を改めて述べる。

> （注）代書人や代言人の沿革を知ったところで金にならない、と考えてはいけない。依頼者は、どうでもいいような話を通じて、その行政書士の能力、態度、知能水準を見ている。こんな話題から馬脚を現してリピーターを逃してはいけない。さらに別の依頼者を増やしてもらう為には行政書士関連の雑談にも的確に応じられるようでなくてはならない。

第５節　他士業の現状、実態

これについては司法改革の中心にいる弁護士を中心に章を改めて述べる。

第６節　東京以外の行政書士の実態

埼玉会を除いて道府県の行政書士には付き合いが無いので私には知識がない。一般に貧困だと聞いている。昭和の時代に６～７年くらい日行連顧問をしたことがあるが、古い話であり現代とは社会情勢が変わっている。

第７節　外国の行政書士

先進国はほとんどロイヤー制度であって行政書士という資格はないようである。司法改革の方向と関連させて調べると我国七士業の将来が見えてくるが、別の章でも出てくる問題だからここでは省略する。

第８節　七士業間の業際問題

これも別の章で述べる。
> （注）くどいようだが金銭は、まるで磁石のように金のあるところに集まる。金

の無いところには金は行かない。金同士が、まるで相互に吸引するかのように集まる性質を持つ。周囲を見渡せば金持ちはどんどん稼ぎ、ホームレスの人、それに近い人のところには金は近づかない。これと同じで稼ぐ士業の勝ち組には金がさらに集まり、負け組、貧乏神と同居している士業の先生には金は寄りついてくれない。従ってしっかり稼ぐことに尽きる。但し、ルール、マナーを守って他人の目から見ても好感を持たれる稼ぎ方で無ければリピーターは増えず稼ぎは永続きしない。稼ぎがよいと嫉妬されがちだから、稼ぎが良くても謙虚でいた方がよい。

第9節 第1節「はじめに」の要約

　職域拡張、収入増大の為には、必須要件は多数ある。後述する実力をつける、技術に優れる、気合い（ファイト）ある行動、運を引き寄せる、などがあるが、これらが全てではない。

　必須要件は、枚挙に違が無い。その行政書士の健康状態もあり、家庭環境に至るまで考えられる項目全てを並べたら、講座がまるで目次をなぞるだけになったり、スローガンを読み上げるような内容に終始することになりかねない。従って特に大切だと思われる主要な要件を掲げただけで、これが全てだとは思わないで頂きたい。

第4章　職域拡張、収入増大の具体策

　要するに、実力をつける、技術に優れるなどのノウハウのことである。気合い、活力（ファイト）のある行動。そして運を引き寄せる等である。弁護士法７２条とは上手に付き合う。ホームロイヤーになる。高めの報酬を頂く。暴利ではなく良質の仕事をして感謝してもらい、それに見合う報酬を頂く、人脈を広げる、などがある。ここでは、職域拡張、収入増大必勝の策のうち「実力をつける」「気合い、活力（ファイト）ある行動」「運を引き寄せる」について述べる。

第1節　実力をつける

　行政書士を永年続けていても貧困状態の人が少なくない。原因は極め

て多岐に分かれるので一概には言えない。例えば病弱で満足に働けないとか、家庭環境などのため働ける時間が僅かしかない、浪費癖の家族を抱え高額の生活費が掛かるなど。だが貧困の原因が本人の行政書士としての実力不足にある、としたら本人の怠慢である。或いは性格的に向いていないのかもしれない。

以下、如何にして実力をつけるかを考える。

第1項 行政書士の制度について

行政書士制度は、行政書士法の解説書を読めば書いてある通りである。

「行政書士は何をしてよいのですか？」「どんな権限があるのですか？」

などの質問をよく受けるが、こんなことを本気で考えている人は稼ぎが少ないのは当然である。仕事の間口を狭くしておいて大きく稼ぐことが出来る筈はないのである。行政書士制度の理解も必要だが、行政書士で無ければ出来ない職種を並べているのが行政書士法なのであり、それ以外の仕事は原則、してはいけないのだ！という程度の理解では、十分な稼ぎはとても期待できない。

私は昭和５３年から「行政書士は何でも出来るのだ、六法全書を持った街の便利屋だ！」と言い続けているが、３０年以上経っても未だに十分理解されていないようだ。兼子仁先生は、著書のコンメンタールで「行政書士は何でも出来るのだ（職業選択の自由）、但し法律で禁止されている少数の例外があるだけだ」と書いておられる。

「仕事が無い」「仕事が少ない」という先生には「六法全書を持った街の便利屋になれ！」と言っても「行政書士がそんなことをしてもよいのですか？」などと言われ、職業選択の自由、自由社会の自由経済、契約自由の原則などの初歩的理解さえ出来ていないと思われる人の何

と多いことか！これらの人たちは民法の入門でなく法学概論などからやり直す必要があると思われる。要するに、六法全書を持った街の便利屋として金になる仕事は何でもやって稼ぐべきである（勿論、法律によって禁止されているものは除くべきだが）。これは私が昭和５３年から言い続けていることだが、なかなか理解してくれない人が少なくないのである。本書を読んでも、まだ理解できない人が間違いなく、少なからずいると思われる。

第２項　六法全書を持った街の便利屋とは？

　私が行政書士の職域拡張、収入増加策について行う研修で、良く聞く話は「行政書士は、仕事が少なすぎる」「一生懸命働いても、稼ぎが少ない」「怠け者ではないつもりだが、収入は生活保護費と同じ程度しかない」などの貧困問題と「行政書士は、具体的にはどんなことが出来る資格ですか？」「行政書士は何をしてよいのですか？」などの資格問題が多い。

　これらの先生は、もしかすると世間一般の平均的な人よりも社会常識が劣っているのではないか？と疑いたくなってしまう。自分の職業については各人の生涯のメシのタネであるから、自分自身をしっかり鍛錬して人格を磨き、法的思考力を身につけ、社会常識に至っては世間一般の平均をはるかに上回っていなければならない。行政書士に限らず、七士業と呼ばれる職種の人達は在野にあって世間の人達を指導する立場にあり、その報酬は指導料の意味合いがある。

　私が繰り返して申し上げている「白い紙に黒い文字を書く」ことしか出来ない人は、誰も世間の指導者とは見てくれない。そのために必要なものは、専門的知識、専門的能力である。その前に（専門的知識、能力の前に）一般的知識、社会常識を世間の平均的な人より、はるかに充実した内容で備えていなければならない。分かり易く言えば、社

会常識的知識を持ち、理解力、判断力、表現力、思慮分別、冠婚葬祭のルール、道徳・正義感などにおいて、世間の平均的な人より優れていることが前提となる。この能力を欠いたままで六法全書を持った街の便利屋を開業すると、おそらくトラブルメーカーとなって評判を悪くすることの連続で、ストレスばかりの生活では行き着く先は、悪い病気に患ったり、自分の行政書士業務が問題で常に紛争の当事者となって廃業していくことになる怖れがある。これは大事なことである（本来なら、くどい程言うべきことだが）。一般的知識も専門的知識も備えて依頼者を指導する能力をつけるべきである。

　上記の例と違って、常識をわきまえ、その能力を備えている人ならどうか！行政書士法の外にある（六法全書を持った街の便利屋になって）仕事をどんどん受任すればよいのである。こういう話になると、大学の法学部出身者が有利ではあるが、法学部出身の行政書士でさえ「行政書士は何をして良いのですか？」などと言う人が少なくないのが現状である。

　例えば、近所に一人暮らしの８０歳を越えている婆さんがいて、家主から追い出しを受けて近くの借家に引っ越すとする。これは、世間の皆さんは自分一人でしているが、８０歳を越えた女性一人では少々困難を伴う。こんな仕事も行政書士が受任すれば良いのである。

　「オイ、待ってくれ！それは行政書士法の何条に根拠があるのだ！」に対しては、何度も繰り返しているが仕事をするのに法律上の根拠条文は不要ではないのか！無理に条文を探せば、憲法２２条である。近所の婆さんの宿替えの手伝いに、常識的謝礼を受領することが、どうして「公共の福祉に反する」のか！他の条文を探せば、民法の契約自由の原則が該当する。民法には条文自体には「契約自由の原則」を規定した条文はないが、民法を理解すれば「契約の自由の原則」は、明らかに民法の基本的大原則であることがわかるが、ここではその解説

はしない。兼子仁先生の行政書士法コンメンタール新５版の３３ページ、３４ページにも同じことが書かれている。兼子先生の表現は少し分かりにくい感じもするが、私と同じことを言っていると理解している。

　婆さんの引っ越しの手伝いとは、荷物運びの手伝いでもよいが、それは引っ越し業者の仕事であり、近親者や友人の引っ越しを除いて、有料で引っ越しを手伝ってはいけない。私が言うのは、「引っ越し業者の選定」「引っ越しに伴う住民票の移動」「郵便局への郵便物転送要請の手続」「引っ越し先の民生委員への連絡」「年金受給関係の諸手続」「銀行預金の住所移転通知」「親戚一同、知人、友人等に転居通知の作成発送」その他、私はよくは知らないがまだまだ沢山ある筈である。

　それ等の行政的諸手続の代償として受領するのが、素直に支払ってもらい易いが、本来、この報酬は行政書士法の行政書士業務の対価としての報酬とは異なることを知らねばならない。この意味が理解できない人は、本書を読んで頂いてもあまり役には立たないのかもしれない。少なくとも、収入増加にはつながらないと思われる。ここで気をつけないといけないのは、一人暮らしの老女性は貧乏のように見えても実は金は蓄えているものである。こういう時、相手が一人暮らしの老女だと「なめてかかる」「みくびる」ようなことをしてはならない。この老女性から、近親者を紹介してもらい、その近親者の了解の上で行動するのがよい。そしてなるべく経過は、書面に残して置くことである。相手が一人暮らしであり、しかも女性である時は、若い人相手の時よりさらに礼儀正しくせねばならない。近親者の了解の上で行動せよ！と言ったが、近親者がいないこともあり、また近親者がいても何十年も会っていないとか、近親者が相続財産目当てに近づいてきて、その引っ越しを手伝った人を排除して死亡時の財産独占を企む人さえ出てくる。

そうやって引っ越しを手伝った人が、前述の雑用的諸手続の代行費用として、労力に見合う報酬を受け取るのは当然である。こういう時、「金は金のあるところに集まり、金を持っていない人のところには、金は廻らない」の現象が現れる。金持ちが引っ越しを手伝って、然るべき額の報酬を受け取るとその老女性の近親者は「たった、それだけで良いのですか」と言って喜んでくれる。貧乏な人が同じことをして同じ額の報酬を受け取ると「そんなに取るのか」と言われ、ドサクサ紛れに何かを盗んだり、ごまかしたりしていないのか？と疑いの目で見られる。

　貧困な生活をしている人で、借入金で生活費を賄っている人が上記のような手伝いの報酬を請求すれば、老女性をなめてかかり、高額な金をむしり取るように受け取ることもあり得る。確かに強盗ではないが、この老女性が弁護士のところに相談に行くと、高額の報酬を繰り返し受け取る過程で大抵の場合、過大ないし誇大な説明があって、著しく労力と報酬のバランスを欠いていることがある。つまり、詐欺的なのである。行った仕事はいずれも簡単ではあるが、その中には小規模であっても、紛争性を含むものがあったりする。そうすると通常なら弁護士法７２条違反とは言わない事例でも、弁護士会も警察も弁護士法違反として、動き出すことがある。

　上記事案は具体的事例をあげて、詳細に解説すれば全国４万５千人の行政書士の先生方に極めて有効な解説となるだろうが、それを悪用して弁護士法７２条違反が増える怖れがあるので、詳述はしない。弁護士法７２条の解説は後述する。賢明な先生方は上記事情を御賢察して頂いて存分に稼いで頂きたい。

第３項　実力をつけて、それから
　実力をつけて、それを仕事の受任に繋ぐには、実力があることを世

間に示す必要がある。「実力があることを世間に示す」とは、どういうことか。実力があって、その先生の見た目も実力があるように見える外形を備えることである。強いだけではなく他人から見て「強そうな人」に見えなくてはならない。この外形の各論は、まことに多岐にわたる。この感覚を比喩的に言えば、裁判所の判決では「公平な判決」は当然のことであるが「公平な判決」だけでは不十分で「公平らしさ」のある裁判所の「公平な判決」でなくてはならない。

　行政書士が「力をつける」とは、他人の目には「頼もしさ」「強さ」「信頼感」を備えて依頼者を安心させ、そして良い結果を出して喜んでもらうことである。

第4項　紛争性のある業務に進出する
　但し、弁護士法72条の罰則があるので違法行為はしないための十分な学力を身につけることが前提となる。紛争性のある案件が報酬が高い。

第5項　運を引き寄せる
　行政書士だけの問題ではないが人間、幸せに暮らせるか、不幸続きで惨めか！は本人の実力や努力だけではなく運、不運が大きいことは説明するまでもない。行政書士にも弁護士にも運、不運で運命を分けた例ならいくらでもある。

　では運を引き寄せるにはどうすればよいか！神仏に帰依しておすがりすればよいのか！一般論としては、自分の職域が特定の宗教団体、宗教勢力を背景に仕事を受任している人でない限り、仕事には宗教色は出さない方が良い。政治色もそうである。依頼者から、政治的立場を試されることがある。そのとき、各自の政治的立場にもよるが、政治的無関心な立場の人なら左右極端でない政党、しかも政府与党、つ

まり自民党ないし、それに近い程度のところで、政治にはあまり熱心でない旨答えるのが一般的である。

　なお、プロ野球については巨人、阪神ファンなど熱狂的な人がいたりするのでこれも話題には深入りしない方がよい。プロ野球より自分の仕事が大切だと思えば、ひいきのチームが勝とうが負けようが依頼者と争うのは利口ではない。

　では運を開くにはどうするのか？健康な体を維持し性格は明るく、生活は貧困ではなく、知的水準は低くなく、人間関係にも恵まれ、朋友相信じる優秀な人に恵まれ、素行不良者、変質者、悪質依頼者からは受任せず、不正行為、悪事に加担などせず、不安、ストレスとは縁が無く幸せであることに毎日感謝しながら暮らしていると、概ね事件、事故には遭わないようである。逆にそれらが欠けているとトラブルになり、不安、いらいら、ストレスなどの蓄積は不幸な結果を招くようである。「貧すりゃ鈍す」である。貧しければ思考力まで貧しくなる。これでは運を運んでくれる女神は寄って来てくれない。「泣き面に蜂」である。不幸な人、不運な人には、さらに負の連鎖反応が起こる、さらに不幸、苦痛が重なることを先人が教えてくれている。

　だが前述の知恵があれば自ら不幸を呼び込むことは避けられる。そして「足るを知る」ことである。いわゆる「腹八分」で十分幸せな筈である。この「幸せ」を続けることである。若し間違って不幸な結果が発生したらどうするか？これは別の章で述べる。

第五編　法律家ならしっかり稼げ

第1章

　七士業とか八士業とか言われる士業間において、収入が最下位と言われているのが行政書士である。

　　（注）最上位は弁護士だと言われていたが、それは昭和の時代で、近年の司法
　　　　改革で弁護士業界が急激に没落したため最上位は分からない。

　現代、弁護士業界は、勝ち組と呼ばれる最上部の少数の成功者を除けば、底辺の大量の貧困者は年収２００万円前後で生活苦の為に顔をしかめる程の悪事や非行に走ってメシを食いつないでいる。

　行政書士業界内でも貧困行政書士は、前述の年収２００万円前後の２０代、３０代弁護士にさえ能力において劣っている感じである。

　そもそも弁護士と聞いただけで劣等感を持っているようでは、稼ぎが乏しくなるのは当然である。

　貧困行政書士の貧困原因が、その行政書士の健康状態の為とか、妻がトラブルメーカー専門で常時仕事どころではない、という生活だったり、浪費癖のある妻の為に借金に追われてばかりの人生だったりする人については本書は解答は用意していない。

第2章　行政書士は法律家に昇格した

　代書人と代言人の資格は、明治5年の太政官布告から代言人が上級の資格とされてきて、当時の帝国政府の扱いもそうなっていた。

　代言人の上に裁判官と検察官がいて、弁護士は彼等の監督下にあったのである（本当にそうだったのだが、日弁連の歴史では戦前から裁判官・検察官・弁護士は平等の資格であったような記述になっている）。
　法律家は代書、代筆を業とする仕事ではない。
　司法書士に簡裁における弁護士資格が与えられる迄、行政書士が法律家と名乗ると主務官庁から厳しいお叱りを受けていた。
　その行政書士が叱られるのではなく、行政書士会にお叱りが来る。
　それでも法律家を名乗る行政書士が後を絶たず、日行連会長や各単位会の会報には「行政書士は法律家と名乗るな！」という記事が繰返し掲載されていた。
　ところが司法書士が簡裁の弁護士資格を取ると、行政書士も法律家と名乗って良いことになった。
　法律家になった、といっても立法措置が講ぜられたのではなく、司法・検察・弁護士業界勝ち組の重鎮集団との合意で決まったのである。
　要するに実務の慣行の設定である。
　総務省が「行政書士も法律家と名乗っても良い」との法曹界の重鎮会議の結論を素直に受け入れてくれたか否かについては、私は知らない。
　代書、代筆業者が法律家になったのだから、法律業務を縦横無尽に行使して存分に稼ぐようになったのか？と言えば、皆さん収入は増収になっていないようである。まるで足軽、中間、やくざを侍に取り立ててみたところで、剣術の初歩も知らず武士道の精神も心得ておらず礼儀作法も知らないのと似てはいないだろうか？

何度も言うが、トンボの幼虫のヤゴがトンボに変身する時、芋虫の姿をした土中の虫が木に登ってセミに変身するように、短時間で全く姿形が変身する。しかも水中の虫、土中の虫が空を飛ぶという極端な変身である。

　行政書士の話ではないが、私達の周囲には、貧困家庭の出身者で大学は夜間部だったり、昼間部でも貧困故に出席日数が乏しかったりしたものの、５０代６０代では数十億円、数百億円の財貨を築いている人も少なくない。その人達は出世の糸口、金儲けの糸口を見逃さず、しかも大物に好かれる変身が上手である。貧困生活から、しっかり稼がせてもらうには、大抵の場合、富貴の家柄の顧客を持ち引き立ててもらうのが成功の近道である。貧賤の顧客ばかりでは、親切感謝の人間関係の形成は出来ず、トラブル気味に仕事が続くことになる。これでは貯まるのは金ではなく、ストレスが溜まることになる。

　法律家になったのだから、法律家の稼ぎ方をすれば収入は増える。
　その為には民事法規の基礎的、初歩的な知識は欠かせない。
　この年で今更学生みたいな事ができるか！俺にはそんな暇は無い、という人も多かろうと思われる。こういう人は「時間が無い」のではなく「知恵が無い」のである。
　民法も商法も会社法も、入門書で間に合う。
　大きな訴訟のような本格的な法解釈の必要な紛争は、入門書では間に合わないが、一般の訴訟の法律問題の実務は入門書程度の低次元の水準でしかやっていない。
　民法、商法の入門書を読むことさえ嫌がるようでは、法律家には向いていないのでは？と思われる。

第3章　各人の増収策は各人の負担と責任でするこ とであり、行政書士会の仕事ではない

　行政書士会の執行部は選挙によって選ばれるので、選挙用の人脈を形成して当選したら、論功行賞として単位会の幹部の役員の地位を与えることと引き替えに票集めをするようである。

　これは日行連でも、ほぼ同じような体質のようである。

　私は昭和の末期頃、日行連の顧問を６年間したことがあるが、組織の中身があまりにもひどいのにいくら諫言しても聞いてもらえず、顧問を辞めたことがある。

　現在の日行連内部の正確なことは知らないが、日行連会長が明らかに行政書士会の存在目的さえ知らないという無知であることを指摘したのに、一向に改まっていないようである。

　単位会の役員についても、私利私欲で肩書きを欲しがる人達で占められている。

　委員会の委員や部員は、会務に出頭すれば半日仕事で○○円、一日仕事で○○円などと日当を頂くことを目当てで、委員や部員を志願する人が少なくないと言われている。大した額ではないのに！である。行政書士の収入を乏しくなるようにリードしているのは、実は行政書士会なのである。単位会の会報にも日行連会報にも、繰返し「行政書士は行政書士法を守れ」「行政書士法からはみ出すな」と書かれている。その意図は「弁護士法７２条に違反するな」「司法書士法に違反するな」ということのようである。

　私は昭和の時代から繰返し「行政書士は、行政書士法の外に出て、どんどん稼げ」「罰則のない範囲では資格制度の枠は無いので、どんどん仕事をせよ」「そうやって世間を眺めれば仕事はいくらでもある」と言い続けているのだが、行政書士会幹部の皆さんは私のこの言動が面白くない

ようである。

　要するに己の収入を増やしたければ、行政書士会という他人に頼るのではなく、己自身の頭と足と腕で稼がねばならないのである。

第4章　法律家に期待される在り方と稼ぎ方

　法律家には民法等の法知識が必要である。だが、それ以前に依頼者から信頼してもらえるだけの人格者でなければならない。

　行政書士がしっかり稼ぐには、一見の客、行きずりの客ばかりを相手にするのではなく、経済的に豊かな人達の人脈を造っていなければならない。その人達との間で信頼関係を形成するのである。

　行政書士は口下手では稼げない。表現は簡潔で分かり易くなければならない。文章も上手でなければならない。一般的知識が豊かで理解が早く、物事の予知能力があり、判断力が正確で思慮分別をわきまえていなければならない。それを常に意識して己を磨いていなければならない。冠婚葬祭などマナーの本もしっかり読んでおかねばならない。これらが揃って依頼者の皆さんと信頼関係を構築していないと、市民の皆さんに十分な奉仕をすることができない。

　行政書士業務は頭脳労働者と呼ばれる第三次産業である。東京は世界のトップクラスの経済都市である。ここには巨万の富が乱舞している。相変わらず白い紙に黒い文字を書くだけの代書、代筆業から、法律家に脱皮すれば勝ち組と呼ばれる豊かな生活ができて、気がつけば己自身が皆さんから人格者・知識人と呼んで頂けるようになることもできるのである。

第5章　行政書士は、なぜ稼ぎが少ないのか

　ここで話を戻して、行政書士はなぜ稼ぎが少ないのか？を検討する。その原因を突き止めて、それを排除することが増収の策だからである。七士業とか八士業とか言われる類似業種間で、収入最下位が指定席になっていると言われているのが行政書士である。

　最上位は弁護士業界だと言われてきたが、近年の弁護士業界の急激な没落で最上位は分からないが、弁護士業界の勝ち組と言われる連中は、今もしっかり稼いでいるから弁護士業界の上層部、中間部、下層の群衆の3種に分類すれば、行政書士業界の底辺の人達と弁護士業界の下層の群衆中の底辺の人達がほぼ同等であろうと推測される。

　稼ぎの少ない行政書士は、本書のいたるところに書いている稼ぎに必要な諸要件のどれか、或いはそれらの複数の要件を欠いているものと思われる。それらを自分自身で見つけて急速に改善せねばならない。

　次に、外圧による稼ぎを少なくする方向への誘導に乗ってはいけないのである。行政書士の稼ぎを少なくする外圧のうち、影響の大きいのは日行連である。

　司法書士業界に簡裁だけとはいえ弁護士資格を与えた時に、行政書士には司法書士の独占する登記事務の一部を委譲することが予定されていた。ところが日行連会長と日政連会長は、日本司法書士会連合会宛に連名で「行政書士会は『行政書士の業務として登記事務の資格の一部を与えよ』との運動はしません」という誓約書を提出したのである。

　驚いたのは、行政書士法改正の準備作業を隠密のうちに進めていた当局である。

　これに対する司法書士業界の反発については、司法書士が簡裁で扱うことのできる訴額の上限を引き上げるという利益を与えてバランスを取ることが予定されていた。これについては既に述べた。だが、これに

よって巨額の利権を失ったのに日行連執行部の責任は全く追及されていない。行政書士会の運用の実態が良くないようである。

　日行連の機関誌や各単位会の機関誌にも繰返し掲載されているのは、行政書士は行政書士法の範囲から出てはならない、の記述である。これを日行連会長や各単位会会長の名で書くものだから、学力の低い行政書士は行政書士法に書いてあること以外はしてはならないのだと理解するようである。稼ぎを増やしたければ、こんな理解では駄目で、無知、無能状態から急速に変身して秀才にならねばならない。急速に秀才になるのは困難ではある。だが、よほど知能程度が低い人は別として、急速に知識人、人格者に変身せねばならない。

第6章　しっかり稼ぐには？

　高額の代金をもらって相手から感謝されるには、それに見合う仕事を完成させていなければならない。その為には、己自身を磨き、鍛え、学力を高め明るい性格で謙虚な人格者でなければならない。これは日頃から心懸けていなければ、そのような貫禄は身につかない。

　この貫禄の差は、依頼者に安心感を与えるのか、頼りないイメージを与えるのかの差となる。

　同じ仕事をして同じ早さで同じ程度の結果を依頼者に提供しても、頼りないイメージの法律家に払う報酬は、能力が低いので安くて当然と思われ、貫禄のある法律家に払う報酬には、心配しなくて済んだという安心感の代償も含まれており高くても「有難うございました。お陰様で」と笑顔で感謝され高額の報酬を払って頂けることになる。

　ここで注意すべきは、依頼者は、親切とか感謝などの生活圏では暮らしていない階層の人達からは受任しないことが望ましい。依頼者が無知、

無能、貧困だけならまだ良いが、詐欺師や難癖をつけてたかることのプロであったりすれば「恐ろしい」という話にまで進むから、これ以上述べない。

　以上の稼ぎの要領を一言で言えば、良質の依頼者の人脈を作り法律家として万般の事案を多数受任して（但し、法令で禁じられていることはしてはいけない）報酬は高めに頂くことである。

　報酬を高めに頂いても依頼者に感謝してもらう為には、己自身を前述の人物像に変身させておかねばならない。

第六編　行政書士制度と行政書士会

第1章　行政書士の歴史

第1節　代書人は明治5年の太政官布告から始まる

　太政官とは、今の内閣である。代書人と代言人でスタートしている。昭和50年代の日行連佐藤元会長によれば、行政書士の歴史は江戸時代からで歴史は古いと言う。これは無知すぎる。公事師が代書人の始まりだ、と思っていたらしい。弁護士業界では、そんな破廉恥な者は代言人とは継続性はない、とされている。

第2節　代書人から枝分かれの他資格

　司法書士は戦前は代書の看板を掲げており、税理士は昭和17年に大日本帝国が税務署員の応召による人手不足対策と、巨額の戦費調達のため代書人の中から計算に強い者を集めて、納税申告書類作成業をさせたことに始まる。この納税申告は、当時戦争中で厖大な軍事費調達目的であるから、彼等は税務徴税権力の手先となって、なるべく多く税金を取り立てようとした。

　これが今日の税理士のはじまりであり、税理士の生殺与奪の権は国税庁長官から委任された各税務署長が持っているため、納税者の依頼を受けて納税者から報酬を受け取りながら、なるべく納税者に不利になるような（税額が多くなるような）扱いをすることを常としているのは、この沿革による。

　社会保険労務士が行政書士から枝分かれしたことは、その当時の経緯を知っておられる長老の行政書士も珍しくないと思われるので、ここで

は述べない。その他の枝分かれ業種は生い立ちが複雑であり省略させて頂く。

第3節　行政書士法は、戦後の混乱期に類似の他資格との境界不明確のまま立法化した。

現在は、この不備が運用のごまかしでは済まなくなっている。

第4節　行政書士法の不備・不都合

第1項　旧自治庁、旧自治省の行政書士の国家試験
　千葉県では受験生の87％が合格した例もある。
　行政書士の現在の主務官庁は総務省である。

第2項　資格があっても行政書士には同業者が多すぎて仕事がない
　他の士業も同業者が多くなって生活が苦しくなっている業界が多い。士業に限らず歯科医も医師もそうである。歯科医や医師は昔からそうであったが、患者の病気を治すのではなく、どうすれば、この患者の体から多くの金が取れるか！と考える歯科医や医師が増えたと言われている。小泉内閣の規制緩和でタクシー業界が干上がり運転手たちの生計が立たなくなってタクシー台数が減車されたことがある。
　行政書士における同業者の急増に対する対策は、努力において、力量において、そして人脈において平均よりも優れていることである。

第3項　他人の関与先を奪い合う仁義なき戦い
　行政書士業界は昔から他人の関与先に営業活動する、という仁義なき戦いのようなことをする人たちが少なからずいた。値段の安売りをセールストークとする人が多いようである。それにより依頼者が安い方に行って、仕事が来なくなるなら止むを得ないことで安売りの競争

はしない方がよい。よほど貧困な依頼者なら安い方に行くのは仕方のないことである。

　依頼者との関係は、経営者の知恵の不足を補ってくれる頼もしい人、大切な人間関係であり、この関係は永く維持したい、と思ってもらっておれば、依頼者が他の行政書士の営業活動を受けても放っておけばよい。手数料が安いか高いか！で判断する依頼者は外国人や、貧困な人、一見の客などであり、どちらかと言えば継続的な人間関係の出来る人達ではない。

　行政書士の業界で、学力が高いとは言えず、貧困生活から抜け出せない状態の続いている先生たちの中に安売り競争をしている人がいるようである。一見の客、行きずりの客ではなく店舗、会社、事務所を構えて正業で立派に仕事をしている依頼者が欲しいのは手数料の「高い」「安い」ではなく、経営者の頭脳の手助けをしてくれる人である。単に知恵を貸すだけではなく安心感を持ってもらう信頼関係がなければならない。依頼者は、そういう人を欲しがっている。良質の依頼者は手数料の安いことを欲しがっているのではない。

　勿論、価格には常識的な適正価格があり、いわゆる暴利行為では、一瞬にして信頼関係が破壊されるだろうから、法外に高額なのはともかく、他の同業者より優秀である分だけ高めの報酬を請求しても気持ちよく支払ってもらえる筈である。働き盛りのベテラン行政書士は、早く、そうならなければならない。

　この領域に来ると仕事のサイクルも好転し依頼者はリピーターが増え、依頼者が依頼者を紹介することにより、依頼者層が盤石となる。

第4項　能力不足の行政書士の自然淘汰

　行政書士試験に合格して登録したものの、半年たっても受任したのは一件だけ…結局一年足らずで廃業、登録取消しを申請するというパ

ターンがある。能力不足のため社会の自然淘汰によって廃業させられる人もいるが、行政書士試験に合格してもオン・ザ・ジョブ・トレーニング（ＯＪＴ）の場がないと、どこで仕事を見つけ、どんな手順で仕事をするのか、依頼者との金銭関係は、どうするべきか、などについて全く何も知らない状態でスタートするのだから、そもそも行政書士としての能力不足は当然なのである。

どこで仕事を見つけるのか？見つけた仕事は、どうやって受任するのか？これらについては別の章で述べた。

第５項　弁護士不在地域の法律事務の代行
これについては別の章で述べる。

第５節　行政書士会の怠慢、無気力組織化

例外が無いとは言わないが、歴代日行連会長は行政書士の職域拡張も、社会的地位の向上も考えなかった。そのようなアクションはしない無気力人間たちだった。若い行政書士は驚くかもしれないが、行政書士法の解説書が発行されたのは、実に戦後４０年も経った昭和の末期だった。それから間もなく兼子仁先生の行政書士法コンメンタールが出版されている。

第６節　裁判所の舞台裏

ここで裁判所も裁判官達もたいした人物ではないのだ、ということを明らかにしたい。行政書士は彼等を常に見上げる姿勢で見ているから、彼等の判断は常に正しいと錯覚するのである。この錯覚は行政書士が弁護士法７２条を読むとき、行政書士にとってマイナスに作用する。そのため、裁判所の舞台裏を見ることも大切であり、裁判官の生の姿を若干明らかにしておきたい。

行政書士の先生方は、弁護士法７２条を考えるとき「俺達は弁護士と対等、平等の立場である」「俺達は裁判官とも対等、平等の立場である」と胸を張って自信を持って、弁護士法７２条という地境の確認に臨んでもらいたいからである。

　実は行政書士法解説書を最も早く書き始めたのは私だった。私は何冊も日本で最初の本を出版したのだが、当時日本の家庭裁判所が困り果てている問題の本があった。以下、登場人物は私（坂本）で裁判官たちは仰ぎ見る程の立派な人達ではない事実を明らかにする。

　昭和５０年代になっても、日本国内には中国台湾の民法解説書が無かった。台湾は大日本帝国の一部だったから、戦前は日本民法が適用されていたが、中華民国となって独自の民法を施行したものの、それを日本語で解説した本は一冊も無いのである。

　在日台湾人の親族、相続法については昭和時代の日本の「法例」は「夫の本国法による」とされていたから、在日台湾人の死亡など台湾の法律を使うべき場合に、家庭裁判所は台湾民法を適用する事件では、台湾民法が理解できず困り果てていた。とは言っても、裁判を受ける権利は憲法上保障された権利であるから、家庭裁判所は「台湾民法は戦前の満州国の民法に似ている」との理由で、戦前の日本語訳の旧満州国民法の解説書を使用する有様（これも裁判の秘密に属するか？）だった。

　この家庭裁判所の悩みを私に相談してくれたのは、私の尊敬する裁判官の小○寺規○判事だった（今は故人である。この大物裁判官は私が若い頃、私と一緒に司法試験の勉強をして、後日検察庁のトップになった有名人の某大物検事とも極めて昵懇の間柄だったことは、その大物裁判官がお亡くなりになった後に知った）。

　日本では、社会生活上必要不可欠の出版物であっても、出版、発行すれば採算がとれないことが明白な出版物は、各主務官庁が補助金を出すシステムがある。

ところが上記、台湾民法の解説書は必要不可欠の本ではあるが、二つの中国問題があって国交のない台湾民法解説書の出版に、日本政府は補助金を出せない。中国政府からの「内政干渉」の抗議が怖いのである。これを坂本廣身法律事務所が、中華民国（中国台湾）親族相続法として令文社から出版し、併せて中華民国（中国台湾）六法全書も発行した。これが無ければ、「旧満州国の民法を類推適用する」などという無謀ともいうべき裁判が続いていた筈である。

　次に、日本初の幻の行政書士法解説書について述べる。この本は、確かに私の執筆の着手は日本で一番早かった。ところが、前述の台湾の親族、相続法の解説書の執筆を急いだため、行政書士法解説書の執筆は中断せざるを得なくなった。それまでに書き上げた原稿は、講演会のレジュメに使用するなど無駄ではなかったが、何分にも全体を書き上げるのには時間が無かった。とはいえ、日本全国の行政書士の先生方にとって行政書士法の解説書は、必須の商売道具である。

　その頃（昭和５０年代の前半）東京地裁の裁判官が総理大臣に、ニセ電話をかけた事件が発生した。裁判官室に取材に来た読売新聞の記者に対し、録音テープを渡したのである。この事件は当時、日本中の話題となった大事件で裁判官の名前は鬼頭史郎判事だった。一族が裁判官をしている名家の出身で、実弟は１０年くらい前に裁判官を退官し、旭日重光賞を授与されている。

　鬼頭史郎判事は退官しても退職金も無く、公証人その他、公務員になれず弁護士登録も出来ず失業状態で困っていた。鬼頭判事は私より少し年上で、大学も学年が上で在学中は面識は無かったが、指導教授が共通だったことから知っていた。そこで、私が中断していた行政書士法の執筆の続きを書いてもらい、日本で最初の行政書士法の解説書を完成させることを頼んだ。発行費用は全て私負担で、執筆料は３００万円で合意した。当時の３００万円は、かなりの高額である。彼は半額前払いを要

求するので、１５０万円を払うことにして領収書を要求すると、「信頼関係でしたい」と答えられ、要するに「領収書なしで」ということだった。「信頼関係で」と言うのだから、契約書も無しである。いくら何でも領収書が無いからと言って、１５０万円の受け取りは否認はしないだろうと思ったが、私は１５０万円の預手を作って小切手で渡した（この小切手のコピーは今も保存している）。

　こうして日本初の行政書士法解説書の出版発行の執筆はスタートした。ところが、１年経っても２年経っても経過の報告が無い。数年経って進行状況を問い合わせると「暫く待ってくれ！」と言う。

　彼は当時、裁判沙汰でもめていたので、急かせはしなかったが裁判を抱えても裁判準備に毎日忙殺される筈はないのである。さらに数年経って彼から「遅くなって申し訳ないが行政書士法解説書の執筆は、もう少し待ってもらえないか？」と電話が来た。

　私は「今、裁判が大変のようだから峠を越すまで待ちましょう」と答えた。彼の裁判の進行状況は新聞が報道しているのである。その頃でも未だ行政書士法の解説書は日本に全く無いのである。それから一年くらいして私に電話が掛かってきた。「ホテルニューオータニにいるので会えないか？」
と言うのである。

　「電話では済まないのか？」「用件は何の話か？」の問いについては、「電話で話せる内容ではない。用件は会ってからでないと言えない」の返事だった。

　「一体、行政書士法解説書について『会ってからでないと言えない』とは何だろう？」
と思いながら行くと、驚いた内容だった。

　「裁判でよくやってくれている弁護士に謝礼を出したい。よって１００万円カンパしてくれないか！」である。

行政書士法解説書の原稿は一枚も書いていないのに、さらに「１００万円カンパしてくれ」である。私は体よく断った。これに対し「一円足らなくても駄目だ！と言っているのではない」
と言われたが、断って帰って来た。これが鬼頭史郎元判事と別れた最後の日であり以後全く音沙汰がない。

　行政書士法解説書の原稿は、おそらく一枚も書いていなかったものと思われる。彼の住所もわからないままである。

　別の裁判官の話だが、某地方裁判所の所長が東京高裁裁判長として着任した。彼は運転免許証の住所変更をしないままだった。

　当時の運転免許の更新は品川区の鮫洲の運転免許試験場で行われ京浜急行の鮫洲駅前は当時の日行連会長の免許更新手続客相手の事務所をはじめ５０軒近い行政書士事務所が乱立していた。上記の地方裁判所長をしていて東京高裁に着任した裁判官から私に電話が掛かってきた。

　「運転免許の更新手続で並ぶと大勢の前で免許の住所変更手続をしていないことについて怒鳴って叱られることはないだろうか？何とか穏便に済まないだろうか？」と言うのである。

　時代は昭和であり平成２０年代の現代とは違っていた。

　私は心やすく引き受けて、「鮫洲駅前の行政書士事務所で書類を書いてもらい、それを持って運転免許試験場の所長を訪問すればよい。万事穏便、且つ簡易に終わるはず」
と答えた。

　後で運転免許試験場の所長から私に電話が来た。結果の報告である。「所長室の応接セットでケーキと紅茶を召し上がって頂いている間に職員が一廻りして手続を終わった。視力検査だけは本人にしてもらわねばならないので職員が巻物のようになっている視力表を示して簡単な検査をさせてもらった。お待たせする時間は短く、すぐに終わった」とのことだった。手続は行列が出来ている筈だが、職員は並ばないで審査の担

当者に直接話しかけ「メクラ判」を押させるやり方で一廻りしたようだった。

　これは未だコンピューターが大衆化されて実用化される前の昭和の時代だから出来たことで、現代では、これは絶対に出来ないことである。

　この元裁判所長は、今は亡くなっておられる。この記述は、出来の悪い裁判官というのではなく、役所仕事は市民の眼に触れないところでは「テキトー」に行われている、という趣旨で書いたが、私も一役買っているのは、もはや反省の必要はあるまい。この時の鮫洲の試験場所長は今も御健在で、９０歳に近いのに月一のゴルフをしている。

　裁判官の犯罪行為、汚職はどうか？裁判所が組織的に弁護士から買収されていた事件もある。戦前の汚職事件は陸軍などでは国の予算の何十分の一という巨額の事件も珍しくなかったようである。

　戦後も造船疑獄、ロッキード事件、リクルート事件などがあるが、裁判所が井上恵文弁護士（実名、弁護士会を懲戒処分で除名され大学教授になったが…今は故人）からの饗応で上記政界の各大事件にも劣らぬ巨額の汚職事件を起こしたのだが、処分は合谷判事補（仮名）の懲戒免職（弾劾裁判）でお茶を濁して幕引きとされている。この事件は東京地裁に東京地検がガサ入れまでした事件である。

　この時の合谷判事補の部総括判事（裁判長）は垣板判事（仮名）である。彼はうまく逮捕を免れたものの、以後、田舎の裁判所を転々と移動し、数年後埼玉県の川越市のスーパーマーケットで数千円の男性化粧品を万引きした現行犯で捕まり、裁判官を退職している。

　裁判所の舞台裏は世間に知られていない笑い話や呆れるような事実は、いくらでもある。

第2章　行政書士会の近代史

第1節　日行連の会長

　初代　　安藤治右衛門会長　　第2代　　沓間萬章会長
　第3代　　吉村勇会長　　　　　第4代・第7代　橋本雅晴会長
　第5代　　清丸顕雄会長　　　　第6代　　浅井光義会長
　第8代　　鈴木金藏会長　　　　第9代　　佐藤義哉会長
　第10代　　後藤佐会長　　　　　第11代　　眞達格会長
　第12代　　住吉和夫会長　　　　第13代　　盛武隆会長
　第14代　　宮内一三会長　　　　第15代　　宮本達夫会長
　第16代　　北山孝次会長　　　　第17代　　遠田和夫会長

　彼らは行政書士会の発展に尽くしたか。行政書士のために奉仕したか。
行政書士は「法律家」と名乗ることが禁止されていた。名刺に法律家と書くと主務官庁から直ちに日行連に、それを止めさせるよう指示が来ていた。法律家と名乗ってよくなったのは弁護士法７２条が改正されて司法書士が（簡裁だけだが）弁護士資格を得たときからである。ところが当時の日行連会長と日政連会長は連名で「行政書士はロイヤーではない！行政書士にはロイヤーと名乗らせません」と日弁連に誓約書を提出した。この話は、既に書いたことだが大事なことだから繰り返す。
　自分の収入増加は行政書士会に頼らず自分自身で増やせ！ということを強く感じてもらう為である。それを聞いた私は日弁連が日行連を脅してロイヤーと名乗らせないようにした、と迂闊にも早合点した。法律家がロイヤーと名乗って悪い筈はない。これは行政書士が市民に与えるイメージに影響が大きい。従って結局、行政書士の収入の増減について看過できない事態なのである。そもそも行政書士は弁護士の指揮命令を受ける筋合いはない。弁護士業界と行政書士業界は業種が違うだけで上下

関係にはないのである。

　私は予告なしで日弁連に行った。日弁連会長はいなかったが、事務総長がいた。日行連の誓約書を受け取ったのは彼だった。

　私の抗議に対して、「日弁連はそんなことを要求していないのに、日行連が進んで持って来た」という。私は驚いた。日行連会長と日政連会長が連名で「行政書士にはロイヤーと名乗らせません」という誓約書を進んで持参する筈はないのである。私が本気にしないものだから事務局の職員が、その誓約書提出時の様子を詳細に再現して説明してくれた。

　男は、どの職業であっても己の職業にはプライドがある。プライドのないのは乞食とか僅少の例外だけである。士業のライセンスが二流とか三流四流と蔑視されて生活するのは不幸である。

　行政書士の皆さんの過半数は知らないだろうが、行政書士が「代理権」を獲得するのは永年の悲壮な願いだったのであり、念願を果たして次は法律家の仲間入りをすることが悲願となった。遂に法律家の一員になったが、これは日行連の運動や働きかけによるものではなく、前述の司法書士業界の活躍により弁護士法７２条に大きな穴があいたことで総務省から「法律家と名乗ってもよいぞ」との号令を頂いたからであった。

　その直後に、この「行政書士にはロイヤーとは名乗らせません」という日弁連への誓約書の提出である。

　日行連会長と日政連会長が４万人行政書士のライセンスを貶める行為をする筈はないのである。だが日弁連事務総長の説明と事務局職員の話は明らかに本当だと思われた。私は半信半疑で引き揚げた。数時間後に、それは日弁連事務総長と日弁連職員の言う通りだったことが分かった。

　日行連会長や日政連会長に腹を立てると言うより全国４万人の行政書士（現在は５万人弱）の頂点がこれでは！と驚いた。当時の私は埼玉県行政書士会顧問をしているだけであったことから日行連に文句を言う立場に無かったが、多数の日行連幹部の有力者にこの話をした。ところが、

ここでまた驚かされた。彼等、日行連上層部は、これを聞いても私が予想した程の反応を示さないのである。「困ったものだ！」などと言うだけで、あまり関心を示さず、それで終わりである。これも本当である。

行政書士の中には従業員２０人、３０人を雇い、行政書士業務で繁盛している人もいる。その人に頼まれて職員相手に研修の講師をしたこともある。だが、こういう行政書士は極めて少数である。皆無というに近い。

私が、もう一つ腹が立つのは「行政書士にはロイヤーとは名乗らせません」という誓約書の宛先が日弁連だったことである。日本国民の日常の法秩序維持の元締めは昔は内務省だったが今は法務省、警察庁、厚生労働省などに分散している。

行政書士の主務官庁は総務省だから提出するとすれば日弁連ではなく総務省であろうか。だが総務省も驚くに違いない。彼等の知能程度の低さに対してである。それを日弁連に持参するのだから、行政書士の主務官庁、監査官庁、上級機関は日弁連と誤解していたことになる。まさに狂気の沙汰である。こんな連中に権限を持たせるから、まさに「気違いに刃物」であり、全国５万人の行政書士業界は、それを糺す自浄能力の回復を急がねばならない。これは２０年も昔の話だが、以後も似たような行為が繰り返されている。

私が行政書士業界の為にと思っていた行動にも、いくつかの失敗があるが、日弁連に一人で殴り込みをかけたような本件は、まことに赤面の至りである。この不始末に対しては謝罪もせず放置したが、この時、紳士的に経過を説明してくれた日弁連事務総長には感謝している。

行政書士は行政書士法の枠から出てはいけない！と会報の日本行政で声明文を出し、各地方会の会報にも転載させられた。平成２８年の日本行政の６月号だったか、７月号だったか？にも日行連会長名で、また同じことを書いている。本当である。日行連が行政書士の職域を狭めていたのである。行政書士は弁護士や公認会計士等に比べて、平均して収入

が少ないとされてきた。仕事が少なかったのである。ところが、「行政書士は行政書士法の枠から出てはいけない」と日行連会報の最初の２ページを使って書くものだから、大部分の行政書士は、それを本気にして毎日の生活に「仕事がない」の愚痴を繰り返しながら暮らすことを続けた。

　今でも「行政書士は行政書士法の枠から出てはいけない」と本気で思っている人も少なくない。

　これが旧司法試験組の弁護士なら、憲法で「職業選択の自由」を、民法で「契約自由の原則」を勉強しているから弁護士は「弁護士法の枠から出てはいけない」と言われても本気にする人は誰もいないことは明白である。

　「行政書士は顧問をすることは禁じられている」と公の席で発言した日行連幹部がいた。その発言は会報にも掲載された。その根拠は日弁連事務総長と面談して、根拠を示され説明を受けた、と書かれていた。これは嘘であった、つまり日弁連事務総長は「行政書士は顧問になる資格はない」などとは絶対言っていない、と抗議した私に断言している（これは別の項で述べる）。

第2節　日行連会長に期待される能力

　私は昭和５３年から行政書士会の顧問をしている関係上、行政書士会上層部の人達を身近に見てきた。日行連上層部の人達とも親交を結ぶなどしてきたからである。過去の日行連上層部は必ずしも優秀な人達ばかりでは無かったようである。まともな人は私が知る限りでは何人もいなかった。

　ここで昔の日行連について記述すると生々しい事実は不都合、副作用が生じるので、舞台を弁護士会に変えて述べる。

　日行連の実話ではなく日弁連の実話であるが、これにより日行連につ

いても類推して頂きたい（日行連はもっとひどいのである）。

　まず弁護士会の会長選挙を見てみよう。弁護士業界も他の団体と同じで厳かな儀式のセレモニーを好むタイプと、異常に勲章を欲しがる人、肩書を欲しがる人がいる。一般に弁護士は国家権力（裁判権力、検察権力）に対し「俺は奴等と対等、平等だ」と思い込んでいるから（旧司法試験の合格者のことである。新司法試験合格者は裁判官や検事採用は憧れの夢なのである）勲章を欲しがらない人が多い。授章を辞退する者が最も多い職業とされている（私も旧勲四等瑞宝賞授章の受賞資格を譲ったので授章はない）。

　昭和の時代を知っている行政書士は、静岡県で暴力団一力一家と市民団体との間で仮処分など裁判闘争が続いて全国の話題となったことを憶えておられると思われる。その時、暴力団側についた弁護士が数年後、日弁連会長選挙に立候補した。立候補と言っても公職選挙法の適用がないので１年前から事実上の選挙運動開始である。会則違反だから懲戒処分になるのか、と言えば伝統的にそれはなかった。

　この暴力団と市民集団との闘争は面白かった。暴力団と市民間で激しい裁判闘争となり警察官は２４時間パトロールで市民を保護し三者共に長期抗争で疲れ果てて市民側が優勢に解決した。市民側の団結の勝利と新聞は大きく報道を繰り返した。

　選挙の話は暫くおいて、少し新聞の話をする。明治以来、暴力団は全ての領域に浸透していた。それが暴追運動の成功で最早、暴力団の職域は極めて狭くなっているのだが、新聞は相変わらず暴力団とベッタリである。暴力団と組まないと新聞は経営が成り立たないのである。

　新聞の取材や編集、印刷などの過程は暴力団は関与しないが各地域に根を張って、販売担当が暴力団なのである。

　勿論、例外はあるだろうが新聞社自身が「新聞はインテリが作って暴力団が売る」と言って新聞業界に反省の態度は見えない。

話を戻して日弁連会長選挙である。昭和末期の静岡県の暴力団組事務所立退き要求仮処分事件の暴力団側の主任弁護士が、日弁連会長選挙に立候補すべく選挙運動を始めたことを知った市民側弁護士グループが団結して、その日弁連会長候補の選挙運動の妨害工作をはじめた。

　暴力団と、それに対する市民の対立から、双方の弁護士集団の対立へとエスカレートしたのである。この暴力団側弁護士は選挙運動への妨害工作の激しさに耐えきれず遂に立候補を取り止めた。

　圧倒的優勢弁護士と泡沫候補と思われていた日弁連会長選で泡沫候補が当選した例もある。

　相撲で言えば横綱と幕下の相撲であり勝負は決まっていると見られていた。

　日弁連会長選挙は毎年２月上旬の金曜日頃、全国の全弁護士の投票で行い代議員制はとっていない。

　１年前から選挙運動している、と言っても公示日は年が明けてからで投票日まで１箇月もない。この公示日直前に前述の横綱格の大物候補者が倒れた。医師から「１箇月以上の安静療養を要し、無理すると命を無くす」と言われ立候補を断念した。それなら俺も立候補する、と言う者が、出て来そうなものだが、何しろ公示日直前である。駆け込み立候補もいるにはいたが、何しろ準備不足であり前述幕下格候補が当選した。

　ところが、この泡沫候補者、自他共に落選確実と見ていた筈だから会長に就任したときの仕事の段取りなど全く準備は無かった筈である。

　ところが、就任直後から段取り宜しくテキパキと多忙な会務を見事にこなした。この会長は、私は全く知らない人だったので、彼から聞いたのではないが、準備なしでもテキパキできるのは日弁連組織も官僚化しているからである。

　日弁連は会長の次が副会長であり１０数人いる。次が事務総長である。事務次長は３人いる。他に嘱託と称する常勤弁護士が１０人近くいる。

事務総長以下嘱託弁護士は高額の有給である。

　別の欄で述べるが、法律のイロハも知らない看護婦時代の看護師出身の婆さん議員が法務大臣になっても全ての仕事が滞りなく勤まるのと同じことである。

　私は近頃の日行連の内部事情は全く知らないが、過去の日行連の会長職も前述の相撲で言えば幕下格候補の日弁連会長就任と同じで誰がなっても、なんとか勤まったものと思われる。

第3節　日行連会長は行政書士の専業者がよいか、他業種が本業の人がよいのかについて

　私は、優劣はないと思っている。行政書士が本業でない人は行政書士業界が栄えなくても関係のない話であり、行政書士業務を本業としていても、自己の事務所が栄えることしか考えない人が、ほとんどであるから、結局、両者に優劣はない。

第4節　行政書士会（単位会）の会長は行政書士専業者が適任か、他士業、他業種専業者がよいか

　これについても上記第3節に同じ。

第5節　行政書士会の政治的活動

第1項　行政書士法の改正問題、代理権の獲得と日弁連の妨害

　行政書士は悲願の代理権を獲得した。その直後、無気力になって、この代理権は、依頼者に代わって意思表示できる権限ではなく、書類作成の代理権だ、と日行連が言い出す始末である。この代理権の獲得は重大な意味を持つ。六法全書を持った街の便利屋として稼ぐには、まさに、鬼に与えられた金棒である。しかし日行連幹部を含む、行政書士業界の指導者層さえ代理制度を理解できていないのである。

代理権規定の制定過程の保岡興治議員（鹿児島県選出の衆議院議員）の玉虫色の説明もよくなかった。

行政書士法改正による代理権の獲得は上手に使えば行政書士業界の所得を押し上げる財源のはずである。しかし現状は「白い紙に黒い文字を代理人として書くこと」と行政書士業界自体が解釈しており有効に活用されていない。私が、たとえてよく言うのだが折角の名刀も台所の俎板の上で使うようなもので、現実は役に立っていない。代理権については重要だから、しっかり勉強する必要がある。

第２項　日行連会長の裏切り行為

行政書士への奉仕をせず、日弁連の下僕に成り下がった当時の日行連会長。行政書士法から外に出ず厳しく法を守れ、と言い出す始末。日行連会長が、この程度の見識である。

当時は、それを全国の多数の行政書士が本気にしてその気になった、という程度の能力だった。

第３項　車庫証明と自動車業界の攻防

昭和５０年代に新車の売却時の車庫証明の作成は行政書士資格を必要とするか、それとも自動車のセールスマンでもよいのかについて、激しい攻防戦が繰り広げられた。私は行政書士会側に立って戦ったことがあるが、トヨタ自動車を中心とする業界の政治献金、マスコミに対する巨額の広告料など、行政書士業界とは経済的規模が違いすぎて苦戦したことを憶えている。

第４項　国会議員に対する行政書士会の働きかけ

政治連盟のことである。よくやっていて成果をあげた点と惰性的にセレモニーをしているだけ！の感じの点もある。

第2章　行政書士会の近代史

第6節　私（坂本）の日行連組織の活性化の失敗

　昭和６１年の国会議員の選挙で日行連が組織ぐるみで選挙違反をしたと新聞に大きく報道されて大阪行政書士会の幹部（会長ではなかった）が逮捕された。当時の日行連会長は、大阪に出向いて選挙の陣頭指揮を取っていたので、慌てて東京女子医大に入院した。

　この選挙違反には参った。私は当時、既に行政書士の社会的地位の向上の為に孤軍奮闘している若い頃だったので、日行連を守ることが行政書士業界を守ることだと錯覚した。

　東京女子医大の個室の病室に呼ばれて当時の会長に泣きつかれたが、「公選法違反ではない、と胸を張って反論するのが良く、病院に逃げ込むのでは捜査機関を元気づける、直ちに退院してくれ」と要求するのだが、「国会議員は危なくなると皆入院するではないか」と言って退院を固く拒んだ。勿論、仮病である。何としても逮捕させないでくれ！とも言う。当時日行連顧問弁護士は３人いた。そのうち勤務弁護士のいるのは私だけであり、当時の私の事務所には若い弁護士が他に４人いた。従って私が日行連を代表して２３日間、大阪に滞在し日行連全体の公選法違反事件の起訴前の弁護活動に従事した。

　大阪の行政書士会の事務局に行くと大阪会の行政書士達は皆さん極貧状態であり、大阪会の顧問弁護士もいたが、私を頼りにするだけで全く何もしなかった。それなのに陰では私の悪口を言い続けているようだった。この事件では東京と大阪の弁護士の比較では東京の私の方が能力が高いことを見せつけることができ、僅かに私は満足したが、その代わり負担は大きすぎた。その上、私が大阪に行った初日に逮捕された行政書士の家族に私の名前で電話があって「保釈手続に金が必要だから至急振り込んでくれ」と口座番号を指示した、と言うのである。これでは詐欺犯人として私が疑われることになるが現実に疑われることはなかった。

　これは未遂に終わったが、警察は全く動いてくれなかった。この犯人

は、おそらく大阪会所属の行政書士である。そうでなければ私の動きを知る筈はないのである。他にもいろいろあったが当時の大阪行政書士会所属の行政書士の先生方は、ほとんど極貧状態の印象だった。

　大阪で逮捕されている選挙違反の行政書士が起訴されると、それを指揮した日行連会長も逮捕されることになる。

　２３日間も大阪にいたら大阪の事情にかなり詳しくなる。大阪市民の皆さんは行政書士への支払いについてひどく「渋い」という感じである。支払う側と受け取る側で上下主従関係があるようである。東京も同じではあっても、大阪では「笑顔と感謝」ではなく「仕事をさせてもらって施しを頂いている」という感じで行政書士は報酬をもらっている。行政書士への支払いほどではなくても、大阪で暮らす人たち全体が金に渋いという、こんな雰囲気のようだった。どうも東京に比べて行政書士の社会的地位が平均してもっと「低い」という感じである。

　あれから３０余年を経た今も、おそらく同じ雰囲気ではないだろうか。金払いも笑顔の感謝ではなく「渋々払う」というイメージでは東京の行政書士がよほど幸せであることになる。

　この時の大阪で日行連上層部の堕落を見せつけられた。この年、大阪の長老行政書士が褒賞を授与された。天皇陛下から栄典を授与されたのである。その行政書士は当時の日行連会長に現金２００万円を与えて褒賞の推薦を買ったと噂されていた。褒賞の授与を受けると「あの金は日行連に寄附したのに日行連に入金されていないので返してくれ」と言い出したのである。一方、日行連会長は「金は受け取ったが香港から買って来た掛け軸を渡している」と反論した。当時、香港や台湾では一本五千円程度で豪華に見える掛け軸が観光客への土産として人気があり、それを渡したようだった。これを時価２００万円相当の対価だ、と反論しているようだった。

　金を渡した行政書士は、そんな金は日行連に入金される筈はないこと

ぐらい分かっていることで、そうすると２００万円を見せ金として一旦渡して返還請求していることになる。

一方、掛け軸一本５０００円前後であることは当時、香港や台湾に観光に行く者には常識で、それを２００万円の代償というのも到底抗弁とは言えない。

この話は人前で一度、罵り合っただけで終わったから裏でどんな和解があったのかについては私は知らない。

この大阪の御長老が私を大阪のホテルに訪ねて来て、この選挙違反は日行連会長が逮捕されるよう仕向けてくれ！と言うのである。この話は詳述できないが、他にも大阪行政書士会の上層部に日行連会長を逮捕させてくれ！と望む者が少なからずいた。

このような話にあいまいな態度は禁物である。丁重であっても明快に断った。この２３日間は日行連会長（佐藤氏）を逮捕させたいグループと逮捕させたくないグループがあり、私は実に不快な２３日間だった。

私の大阪での仕事は警察（府警本部）と検察庁を行ったり来たりの毎日だった。

取調担当検事は私の親友の検事の弟分みたいな関係の検事だった。初めて担当検事に会いに行くとき、私の親友と姓が同じだったから「あれ！あいつは、大阪に転勤していたのか！」と思ったが人違いだった。私が思わず、その親友の検事の名前を出すと、その検事は同姓名検事との前述の関係を説明してくれた。

彼には、いろいろ好意的な配慮を頂いた。被疑者に接見禁止のときでも弁護士は接見は出来るが、当時は時間制限が厳しく僅か２０分とか３０分程度しか接見できなかった。ところが書面には接見時間４０分と書いてあっても現実は１時間以上も面接できた。どうやら検事から書面上は制限時間を書くが、…と連絡してくれていたようだった。

こんなことは現代では絶対に出来ないことである。あの頃に比べ科学

技術の発達により社会生活全般の構造が大きく変質している。

　この弁護活動は、大阪在住の旅費宿泊費等実費をもらっただけで全て私の自腹で賄った。日行連を守ることが行政書士業界を守ることと錯覚したからだった。大阪会の逮捕者は期限一杯拘留されて不起訴で釈放された。

　この弁護活動は大成功だったが、それは当時の日行連上層部にとってハッピーだっただけであり、今思うと腐敗が続いている日行連上層部を廓清する千載一遇の好機を逃した歴史的失敗だったのかもしれない。これは日行連上層部の体質を４万人会員への奉仕へ、と改善する極めて重要な機会であったが、これは難しい問題を含むのでこれ以上詳述はしない。

第３章　行政書士とＡＤＲ

　これは行政書士の職域拡張や収入増としては行政書士の人数が多いため、あまり期待できない。しかし、行政書士の社会的地位の向上の為には有力なＡＤＲを作ることは大切である。

第４章　行政書士の将来像（他士業との関係）

第１節

　規制緩和、司法改革と弁護士法７２条から将来が予想できる。他士業と弁護士業界の関係も無視できない。司法改革は弁護士自治を悪用した日弁連左翼勢力と、対する裁判所、検察庁、東京在住のいわゆる勝ち組弁護士の三者連合軍との対立から始まっている。

　行政訴訟進出より民事紛争に進出の方が楽で金になる。この部分は司法改革のトップシークレットに関する事項を含む。アバウトな青写真は、

分かっていても一部は不正確な情報‥と言うより流動的な点もあり、軽率に書けば他士業の皆さんを混乱させかねない。だが、七士業、八士業は整理、統合される方向に向かっている。

第2節　弁護士独占業務の崩壊

　七士業のうち、弁護士業界の職域に侵入出来ずに法廷に立てないのは、行政書士業界だったが、行政不服審査法による不服申立代理権が与えられた。他の士業は以下の通り全ての資格者が弁護士職域の一角を崩して、一部弁護士資格を得ている。

　　第1項　他士業の地位、権限の拡大向上
　　　簡易裁判所代理権（司法書士）
　　　税務訴訟の出廷陳述権（税理士）
　　　知的財産権訴訟への関与（弁理士）
　　　労働事件への関与（社労士）
　　　債権回収専門業者の登場（整理回収機構、サービサー）
　　　交通事故（保険業者、示談代行付保険…但し法廷出廷権は無い）など。

　　第2項　弁護士独占業務崩壊の加速化
　　　司法改革が遅れ気味である。弁護士自治の解体が遅れているが、弁護士法72条はどんどん空洞化している（これは別の欄で述べる）。

第3節　アメリカ型のロイヤーの方向に進む

　アメリカではロイヤー間の競争が激しく、ロイヤーでは生活できずに他にアルバイトなどで食いつないでいる人も多いようだ。大きな交通事故などがあると、仕事をもらおうとロイヤーが集まってくる現象をスウォームと言うそうである。夏の夕方の蚊柱のことである。アメリカは

民族に同一性が無く言語も英語だけではない移民国家だから、まるで雑種の犬小屋である。人間関係は日本と同じではない。だが資格制度上は日本もロイヤー型になる方向に進んでいる。これは将来、非常に面倒になる問題を孕んでいる。日本の士業をロイヤーに統一する、という方向は、最早止むを得ないと思われるが、日本人は単一民族、単一国家だが模範とするアメリカは多民族で連邦国家である。雑種の犬の群をロイヤーだけで統べることなど、とても出来ることではない。これは次世代で知恵を絞ることになるが、現在の進行状態は「行き当たりばったり」である。

第4節　司法書士と弁護士

　司法書士業界と弁護士業界は現在、激しいバトルの状態になっている。強いのは司法書士業界であり、弁護士業界が圧倒されている。なぜ弁護士業界が弱体化したのか？については、日弁連のトップシークレットとされており、本当のことを書けば、無用のトラブルを発生させることになる。２０年以上前に筋書きが出来ていた通り進行しているのに、それを知っている者は誰も言わない。これが公開されると両勢力が激しく衝突すると予想され日弁連内部が爆発する怖れがあるからである。そうなれば他士業も迷惑し行政書士業界も無関係ではおれない筈で、見ても見ない振りをするのが大人である。

　日行連と日弁連間におけるＡＤＲの協定書では、日行連会長と日政連会長が日弁連に対して屈辱的合意書を提出したＡＤＲ法６条１項５号の書面があった。これに驚いた法務省は日弁連に対して、脅迫して、こんな協定書を書かせるのはけしからん、と抗議した。日弁連の反論は、「脅迫はしておらず日行連が、こんなことを書いて持って来ただけだ！」と言うのである。法務省が日行連に確認すると本当にそうだった。どうも行政書士業界は弁護士業界に対する劣等感が著しいようであり、この関

係は日弁連と日行連の関係でも同じようである。

　この日行連の態度は世間の皆さんが十分知っており、そのため、行政書士は司法書士や税理士等よりランクが下だ、と見られているのである。

　それに対して日司連と日弁連を比べると、日司連と日弁連間にも、また各地の単位会間でも何らの協定書はなく、司法書士の各単位会が独自に弁護士を選任する方式になっている。司法書士と弁護士の垣根は、急速に低くなっている。これを積極的に推進しているのは司法書士業界のように見えるが実は、そうではない。では誰か？東京三会の、いわゆる勝ち組と呼ばれる弁護士グループである。明治維新の四民平等制度への移行過程と似ている。

第5節　社労士と弁護士

　社会保険労務士にも単独で簡裁代理権が与えられるのは確実になっている。これが早期実現か長期間を要するかについては、社労士のＡＤＲの実績を見てからという建前で進行している。

　社労士のＡＤＲについて、東京社労士会と東京三弁護士会との間で、ＡＤＲ法第6条1項5号の「弁護士の助言を得られるようにするための措置」に関する合意書が交わされた筈である。既に全国社会保険労務士会と日弁連間には合意書が作成されており、その枠内での交渉とされている。

　東京社労士会と東京三弁護士会との合意交渉時に、社労士会の提出した資料に「例、東京都に在住する企業の事業者Ａが労働者Ｂを解雇したことによる紛争が発生」という表現があったことから、東京三弁護士会内部では若手の弁護士達から執行部に対して、「解雇の紛争が一回のＡＤＲの期日で終わる筈はない」「弁護士業界への職域侵害だ」などの激しい突き上げがあった。

　弁護士業界内部では司法改革、規制緩和に関して無知である。この無

知を造り出す世論操作の成功は、司法試験合格者の著しい学力低下と、その原因となった法科大学院制度、司法試験合格者の大増員策による。

　前述のトップシークレットの内容の事実と共に大多数の弁護士の、この無知は今後も続く、と見られている。

第6節　行政書士の職域の拡張

　司法書士に簡易裁判所の弁護士資格を与えたことと引き換えに、司法書士の登記事務の一角を行政書士に明け渡すことが総務省、法務省で合意されていた。司法改革の進行スケジュールに添って進行する計画表に入っていたのである。

　ところが、行政書士の登記業務への進出については、日行連と日政連が連名で日司連に「今後は日行連は登記手続に進出の運動はしません」と誓約して、それを書面にして日司連に提出した。それは直ちに法務省、総務省、規制改革会議などにも広く知られることとなった。総務省、法務省は驚いたようである。これにより行政書士業界だけが一歩退却した、と他士業からも見下げられることになった。

　但し、このように職域が全く拡大していない行政書士業界の末端の貧困者の為に、総務省の御好意で外国人関係については行政書士業界の職域を拡張して、外国人の上陸口頭手続の代理権や外国人の入管手続違反の口頭審理の行政書士の立会権を与えることになった。

第7節　司法試験不合格者に無試験で行政書士資格を与えるのか？

　昔の司法試験は超難関と言われたが、今は弁護士自治を崩壊させる為、学力が低くても司法試験に合格できるシステムになっている。大学法学部出身者は2年間、法学部出身者でない者は3年間、法科大学院で学ぶことが司法試験受験資格の原則となっている。法科大学院を卒業すると、新司法試験を5年以内に5回受験する事が出来ることになっており、5

回共に不合格だったらそれで終わりである。もう司法試験は受験できない。野球のバッターと同じで、三振制と呼ばれている。

　昔の難関の司法試験は合格には苦労したが、合格すれば最上級のキャリア公務員とされた司法修習生となり、国家公務員上級職のキャリア公務員の給料より、ランクが上の給料を得ていた。修習期間も２年間だったし、修習生の数も少なかったので、裁判でも検察でも弁護でも指導は行き届いていた。

　現在の司法試験合格者は、名称は昔と同じ司法修習生と言うが、実体は無給で法曹界の実務を見学させてやる「お客さん」「見学者」の立場となっていた。キャリア公務員ではなくなっているので無給であり、生活費は国からの貸与、つまり借金であった。資力の豊かな司法修習生は貸与を受けなくても良いが、法科大学院在学中の授業料や生活費を貸与で賄った者は、司法修習生時代の貸与の額と合算すれば、容易に１０００万円を超えていた。

　こうして司法修習生の過程を修了しても裁判官、検察官に任官できるのは僅少の優秀な者だけで、ほとんどが弁護士である。弁護士業界では、現在の司法修習生の学力は、到底実務で通用する学力、能力を持っていないことを知っているため、例外的な特別の秀才でなければ採用しないので、彼等のほとんどはＯＪＴ（オン・ザ・ジョブ・トレーニング）の場が無い。

　毎年司法修習生の過程を修了する約２０００人のうち、ほとんどが弁護士であり、しかも新人弁護士の３分の１は弁護士の登録もしない人達である。弁護士の仕事の仕方も分からず、登録しても仕事が無いのである。弁護士に登録した者も雇ってくれる先輩弁護士はいないので、いわゆるソクドク（即独）、つまり直ちに独立する、というのもある。

　独立と言っても、独自の法律事務所を構える財力が無いから、一部屋に１０人くらいの弁護士が雑居して、一つのブースのみが彼のオフィス

なのである。まるでカプセルホテルのイメージである。こういう弁護士は学力も低く能力も無いから、国選弁護や法テラスの事件の割当て（これも弁護士数が多すぎて、割当件数は乏しい）などをしているようだが、それだけでは到底生活費が足りない。

　稀に依頼者と巡りあって新件を受任すると、生活費が足りないものだから、この事件で如何に多くの収入を得るか！が重大問題となる。受任事件の解説、見通しなどにつき依頼者を怖がらせたり、脅したりして少しでも多くの金を払わせることに全力を尽くすようである。この現象は、裁判所も検察庁も弁護士業界の勝ち組も、さらにマスコミも十分知っているのだが、ほんの一部を小さく報じるだけで事実上隠している。司法改革の失敗なのである。この失敗の余波を行政書士業界も背負いこむことになる。

　司法試験の合格自体は易しくなったが、合格しても高額の借金を負担し、司法修習生を修了しても、前述の状況であることは全国の高校生達に情報が伝わっている。従って、全国の大学の法学部は受験生の数が減り、受験生の質も低下し学力も低くなっている。

　この現象は日本という国の政治的体質さえも変更させることになった。

　日本史では日本の政治は千数百年も天皇統治の国家形態だとされているが、源頼朝が鎌倉幕府を開いて以来、徳川幕府末期まで武家政治が続いた軍事政権であった。明治以降は薩長閥を中心とする帝国陸軍が憲法上の統帥権の独立を看板に天皇（大元帥陛下）を傀儡としてあやつる軍事政権だった。

　現に歴代首相のほとんどが陸軍大将であり文官の首相は例外だった。敗戦後の７年間は、今度は交戦時の敵国、米国の元帥をキャップとする米国陸軍という軍事政権による支配を受けた。

　日本の軍事政権は鎌倉幕府から始まり昭和２７年の日本の独立まで続

いたのである。

　昭和27年にようやく軍事政権から脱した日本は、国家体制を民主制（民主主義）とし、国家目標を平和国家、文化国家、自由主義国家、国民の貧富の差の小さい平等国家として経済の発展を目指した。

　そのためにはどうすればよいのか？政治におけるコンプライアンスを尊重、重視することである。

　平和国家であると共に、自由主義国家、貧富、上下、貴賤の差別の少ない平等社会の実現、文化国家の建設…それらに最も適する大学の学部は法学部であることは説明は不要であろう。

　実に千年以上続いた軍事政権が大日本帝国の崩壊、日本の独立で終焉した軍部支配の政治に代わって登場する民主制の政権の正当性の理論は、主として東京大学法学部出身者らによって構成され、戦後の大学は法学部が花形となってもてはやされることになった。

　戦後、70余年の間、大学入試で日本一難関の学部は東京大学法学部だった。司法試験の競争率は100人受験して合格者は1人半しかいないとか、競争率65倍などと言われていた。

　法学部出身学生の頂点にあるのが司法試験だった。この司法試験が超難関の試験から、「読み書き算数ヤットコサ」と嘲弄される前述の状況になったため、全国の優秀な高校生の針路は東京大学に限らず法学部を避けるのは当然の結果である。

　戦後日本の統治形態は、国会も政府も司法権力も、その中核、核心は東京大学法学部出身者で構成されていた。

　今の日本を動かす指揮命令は現実には誰なのか？

　天皇ではなく総理大臣でもないのである。主権者国民か、と言えば、これは建前であって論外であり、現実は「霞が関」と呼ばれる東京大学法学部出身のキャリア組である。

　国会における政府の答弁は彼等の書いたペーパーをテレビカメラの前

で大臣が読み上げている。この答弁を書くキャリアの中には若い裁判官や検察官もいる。「嘘をつくな！それでは三権分立はどうなるのだ」…裁判官は一旦退職して検事になる。そうすれば行政官である。そして数年後に、裁判官に戻るのである。

　因みに裁判官や検事が外交官として主要国に派遣されて行く時も一旦退職して外務省に就職してから出かけている。外交官は日本の税法が適用されず、税金は取られないし巨額の機密費があるので「３年もすれば倉が建つ」と言われている。そして概ね３年で次の人と交替である。

　この欄の話とは関係ないのだが、裁判所の租税訴訟の判決は、国税庁から裁判所に出向した参与員と呼ばれるキャリアによって書かれている。

　行政書士の先生方には「行政訴訟は行政書士にやらせろ」と主張する人もいるが、両者に共通するのは「行政」という言葉だけであり、行政訴訟のほとんどが租税訴訟であり、且つ判決を書いているのが税金を取り立てる元締めみたいな国税庁から来たキャリアであることから、この種の訴訟は優秀な弁護士でも勝てないのである。

　従って「行政訴訟は行政書士にやらせろ」とは言わない方がよい。

　ついでに日本国における国税徴収の現実の仕組みについて説明しておく。

　本書は税理士業界向けの本ではないから、税金のことを聞いても、しょうが無いのでは？…中小企業経営者相手の先生なら必ず課税に不満を持っている。行政書士と仲良くなった経営者は、しばしば課税を話題とし不満を言うようになる。依頼者は、どうでも良いような話の中から行政書士の能力を知ってしまう。そのような時に指導者的な解説が出来るか否か、或いは、その素質の高低の差が業務繁栄の明暗を分ける。

　納税は国民の当然の義務ではあるが、その徴収方法につき中小企業経営者は、ほとんどの人が不満を持っている。

その取立てが税務署員の高圧的態度にあり、調査と称して甚だしく業務の妨げとなる行為を続け、反論を受けると無理難題の資料提供を求めたりして不当、違法な取立て行為を行う。

その取立の手段は業務の妨害、脅し、欺し、などこれが暴力団や街のチンピラなら明らかに実刑コースなのだが、そんなことが白昼堂々と行われているのである。

税務署員の言う税法上の根拠と言うのは、ほとんどが国税局の通達である。これは行政解釈であるから、たとえば私（坂本廣身）の解釈と全く対等平等の力関係である筈である。

解釈の有権性から言うと国会における立法解釈、これが一番上であり次が判例である。判例もランクがあって最高裁を頂点とし家裁は裁判官の女、子供（女性裁判官、特例のつかない新米裁判官）の溜まり場と言われて権威が無く、簡裁に至っては判例という扱いをされていない。

一方、通達は行政解釈であって行政庁の上級者が下位の者の業務遂行の指針を定めたものであり、主権者、納税者である国民を拘束する力は全く無いのである。

むしろ彼等は公僕であり納税者は主権者なのであるから、国税庁の通達は、彼等徴税吏員が、さらに納税者に奉仕を充実させるように定めたマニフェストでなければならない。

ところが、どうだ。奴等は納税者に通達を示し、「ここに、こう書いてある。従ってこれに従う義務がある」などと平気で言うのである。まるで詐欺師である。

納税者は納税の義務や納税の必要性は十分承知していても、それに対して憤りを憶えるのは納税システムが正しく機能していないからである。その原因は霞が関の東大法学部出身の官僚による徴税システムの上に君臨する権力の濫用にある。

日本の主権者は天皇ではなく総理大臣でもなく日本国民だと言うの

は、比喩的に言えば日本臣民（臣民とは家来ないし被支配者のこと）を服従させる欺しであって、その実体は霞が関のキャリア公務員に搾取される被支配者なのである。

　日本の支配者は長い間、軍事政権だったことは既に述べた。

　昭和の初期は天皇の名前で帝国臣民を支配した日本陸軍だったことも述べた。この帝国陸軍の政治方式を、そっくり真似たのが、戦後日本から独立した韓国であり韓国の軍事政権は３０数年続いていた。昭和５０年代になっても戒厳令が敷かれていた。私が昭和５０年にソウルに行った時も、戒厳令下であって市民の深夜の外出は禁止されていたが私達外国人は対象外だったようだ。但し、深夜は水商売を含め開いている店が１軒も無いから、夜中に出歩く日本人はいなかった。

　この経緯は詳述しないと分かりにくいので途中を省略するが、只今の日本の支配者層は霞が関のキャリア達なのである。

　日本の税金は、この連中に食い潰されているのである。

　霞が関キャリア一同が、いい思いをする為に手足となって奉仕するのは中級、下級の公務員である。その中級、下級公務員も霞が関キャリアに準ずる存分に甘い汁を吸いながら暮らしているのである。

　中級、下級公務員の待遇のカラクリの一部を明らかにする。

　１月から始める。給料は民間より高い。仕事の作業効率は民間より著しく悪く少ない仕事を多勢でこなしている。しなくて良い作業を作って忙しくしているのである。本当に忙しいと臨時従業員を低賃金で雇用している。給料の他に各種手当が多い。民間では考えられない景気の良さである。

　３月になると年度末手当が出る。つまりボーナスである。６月には夏のボーナスが出る。７月になると氷代と呼ばれる臨時ボーナスが慣例化している。年末にはボーナスが出る他に、１２月中旬には餅代と呼ばれる臨時ボーナスが出る。退職金も年金も民間に比べて驚く程、高額であ

る。その他、管理職になると交通費その他、日常業務に要する諸経費を
イカサマするカラクリがある。これは、どの行政庁でも東京２３区でも
共通の手口のようである。

　会計検査院はどうしているのだ！冗談を言ってはいけない。人事交流
や天下りで結局、泥棒に金庫番をさせておきながら規律正しい会計シス
テムが維持できる筈はないのである。こうやって日本は大日本帝国神権
天皇制の臣民支配から現在は国民主権で公務員は公僕となり主権者国民
への奉仕者になった、という建前で変則ながらの相変わらずの官尊民卑
であり、経済生活では搾取され続けているのである。

　公務員は優秀な人物に就任してもらわねばならない。特にキャリア公
務員はそうである。自衛隊員も警察官も学校の先生もそうである。その
為に民間より若干給料待遇が良いのは当然である。しかし、この現状は
ひどすぎる。

　この現状を知る者（主権者）には納税意欲を失わせる。本来支払うべ
き正当な税額に、公務員の豪奢な生活の為に高額の金員が税金を装って
上乗せされている、と映る。

　納税者は百姓一揆のような手段が無いので工夫をこらして節税に努
め、甚だしきは脱税まである。

　脱税の摘発は良いとしても不当に高額の税金を苦労して渋々払ってい
る納税者に対して税務署は調査と称して押しかけ、ゆすり、たかりを始
める。これをやられて不満を持たない経営者はいない筈である。

　私達が正当な権利を侵害された時は自力救済は禁じられ平和的に裁判
所に救済を求めなければならない。

　裁判の基本は「疑わしきは罰せず」である。

　ところが税法の実務は「疑わしきは支払え」なのである。「疑いがある、
違うなら違うことを証明せよ」と言うのである。

　皆さん、仮に警察官から「お前は○○を盗んだ泥棒だ、違うなら泥棒

でないことを証明せよ」と言われたとしたらどうする。

　していないことをしなかった、と証明するのは（特殊な例外を除いて）悪魔の証明と言って証明不能である。その上、租税訴訟の判決を書いているのは国税庁から裁判所に出向している参与員と呼ばれる国税庁のキャリアなのである。つまり税金の判決は国税庁のキャリアが書いているのである。

　裁判所は租税訴訟に関しては国税庁の支配下にある。占領されているのである。この舞台裏を書けば、行政書士の先生方が驚く、と言うより国民の皆さんが驚き憤慨するが、行政書士会に迷惑をかけそうなので一点だけ述べておく。

　裁判官も生身の体であり家庭がある。金が欲しいのである。弁護士と違って客商売ではない。

　公務員の収入は給料だけではないのである。それを給付されるパイプを細くするか太くしてくれるのかは財務省（旧大蔵省）なのである。

　本書ではこれ以上は書かない。

　国会は三権分立の都合で裁判所、検察庁（準司法機関）を支配できず裁判所は財務省に支配され霞が関は国会を支配する。

　まるで三竦（さんすく）みだが、最も甘い汁が吸えるのは、どうやら財務省のようであり、或いは検察庁であろうか？しかし泥棒や暴力団を扱う検事が公務員の頂点で甘い汁を吸っている筈はなく、いずれも、その組織の上層部のことだが、この解明は本書の全体を執筆するよりも手が懸かりそうである。

　現実の日本統治の実態は東京大学法学部出身者によって行われている、と前述したが、東京大学に限らず現代の全国の法学部入学生は質の悪い学力の低い学生しか入学しない、となれば今後の日本の将来はどうなるのか？

　これを書けば数十ページを要すると思われる。

第4章　行政書士の将来像（他士業との関係）

　法科大学院への進学者は激減している。法学部入学学生の質は落ちて、「読み書き算数ヤットコサ」程度の者しか入学しておらず、この水準の卒業生が司法試験を受験すれば、前述の通り法科大学院の授業料や在学中の生活費の貸与金の借金で、２０代のうちから多額の借財を抱え、これで司法試験に合格できなかったら、５年ないし８年の青春の無駄となり、残るのは高額の借金だけとなる。幸い司法試験に合格できても前述した見るに忍びない悲惨な現実が待っている。

　これでは法科大学院入学者は、前述の「読み書き算数ヤットコサ」の低学力クラスしかいないのは、必然現象である。

　法科大学院は設立時に、どこの大学も著しい困難を伴っていた。人事の面でも財政の面でも大変な負担だった。職域拡張となったのは、裁判所、検察庁、弁護士会だけで、各大学院に法曹の実務指導の教授として判、検、弁を派遣出来たことだけである。という訳で、全国の法科大学院は存続自体が、危急存亡の危機となっている。この状態について、行政書士業界には何の罪も無い筈である。だが、今のままでは法科大学院は存続できず、最早、死に体同然の状況下で形ばかり現状を維持している。司法試験とか司法修習生とか旧司法試験時代と同じ用語を使うから錯覚しがちだが、旧司法試験、旧司法修習生とは制度自体に同一性が無くなっているのである。とは言っても当面は、この打開策として法科大学院受験生に与えるエサ（魅力）を作らねばならない。そこで、全国の法科大学院が団結して、「法科大学院の修了学生には、無条件で行政書士資格を授与せよ！」との圧力をかけ始めた。

　私は行政書士業界は、断固断るべきだと思っている。法科大学院の失敗は、こんなエサ（魅力）で釣られる程の小さいものではなく大手術を要する重大事なのである。そもそも行政書士になりたければ、行政書士試験を受験して合格すれば済む。その学力が無い「読み書き算数ヤットコサ」組は、行政書士業界には不要である。法科大学院修了学生にエサ

をやって、激減している入学希望者を増やす、と言うなら司法書士資格を授与する方が簡裁だけとは言え、弁護士資格があるのだから、それが適していると思われる。だが果たして日司連が素直に受けいれてくれるか否かは別問題である。法科大学院制度も新司法試験制度も失敗し、司法試験受験生の質自体が著しく低下して、もはや裁判官、検察官達も読み書き算数ヤットコサ連中から選任せざるを得ない状況になった。困り果てた日本政府は、平成２９年度から司法修習生には月額１３万余円の手当を支給することになった。この額では生活費には足りないが、不足分は無利子で貸与するというのである。この程度で間に合うか疑問だが、ただし昔の司法試験のように超難関にすると七士業を総合してアメリカ型のリヤーにするのが著しく遅くなる、という弊害を生じる。

第8節　各士業の将来像と弁護士自治の崩壊

　各士業の皆さんに各士業間の関係は将来どうなるのか？と質問すると必ず「垣根が低くなる」という返事が返ってくる。垣根が最も低くなった状態は地境が無くなることである。今、確実にその方向に進んでいる。司法試験年間３０００人合格がそれを早める策である。だが、これは失敗して大混乱になっている。けれども弁護士制度の崩壊、これをしないと日本は良くならない。この問題はオフレコの話がほとんどであり、政府或いは法曹界のトップシークレットを含んでいる。これが万人周知の政策となれば新司法試験合格組の貧困弁護士が合体してマスコミの左翼勢力の支持を得て激しい反対運動を起こすことを恐れているものと思われる。

　それでも弁護士制度は近い将来、確実に崩壊する。それが歴史の流れである。近い将来と言っても３年や５年ではない。何年後とは言えないが、アメリカ型のロイヤーになるのである。弁護士自治の悪用により、甘い汁を吸ってきた左翼過激派弁護士グループが暴れてみても荒海の潮

に立ち向かうように、到底歯が立たないのである。
　なぜ、弁護士自治を崩壊させるのか？
　労働保護法を悪用して、国民の税金を湯水の如く濫用費消した過激思想集団を解体する為に国鉄を民営化した手法と同じである。
　弁護士自治という名のもとに、権力の濫用から国民を守る為の強力な武器という建前で国民を喰い物にしてきた弁護士制度の体質を変えて、市民に奉仕する体質に変更する、というのである。
　ここでドイツの小話を一席。
　客船が沈んで筏の上に３人の男がいた。そこに鮫の大群が来て筏が取り囲まれた。筏の上には将校と市長ともう一人である。もう一人の男が筏の端に行き、鮫に小さい声で何か話しかけた。すると鮫の大群は、たちまち遠ざかって行った。
　それを見た将校と市長は、その男に「お前はいったい、鮫になんと言ったのだ？」と尋ねた。
　答えは簡単だった。「『御苦労さん、私は弁護士だ！』と言っただけだ」と言った。すると鮫達は「何だ、市民を喰い物にする俺達の仲間だったのか！」と言って帰って行った、というのである。
　この小話は少々ひどい話だが、現在の司法改革の失敗から生活苦の弁護士の皆さんが既に市民の皆さんを欺したり嘘をつく、告知義務があるのに知らせない、預り金を使い込む目的で後見人志願者が殺到するなど、既に目を覆う惨状となっている。
　これに対する日弁連執行部の対応策を述べる。実は日弁連執行部は、行政書士や司法書士に対して非常に好意的なのである。
　行政書士や司法書士の歴史は、弁護士不足時代の弁護士のいない裁判所支部で民事裁判を手伝ってきた実績がある。
　彼等は地域密着型であり、地域の皆さんから信望を得ている。従って弁護士が彼等をライバル視して仕事の奪い合いをすることは、地域の皆

さんに不便を強いることになり遠慮するのが望ましい、というのである。

生活苦の弁護士が依頼者からの預り金を横領することが常態化している現状については、「依頼者保護制度」を設け、横領被害を受けた依頼者には弁護士会が見舞金を支給する、という名目で被害弁償をするというのである。この議案は、平成２９年３月３日に日弁連が臨時総会を開催して採択する積もりのようだが、さて、どうなるやら！

司法改革という大義名分のもと弁護士を窮乏化させて弁護士の独立性を失わせたのは、いわゆる勝ち組と呼ばれる日弁連執行部だ！と左翼勢力が怒り心頭に発しているからである。

第5章　他士業との協力、競争について

第1節　七士業の現状と方向性（七士業の歴史と将来）

明治以来、官尊民卑で士業は代言人（司法当局の監督下にあった）、代書人（内務省の監督下にあった）だけだった（注、証書人もいたが、これは現代の公証人であり公務員である）。現代の弁護士を除く七士業は代書人の枝分かれである。

戦後、占領軍による士業の再編で、それまで裁判官、検察官の下位にいた弁護士を同格として高文司法科と弁護士試験を合併して司法試験として裁判官、検察官、弁護士を同格とした。そして七士業の中核に弁護士を据えた。

現在の司法改革は、判、検事と弁護士の分離を目標としている。そして、弁護士の地位を急速に低下させ、他士業の地位を向上させて七士業を同一資格のロイヤーとする方向である。正確には法律ロイヤーと会計ロイヤーの二種になるようで、これを積極的に進展させているのは最高裁、法務省（検察庁）と日弁連である。

弁護士が弁護士の社会的地位を低下させる努力をしていることにつ

き、行政書士業界では誰一人理解できないようである。但し、弁護士業界でも推進勢力は東京の主流派であり、地方の弁護士や弁護士の左翼勢力は、この潮流に反撥しているものの、大河の流れに立ち向かうような無力感、諦め感が漂っている。

　司法改革は当初の予定より大きく遅れている。裁判員裁判も、マスコミは報道しないが、成功ではないし、法科大学院も失敗のまま、いわば脱線状態で進行している有様である。

　裁判員裁判を導入する時に裁判所内部では裁判官が賛成派、反対派に二分されて激しくやり合った。

　裁判員裁判導入反対派には、裁判員裁判は憲法違反だという理由で大物裁判官が名を連ねて大勢力を持っていたが、裁判員裁判導入派も、それに劣らぬ勢力があった。

　この争いは数年続いたがマスコミが見て見ない振りをするものだから国民は、この内部の紛争には気がつかないまま裁判員裁判が導入されることになった。

　当時の裁判員裁判導入派の青年将校として大活躍したのが前の最高裁長官の竹崎博允氏である。私は同氏と東京高裁で一度だけ会ったことがある。その時、彼から盃をもらった。この盃は正月の朝、鶴の飾りをつけた屠蘇器から屠蘇を入れる時などに使う赤塗りの盃だった。桐紋が描かれていた。

　結婚式の三三九度の盃と同じである。

　最高裁長官は運良くエスカレーターの頂点に登り詰めた者がなる、というのではなく修羅場の経験を経ている筈だが、霞が関のキャリアの出世競争の実体については私には知識がない。

　法科大学院の失敗は後述するが裁判員裁判も面倒な問題を抱えているのである。

　法曹界内部の事情にも触れておく。

現実を明快に述べた文章は見当たらないので近時の若い弁護士達は実状を知らないようである。

戦後の日本は法曹一元化と言って高文司法科と弁護士試験を合体させて司法試験とし、判、検、弁の三者を対等平等の資格として現実にそのように運用されてきた。法曹界の頂点に君臨するのは最高裁判所である。

その１５人の裁判官は判事出身者が５名、検事出身者が５名、弁護士出身者が５名とされてきた。今は弁護士出身、検事出身者を減らして東大教授や外交官出身を入れている。最高裁判事は司法試験合格は要件とされていない。

判事、検事、弁護士は青年期にＡクラスのキャリア公務員として共に優越感に浸る司法修習生を過ごしているので互いに仲間意識がある。その対極にあるのは国民であり市民である。

一方、判、検、弁の三者の内部関係は相互に反目し合っているのである。互いに他の二者より己を上位にいるものと信じ切っていた。

旧司法試験時代の司法修習生の進路で最も人気のあるのは弁護士であり、司法研修所では裁判官や検察官志願者を募集定員の枠にまで満たすことに研修所教官は苦労していたのである。それさえなければ司法研修所教官ほどやり甲斐のある仕事はない…これが裁判教官、検察教官たちの共通した愚痴だった。これ即ち裁判官、検察官より弁護士の方が人気があったこと、これがこの時代の弁護士の優越感の出発点だった。

法曹とは裁判官、検察官のことである。司法権力を担当する三権分立の一角の担当者であり裁判官は一人一人が独立した官庁であり、たった一人の裁判官の判断が日本国の意思とされる権力を持っている。裁判官に任官して４０年目の長老と一年目の新米裁判官を比べても裁判における判断の価値は平等であり優劣はない。但し司法行政面では別である。検察官も各人が独立の官庁である。行政省庁はその頂点の一人だけ、たとえば外務省では外務大臣のみが独立の官庁であり、他の数万人の職員

は外務大臣の補助者なのである。

　ところが検察官は一人一人が独立の官庁であるから、たとえば検事総長が「○○の捜査は打ち切れ」と命じたにも拘わらず、それに逆らって被疑者を逮捕した検事がいたとする。その逮捕や拘留に何の瑕疵もないのである。検事総長に逆らった検事が懲戒処分を受けるか否かは別問題である。

　このように裁判官、検察官は、日本国内における最高位の強制力、支配力という権力者の座にあるため霞が関の行政キャリアの上位にある最高位キャリア公務員とされている。

　弁護士は判、検事を在朝法曹と呼び弁護士のことを在野法曹と呼ぶ。法律の先進国はイギリス、ドイツ、フランス、アメリカである。イギリスとアメリカはコモンローと言って日本人には馴染みにくい法体系であり、日本法は明治以来、ドイツ法を母法としてきた。その英米独仏では弁護士は法曹ではないのである。

　では何なのか？代言人とか代書人、つまりロイヤーなのである。

　判事、検事は英米独仏ではロイヤーではない。法曹の用語は英米独仏で微妙に違うが、本来は裁判官のことである。冠詞をつければ司法部とか司法権力、司法組織となる。

　要するに英米独仏の法曹に共通する部分は司法権力を担当する官吏と言うことでロイヤーはLawyerであり弁護士、行政書士のことである。米国ではロイヤーでも通じるが、Attorneyとも言い法律学者はJuristと呼ぶ。法曹はJudiciaryでありLawyerとは言わない。

　これは単なる言葉遊びではなく、戦前からの官尊民卑という差別意識が弁護士の体に深く染みついて取れなくなっているからだと思われる。

　つまり弁護士は単なる七士業の一職業でしかないのに、「俺はお前らとは別だ、判事、検事と同格だ」と言いたいのだろう、と思われる。七士業の7分の1の地位しか占めていない筈の弁護士業界が類似業者を見

下げて「俺達は法曹である」と言っているのであろう。

「法曹とは司法権力を行使する官吏のことではないのか？」に対しては「判事、検事は在朝法曹だ。俺達弁護士は在野法曹だ」と言う。

在野法曹という用語は司法試験制度が始まって日弁連が作った造語であり法曹の前に在朝、在野の「在野」の用語を組み合わせただけである。

なお、法曹会というのが現実にあり、法務省の赤煉瓦の隣の法曹会館は財団法人法曹会の経営である。法曹会に加入できる法曹とは裁判官と検察官だけである。現実にそのように運営されている。

第2節　他士業との協力関係について

ワンストップ・サービスの七士業ないし、複数種の士業の合同事務所を設立すれば職域拡張になる、と期待している行政書士も多く、異業種の先生方は、それぞれ自己の打算で他士業の先生方の能力、労働力を格安に利用できると考えている。こんな打算の組合せではうまくいく筈がない。

成功するのは能力の優れたリーダー格がボスとして君臨し、その下に統率が取れている組織であり、民主的な話し合いで運営する合同事務所ではない。他士業と利用関係、協力関係も前記に準ずる。アメリカのロイヤーでも前記の日本の士業の合同事務所と同じだと聞いている。

ボスのもとで支配される従業員身分の○○士が力をつけてボスの地位に近づくと、その合同事務所は分裂して少し小さくなるが数年もすれば、もとのスケールに戻る。

日本でもアメリカでも大型の弁護士事務所は、これを繰り返している。

第3節　同業者との協力関係について

行政書士でも弁護士でも、同業者の合同事務所の場合は前記2節と同じ問題がある。収入折半などの合意はうまくいかない。毎日残業で頑張

る先生とアフター5で彼女と飲みに行く先生とか、依頼の多い先生と仕事の少ない先生が収入折半で仲良くできる筈がない。弁護士業界を見れば分かることだが、同業者の合同事務所は歩合で公平さを保つよりも誰かボスがいて力関係がはっきりしているのがよい。配下の若い先生が力をつけて来てボスの地位に近づくと上記の通り独立、分離し、離合集散を繰り返すことになるが、行政書士事務所では、このような例はあまり聞かない。

第4節　自己の事務所を発展させる策

　七士業の経済的動向は、事実上、市場が衰退の傾向にある。正確にはその逆で、市場は発展しているのだが、近時、資格者が急速に増員されているため、結果的には市場が衰退しているのと同じ現象になっている。それなら新しい分野の開拓をすれば良いか！…行政書士業界全体を見れば大きく開拓できる新規市場は少ないようである（もし、そうであるならば、の話だが）。己の事務所の発展を最優先で考えることになる。それには、どうするか。若い先生の事務所を中心に考える。

　業界の現状や市場の動向を把握する。行政書士業界は、行きずりの人、一見の客相手ではなく「人間関係で飯を食う業界」である。女郎蜘蛛のようにいつも事務所にいるのではなく、出歩いて人間関係を広くする必要がある。

　行政書士業界の集まりにも積極的に参加するのがよい。交流会、研修会、勉強会、新年会、総会、支部総会、旅行などがある。同業者の集まりに行って職域拡張になるのか？職域拡張は「新件受任」だけではない。新件受任の可能性の拡大こそが大事である。同業者と群れることにより「業界の常識すら知らない」「変わり者」「無くて七癖」などのマイナス要素が減少させられる。他人の長所、短所を知ることにより己の長所、短所に気づくことがある。他人の業務を手伝うことにより作業効率や、手

数料の額、金の取り方が自分とどう違うかを知る。事故を起こしてばかりの行政書士は「同業者と群れて暮らす」をしていない人に多い。

　地盤が確立していないからといって行政書士を喰い物にする依頼者の事件は受任しない。…これは日頃から危ない人とは付き合わないことである。行政書士が仕事がらみで逮捕されるのは、ほとんどが筋の悪い依頼者がらみである。

第5節　他士業との競合領域で競争に勝つために

　日行連の機関紙に日行連会長の「行政書士は行政書士法を守り、行政書士の職域から逸脱しないように」との談話が毎年のように掲載されており、憶えている先生も多いと思われる。だが、これは違う。行政書士が日行連会報の冒頭に書かれた会長談話で欺されることは不幸なことだが、これは言わないことにする。行政書士の職域と、他士業の専門領域と、その境界線附近にあるグレーゾーン領域と、いずれの資格も不要の自由ゾーンがある。各士業の独占専門領域以外が各士業の競合領域である。この領域の競争に勝つためには、補助者が常時いる事務所を持ち、事務所を維持する安定的な固定客を持つ貫禄と力量のある行政書士であることが望ましい。この各論、具体策は本書の随所に書いた。

第6章　能力における行政書士と他士業との比較

第1節

　私が約50年間、行政書士会の顧問弁護士をして感じることは、一般論だが行政書士の先生方は弁護士業界に対して劣等感を持っていると思われることである。

　これは行政書士会と弁護士会という組織間においても、行政書士会側にかなりの劣等感があるように思える。

第6章　能力における行政書士と他士業との比較

　その片鱗の一端は本書に記したが、己の職業に自信満々のプライドが持てないようでは依頼者の皆さんから見下げられることになる。依頼者から見下げられ、軽蔑されては信頼関係が築ける筈はなく、受任事案を立派に遂行しても感謝はしてくれないし報酬は安くても依頼者は「高い」と感ずることになる。

　この体質は一朝一夕では改善できることではないかもしれない。だからといって放置していて良い訳はなく根気よく行政書士会上層部の尻を叩いて他士業との関係は対等平等であることを、しっかり認識して頂かねばならない。その上で、他士業との関係は業種は違っても堂々と対等平等な関係として振る舞うべきことを厳しく守って頂くことである。

　だが、行政書士会上層部の役員にも反論がある筈である。それは行政書士には市民の皆さんを指導する程の知的水準にはない、と思われる先生が少なからずいる、と見られていることである。能力不足問題はどの業界にもあることだから、行政書士業界だけがだらしがないのではない。

　例えば、大学教授でありながら自分の担当科目においても気の利いた在学生にさえ学力が劣る先生もいる。それでも人権尊重、解雇権乱用法理で解雇できない。司法試験に合格せずに弁護士になった政令弁護士や大学院を設置した大学の法学部教授、助教授を５年以上したことによる弁護士（この資格は能力不足のトラブルだらけで現在はない）など弁護士業務の初歩的能力さえない弁護士もいる。医師として能力不足で、行く先々トラブルだらけの流れ職人型のお医者さんなど能力不足はどの業界にも、そして地域別では全国どこにでもいるのは公知の事実となっている。

　だが、行政書士会上層部にとって行政書士会を構成する底辺の行政書士は、あまりにも学力が低く「白い紙に黒い文字を書く業者」「書いてなんぼの金を稼ぐ人たち」「読み書き算数ヤットコサ」の知的水準の低いレベルの人達とか「読み書き不自由な外国人相手の代筆屋」などと見下げ

られているとも聞く。会の上層部が下層部を軽蔑していると言うのである。確かに見下げられても当然と思われる人もいるようである。

　しかし、これは行政書士業界だけの話ではない。前述の大学教授や弁護士業界の中にも少なからずいるのに大学自体や弁護士業界はこの底辺の能力不足の人達の為に機能していないとは考えられてはいない。確かに大学も弁護士業界も近年、権威は著しく低下している。大学は粗悪、劣悪大学の乱立で大学の受験生が入学定員さえ満たさない学校が過半数に至り、読み書き算数さえ満足に出来ない青年が大学卒の肩書きで世に出ている。これでは大学自体の質が低下し大学教授の質の低下は必然現象となる。東大、京大教授陣も昔に比べて著しく質が落ち学力が低下している、と言われている。

　では弁護士業界はどうか？昔の司法試験は３万人超の受験生を５月の二次試験で篩(ふるい)にかけて２０００人に絞り、これを論文試験と口頭試問によって最終４５０人を合格させており、この競争率は実質上でも実に６５倍という厳しさで、これだけの狭き門では、まぐれの合格はあり得なかった。

　ただし、合格直後から遊び人に変質し、以後、六法全書や法律書は読んだことがない、という怠け者豪傑は、たちまち学力が急降下して、「こいつは本当に司法試験に合格しているのか？」とか、「まだ若いのに既に若年性の痴呆か？」と言われる人もいたが全体としてはその数は多くはなかった。

　さらに、長期的に健康状態が悪く、その為に著しく学力が低いという人は、どの業界にもいる。この人たちは精神的弱者故に病魔を呼び込むのか、それとも病魔に取り憑かれ、その結果、無気力人間となって精神力も身体能力も低下するのか、どちらかであろう。

　余談だが、士業を営む者は常に健康で体は丈夫でなければならない。それぞれの職業で、己の本業に関しては学力も能力も高く、受任案件の

処理に関しては同業者の平均に劣らない力量を持っていなければならない。

そして人間関係においても経済状況においても恵まれた環境を維持できていて明朗で謙虚な性格で、この状態で生活しておれば仕事は忙しくてもストレスは溜まらず汗を流しても快い汗であり、業務に関しては自信満々…これでは病魔が入り込む隙がない。

第2節　私が司法修習生の頃、超多忙でありながら、極めて元気な弁護士に質問したことがある

「先生は、極端に忙しいようですが、この忙しさが続けば、いずれ過労で倒れて何かの病気になりそうに思うが、それもない。一体どうすればそんなに元気でいられるのでしょう？」

それに対する答えは「依頼はいくらでも来る、皆さんに喜んでもらう為に休んでいる暇がない。病気している暇なんかないんだ」これが回答だった。

確かに、この超多忙先生は仕事が楽しそうだった。依頼者は高い弁護料を払って、「是非事件を受任して下さい」と頭を下げ、一件落着すると、丁寧に頭を下げて高い報酬を笑顔で払ってくれる。

こんな汗は楽しい汗であり、スポーツなどの楽しむ汗が、いくら汗を流しても疲労の蓄積にならないのと同じである。

だが人生、「全て世は、ことも無し」(イギリス、ビクトリア朝、ブラウニング) とはいかないものである。この大弁護士先生は私がお世話になって尊敬する先生だったが、最後は悪い病気に苦しんで亡くなられた。

全て順調に運んでいたのだが女性関係でややこしくなった。永年連れ添った奥さんの他に、美貌で才媛の女性とも縁が出来た。奥さんと、その美貌の才媛とは三角関係ながら平和的な関係が維持できているようだった。昔は、こういうことがあった。一人の男を2人の女性が共有す

るのである。それ以外の女性関係も、おそらく、あったのだろうけれども、それ以上のことは知らない。この関係が長く続くと、どうしても双方の女の綱引きで両方から引っ張られる状態になり、それが長く続けば、いくら「仕事の鬼」の英雄でもストレスが溜まらない筈はない。ついに前述のダウンとなって逝去せられた。

　亡くなられて知ったことだが、この英雄の大先生は中央大学卒だったが夜間部の出身だった。中大法曹会には東大と違って夜間部出身が少なくないのだが、この大先生は小学卒だった。若い人には分からないと思われるが、国民学校６年を卒業して中学校、高校は卒業していないのである。それでどうして大学に入学できるのか？と言えば大検（大学検定）に合格すれば高卒扱いで大学入学資格が出来た。そして中央大学夜間部を卒業して旧司法試験に合格したのだった。

　「要するに、お前は何が言いたいのだ！」と聞かれると、私は「仕事は忙しい状態が続くと、いずれ疲労の蓄積で病気になる…というのではなく仕事はやり甲斐があって楽しみながら続けていると疲労は溜まらない。快い汗は疲労にはならない」と言いたいのである。この程度の話なら皆さんの周辺にも多忙でも体力頑健、忙しい毎日でも疲れ知らずの笑顔の毎日を過ごしている人は、必ずいる筈である。

　その人たちに共通していることは己の本業については能力、力量は同業者より必ず優れていることである。そして性格は明るく、謙虚な為か敵はいないか人間関係に恵まれているのである。

　前述の小学卒と中大卒で学校は２回卒業しただけの英雄の大先生も女性で苦労する迄は、前述の幸せな環境の全てが揃っているようだった。

　読者諸兄には女性関係は泥沼に入ると英雄、豪傑でさえも命を縮めることになる！などと説教じみたことを言う気はない。

　この危険と責任は各人それぞれが己自身の負担ですることである。

第3節　行政書士業界の能力は他士業に比べて劣るのか？について続ける

　行政書士業界の底辺の学力はひどいのが少なくない、というのが行政書士業界上層部の見方にある、と前述したが今度は、弁護士業界上層部の皆さんの学力のレベルについて私が見聞した事実を申し上げる。

　ほとんどの弁護士会では毎年5月頃になると前年度会長は勿論、過去の会長経験者を招いて新執行部が指導を仰ぐという建前の御意見拝聴、質疑応答などの会議を行い、終わると夜はコンパニオンを呼んで一杯やって高価な土産を持たせて帰している。

　昔は、料亭で芸者に囲まれてやっていたらしいが今はホテルや割烹で行っている。

　昼間の、この会議の席での議題は何でもありである。話題は裁判所、検察庁、在京の他の弁護士会などの組織の話も出るが、民法、刑法、商法などの法規範の話題も出てくる。

　この時の会話をもし録音して、書面で再現したら、前述の行政書士業界の底辺にいる学力のひどい、と言われた先生方さえ「呆れる」、「あっけにとられる」「ひどく驚く」程の学力の低さである。

　民法や刑法、商法の知識のことを言っているのである。こんな知能水準で、依頼者から弁護料を取ったら詐欺罪に該当するのではないのか！と思われる程ひどい。

　本書は「笑い話」の娯楽用の本ではないし、その会話、問答の再現をすれば行政書士業界の底辺と蔑みを受けた先生方が抱腹絶倒した後に自信を回復する程の学力の低さである。

　この問答、会話を忠実に再現すれば、おそらく弁護士会と行政書士会間において、或いは感情のしこりを残す？おそれさえある。前述の学力のひどすぎる会長経験の皆さんの一部は現在、御壮健にて弁護士業界に御長老として御活躍中であるため、（書けば読者に有用だとは思うが）具体的事実の描写は控えさせていただく。

第4節

　もう一つ、日本と韓国の法曹界のトップレベルの会話についてはどうか？

　少し古い話だが、平成9年10月2日、午前10時に韓国のソウル弁護士会の会長他10名弱が、最高検察庁と最高裁判所を表敬訪問したことがあった。

　二弁とソウル弁護士会は姉妹会の協定がある関係で韓国弁護士会一行の案内は二弁に依頼が来た。二弁は快諾し、案内を担当したのが私（坂本）と二弁所属で在日韓国人の金弁護士と二弁の職員だった。金弁護士は在日韓国人のままで司法試験に合格した経緯があった。

　当時、最高裁判所が司法研修所の司法修習生となるのは日本の刑事司法に携わる人達であり、特に裁判官や検察官は強力な国家権力の発動が予定されており、その司法修習生に外国人を採用するのは妥当ではない、と言って不採用にした事実があった。

　これに対して日弁連は、本人が司法研修所を終了すると、弁護士を志望しているのだから何の弊害もない、との理由で最高裁に圧力をかけていた。

　金氏は明治大学出身だったことから、明大法曹会も最高裁に圧力をかけていた。

　私（坂本）は明大法曹会には加入していないが明大の大学院を出ていたので当時、全く面識の無かった金氏を司法研修所に入所させてやってくれ！と陳情するグループに名を連ねていた。

　韓国弁護士会一行を案内したこの日まで、私は金弁護士とは会ったことも無かったが、彼が、この時の韓国弁護団の通訳をする縁で前述の司法研修所採用不可事件という25年前に私と縁が出来ていたことを互いに知った。

　さて同年10月2日の霞が関の最高検察庁の検事総長室の話である。

午前１０時の訪問約束だったので韓国弁護士一行１０人弱と私他２名が検事総長室の前に行った。検事総長室はドアの内側は秘書官室らしく１０人くらいの職員の部屋になっており、その奥に検事総長室があった。

　検事総長室のドアの廊下側には買い物の行列のように５～６人の職員が一列に並んでいた。どうやら検察庁内部の上級職員が検事総長に挨拶、申告のために並んでいるようだった。

　この分だと３０分以上は待たされるのか！この接受態度は確立されている外交関係のマナーに反するのではないか！と一瞬困った。時計を見た訳ではないが２～３分したところで検事総長に挨拶が終わったのか一人出て来た。その直後、職員が出て来て、ドアの外で一列で並んでいる５～６人の職員の列に対して、一旦各人の席に帰るように小さい声で促したようだった。

　そして私たちが検事総長室に入った。総長室では訪問団一行は縦一列に並んで、まず私が名刺交換をした。検事総長は、あまり愛想の良くない人で日本の治安担当諸官庁の最頂点にいたら、こんな感じになるのか？と思ったものだった。

　愛想の良くない検事総長とソウル弁護士会の上層部の弁護士１０名弱との間で名刺交換が終った。この間、ほんの２分前後で、簡単な挨拶をしただけであり会話という程のものは無かった。

　これで追い返すとは、ソウル弁護士会に対して、というより韓国自体に対しても大袈裟に言えば表敬訪問団に対する接受のマナー違反として外交問題にさえなりかねない悪態である。

　少々困ったが、検事総長に抗議するわけにはいかない。皆で出て行こうとすると、検事総長ではない検察官が私達に対して「こちらにどうぞ」と招いてくれた。

　気がつかなかったが検事総長の椅子の右後ろの板の壁はドアになっており、その奥は畳なら２０畳くらいの会議室があった。テーブルと椅子

は応接セットの一人用の大きな椅子が１５人分か２０人分くらい並んでおり、机は応接セットの低いテーブルだった。

　そこに通されて上席は検事総長とソウル弁護士会の団長弁護士、その両脇が事務局長の検察官と私だった。他の韓国弁護士は２列になって向かい合せに座っていた。

　この時のソウル弁護士会の団長の弁護士は後に韓国大統領になった人物である。北朝鮮の将軍様金正日書記長とも融和政策をとった大統領としても知られていた。

　その後、大統領の任期を満了して退任して間もなく在職中の巨額汚職の容疑で逮捕される直前に崖から投身自殺した人物である。だが、この日の検事総長室では、そんな将来について知る由もない。

　前置きが長くなったが、ここで日本法曹界を代表して検事総長殿と韓国法曹界を代表して両国最上層部の実務法律界の問答を復元させて頂くことにする。

　検事総長から現状の日本の刑事司法の実態と、その対応等についての説明があり、対するソウル弁護士会の団長からは韓国法曹界の実態などの挨拶があった。

　この辺はセレモニーを聞いても役に立たない話か！と言えば、そうではなく、さすが検事総長の話は「なるほど」と頷く話であり、ソウル弁護士会の団長の挨拶も短かったがその場の思いつきで話せる内容ではなかった。或いは通訳が内容を取り換えて、きれいごとの挨拶にしたのか否か、言葉の不自由な私には分からない。

　いくつかの問答の後に、ソウル弁護士会の団長が検事総長に、こんな質問をした。

　「日本では交通違反に対して切符を切ると言って警察限りでペナルティの金を取る、という制度があると知って驚いている。これは一体どんな仕組みなのか？」

第6章 能力における行政書士と他士業との比較

隣に座っている検事総長は、間髪を入れずに答えた。

「日本では年間数百万人の交通違反がある。交通違反も程度によるが、ほとんどが罰金である。罰金を取れば犯罪者として前科者になってしまう。毎年日本全国で何百万人のドライバーを前科者にするわけにはいかないので切符制にしているのです」

これに対して再質問はなかった。だが、日本の弁護士ならともかく外国弁護士に前記回答で納得してもらえたのだろうか？どうも納得したという顔では無かったように思ったが、これで話題は変わった。

交通違反の切符制については左翼系弁護士連中でさえ全く関心を持っておらず、この問題についての知識のある弁護士はいないだろうと思われる。

だが日韓両国首脳の交通違反の問答は、上記の通りで適切な問答、会話と言えるのだろうか？この両者の会話は、かなり長く続いた。

ソウル弁護士会の会長の話は、さすが韓国弁護士業界の頂点の人物に相応しく韓国における弁護士の人権活動が韓国の国家としての文化的水準を高めていることを感じさせた。日本の検事総長の話は、人権尊重憲法の日本の法令を駆使して判決の有罪率９９．９％を維持して世界一の安全都市、安全国家を維持できているのは、国民性もあるが治安システムが良好に機能しているからであろう、というのが要旨だった。

私（坂本廣身）のような弁護士業界の末端にいて日々、当事者と接触して生活している者には、国家という国際的視界の感覚が無い。私の水準の者には、上記両者の感覚は異質だった。

この両者の会話を聞いていると、行政書士の先生方に参考になる筈の話が少なからず出てくるのだが…この話はこれで終わりにさせて頂く。

第５節　能力不足

弁護士は一級ライセンス、行政書士は二級ライセンスである…これを

言う弁護士は、いわゆる負け組弁護士達である。勝ち組と言われる豊かな弁護士達は、他者を見下げて満足しなくても、謙虚に頭を低くして生活していても十分幸せを実感する生活をしている。

　ところがである。行政書士の先生方にも「弁護士は一級ライセンスである。行政書士は二級ライセンスである」と本気で思っている人が少なくないのである。思うだけでなく、行政書士自ら己を二級ライセンスであり、弁護士は一級ライセンスだ、と公然発言する人もいる。こういう態度が、行政書士の評価を低くして、結局収入を乏しくしている。世間の皆さんは、同種ライセンスが一級免許と二級免許なら、一級免許の所持者に依頼し、二級免許の所持者に依頼するときは、免許が低レベルであることを理由に報酬を値切ってくることになる。

　ここでは、弁護士法と行政書士法のライセンスの比較ではなく、両者の実質関係としての能力の比較をしてみる。こういう問題は、執筆者の主観で優劣はどちらにでも書けるという誤解を避けるため、弁護士業界と行政書士界で現実に行われている生の事実を比べて、両者の能力を比較してみることにする。確かに、昔の司法試験の競争は熾烈を極めた。弁護士の数も不足していたから、合格さえすれば「生涯、飯が食える」ことは保証されていた。この頃の行政書士試験は、出題される問題も漢字にフリガナをつけたり、文章の空欄に３種か４種の熟語から選択する択一式の質問だったりで合格率も高かった。

　ところが、現在の行政書士試験は、各県の知事が施行する試験ではなく、総務省が行っている上に、試験問題も難しくなっており合格者の水準も高い。一方、司法試験は競争率６０数倍という激戦から、合格率３０％というレベルにまで低下しており、合格者の学力は極めて低い。

　現在の青少年の学力は、昭和の時代に比べて著しく劣っている。大学の入学試験の実態は、私立大学の過半数の大学において、入学定員にも満たない受験生しか受験していないのである。これでは、読み書き算数

も満足に出来ない者が、量産され大学生となり、四年過ぎれば大学卒となって社会人となる。これは三流、四流大学と呼ばれる底辺の大学だけの話ではない。名門と呼ばれる東大、京大生の学力も落ちているようで、そもそも東大教授、京大教授自体の学力も低下しているそうである。

　その原因は、少子高齢化にある。小学生から塾通いをさせて、名門中学に行かせ、名門高校、名門大学と頑張らせてみたところで、大学全体のレベルが著しく低下しているため、同世代間の競争は熾烈を極める、ということはなく、競争は無いに等しいのである。伝統のある某大学教授が嘆いていたが、「大学生の卒業論文の指導は、論文の指導の前段階の読み書き算数から教えなければならない。一体高校の先生達は何をしていたんだろうと腹が立つ」という状態だそうである。

　このような現代青少年全体の学力低下は、どんな現象を見せるか？現在の新司法試験に合格した者の学力が著しく劣っている事実は、今や法曹界では公知の事実、社会常識になっているから、詳述はしない。いちいち書かなくても十分であろう、書けば、漫才、落語になってしまう話を延々に続けることになってしまう。

　私がここで言いたいのは、現代青少年の学力低下や、それを前提にした新司法試験合格者の能力不足の問題ではない。昔の旧司法試験の超難関を合格した法曹一同も、同世代の行政書士に比べて、決して学力は高くはないと言いたいのである。実例、証拠は後で示すが、働き盛りの同世代で東大卒と大東亜帝国とか日東駒専とか言って、見下げられている大学卒の人がいるとする。どちらも行政書士をしている。或いは、どちらも税理士をしている、或いは、２人とも弁護士をしているという場合でも同じことである。

　東大卒の弁護士Ａと旧司法試験には滅多に合格することのない二流大学卒の弁護士Ｂを比べてみる。共に年齢５０代、同世代である。

　東大卒Ａ弁護士は、千代田区神田の駅近くのビルで１０人くらいの弁

護士の合同事務所の一員である。１０人の弁護士に上下主従は無く、全員対等平等で１０箇のブースと共同使用する応接セットが２箇あり、受付の女性とアルバイトの男子大学生の２人が従業員である。コピー機は共用で、従業員の人件費と家賃は１０人の割り勘である。

　東大卒Ａ弁護士が優れているのは、麻雀が上手なことである。麻雀は、麻雀用のコマを牌(パイ)と呼び、花札と同じで伏せておいて、順次めくっていく。正方形のテーブルを４人で囲み、時計廻りで順次に牌をめくっていく。東大卒Ａ弁護士は、盲牌と言って牌を右手で掴んだだけで、その牌に何と書いているかが分かるのである。この芸ないし技術は麻雀のプロ（今は麻雀にプロはいない）以外には極めて少数の者しか出来ないのであり、麻雀狂がどんなに努力しても出来るものではない。

　東大卒Ａ弁護士のもう一つの得意技は、女性関係である。狙った女性は、ほとんど満足できる結果となっているみたいである。失敗談もある筈だが、プライバシーの詳細はわからない。

　弁護士業務の方は、さっぱりで能力が足りないのである。そんな筈はない、東大卒ではないか！旧司法試験に合格しているではないか！　と言ってみたところで、事件処理を依頼していた人から見ると、仕事は遅いわ、学力は低いわ、依頼者に無断で勝手な方向に手続きを進行させるわ、弁護士料はそれなのに法外に高い。そのため、リピーターになる人は全くいない。従って、稀に来た依頼者からは、法外な弁護料を取らねば生活費が無いのである。

　一方、二流大学卒のＢ弁護士はどうか。いわゆる勤務弁護士数人を置いて、新橋駅の近くで事務所を構えている。こちらは千客万来で、事務所が栄えている。若い頃は、依頼者が平日は休めないので、土曜か日曜しか法律事務所に行けないと言えば、土曜でも日曜でも出勤して依頼者に応対した。日曜出勤、夜遅くの来客応対でも「勇将のもと弱卒なし」で、従業員の職員もテキパキと働いていた。この二流大卒Ｂ弁護士は、

話は分かりやすいし、事件処理は速くて正確である。受任事件については、最初に六法を見て条文を確認するクセがついており、主要法令の改廃、判例の変更には常に気を配っている。つまり、旧司法試験の受験時代の延長で、弁護士をしているのである。

　東大卒Ａ弁護士が麻雀と女で２０余年を過ごし、二流大卒Ｂ弁護士は上述の通り、弁護士業務による依頼者への奉仕の充実を生き甲斐として、２０余年を過ごした。この２人の差は、共に５０代となった今では２人の性格も根性の有り方も「月とすっぽん」、「ちょうちんと釣鐘」ほど違っている。

　この２人の弁護士は共に、モデルになる実在の人物が存在するのである。このような事例は、いくらでもある。皆さんの周辺にも、いくらでも事例がある筈である。

　自分の周辺には東大卒はいない、という人は、東大卒が複数にいる職場に勤めている人に聞いてみればよい。

　大手の土木建築業者、銀行などには東大卒が少なからずいる。それらの職場の４０代、５０代の働き盛りの東大卒と、いわゆる二流大、三流大卒の同世代の同僚を比べると東大卒が、はっきり能力が劣っている、という現実が沢山あることを知る。

　仕事の早さ、正確さ、対人関係の応対の良否など、何を取っても能力が劣るというのでは、人間としての品質、性能の優劣において劣っている、ということである。

　人間を品物扱いすることは出来ないので「品質、性能」ではなく性格、根性、能力のことである。

　前述のＡ、Ｂ両弁護士の５０代における性格、根性、能力に大差の出来ていることはＡ弁護士とＢ弁護士の１８才時における東大合格と二流大学合格の差は生涯続く力の差ではないことを証明している。その上、遊んでばかりの東大卒Ａ弁護士に対し常に刻苦勉励の二流大卒Ｂ弁護士

の逆転現象は、上述の例からも必然現象であることが御理解頂けたと思う。

　別の例も挙げておく。例えば足の速さである。小学校、中学校時点での、学年一番の俊足と学年一番の鈍足との差は、成長し、高校生、大学生になった時点でもそれほど劇的な逆転があることはない。

　だが、１８歳で一流大学に行くか二流三流大学にしか行けないかは、その少年の環境、特に貧富の差など家庭環境に負うところが大きく、その後独り立ちし、切磋琢磨することで新たな能力が花開く可能性は十分ある。何が言いたいかというと、人格形成過程にある少年期の一時点のペーパーテストだけで、つまり東大卒と二流三流大学卒の差で、その人の性格、根性、能力を確定することはできないのである。

　これだけ書いても、おそらく未だ納得できない行政書士の先生も必ずいると思われる。

　その人は己自身に自信がないのではないか？と思われる。そこで、くどいようだが念の為、弁護士は行政書士に比べて若年時の旧司法試験と行政書士試験受験時の学力には差はあったとしても、資格を得て１０年、２０年、３０年を経た現在、その学力、能力の差は無くなることもあり、差はあっても僅少であったり、或いは能力の差は逆転することが十分可能である事実を述べる。

　行政書士の先生方にも試験合格時から何の進歩向上も無く漫然と低空飛行を続けている先生もいると思われるが、このタイプを除いて刻苦勉励型行政書士と平均的弁護士の学力、性格、根性等を比較してみることにする。

　とは言っても、何を持って弁護士業界の学力、能力の平均とするか、は操作次第で何とでもなるので、ここでは、弁護士業界が、最大の知恵を絞った知恵の程度を明らかにして、こんな程度なら行政書士業界の方が余程、能力、学力が高いのではないのか！と自信を持って頂ける事実

を指摘して責を果たしたい。

　以下、いずれも事実である。

　霞が関に東京地裁、東京高裁、検察庁、法務省、弁護士会のある一角がある。

　霞が関Ａ地区とか司法街区とか呼ばれる司法官庁街である。そこに弁護士会館がある。

　弁護士会館の中にいるのは上層階から順番に日弁連、一弁、二弁、東弁である。二階の大講堂は日弁連と東弁の共有である。玄関、廊下、エレベーターなどはマンションの共有部分と同じで共有である。

　これから述べるのは、弁護士連中のほとんどは権利義務の主体となる人格、法人格についての知識が欠如しており、不動産登記の入門的知識さえ無い事実についてである。

　実に日本全国の過半数の弁護士が権利義務の主体となる能力、不動産登記手続の初歩、基礎さえ知らないまま弁護士稼業でメシを食っている事実を白昼、公然と明らかにしたい。

　日弁連組織の内部はブロック毎に組織が細分化されている。日行連における関地協に該当する組織が関弁連（関東弁護士会連合会）である。

　この組織は昔から内紛が絶えず常に東京の弁護士会と地方の弁護士会間でもめている。

　一般に東京は隣接県を含む全国４６道府県から妬まれ、うらやましがられ、嫌われているものだが、関弁連内部においては、それが特に著しいのである。

　関弁連と言うのは関東甲信越静を指し東京の三弁護士会の他に東京高裁管内の十県の弁護士会を含む。

　関東十県の弁護士会は団結して東京の三弁護士会と対等な関係を維持する為、関東十県会という組織を作っている。

　そして常に東京三弁護士会と対立してもめているのである。特に歴史

的にも東弁と仲が悪い。

　霞が関の東京地検の六階建の検察庁舎の跡地に弁護士会が１７階の弁護士会館を建設することになった。

　ここで関東十県会が、俺達は田舎の弁護士達とは訳が違う、という意地を見せることになった。

　関東十県会は永い年月、東京の三弁護士会から田舎者と見下げられていることに腸が煮え返る思いでいたのである。

　怒るのは無理もない背景がある。昭和の時代、平成の一桁の時代、旧司法試験の合格者が毎年四百数十人の頃は、全国の弁護士総数の過半数は東京にいた。東弁、一弁、二弁の弁護士数の合計が実に日本全国の半数を少し越えていたのである。

　こうなると民主主義的意思決定方法である多数決の原則が全国４７都道府県の実に４７分の１でしかない東京単独で全てが決まることになる。

　ここまで、はっきり東京だけで独裁的にも出来ないので日弁連会長などは３～４回に１回は大阪ないし神戸から選出するなどしてお茶を濁してはいるが、東京三弁護士会にとっては関弁連という組織は実のところ無用の長物なのである。

　東京三弁護士会が関弁連を侮蔑しなくても、どうしても、そういう空気が出来てしまう。

　公の会議でも言葉の端々にそういう雰囲気が出ており、彼等関東十県の弁護士連中には同じ弁護士でありながら、東京の弁護士をサムライの士分とするなら関東十県の弁護士は足軽、中間などの格下だと見下げられていると感じるようである。確かに男にとっては納得できない人格的差別を受けることは堪え難い憤慨となり、長びくとストレスになる。

　この状態が続いていた関東十県会の弁護士集団の怒りが爆発した。その時期は霞が関に弁護士会館が建築される頃だった。弁護士会館は１７

階で上層部から順に日弁連で次に１４階に東京三弁護士会の共用の部屋があり、その下が一弁で、順次、二弁、東弁となっている。

　これに関東十県会が、弁護士会館の一角を関東十県会が所有し日弁連、東弁、一弁、二弁と関東十県会を同格にしようと企んだのである。

　弁護士会館に関東十県の弁護士会の共用の部屋が出来る、と彼等の士気はあがった。ところが、である。彼等は貧乏弁護士の集団、悪く言えば規律も統制もない烏合の徒党（これは言いすぎか？）であり、購入の資金が足りないことに気づく。

　こんなことは初めから解っている筈で、具体的アクションを起こし、トラブルだらけの怒鳴り合いを続けた後に購入資金が著しく不足であることに気づくようでは、東京の三弁護士会にとっては大変迷惑な話である。それまで怒鳴り合ったり与太ったりの悪態の関東十県会が、東京三会に作り笑顔で哀訴嘆願して、このまま共同購入してくれと言うのである。

　東京三会は世帯が大きいので資金には困らないが、他県の弁護士会に只で金をやることは出来ない。

　関東十県と東京三会の各会の弁護士数に応じた出資をすることになり、関東十県会ではなく関弁連として弁護士会館１４階の関弁連専用の部屋を購入することになった。

　そして関東十県と東京三会、合計１３の弁護士会から合計〇億〇千万の購入資金が集まった（この金額と関係者の氏名は書きたいのだが、書いたら結局は行政書士会にも迷惑か？）。

　ところが…金は億と言う額が集まっているのである。登記が出来ない。不動産を購入するのに金は払うが登記が出来ない！そんなことをした者の責任は重大である。これが司法書士なら、そんなことをする司法書士は一人もいない筈である。

　では弁護士は登記手続の主体となる法人格についての知識は無くても

勤まる仕事なのか？現に勤まっているのである。

　関東十県会の弁護士会館１４階の購入資金の支出については、十県の弁護士会の正副会長会議、高額の購入費を出損する意思決定機関の委員会の他に常議員会等の決議、決済を経ている筈である。正副会長や常議員の人数は弁護士会の大小によって人数は異なるが、関東十県と東京三弁護士会の各意思決定機関、諮問機関、正副会長会の全てを合計すれば実に数千人の弁護士が、この建物の購入と代金の支払いに関与したことになる。

　ここで、若し仮に、たった一人の弁護士で良い。「その建物の１４階を購入したとして所有権の登記は関弁連では出来ないので一体誰の名義で登記するのか？」と言いさえすれば、ハッと気づいた関係者は「オッといけない、登記が出来ない、関弁連には法人格が無い」となって、まだ傷が浅いうちに関弁連の建物購入は中止することが出来た筈である。ところが、この購入に関与した実に数千人の弁護士の誰もが気づかないまま或いは法人格について知識不足のまま億の金を集め、所有権移転は出来ないままである。

　集めた金を各弁護士会に返金するとすれば、関係した弁護士は赤恥をかくでは済まないことになる。

　世間様に対して無能であることを公開されては依頼者が逃げて行ってメシが食えなくなる。

　金を持っていてもいつまで待っても登記は出来ない。この状態で関弁連には永年、訳の分からない数億円が毎年繰り越されていたが、あれから歳月が経ったが、今は、どうなっているのか、関弁連の会報にキレイゴトしか書いていないので、どうなったかは知らない。

　因みに現在の、この建物部分の所有者は新築時のままで日弁連、東弁、一弁、二弁の共有となっている。

　以上は弁護士一般の能力不足について述べたが、以下は、弁護士会が

第6章　能力における行政書士と他士業との比較

嘘八百、出鱈目運営と規律も統制も無い烏合の集団でしかない事実について述べる。

　行政書士会上層部も今一つ、しっかりしてもらいたいと思うことがあるが、弁護士会はもっとひどいので少しは安堵できるだろうと思われる。

　年月日を正確に特定すると関係者の名前が容易に特定できるので、頃は少し前の話だった、とさせて頂く。

　弁護士会で懲戒処分を受けて懲戒委員会で審議されている不始末弁護士がいた。懲戒委員会は左翼勢力の支配下にあるのだが、左翼勢力に尻尾を振らないことは悪いことではないが、奇人変人的振舞いを続けていると新聞記事に出るような不始末を起こすことになる。

　M弁護士が不始末を起こして新聞記事になり懲戒委員会で審理が続いていた。

　ここで問題が起こった。懲戒委員会と言うのは弁護士自治のために国家権力は弁護士支配に介入することが出来ず弁護士に制裁を加えることが出来るのは弁護士会だけである。懲戒委員会は常に秘密会議である。ただし会議の席にはテープレコーダーが置かれている。懲戒委員会にかけられているM弁護士から懲戒委員会に反論用の準備書面が提出された。

　ところが、その準備書面には、前回の懲戒委員会に出席していた委員でなければ知らない筈の事実が数箇所書かれて反論されていた。そのため懲戒委員会は騒然となった。この委員会の誰かが、懲戒請求を受けているM弁護士と通じて情報を流していることになる。

　互いに疑心暗鬼である。情報が漏れていることは確実なのである。懲戒委員会は弁護士会の統制から独立している。しかし独自の調査機関は持たない。

　どこかから懲戒委員会の秘密事項がM弁護士に漏れていることだけは確実で、これを放置したままでは懲戒手続が進行しない。

そこで弁護士会会長をキャプテンとする４人の調査チームを作った。他は副会長らで他に事務局次長である。このチームのしていることは全く歯がゆかった。調査の能力が全く無いのである。懲戒委員会の委員一人ひとりを被疑者のように取り調べることは出来ない。そうかと言って懲戒にかけられているＭ弁護士に聞いてみたところで正直に答える筈はないのである。毎日、毎日、「困った」「困った」「どうしよう」「どうしましょう」の会議の繰返しである。

　弁護士は犯罪捜査に対して警察や検察には鋭く文句を言うようでも己自身には初歩的捜査能力さえ無いのである。何の進展もないまま、この会議を毎日繰返したのである。そうしないと懲戒委員会の審理が進まないからであり、毎日、犯人捜しの会議を開いても全く進展が無いまま１０日が過ぎた。

　ところが意外なことから犯人が見つかった。調査チーム４人のうちキャプテンは弁護士会会長で副会長が２人で末席は事務局次長だったが、実は、この調査チームの中に犯人がいたのである。事務局次長は懲戒委員会に事務局として立合う。

　懲戒委員会の会議はテープレコーダーで録音している。

　この録音テープを複製して事務局次長が懲戒請求を受けているＭ弁護士に売りつけたのである。それを知らない懲戒委員の弁護士間では、「Ｍ弁護士に情報提供したのは甲弁護士だ。その証拠に…」とか「乙弁護士が犯人だ、証拠がある」などと次元の低い陰口を言い合っていたのだが、皆さん互いに気まずい思いをして犯人探しは終った。

　どうして犯人が判ったか？については、事務局次長の自白によってだった。調査という会議が１０日も続くと、それが只「困った」「困った」の繰返しであっても事務局次長は「自分が犯人であるのに犯人探しの調査チームに加わって毎日、調査の会議に出ることは、これ以上耐えられなくなった」と調査チームの副会長に告白したのである。

第6章　能力における行政書士と他士業との比較

　これで一件落着か？とはならなかった。弁護士会の不正不始末は、まだまだ続くのである。この弁護士会の懲戒委員会の会議のテープの複製が懲戒請求を受けているＭ弁護士に売却されていたことは大きくは無かったが新聞各紙に出た。第二東京弁護士会にも新聞各紙が取材に来た。記者会見は会長が行い、事務局次長を懲戒免職にする旨、発表したので、その通りの新聞記事になっていた。

　翌月の常議員会に対する会務の報告でも事務局次長が懲戒委員会の会議の録音テープを複製してＭ弁護士に売却した件については会長から事務局次長を懲戒免職にした旨の報告があった。この会長とは鈴木誠弁護士である。

　この常議員会には私も出席して、私の耳ではっきり聞いたことであり、顔の表情も確信を持って真実を述べている印象を与えた。

　実は二弁会長の懲戒免職だった、という新聞発表も常議員会への会務の報告も、いずれも虚偽発表なのである。

　自発的な退職であることにして退職金を支払ったし、退職日から１箇月分の給与も日割り計算して支払っていることを私が確認して会長を問い詰めた。この期間の私は二弁の会務を担当しており高額の出損には私の承認を要する会計責任者をしていたのである。その私の知らないところで２千数百万円の退職金と出勤日の端数分と一箇月分の退職予告手当が支払われていた。その額は百数十万円だった。

　事務局次長は「自分が犯人であった旨」、告白した後は事後の手続に何回か来ただけで後は来なくなっていた。私が呼び出しても電話には応答さえしなかった。

　私は二弁会長鈴木誠弁護士に抗議した。懲戒免職と新聞発表したから懲戒免職すれば良いものを新聞に嘘の発表をした。これは世間の人を欺すことで弁護士法１条の「社会正義の実現を使命とする」とは違うではないか！常議員会で嘘の報告をすることは二弁全会員を欺すことであ

183

り、それこそ懲戒請求を受けるべき内容ではないのか！である。それに対する会長鈴木誠弁護士の反論は、「弁護士会の弁護士自治は何としても守らなければならない。二弁は労基署の監督を受けるべき筋合いではない。弁護士自治を守るために懲戒免職の手続を避けたのだ」私はそれが正しいとは思わない。懲戒免職にするべきなのである。

　だが私も立派とは言えなかった。この事実につき激しく会長に抗議をしたため当時のこの会長には嫌われ、会長に尻尾を振る副会長その他、この人の子分衆にも嫌われ続けた。そして、この事実を世間に明らかにしたのは、ようやく本書のこの記述が初めてだからである。これでは「メクソがハナクソを笑う」で格好が悪いが、これを明らかにすることが読者の行政書士の先生方の為になれば、と思っている。

第7章　他士業の職域への侵蝕状況

第1節　戦前の状況

　七士業とか八士業とか言われている業種のうち類似業種間においては、昔からそれぞれ職域、領分を侵し合って分業関係のバランスを保ち地域経済に奉仕して、社会秩序を維持してきた歴史を持つ。この歴史は代書人対代言人の８０余年の歴史で明らかである。

　戦前の日本は農業国家の体質を持ち、今日のような発達した交通網は無かった。信じられないだろうが、田舎の農業に従事する青年の学歴は小学校６年までで、しかも小学校でも農繁期（田植えと稲刈りのシーズン）は学校は休校である。学校にプールが無いので、海や川の近くの学童でない限り、大人になってもカナヅチばかりである。生まれて初めて汽車に乗るのは、２０歳になって徴兵検査（軍隊の身体検査）の呼出しの時、という時代である。

　このような閉鎖社会、貧困地域社会においては（少し大袈裟に言えば、

貨幣経済が浸透しきっていないと思われるエリア…これが戦前の一般的な農村地域だった）代書人も代言人も無いのである。

　病気については医師がいるのは都市部だけであり、村は全て無医村であり祈祷師や神官の祈りなどで代用されていた時代である。歴史から抹消されているが、大日本帝国の時代の昭和天皇は現人神（あらひとがみ、あきつみかみ）と呼ばれ、人の姿となって日本臣民に幸福を与える為に現れておられる、という信仰、つまり国家神道を信ずることを学校教育で強要されていた。無医村では祈りで病気を治していた、というのは神道の信仰強制による帰依の副作用だったのかもしれない。

　この時代は各士業とも他業種への侵蝕の問題は発生しない。都市部においてもそうである。

第2節　職業の競合と市民の利便性

　これらの士業間で他業種の職域、領分に侵蝕の問題が出て来たのは日本経済が戦後の極貧時代を脱し、徐々に豊かになって、ようやく衣食足りてきた昭和40年代頃からである。だが、まだこの頃は業界間の争いは小さかった。現在のようになったのは規制緩和、司法改革などの問題が出て来た平成になってからである。他業種の職域、領分に侵蝕すると言っても侵蝕するのには、それなりの能力を必要とするから、侵蝕するのは類似業種間ということになる。ここでは、弁護士業界と行政書士業界の職域侵蝕の事実を指摘する。

　行政書士が離婚の相談を受けて、財産分与や未成年の子の養育費に関する約定の書面を作成する過程で、或いは共同相続人間において遺産分割協議書を作成する過程で、相続人間の遺産分割協議の場において助言、仲介する行為が、仕事の足りない若い弁護士や、貧困弁護士達から非弁行為で、弁護士法72条違反だと非難を受けがちである。

　何度も言うが、東京のいわゆる勝ち組と呼ばれる弁護士達は、「行政

書士は、権利義務関係の書類作成権限があり、紛争性の強いトラブルに介入するので無ければ、権利義務関係の書類作成権限があるではないか！それが市民の皆さんに利便性という利益を与えているではないか」と言い続けているのである。

ただし、彼等にマイクを向けて「もう一度言ってくれ」と言ったところで、黙秘権の行使であろう。

いわゆる勝ち組と呼ばれる成功弁護士達には、共通の感覚がある。

「自分の権利は自分で守る。我が身は己自身、各人が守るべきである。各人の家庭もそうである。余力があれば他家、他人を守る」と言うことになる。

廻りくどいことを言ったが、行政書士は己の職域を守りたければ、弁護士の庇護をあてにせず、「自らの権益は自分で守れ」と言うことである。

この問題は弁護士法７２条問題で出てくるので、これ以上は述べない。

第３節　弁護士資格で行政書士業務を扱えるか？

では、弁護士業界は行政書士の領域に侵蝕してはいないか！存分に侵蝕しているのである、言わばしたい放題である。

行政書士の資格を得たときの入門的な知識を得る段階で、行政書士になった人は「弁護士は当然に行政書士資格があるのだ」と理解するようである。そのように誤解させるのは、行政書士会であり、その誤解の根源は日本行政書士会連合会であるらしい。しかも、行政諸官庁も悪いのである。弁護士は当然に行政書士資格がある、との扱いを堂々と全国津々浦々の官公署でしているのである。

まず、弁護士法の条文を見ると「弁護士は当然、弁理士及び税理士の事務を行うことができる」（３条２項）となっている。「当然」とは別段、手続を要しないという意味であり、これは法文によく出てくるから、憶えておいた方が良い。

ところが、「弁護士は当然、司法書士や行政書士の事務を行うことが出来る」という条文はない。行政書士法にも「弁護士は当然、行政書士の事務を行うことが出来る」とは書いていない。法律の条文によく出てくる「事務」と言う用語は「仕事」と言う程度の意味である。
　弁護士法と行政書士法を読み比べれば、弁護士は行政書士会に入会手続をすれば、行政書士会会員の行政書士資格で行政書士の業務を扱うことが出来る、という解釈となり、おそらくこれが通説であろう。それなら、弁護士は行政書士会に入会していない限り、官公署はその弁護士を「行政書士資格がある」とは扱ってはいけない筈である。
　ところが、現実には弁護士資格は行政書士資格を兼ねる、弁護士は大であり行政書士が小であり、「大は小を兼ねる」の扱いが全国官公署の現実である。
　なぜこうなっているのか？について、私は早くから知識はあったのだが、後述する通り不正確な知識である。
　まず沿革としては、戦前は代書人資格も代言人資格も境界不明確なままで法律実務界は運用されていた事実は既に述べた。従って、沿革的には代言人の作成するべき書面を代書人が作成して、それが官公署、司法官庁等で重宝され、逆に代書人が作成すべき文書を代言人が作成しても諸官庁は快く受理していた経過がある。そうでもしないと尋常小学校6年卒の学力で、しかも不就学児童も少なくなかった時代では、文盲も多く、官公書が運用できなくなるからである。
　だが、この経過だけでは解決にはならない。現在、弁護士が行政書士会に入会していなくても、当然に（弁護士資格として）行政書士業務を行うことが出来る、という解釈は諸官庁は通達という行政解釈によっているようである。
　だが、これはおかしい。若し、弁護士が当然に行政書士の業務を行うことが出来るのであれば、弁護士法3条は、なぜ弁理士と税理士だけに

制限したのであろうか。社会保険労務士法における弁護士の地位と行政書士法の弁護士の法的地位の表現が違っているのも、それを裏付けている。

　つまり、弁護士業界は行政書士に対し「弁護士法７２条に違反するな！」と文句を言うが、逆に弁護士連中は行政書士の職域に無資格行政書士として跋扈している有様である。私は、この現状は弁護士業界と行政書士業界の力関係の差によって、その力関係の差を社会全体が肯定してきたことにより、官公署までが上記のように扱うことになったのではないか？と思っている。世の中は万事そんなものではないだろうか。最高裁判所の判例は、法律の条文は変わらないのに、ときに判例変更だけで国民の生活状況に重大な変化を生じさせることがある。

　最近では、消費者金融の多重債務者に対して、利息制限法の解釈の変更により、過払金が返還されることになり、長年利息を払い続けた貧困債務者に高額の過払金が返還され、一部上場の消費者金融の大会社が倒産したこともあった。弁護士が行政書士会に入会せず、行政書士資格を得ないまま、弁護士資格で行政書士業務が出来ることと、前述の消費者金融の過払金問題は舞台裏では、共通しているところがある。

　弁護士法の解説書は、弁護士は当然に行政書士業務を行うことが出来る、との解釈について概ね次のようになっている。行政書士固有の業務は、行政書士法１条の２、１条の３に記されているが、それらはいずれも弁護士法の規定する「一般の法律事務」に該当するから、弁護士資格で行うことが出来る、と解している。私が読んだ弁護士法解説書は、表現は違っても全て上記のような解説だった（他に、若しかすると違う見解があるかもしれないが、あってもおそらく名著と言われる権威のある本ではないであろう）。

　では、行政書士法２条で「弁護士となる資格を有する者は、行政書士となる資格を有する」と書いてあるのは何のことか？前述の解釈（弁護

第7章　他士業の職域への侵蝕状況

士資格は当然行政書士資格を含む…行政書士業務は弁護士の一般法律事務である、との見解）では、弁護士が「行政書士を名乗るためには、行政書士会に入会せねばならない」と読むというのである。

　この解釈には、私は腹が立つ。確かに、「弁護士が行政書士と名乗るには、行政書士会に入会せねばならない」という解釈は正しい。この解釈に反対する者は、誰もいないと思われる。

　だが、弁護士法と行政書士法を読み比べたとき、行政書士法2条をこのようにしか読まない解釈が、真面目な解釈と言えるのだろうか。法文には、あまりに当然なことは書かない、というルールがある。「兄は俺より年が上」、「馬が（犬が）西向きゃ尾は東に向く」などは、説諭、指導されなくても皆知っていることである。「行政書士と名乗るなら、行政書士会に入会せねばならない」としか解釈できないなら、まさに「馬が西向きゃ尾は東向く」と同じではないか！

　弁護士資格で当然にできるとされている税理士業務と比べてみてもおかしい。税理士の業務は弁護士法の「一般の法律事務に該当するから、弁護士は当然に（税理士会に入会しなくても）税理士業務を行うことができる」と解されている。

　法文に「当然に」とあるから、入会手続が不要なのは明らかである。ここでも、弁護士が弁護士資格のままで税理士を名乗ることは許されず、税理士と名乗るなら税理士会に入会しなければならないことは、行政書士法と同じである。

　読者は、お気づきになったと思われるが、弁護士に対する税理士と行政書士では、条文の構成が異なっている。弁護士は「当然に」、つまり弁護士資格のままで税理士業務が出来るのである。一方、弁護士は「弁護士になる資格があれば、行政書士になることが出来る」とあるだけで、「当然に」、つまり弁護士資格のままで行政書士の業務が出来る、とは書かれていない。両者を全く同一に解釈する人達は、「当然に」という用

語が目に入らない一時的に盲目となった恥知らず、ということになろうか。

　これについては、かなり古い話だが、行政書士会側にもこの解釈を助けた責任があるようである。行政書士会の幹部と言っても、戦後暫く経ってからの話であり、現在行政書士会上層部の役員とは時代が違うのである。今日の日弁連上層部の年齢に比べると、祖父ぐらいの時代の差であろうか？この話は、昭和５０年代に私が、弁護士界の有名な御長老から承った話であり、信用は出来るが詳細な正確さにおいては確かではない。

　日行連上層部が、「弁護士は、弁護士資格のままで当然に行政書士業務が出来る…このような解釈をしてくれ！」と日弁連に陳情に来た、と言うのである。その話の後で、両会首脳は某所の某料亭で芸者に囲まれて、楽しい思いをしたようである。日行連上層部が日弁連に対して、なぜそのようなことを陳情するのか！その実益は？と言えば、バカバカしくて本当か？と疑いたくもなるが、「弁護士が行政書士会の会員となって、弁護士と行政書士を兼業する者が増えると、行政書士会の上層部は弁護士によって占められ、行政書士は行政書士会の末端の役職しか就けなくなってしまう」よって弁護士は行政書士会に入会しないでくれ！「弁護士資格のままで当然に行政書士業務を行うことが出来る」と解釈すれば、何の不都合もないではないか！と言った、と言うのである。

　以上の経過は今日では、どうでもよいことである。ところが、そうもいかない大きな問題がある。日行連上層部の申し入れを日弁連上層部が受入れた…つまり両会の合意が形成されて…これが数十年も続いた歴史の重みという事実を無視できないことになる。だが、民間団体の両者の合意だけで法律の条文を変更することは出来る筈はないのである。

　この合意に基いて官公署まで「弁護士は当然に行政書士を兼ねる」とする扱いは全く法的な裏付けのない行為であり、この扱いは「公的な秩序に反する」官公署の怠慢である。

要するに、弁護士が行政書士会に入会せずに行政書士業務を行っているのは、無資格行政書士なのである。
　弁護士業界が、弁護士法７２条を持ち出し行政書士を脅迫するなら、行政書士業界は行政書士会に入会せずに行政書士業務を行うのは、無資格行政書士であり罰則がある…つまり犯罪者だ！と脅し返せばよい。
　しかし、この主張は行政書士会が組織として行うことで、一人ひとりの行政書士がするべきことではない。本来なら日行連が日弁連相手にするべきだが、日行連に期待できない現状では、全国４７都道府県代表格の都行政書士会が日弁連に抗議するべきである。そうでもしないと現状は何も変わらない。

第8章　行政書士の将来像

第1節　行政書士資格の変質化

第1項　規制緩和、司法改革と弁護士法７２条の３点セットで考えるのがよい

　これはバラバラの問題ではなく相互に関連していることを意識していないと理解が浅くなる。

第2項　弁護士法７２条はほぼ骨抜きになっている

　弁護士の政治勢力化の排除、自治権（懲戒権）の濫用、学力低下、能力不足の弁護士の大量生産などで、弁護士会の政治的活動力が衰えて行政書士会の政治連盟にも劣る程、弱体化していることに行政書士会は気付かず未だに怖がっている。本当は弁護士業界は著しく弱体化しているのである。他士業からも弁護士の伝統的職域にどんどん侵蝕されて、弁護士法７２条は徐々に空洞化され、昔の弁護士法７２条と同じではなくなっている。

弁護士業界に君臨する勝ち組の大物が、本書（行政書士の繁栄講座）の執筆を喜んでくれて内容に賛同はしてくれたが、「行政書士業界は、いずれ弁護士業界との境界争い、つまり弁護士法７２条問題で弁護士業界から繰返し反撃を受けそうだ」と言うのである。

　弁護士資格では生活できない新司法試験合格組による弁護士法７２条の随分勝手な解釈を咎めて「行政書士の皆さんにも紛争性の強弱によっては彼等の権限を認めることが国民の皆さんへの利便の向上になるのであり弁護士のエゴは謹まねばならない」…に対して今のところ言葉こそ汚くはないが、堂々、公然と反論を始めるようになってきた、と言うのである。

　行政書士や類似業種に好意的な見解の弁護士業界の大物（いわゆる勝ち組の長老）は、ほとんどが７０才を越えている。もう少し若い世代でも勝ち組と呼ばれている成功者は６０才を越えている。このクラスは５０代もいるが人数は少ない。

　一方、弁護士法７２条につき弁護士エゴの解釈をする若手の生活苦の層は弁護士資格を得て１０年未満の人たちであり昔の司法試験年間四百数十人合格に対して今は年間２０００人合格であるから全国の弁護士数は１０年未満が実に過半数に達しているのである。

　従って、この勢力は侮れない。だが過大に評価してはならない。人数は多くても弁護士業界は職人仕事の面があるから古参は熟練組で若手は未熟組であり仕事にあぶれた貧困グループでは勢力として動くエネルギーの源泉となる資金が無い。

　従って、この若手弁護士勢力は当分の間「弁護士法７２条の空洞化が急速に進んでいる」と愚痴、不満を言い続けて行政書士業界を不愉快がらせるだけであろう。

第3項 行政の事前規制がなくなる

　治安と健康は事前規制を続けると政府は公約した。だが、それは嘘だった。駐車違反、刑務所の民営化や薬品の無資格者による販売許可などが行われており、明らかに、これは規制緩和である。治安と健康の事前規制は継続する、と言ったのは嘘だった。

　事前規制から事後規制型社会への移行問題もある。日本の労働力として外国人が増加する、と見られている。難民ないし極貧外国人、覚醒剤密売、ＳＥＸ産業の女性たち、窃盗集団など不良外国人が大挙して押し寄せる、と心配されているが、マスコミは業界のエゴで、マイナス面は知らせていない。

　経済の発展による企業活動の活性化（これがないと士業は稼げない）。

　活発な企業活動は確実に法律家の活動領域を拡大させる。

第4項 行政書士は弁護士と同格同等のロイヤーとなる（司法改革の本音の目標は、アメリカ型を想定している）。

　七士業の資格混乱期を経て、ロイヤーと会計専門家の二種の資格に統一される。

　司法改革の弁護士大増員政策の結果、弁護士業界の基盤は崩れ、弁護士業務では生活費が稼げないという現象が出て来た。

　一方、大企業や権力を連ねる約２パーセントと言われる勝ち組弁護士は、相変わらず高収入を続けている。

　弁護士業界の窮乏化は弁護士自治を廃止する方向に向かわせる。今や法科大学院の入学希望者は激減で、しかも偏差値が低く読み書き算数ヤットコサと言われる人達しか受験していない。近く、弁護士会に入会しなくても「法曹有資格者」という資格を作って弁護士会の強制加入団体を排除するのである。これを急げば行政書士も司法書士も弁

護士も、アメリカ型のロイヤーと呼ばれる共通の資格となる。

第5項 行政書士が資格統一のロイヤーになる前に、弁護士を従業員として雇えばよい

これは現在、既に可能である。

昭和の時代だったが、国際法律事務所を名乗る在日韓国人がいて、彼に雇われている二弁所属の働き盛りの弁護士がいた。その所長は無資格弁護士だったが、その従業員の弁護士は弁護士資格はあった。彼等が事件処理で不始末を起こして、依頼者を食い物にしたので、私がその2人を告訴し、資格のある弁護士を懲戒申請した。受任事件で依頼者を食い物にして事件の相手は欺しながら脅して解決する悪質さだった。その国際法律事務所という場所に検察庁がガサ入れして、所長の在日韓国人を逮捕した。資格のある弁護士は逮捕はされなかったが、私のところに示談による告訴の取り下げを頼みに来た。示談の内容を聞くと、単に哀訴嘆願による告訴と懲戒請求の取り下げのお願いだった。被害者となった依頼者に対する金銭賠償については全く資力が無いので償う意思はないようだった。この事件は国際法律事務所の所長を名乗る男は実刑判決、弁護士資格のある方は間もなく自殺して一件落着した。この時代は、弁護士は他人に雇われて給料をもらうのは公職に就いた時の他は、勤務弁護士となって弁護士に雇われているときだけが例外で、弁護士は従業員という勤務形態で働くことを禁じられていた。その理由は、弁護士の独立性と弁護士自治である。

今は司法改革により、弁護士自治も弱まっているので、会社にでも個人にでも誰に雇われても問題はない。

従って、弁護士を従業員として街の法律家業務全般を取り扱うことも可能となっている。だが、弁護士を雇うときの問題点、注意点について行政書士からの相談は私の所には全くないし、他の弁護士からも、

そんな話は聞かない。

第6項　行政書士会も弁護士会も任意加入組織に向かって進んでいる
　強制加入を廃止するのである。任意加入組織により弁護士自治が完全に無くなる。弁護士自治が無くなることの弊害もあるが、現在の弁護士自治が国民にとって無益有害でしかないため、弁護士業界の重鎮グループは弁護士自治を廃止する方向に熱心である。ここに未だ弁護士業界の良心が残っていて、「他士業の職域争いで、弁護士業界が譲らないようでは、最も迷惑するのは私達が奉仕すべき国民の皆さんである」と言うのである。これにより弁護士業界は、既に他士業に弁護士独占領域の法廷出廷権の一部を明け渡した。行政書士は一番最後になったが、行政不服審査申立権を得て部分的弁護士資格を得た。

第2節　行政書士の将来と、対応策
第1項　研修、研鑽の必要性
　資格を取っても、能力が裏付けられているのではない行政書士には研修制度が不可欠である。しかし、組織的、長期的な充実した研修制度は将来も見込めないようである。
　そのため私が私的に研修機関を作って定期的、組織的に研修を行うことを考えていたこともあった。多くの行政書士の皆さんからの要望によるが、行政書士会の顧問であることもあって行政書士会の意向も汲まねばならず軽率に言えることではない。
　司法試験は既に変質している。七士業従事者の質、能力、収入等を平均化しないとロイヤーに統一することができない。過去の司法試験の合格者は学力が高かった。他士業従事者の能力を旧司法試験クラスに高めるのは無理でも司法試験合格者のレベルを下げることによって弁護士業界の収入も他士業同等にすれば、七士業が概ね平均化され

る。それでは裁判官、検察官も学力の低いままで採用されるのか？これは心配はいらない。司法試験合格者２０００人とか３０００人の中の５％程度１００人弱なら、必ず優秀なのがいる。その連中がＡクラスキャリアとなるのである。残る２０００人弱の中の優秀な者は弁護士稼業で生活できて半数の約１０００人は市民社会から自然淘汰されることになる。

司法試験合格者を大増員する案は昭和５０年代から裁判所筋から出ていた。弁護士が増えすぎて生活費が稼げない弁護士はどうするのか？については社会が必要とする条件に合わず環境に適応できないのだから市民によって法曹界から淘汰されても仕方がない、と言うのである。

要するに落伍者弁護士はいらない、ということである。これは行政書士にも言えることである。前述の裁判所筋（最高裁事務局）から出た話とは無関係だが、落伍者弁護士と同じことが行政書士にも言える、と言っているのである。

依頼者になってくれる市民の皆さんと親切、感謝、信頼関係を築くに適する人柄ではなく、行政書士として受任事案を処理する力量が足りず、同業者や競争相手に遅れてついて行けない行政書士のことである。但し、収入が乏しいからと言って、人柄が適さず力量の不足が原因とは限らない。収入が長期的に不足の行政書士は、その原因は複雑で各人各様でそれぞれの事情、それぞれの環境が違うから、諦めないで根気よく改善の努力をするべきであろう。それを改善する努力さえしない無気力人間は生涯低収入の低空飛行で暮らすことになる。

話を裁判官、検察官に戻す。これが行政書士の将来と関係するのか！終わりまで読めば分かる。

七士業を統一、統合する手段として行政書士などに公的な研修の場を設けるのではなく弁護士の司法研修所を廃止して待遇面から、まず

七士業を統一するのである。

　司法改革のスタートを切った密談は法務省の三田分室（桂〈カツラ〉と呼ばれていた）で判、検、弁の大物が酒を飲みながらの会合だったことは既に述べた。これらの話はかなり細部まで詰められていたようで、既にこの時点で司法研修所を廃止して裁判官、検察官志願者には裁判所内部、検察庁内部でそれぞれ独自の研修を行うことが決まっていた。これを決めた場には前述の勝ち組弁護士の重鎮も加わっているのである。この重鎮から弁護士会の東京三会の正副会長会議に諮問みたいな相談があった。この正副会長は当時は合計で２０人近くいた。この２０人弱で実質的には当時の約２万人の全国弁護士全体の意思を決めていたことになる。

　定期的に理事会を開催し日弁連正副会長会を開催していても、それらは形骸化されたセレモニーになっており地方の弁護士が旅費、宿泊費が只で東京に来られることが彼等に与えるエサみたいになっていることは既に述べた。

　司法研修所を廃止して裁判官、検察官に採用される司法試験合格者は、採用されてから研修を受けるが、そうでない司法試験合格者は裁判官、検察官の採用テストに不合格となっても登録しさえすれば弁護士資格だけは保証される。

　これにつき「弁護士になる司法試験合格者の研修はどうする気か？」の前述の諮問につき東京三会正副会長会議の回答は

　「日弁連として、いきなり研修を廃止するのは刺激が強すぎる。日弁連の負担で司法試験合格者に１箇月程度、給料も支給して研修することは十分可能である」である。但し、これは平成９年の話である。現在の弁護士業界は収入の激減で体力が衰弱しており、受講者に１箇月間も給料を支払う財力は無くなっており、せいぜい入場無料の研修をする程度だと思われる。

これらの話は全て真実であり、話は古くてもかなり正確に記述してある。

この頃、私が二弁にいると私宛に最高裁判事から電話がかかってきたことがあった。電話を取り次いだ二弁の女子職員からそれを聞いた二弁会長が私に「最高裁判事が何の用で電話してきたのか？」と尋ねたが、私は答えなかったことがある。

法務省三田分室の判、検、弁のトップ会議の内容は前述の勝ち組重鎮弁護士からの情報の他にも最高裁判事からも頂いていた。それ以外にも情報源はあったが、ここでは書けない。

本書が街に出まわる頃は平成29年春になっている筈である。これだけでも司法改革がどれ程遅れているのかが明らかであろう。

しかし、どんなに遅れても弁護士自治は崩壊するのであり、それは七士業の統一（会計ロイヤーと二種）に向かうことは確実なのであり、これは若い行政書士達は心しておいた方がよい。

第2項 行政書士の将来像

司法改革（弁護士自治、弁護士業界の左翼勢力の排除）、法曹人口の大増員、規制緩和、経済の国際化などから将来像が見えてくる。

最終的には士業の資格の統一方向に向かう（アメリカ型と類似するが同じになるのではない）。

行政書士の将来像と少子高齢化の関係はどうなるのか？

マスコミは後○年したら壮年2人で高齢者一人を養い、○年後は壮年一人で高齢者一人を養い、○年後には壮年一人で高齢者1.5人を養うことになる、などと不安を煽っている。

人数の比率は、おそらくそうであろう。だが、マスコミがやかましく騒ぐ程の心配はいらない。皆さんは田植え、稲刈りの経験は無くても映画やテレビで見たことがあるはずである。昔は田植えも稲刈りも

手作業の重労働だったが今は一台の機械で農民１００人分くらいを、しかも農民よりも迅速に正確に作業する。こんな単純肉体労働だけでなく今は機械が囲碁、将棋のような知的作業においても人間の能力を追い越している。人間の肉体は急速には進化できないが、機械は、さらに加速度をつけて進化すると思われる。そうなれば人間のほとんどが不要となり、あらゆる仕事を機械がこなすので雇用が減って失業者が溢れるおそれがある。

行政書士も弁護士もだが企業間の競争は国際的競争関係が激しくなる。経営者にとって経費で最も高額なものは人件費である。能力不足の従業員を多数抱える企業は人件費の圧迫で経営が保てなくなる。

一方、日本の労働法規は終戦直後のマッカーサー憲法下の労働法規で無能従業員の解雇は容易ではない。

但し、労働者の保護規定が無いと「蟹工船」や「女工哀史」の過酷と虐待から解放されなかったという現実があった。

現代では「蟹工船」「女工哀史」程の心配はなくても、労働者の保護法規が無いと給料生活者の生活が安定しない。この両者の調整過程でアウトソーシングが職業構成の中で常態化するのではないか、と予想される。この企業のアウトソーシングの受け皿に適すのが行政書士である。企業にとってはお抱えの行政書士に頼みさえすればよく、そこには請負契約、委任契約があっても労働法規の規制は全くないから安心してベテランの能力を利用できることになる。

この時代は、そんなに遠い将来ではない。だが、こうなると弁護士業界や司法書士業界とも競争になると思われる。それに勝つにはライセンスが一級だ二級だ！と言い合うことではなく依頼者と強い信頼関係を築ける人柄とか能力の優劣などであろう。

第３項　士業間、同業者間の過酷な生存競争となる

競争に勝つには…と考えずに「稼ぎを増やす為には」と考えるのがよい。気持ちの持ち方が性格まで変える。
1　経済的基盤の確立
　　貧困では良質な業務の安定的供給ができない。良い仕事をするためには収益が確保されねばならず、稼いだ金は奉仕の充実に注ぎ込んで、さらに収益をあげる、というサイクルを作ることである。これは繰り返し述べた。
2　大量の書類を作成する肉体的軽労働型の仕事より紛争解決型の仕事が値が高い。
3　依頼者との信頼関係を大事に。依頼者に嘘をつく、ごまかす、他人の悪口を言う、は禁物。仕事のスピード、正確さは大切である。
4　業務を単純化する。受任事務処理は低コストを心がける。
5　他士業の知識もあった方がよい。会計、税務、登記、訴訟などの基礎的知識は欠かせないことは既に述べた。

第4項　能力を向上させる

　職域拡張は能力の向上なしでは出来ない。民法など法律の知識や文章の優劣、話の上手、下手も関係する。

第5項　業務の専門化

　日本のロイヤーはアメリカのようになる…は概ね正しいが、同じにはならない（アメリカは雑種の犬小屋型）。弁護士、司法書士、弁理士らの資格を一つにすると、それぞれが昔の資格が得意分野、専門分野となるが、これは遠い将来の一時期のこと。
　それまでは行政書士領域の中の得意分野、専門分野を作るべきである。本来は、万般の事項を扱うのが良いが、行政書士の職域は、あまりにも広い。明らかに能力不足分野がある筈で、得意分野とはそれ以

外という意味である。

第6項　職域拡張の策

依頼者層の拡大と適正な報酬の受領、奉仕の充実のためには
1　業務範囲を拡大する。法律で禁止されている業務を除いて、法律関係全般について街の便利屋になる。そのためには民法の知識は不可欠である。但し民法の高度な理論は不要でほとんどは社会常識的知識で足りる。
2　依頼者層の拡大と酒

　依頼者との信頼関係を築く。この基本は行政書士自身の人柄が決め手となる。依頼者に安心感を与えられるよう、若い人は人格を磨き、能力向上を心がける。

　依頼者には、報酬は値切るくせに、料理や酒に誘ってくれるタイプの人もいる。「フグ」や「チャンコ」など御馳走に誘うのである。そんなときは喜んで御馳走になればよい。

　こういう依頼者はリピーターとなってくれる可能性が大である。パチンコ屋の許可手続、会社の設立手続など規模の大きな案件などは、依頼者との打合せが大事である。

　打合せ後に、料理を御馳走してくれたり、酒の席を設けてくれたりしたら、余程の下戸でない限り付き合った方がよい。こういう席は、仕事外の私生活の場ではない。仕事と私生活の中間領域である。依頼者にしてみれば、おそらく数百万円、数千万円の投資をするのだから、酒の席とはいえ真剣である。こういう場にこそ、本音が出てくることが多い。

　仕事を受けると受任の契約書を作成することも必要だが、むしろ依頼者と行政書士との信頼関係で「任せて安心」、「先生、頼りにしてますので、これからも宜しくお願いします」と思い込で

くれるようにせねばならない。

　これが女性の行政書士だったらどうするのか？依頼者が女性であったら、おそらく上記と同じであろう。男の依頼者の時は、単に御礼のつもりで御馳走する、という場合も考えられる。若い女性の行政書士や独身の行政書士なら、ホステス代わりに飲みに誘うことも考えられる。ラブホテルに誘う下心のある者がいるかもしれないし、俺の女にしたい、と思って誘う不埒者もいるかもしれない。ラブホテルへの誘惑はともかく、依頼者と女性行政書士の酒の席の要領については、上手な女性と下手な女性があるようだから、新人の女性行政書士は、ベテランの女性行政書士に、そういう場合の「教え」を乞うことであろう。

　この問題は「行政書士だから」という問題ではない。従って、「教えを乞う先輩行政書士」がいなければ、他業種であっても七士業のベテラン女性にお知恵拝借するのがよいと思われる。ゴルフに誘われたらどうするか？ゴルフは上手と下手がある。ゴルフは早朝に家を出て、帰りに車を降りてから一杯やったりするので、単なる酒の席だけよりずっと深入りした仲になる。従って、誘って頂けると、その依頼者はリピーターになってくれることが、ほぼ確実となる。こういう依頼者を木の幹にして、そこから枝を広げ枝の先に葉を広げる、という方法で人脈を広げるのである。

　ゴルフが上手な行政書士に対し、ゴルフが下手なのに「下手の横好き」の依頼者だったらどうするか？

　例えば、行政書士がグロス８０で廻り、依頼者がグロス１１５で廻るようだと、上手な行政書士は大叩きして依頼者のレベルで付き合ってやればよい。グリーンの側に球が行ったら、わざと近くのバンカーに球を入れて、バンカーで二〜三度叩くなど、をすればよい。

第8章　行政書士の将来像

　下手な行政書士が、たまたま好スコアなので、大叩きしている依頼者に配慮して、わざとバンカーめがけて打ったところピン側に行ったりするような失敗もある。こんなことを書くとゴルフの愛好家からは「神聖なゴルフを汚す何という不埒者だ」と嫌われるかもしれない。だが、ゴルフの本質は誰が何と言おうと娯楽なのである。スロープレーになったり、危険なことをしたりするのでなければ、他人にとやかく言われる筋合いはないのである。

　但し、ゴルフ好きの依頼者が「馬鹿マジメ」な性格であれば、同伴プレーヤーは、それに合わせた方がよい。

　料理を御馳走になるにも要領がある。酒席や料理の席は、隣にも客がいることだから、隣人に対するマナーや、お運びさん（従業員）に対してもマナーが必要で、金を払う側の、つまり「俺は客だ！」という態度や、自分のことを「オレ、オレ」と発言し、女性従業員を「オイ、ネエちゃん」「オイ、婆さん」という言葉遣いの悪さも依頼者に嫌われる。

　一般論だが「俺が」「お前が」より日常の言葉使いは「私が」「あなたが」「御宅が」などの方がよい。小学生や中学生らでさえ学校では「俺が」「お前が」「オヤジが」「おふくろが」などと言っていても家に帰れば「僕」「お父さん」「お母さん」と言っているようである。「俺が」「お前が」の用語はアバウトな分類になるが、どちらかと言えば社会の底辺の階層で使われる言語だからである。

　料理のマナーは、例えばフランス料理などについては、私は良くは知らない。

　若い行政書士には、回転寿司しか行ったことがなく、フグやチャンコの鍋を知らない人もいる。

　鍋ものは、一つの鍋を皆で箸をいれるのだからマナーが大事となる。

直箸でするときは、皆さんに直箸の同意を取り付けておくべきだが、読者が現職の行政書士という前提で、鍋料理の食べ方まで書く訳にはいかないので、若い行政書士は自分なりにしっかり、マナーを心得ておくことである。
　家で食べる料理は、どんな食べ方をしても勝手である。亭主関白型だったら奥さんも文句は言わないだろう。しかし、一つの鍋を複数人でつつくときはマナーがある。
　酒の席などのマナーも大切。無礼講は仲間内の話で、酒のマナーを知らないと客は逃げがちである。依頼者や依頼者になってくれる可能性のある人達との間には本当の無礼講はないと心得るべきである。

　　（注）但し私自身、酒席、料理の席のマナーが模範的というのではない。

　依頼者が酒癖が悪かったり、料理のマナーの悪いときもある。料理のマナーが悪かったからと言って同席の行政書士はマナーの悪さに付き合ってはいけない。正しいマナーであるべきだが、酒癖の悪い依頼者には内容や程度にもよるが、リピーターになってくれそうで規模も大きい大切な依頼者だったら、やんわりと注意してやり、悪酔いなら家に送り届けてやるとよい。
3　報酬を安くする？
　貧困な依頼者には安くしてやる。開業直後で地盤のない先生は固定客を作るために格安で受理するのも仕方がないと思われる。
　無報酬の仕事でも受任することにより次の儲かる仕事を受任できることもある。ただで受任して、その事件とセットになっている次の大きな案件があれば、サービス受任も全体を見れば無報酬ではないことになる。
　その他は安くしない。委せて安心、正確で早く能力の高い代償

は報酬が高い…となる。

4　未経験の仕事でも受任することである。この下請は単に友人だから…ではなく、優秀な先生に頼まねば依頼者が迷惑することになる。

5　身近に受任できる業務があるのに依頼者となってくれる立場の人も行政書士も共に気がついていない。

　こうなっていないか。仕事がない、依頼が来ない、と嘆く行政書士は六法全書を持った街の便利屋になり切っていないのである。行政書士の肩書きにこだわりすぎていて、士業の職域が理解できていないままだから、こんなことになるのである。何度も言うが、そもそも職域というエリアの制限などないのである。そう考えて禁止条項、罰則だけを警戒すれば、済むのである。

6　他業種との仕事の競争

　日頃から行政書士を利用してもらうよう心がける。これは行政書士会の仕事でもあるが、まず自分自身で他業種のライバルに勝つ人柄、力量を備えること。

7　企業内行政書士

　弁護士の場合、営業の許可制が廃止された。そこで大企業に雇われて給料で生活する者が出始めて、日弁連の発表では、現在約２％が企業内弁護士である、と言われている。行政書士の職域も企業内にまで広げて拡張すればよいが、弁護士の場合、受け入れる側は今のところ、人事や給与の体系が一般社員と異なることで混乱していると言われている。但し、現実には新司法試験で学力不足のまま年間２０００人の司法試験合格者がいて、ＯＪＴ（オン・ザ・ジョブ・トレーニング）の場もない実務経験のない能力不足新米弁護士を雇う酔狂な会社は無いのである。

第7項　地方自治体の公務員弁護士

　弁護士が多すぎて司法研修所を出たばかりの弁護士の約3分の1が失業状態で、弁護士の登録する費用も無い状態が続いている。

　日弁連は職域拡張目的で地方自治体に若い弁護士の採用をお願いしている。しかし、現実には自治体上層部にコネのある少数の例外を除いて、ほぼ全てに断られている。どこの自治体でも、能力が高い優秀な弁護士なら採用するとしても、弁護士資格を得たばかりで、弁護士業務未経験の未熟者を採用するところがある筈はないのである。

　その上、公務員には定員の枠がある、弁護士一人を採用するなら誰か1人に退職してもらわねばならなくなってしまう。

　行政書士も地方自治体に採用してもらって、行政書士の職域を広げる、という案も聞くが、地方自治体の仕事の手段が伝統的に書類作成過程が多く、もともと行政書士的であり、行政書士を必要とはしていない。

第8項　異業種との合同事務所について

　現在、仕事の少ない行政書士、司法書士はこの種の事務所は、良質の仕事が楽して定期的に供給されると期待する。一部の弁護士は、この種の事務所ができれば司法書士、行政書士らは事務職員より上質の従業員だと考える。こんな打算でうまく行く筈はない。

　強力なリーダーがいる大事務所の他はトラブルだらけと予想される。この問題は既に述べた。

第9項　営業活動に力を入れるか

1　仕事の受任は依頼者、顧問先の紹介が一番良い。
2　看板を見て、著書、論文を読んで…という客は一見の客であり信頼関係の築けないことが多い。一見の客がいけないと言うのでは

ない。他の行政書士とトラブルだらけの客がいたり、暴力団のフロント企業だったり、犯罪者だったり、しばしば、そんな人がいたりする、と言っているのである。

3 広告、宣伝…これも大事だが、これで来る客は一見の客ばかりとなる。一見の客ばかりの行政書士は依頼者との間に信頼関係はなく、報酬は値切られ、受任の業務は過大要求されて、難癖つけられて…嘘をついて応ずる。こんなことを繰り返していると結局、破滅コースとなる。但し、リピーター客が多く、良質の依頼者層を持っていても、広告、宣伝は必要である。

4 依頼者は人を選ぶこと

　暴力団からは受任しない。人相が悪い、マナーが悪い人からは受任しない。

　小指を詰めている、入れ墨がある、暴力団風の言葉使いをする人は止めた方がよい。過度の誉め言葉、見えすいたお世辞を言う人は、その発言時の顔の表情を見れば、まともな人か見当はつく。難癖つけてたかられる行政書士の例も少なくないからである。

　依頼者には奉仕すべきだが職業では医師、教員、貧困女性などは親切にしても感謝のないことが多い。従って過大なサービスは無駄になることが多い。

5 営業活動の基本は、客が来るのをじっと待つ女郎蜘蛛型ではなく、蜜蜂型だ、とは何度も述べた。

第10項　受任時の心得

1 依頼者から依頼のため訪問する旨の電話を受けたら、何の依頼か用件を聞いておく。難しい案件は事前に調べておく。
2 関係する書類は最初に持ってきてもらう。
3 紛争性の事案なら要件事実を聞く。証拠も検討する。要件事実が

なければ六何の原則、八何の原則で代用する。
4 解決についての希望を聞いておく。
5 過大要求された時

　過大要求であって、行政書士の能力を越えている旨を告げて説得することになる。困難ではあるが不能ではないという場合は、費用、報酬を高くして受任することになるが、その場合、「やっぱり駄目だった」という場合に備えて受任時の契約条項は詳細に決めておく必要がある。こういう場合は、進行経過について依頼者に順次報告をし意思の疎通を図っておかねばならない。極端な過大要求は受任してはならない。

6 委任契約書を作成。報酬取決めもしておく。

　トラブルになりそうなことは、委任契約書に書いてトラブルを予防すること。

第11項　事務所運営の要領

1 パラリーガルは給料を高くしても優秀な人を選ぶ。

　補助者の出来の悪いのは妻の出来の悪いのと同じで、この不幸は深刻である。

　補助者が女性である時は、水商売ではないので鼻が高い、色が白い、などはどうでも良く依頼者に好感を持ってもらう感じの良さと能力である。要するに女房ではないので「俺の好み」ではなく、お客さんの皆さんに好かれる「感じの良さ」が大事である。

2 パラリーガルに頑張ってもらう。良質の補助者に良質の仕事をしてもらうことである。

3 パラリーガルでできる仕事は行政書士はしない。但し、その責任は行政書士にあるのでチェックは怠ってはいけない。その不始末の損害賠償は雇用者の行政書士の責任となる。その損害賠償の請

求額が巨額の時でも、である。
4　顧問料は安くても顧問先を広げる。
　　顧問先とは顧問契約書の交換の他に額入りの顧問証を作成するのが良いようである。
5　保険（火災、盗難、所得補償、業務上の事故など）の保険は必要である。事故を起こして弁償する財力の無いときは頼りになるのが保険である。長く勤めてくれる補助者には退職共済に入っておくと退職金の払いが楽になる。
6　受任案件の失敗、過誤の対策はあるか？
　　事故を起こして嘘に嘘を重ねるのは最悪。
　　明らかに、行政書士に責任があり、行政書士が損害賠償を取られる場合、額が大きいのに払う金がないときは、どうするか？保険に入っておくべきである。破産すれば支払義務は免れるが行政書士資格を失うので廃業しなければならない。保険に加入していても保険金の出ない事案は、自費で支払うことになる。その金が無いときはどうする。親兄弟から調達するのがベターである。親が出してくれなければ、欺す、脅す、などしても、被害者が親では警察沙汰にはなりにくい。高利貸からの借入れは破滅の入口である。
　　要するに、大事故は火事と同じで自転車操業はせず全力で初期消火することである。
　　優秀な事務所には良質の案件が集まり、出来の悪い事務所には報酬が低額の案件や受任すれば危険な目に遭う案件が多かったり、依頼者の質が悪かったりする。優秀な事務所の経営である、と安心できる為には最悪の事態、万一の事故に備えて損害賠償の備えとしての貯えも必要とする。少なくとも高額の保険に加入しておくのがよい。

第六編　行政書士制度と行政書士会

第9章　行政書士の将来の展望（行政書士が名実共に法律家となる道程）

第1節　行政書士が名実共に法律家となる道程

第1項

　現況は不完全な法律家でしかない。たとえば訴訟代理人になれない。

第2項　書類作成型より紛争解決型が報酬が高い

　代筆型は報酬が安く、紛争解決型が高いことは説明する迄もないことで、繰り返すが紛争解決に介入する為には、次の第3項の能力を必要とする。

第3項　紛争解決型に必要な力量

1　法律の知識が必要

　　昔の司法試験のような法知識は不要。だが「全く法律を知らない」では紛争解決はできない。ＡＤＲは民事訴訟法は使わないことが前提になっていたが、現在の法務省は訴訟の和解や調停に準ずる形態を考えているようである。

　　法律の知識は要領よくやれば民法入門くらいで間に合う（法的知識不足のときや、難しい法律論の時は弁護士を利用すればよい…たとえて言うなら外科手術ができない町医者が儲かっているのと同じことである）。

　　弁護士大増員により、仕事にありつけない落ちこぼれの弁護士たちが大量に行政書士業務にありつこうと参入してくることを心配している行政書士もいる。近い将来、司法試験に合格しても司法研修所は廃止になるので、試験に合格することで即弁護士となる。彼等が行政書士業務の領域に参入したとき、本来の行政書士

第9章　行政書士の将来の展望（行政書士が名実共に法律家となる道程）

と異なるのは民法の知識の優劣であると思われる。このため、働き盛りの行政書士は入門程度の民法の基礎知識は持っていなければおそらく弁護士資格を持つロイヤーに勝てないことになる。
2　文章を簡潔に書く能力がいる。本来、行政書士は「書いて稼ぐ」仕事である。
3　話し方の上手下手…工夫と努力、経験。口下手では食えない。川柳の「ほんとに口で飯を食い」でなければならない。話術が大切であることは既に述べた。
4　請求を法律上の構成にする。金銭の請求の例では、依頼者の要求を法律上の主張として構成し、それに添って事実を述べる。
　　この請求を正当化する法律上の根拠を請求の原因と言い、その事実を条文に当て嵌めるのを要件事実と言うが、これについては民法の初歩的な知識で間に合うから勉強しておかねばならない。
5　証拠
　　依頼者の主張する事実を裏付ける証拠を集める。依頼者から事情を聞き出して、必要な証拠を集める。依頼者の言いなりより、例えば過大要求であるなど、依頼者の間違いを指摘して納得させる方が信頼を得る。信頼を得るには頼りないイメージを与えてはいけない。「では、どうすれば頼りないイメージではなくなるのか？」については本書で繰り返し述べた。
6　依頼者を裏切らない。嘘をつかない。奉仕の気持ちを続ける。信頼関係を築いて依頼者との協力で解決することである。
　　（悪質な依頼者対策は別問題）

第六編　行政書士制度と行政書士会

第10章　行政書士業界における男女差別について

　この問題は、行政書士業界内部における男女差別、依頼者と受任者との関係における依頼者から見た男女差別と、類似他士業における男女差別に分けて考察するのが分かり易いと思われる。

第1節　行政書士業界内部における男女差別

　東京会の例をとると、行政書士は平成２９年で６０００余名であり、そのうち女性行政書士は約１５００人である。

　そのうち本業が税理士であったり、司法書士だったりして、行政書士会に登録はしているものの、現実には行政書士業務はしておらず、本業に付随する従属的手続が必要となったときに、無資格行政書士と呼ばれてトラブルになるのが嫌だから、行政書士としての登録をしたにすぎないという人がほとんどである、と言われている。

　行政書士を名乗って本当に男に伍して対等に営んでいる女性は僅か５０人程度だ！と言うのが、東京の行政書士業界の認識のようである。

　私はそんな筈はない、明らかにもっといると思うのだが、行政書士を名乗っていながら他の行政書士事務所の従業員であったり、弁護士事務所や会計事務所の従業員としての給料で、生計を立てている人が多いと言われている。

　一般に七士業と呼ばれる仕事は、女性にはハンディがある。結婚すれば夫婦は平等とはいえ、現実には夫の収入が多く、妻の収入は補助的な副収入のような形態も多い上に、女性には妊娠、出産や育児などの負担がある。乳児、幼児は体が弱く、すぐ熱を出したり異常を来す。こんなとき夫は、「子どもが熱を出しましたので」と言ってみたところで職場では、欠勤や遅刻は容易に認めてもらえない。女性（主婦）の従業員なら、「この忙しいのに」、「この大事な時期に」などの不満な顔をされても

第10章　行政書士業界における男女差別について

他の者が、その欠勤、遅刻をカバーしてくれている。

　士業に限らず、近年は女性差別をやめて男女の実質的平等を推進する動きが活発である。男社会である筈の軍隊（自衛隊）や警察でも、どんどん女性を増やしているし、官公庁が率先して女性職員の地位の向上を図っていることは、世間で好感を持って迎えられている。

　だが、民間企業は女性の社会的地位の向上について、官公庁と同列に扱うことは出来ない問題がある。官公庁は、その運営資金が国民から無償で徴収した税金であるのに対し、民間では規模の大小に拘わらず、その運営の経費は営業上の利益をもって充当せねばならない、という大きなハンディがあるからである。

　そのため、大会社では会社のイメージアップにつながる部署には、そのイメージに合う女性を配し、極端な例では女性の生理用品のメーカーや女性の下着メーカーなどでは、社長に女性を当てがい、その操り人形の女性を裏でオーナーが操る、というパターンもある。

　確かに民間でも近時、女性の職場内の地位は向上してはいるが、官公庁のようにはうまくいってはいないようである。

　行政書士業界はどうか？東京会や埼玉会での現実に活躍中の女性行政書士の人数は多くはないが、彼女らは概ね優遇されているようである。

　本会の行事は通常、支部単位でブースが出来て集合するのだが、どの支部にも感じよく着飾った看板女性？というイメージの女性行政書士がいる。

　行政書士会のイベントなどにも必ず女性行政書士がいる。女性行政書士は数が少ないので、もてはやされるのであろう。その「もてる」女性の先生は、ほとんどが支部の役員をしており、支部の推挙を受けて本会の役職についている人も多い。東京会も埼玉会も役職において、女性を差別しているとは言えず、むしろ優遇しているようである。これを逆差別と言えなくもないが、時計の振子と同じで男尊女卑を男女平等に保つ

過程で少々、女尊男卑気味の女性有利となったところで問題にされていない。つまり、行政書士会内部では男女差別はないようである。

では、男女の行政書士間における差別はないのか？私は、昔から行政書士は職域拡張を図れ、依頼者からは報酬を現状よりプラスαの額を頂け！と繰り返し言っているが、新しい分野の開拓より、他の行政書士の依頼者を横取りすることに熱心な先生が多いようであり、報酬においても他の行政書士より安価に引き受けることを宣伝文句にする行政書士の話もよく聞く。他人の奥さんを口説いて横取りするのは、不法行為となる違法行為であるが、行政書士に依頼するのは誰を選ぼうとも依頼者の自由に選択出来ることであり、正当な自由競争の範囲では別段違法ではない。

仮にA行政書士の常連客である甲に対してB行政書士が、「私に依頼して頂ければ、その手続ならこんな手順で、所要日数は概ね○日後に完成させ、費用は総額○○○円でします」と言って勧誘したとする。これだけでは、Bの勧誘は違法ではない。ところが、勧誘の手段としての口上に「Aは暴力団○○組の一次団体○○組、若頭○○○○の弟です。昨年のことだが、○○の手続においてAのミスで手続が失敗したため、依頼者が報酬の支払いを拒んだことから、Aの兄の○○組若頭が子分と共に押しかけ、報酬の３倍にもなる○○○円を脅し取った事実がある」などと述べたとする。これが本当なら、Aは依頼者を失っても仕方がないであろう。しかし若し、これがBがAの客を奪うための詐術としての虚偽事実を述べたとしたら、どうであろう。これは、違法行為としてAはBに損害賠償の請求ができると思われる。だが、取れる賠償額は受任事件の報酬額が巨額でない限り、大きくはないと思われる。

この節では、男女差別の問題を取りあげているが、前例ではAもBも男であろうが女であろうが関係のない事例であることに御注意いただきたい。

第2節　依頼者との関係における男女差別

　女性行政書士Aの依頼者甲に対して男性行政書士Bが、「あなたは何故、女性行政書士に依頼するのですか？女性行政書士は…」と、昔の男尊女卑の時代錯誤の口上を並べて、Aの依頼者甲を翻意させて、Bがその仕事を受任したときはどうか？これは違法行為である。しかし、こんな極端な事例は現実には起こらないのではないだろうか。おそらく、男尊女卑の言動の繰り返しでは、依頼者甲が品位品性の劣るBを蔑み、Bに依頼することは無いと思われる。

　依頼者と受任する女性行政書士の関係ではどうか？結論は、どうしても女性は不利になるだろうと思われる。結婚はよいが、続く妊娠、出産や育児の段階でどうしても依頼者に迷惑をかけてしまうことになる。風俗営業許可手続を受任した女性行政書士が手続の途中で、受任事件の依頼者に「出産予定日が○月○日ですから、○月○日まで産休として休業させて頂きます。」と申し出ても、例えば１１月１５日の大安吉日を開業の日と決めて、着々と準備している風俗営業の経営者は、到底承知しないと思われる。

　憲法は、男女平等をうたい民法も第２条で男女の本質的平等を掲げて男女の不当な差別を民法９０条で排除していても、上記風俗営業の開店が出産の為に遅れたら、依頼者に損害賠償請求されて高額の損害賠償を取られることになりそうである。この判例予想の経過は詳述しないが、「妊娠、出産がなぜ損害賠償としてお金を払わねばならないか」ではない。出産自体は病気ではないが、大変な肉体的負担を伴うため、暫く日常生活は出来ず、その間受任事務の遂行もできない。１１月１５日の開業予定と言えば、忘年会シーズンの年末の稼ぎ時を控えた水商売の業者には、一年で最も多忙な時期である。出産予定日は、妊娠中の女性が知らなかった、では世間が通らない。この場合なら、他の行政書士を下請にして仕事を予定日までに完成させるべきだった。そのためには受任時の契約書

に復代理人の選任権、下請に出すことがあり得ることの事前承諾の文言を入れておくべきである。

　日本では大日本帝国の「産めよ殖やせよ」の時代から（いや、もっと古くから）子どもを育てるのは親の責任であるが、無事な安産に協力するのは、社会全体の連帯責任とされてきた。江戸時代の参勤交代の大名行列は、土下座して行列の通過を待たねばならず、行列の前を横切れば天下御免の無礼打ちをされるため、土下座は厳格に守られていたが、産婆さんだけは例外だった。産婆さんなら、大名行列を横切り駕籠に触って横切っても無礼打ちはあり得なかった。徳川の御法度がそうなっていた。但し、産婆の特権というのではなく、お産に駆けつける産婆によって介護を受ける母子の保護のためである。この沿革から現代に至るまで、妊娠、出産、乳幼児の育児には社会の温かい思いやりがある。

　だが、経済活動の苛酷な競争社会にあっては、女性だからといって寛大にはしてくれない。この問題については、識者の解説はどの有名人も巧みに逃げており、正面から取り組んだ書物はないようである。男女が、その肉体的差別を超えて完全に男女平等になるには、さらに経済水準と文化的水準が高まることを要すると思われる。

第３節　弁護士業界における男女差別はどうなっているか？

　依頼者から見た男女差別と、弁護士相互の男女差別、裁判官や検察官から見た男女差別の順に考えてみる。

　依頼者から見た男女差別とは、依頼者の弁護士選択問題である。私が弁護士になった頃は、全国の弁護士が一万人もいなかったので、依頼者は弁護士を選択するのは、「どの弁護士に依頼するか！」の弁護士の選択よりも、「弁護士に頼むか頼まないのか！」の二者択一であることが多かった。現代では、弁護士の粗製乱造により、特に若年弁護士は受任の過当競争になっているので、依頼者から見れば多くの弁護士の中のま

さに「どれを選ぶか？」の問題となる。

　ここでは、その選択のうち男女のどちらを選ぶか？について考察する。これは、ほとんどの依頼者が男の弁護士を選択している。この事実の解説は省略させて頂く。詳述すれば、男尊女卑がまだ残っているのか！ともめるおそれがあるからである。女性の依頼者さえ男の弁護士に依頼したがる状況にある有様である。依頼者が女性弁護士を敬遠するという実情は次に述べる。男性弁護士と女性弁護士間の問題についても女性側の異状、異様な振る舞いになって現れてくる。この問題も詳述すれば、女性弁護士を侮辱する、男尊女卑だ！などと騒がれると面倒なので詳述はしない。

　行政書士と異なって弁護士は、他の弁護士と戦って、或いは検察官と戦ってメシを食っている。紛争を平和的に且つ有利に解決することを請け負い、或いは刑罰法令を適正に行使してもらうように努め、なるべく寛大な刑罰で済むように努める。

　大工Ａが注文主Ｂから請負代金３０００万円で、木造二階建て住宅一戸の建築を請け負ったとする。前途金１０００万円、中間金１０００万円、工事完了後１０００万円の約定で工事が完了し、途中の工事の設計変更で大工Ａは５００万円の追加金を要求し、Ｂは追加工事を否定し、本来の契約上の工事の範囲内であると言い張る。その上Ｂは、工事完成後の雨で雨漏りがしたので、不完全工事であり、残金は支払わないと言う。

　対する大工Ａは、雨漏りの事実を認め立入させてもらえれば容易に修理できると言うのだが、怒ったＢに立入させてもらえない。Ｂが他の建築業者に修理代金の見積もりをさせると、修理代金は８００万円相当だと言う。請け負った大工Ａの見積もりは、勿論無償で修理するのだが、どの業者が修理してもこの程度なら３０万円かせいぜい５０万円だという。

第六編　行政書士制度と行政書士会

　この事案で、どちらかの代理人弁護士が女だったらどうなるのか！大抵の人は、こんな事件は女性弁護士には依頼しないので、男の弁護士間の争いとなる。だが、私のように弁護士を長くやっていると、色々なことを経験することになる。経験したくないようなことも、である。

　事件の受任は、大抵の場合相手方に受任した旨の挨拶と、その解決の話し合いを持ちかける。言い分が極端に差があって、話し合いが見込めないときに訴訟となる。

　私は、前述の家屋新築工事の注文主からの受任により、依頼者の相手方に内容証明郵便で受任した旨と、今後の早期円満解決の為の相手方の希望する解決の手順を尋ねた。すると、まもなく女の弁護士から電話がきた。その電話の内容は驚くべき内容だった。再現するとこうなる。「〇〇という女性弁護士からの電話」と聞いて、私が受話器を取り上げて名乗る。すると、女の大きな声でおそらく、その女性弁護士の最大のボリュームの声で、

　「私は〇〇から依頼された弁護士だ！〇〇（私の依頼者）は〇〇円の支払い義務があることは、はっきりしているのに、卑怯にも払わないことの片棒を担ぐとはそれでも人間か！〇〇に対して、お前は〇〇円の支払い義務があることは、明白だから支払うべきだと言いさえすれば、この事件は一件落着なのになぜそうしないのか！依頼者に払わせれば済むではないか！弁護士ならそれくらい解るだろう。なぜ払わせないのか！バカではないか！それとも職務怠慢か、それとも弁護料欲しさに混乱させているのか！」と本当にこう言って、喚き叫ぶのである。理論的な根拠は全く告げない。このような脅しに屈する男の弁護士も稀にはいると思われるが、病弱とか極端な無気力人間という例外だけと思われる。

　私（坂本）は、民事事件を中心にやってきたが、暴力団相手の事件も数多く扱ってきた。昔は暴対法が無かったので、ほとんどの弁護士が暴力団を怖がっていたが、私は暴力団に与太られても平気だった。歴戦の

第10章　行政書士業界における男女差別について

勇士、千軍万馬である。女が狂乱状態の形相を想わせる大声で喚き散らしたところで、それを怖がる弁護士は少ないと思われる。

しかし、この電話は無礼千万である。弁護士が相手方当事者の代理人弁護士の言いなりになって、仮に私の依頼者に何の根拠も証拠も告げないで、「あなたは支払い義務があるから、速やかに払うべきだ」とやったら、私は依頼者に対する重大な背任行為となる。この女性弁護士は、私に対し依頼者に、そう言え、と言って電話で喚き続けたのである。

ここで頃合いを見て、私の反撃である。私は聖人君子ではない。こんな馬鹿げた話には歯車を合わせてはいけない。与太りには与太り返す方法もある。しかし相手が度が過ぎているからと言っても、私の態度も立派とは言えなかった。

「何だテメェ、そんなことをしたら、俺が犯罪者になるではないか！…（ここで猥褻用語を用いて）テメェの○○（女体）を○○（攻撃）されたいのか！」

と怒鳴り返した。それまで静かに承ってだけいたのが、暴力団風にしかも、通常女性相手には使わない猥褻用語を大声で怒鳴った為、その女性弁護士は驚いたようで突如、電話を切った。

この案件では、この女性弁護士は手を引いたようで、別の男の弁護士が出て来て解決となった。という訳で、この女性弁護士のことはすっかり忘れていた。ところが、世の中、意外に狭いものである。後日、私が昔の同級生に会ったとき、彼の姉がこの女性弁護士だったそうで、彼もこのことで私のことを快く思っていないようだった。本当の事実を明らかにすれば、非は彼女にあると思うのだが（勿論、私の猥褻用語発言も不当ではある）、一般に女性は自分自身に関しては、公平に見るという社会的訓練が十分できていないと思われる。

余談だが、上記女性弁護士は若くはないが独身で、5年前に東京地裁で調停委員に就任していた。

女性弁護士の苦労談を、いくつか続ける。古い話だが、東弁に勇ましい女性弁護士がいた。会話は全て男言葉である。弁護士間の会話では、男の弁護士相手に「オメーは、テメーが、俺が、…をやっておけ、分かったか！」などと言うのである。顔も怖い顔をしていた。牝の猛獣のイメージである。私と世代が違うので、私が若い頃の婆さん弁護士であり、私は事件で出会ったことはない。
　次に勇ましい有名弁護士について述べる。古い話だから実名で書こうかと思ったら、今も御存命で現役弁護士として御活躍中のようである。御年１００歳前後の女性御長老様である。仮にＡ女史先生とする。今から40数年前のことだが、有名な医師が離婚を求めたが調停ではまとまらず、離婚訴訟となった。Ａ女史先生は、医師夫人が依頼者だった。現在は、離婚訴訟は家庭裁判所が管轄だが、昔は家裁は調停だけで訴訟は離婚でも地裁が管轄だった。
　Ａ女史先生の離婚訴訟は、和解がまとまらず原告、被告の双方尋問まで進行した。医師である夫の本人尋問に対する反対尋問は前述のＡ女史先生である。離婚訴訟は、離婚原因の有責配偶者はどちらであるか、その具体的事実は？違法性の強弱程度は？金銭給付につき財力は？など争点の相場は決まっている。
　ところが、Ａ女史先生は、医師である夫に対する尋問は、「先生（医師）は今まで一体何人の患者を殺したんですか？」などとやるのである。要するに、訴訟そっちのけで相手を罵倒するのである。詳述すると、それが真実であっても（真実なら故人に対してなら法的には問題はないが）御存命中の御活躍の妨害となるおそれがあるから、これ以上述べない。
　もっと若い女性弁護士の新しい話をする。女性司法修習生の先輩の女性弁護士が、体験談を得意になって複数の女性修習生に喋る。「裁判所で裁判官をはさんで和解が中々まとまらないことがある。男同士では雰囲気が殺気立っている。こういうとき、女性弁護士が行くと雰囲気は、た

ちまち和やかになって双方譲り合うことによって、すぐにまとまるという利点がある」などと言う。これを聞いた女性司法修習生達は、それを本気にするという始末である。「女なら和やかになる」というなら、吉永小百合程の美貌でなければならないだろう。

　皆さん、そんなことが本当にあるのだろうか。前述した建物新築請負契約で、工務店は請負代金の残金１０００万円を支払え、注文主の側は一円も支払う義務無し、逆に払い過ぎで返金してもらいたいくらいだ！と思っているとする。

　建築工事の請負工事というのは、これは社会常識だが、アバウトで材料費が半分、人件費が半分である。人件費というのは、サラリーマンの月給とは異なり、請負代金から支払われる。そして、建築工事における人件費とはほとんどが大工、左官、水道工事、電気工事などの職人に支払われるべき金銭である。

　この業界はサイト３箇月程度の手形で、支払いは半金半手が多い。半手は半分が手形、半金とは現金払いが半額という意味で、現実には５、１０日（ゴトービ）に手形を交付し、現金は小切手で支払ったり銀行振込だったりする。

　大工、左官、電気工事の職人等の人件費は、彼等の飲み代に費消される分もあるだろうけれども、彼等の家庭で妻子を養う生活費となっている筈である。

　建築工事の請負人は、工事を終了すると工事の残代金を受け取って、それら下請業者の支払いに充当する。それが工事に瑕疵があったとして支払いを停止され、或いは支払いを拒絶され、或いは支払いを大きく減額されると、その建築業者がゼネコンのような巨大な資金力を有する大企業ならともかく、中小零細企業であってみれば、注文主が支払いを止めると、下請に支払う財源が無いことになる。下請に払いを待ってもらっても限度がある。下請の労働者の各家庭では、注文主が元請に残代金を

払ってくれるまで、毎日の食事をせずに請負代金の支払われるのを待つ、という訳にはいかないのである。

一方、注文主にしてみれば、家一軒建てるということは、男にとって一生に一度の大仕事であり、通常各人の資力の限度一杯見栄を張って背伸びして建てている。そんなに無理して建てた家に欠陥があるなど、腸が煮え返るほどの立腹で、悪徳業者に騙された！と怒り心頭となる。

建築業者が受注時の営業トークで、新築家屋の居心地の良さ、これで人生バラ色の新居で明るい家庭、明るい家族…バラ色のロマンを大袈裟に吹きまくる傾向にあることも、この怒りという副作用を強めている。

さあ、建築工事の請負残金の紛争とはこういうものなのであり、注文主と請負人が訴訟の場で激しく対立するのである。私（坂本）は、こういう場合の解決を得意としたが、ここは私の自慢話の場ではない。前述の裁判所の和解の席で、「弁護士が双方男だと、話が殺気立ってまとまらないのが、片方当事者の弁護士が女性弁護士だったら、たちまち場が和やかになって和解がまとまる」という話の真偽についてである。

弁護士は戦闘員である。依頼者に代わって、最大限、権利を得、義務の履行は過大な負担とならないよう、しっかりと監視して依頼者の損失を防ぐ、という任務を持つ。この任務の遂行過程において、相手方代理人が女性弁護士だったからと言って、直ちに言いなりの妥協をして和解成立となるであろうか？こんな事実は、あろう筈はないのである。そんな話をする女性弁護士も能力不足なのに見栄を張るだけの弁護士と思われるが、司法修習生になってもその程度の真偽も見抜けない女性修習生が沢山いるということは、女性はやはり紛争処理には適さないのかもしれない。

建築工事というのは、左甚五郎の伝統を持つ大工の名人芸として、徒弟制度のもとで発達してきたが、近年の人権意識の高まりから、労働基準法の厳格運用や熟練労働分野における若年労働者の不足などから減少

し経済の高度成長過程で徒弟制度は次第に消滅した、と言われている。

　建築工事の過程においても、ほとんど機械化されている。その上、材料も規格化されている物も多く、大袈裟な表現をすれば、それらを組み合わせていけば家一軒が完成する、という時代である。

　とは言っても、建築工事は結局人間のする仕事である。神ならぬ身であってみれば、仕事の打合せのミス、連絡不十分のミス、表現、聞き取りのミスや誤解など、必ずしも能力不足とは言えない原因でも、欠陥工事という結果が起こり得る。実は建築工事は完成しても、何らかの欠陥があるものである。それをいち早く察した請負業者が、突貫工事でそれを補ってトラブルを防いでいるのが現状である。

　この業界は、昔は入れ墨に法被(ハッピ)を着用していた業界である。一般に紛争の多い業界は、昔から男気（侠気）の多い人達の世界とされてきた。運送業界では、海運は「板っ子一枚下は地獄」と言われていた荒くれ男達であり、陸上運送は雲助とか車夫、別当などと呼ばれた命知らずであり、金融業界は「寝ている病人の布団をはがし、枕まで持ち去った」金貸しの沿革、伝統が今なお尾を引いている。娯楽、芸能業界は暴力団が支配していたが、現在は暴力団の排除はほぼ成功している。だが、相変わらず河原乞食と呼ばれた体質からは抜けられず、表面は豪華に見せていても、舞台裏は十分とは言えない金の奪い合いで、常時もめている。

　その他の職業を見ても、低賃金の下層の単純労働者を除いて、どの業界も弱肉強食型の力関係で、秩序を保ってきた男社会であって、まさに女人禁制の歴史、伝統のもとで成り立っていた。

　民主主義だ！男女平等だ！と唱えてみても、「ゼニカネ」争奪の争いは「女の参加で和やかになって」直ちに話し合いが成立し、和解で解決することはないし、キーキーギャーギャー大声で喚き散らしてみても、所詮狂乱女の狂気の与太りという手段で、暴力団の真似をしても、それを怖がって言いなりになる男の弁護士はいない！…こんなことさえ、解

らないのが女性弁護士達である。

　要するに、女性弁護士を指導する優秀なリーダーがいなかった、ということである。仮にいたとしても女性弁護士大衆は「聞く耳を持たない」という謙虚さの無い態度のために相変わらず、この状況なのかも知れない。

　では、女性の弁護士は全部そんな連中か？女性弁護士でも、男の弁護士と共同作業で行動している者もいるし、理論的な学力も高く証拠、根拠で裏付けることの上手な女性弁護士もいる。だが、（先入観があるのかもしれないが）そんな能力のある者は、男と比べると明らかに比率は少ない。これ以上書くと、女性弁護士連中が私を攻撃してくることになると（怖くはないが）面倒だから、これで終わる。

　では女の弁護士より男の弁護士は優れているのか？男の弁護士の欠陥についても述べておく。弁護士業界は、いわゆる「勝ち組」「負け組」と呼ばれている財力による分類と、旧司法試験の権威のある時代の難関突破で、世間が一目置いてくれた時代の合格者層と、ロースクール出身の粗製乱造、低学力弁護士時代の弁護士層に分かれている。そのうち、いわゆる「勝ち組」と呼ばれる弁護士層は財力があるので、衣食足りており、従って礼節を知っている人達である。彼等も後日、落ちぶれたら礼節を失うのだから、財力は人の心を豊かにする効能さえ有るようである。

　一方、「司法試験に合格しているんだぞ！俺たちは一級ライセンスを持っているんだ」などと言って、他士業を見下げる弁護士も少なくない。

　私は行政書士の先生方に「見下げられたら、やり返すべきだ」と言うのだが、対等にやり合う行政書士の先生は今のところ見たことはない。少なくとも憶えていない。

　その三流弁護士達の出来の悪さについても述べておく。例えば、告訴状の作成である。従業員が会社の金の横領を続けていた！会社の幹部社員を欺いて、会社の金を私的に費消したから詐欺罪だ！会社の金員をし

第10章　行政書士業界における男女差別について

ばしば盗み出している、など社長が激怒する形態の告訴状の作成を依頼された弁護士はどんな告訴状を作成しているのか？

　驚いたことに、弁護士の作成する告訴状の犯罪事実には、事実を捏造した告訴状が少なくないのである。ほとんど誣告罪で有罪判決を受けそうな捏造事実であり、針小棒大どころではないこともある。行政書士には、こんな告訴状を書く徒輩はまずいないと思われる。警察が告訴の受理を嫌がる理由は、いろいろ有るようだが弁護士作成の告訴状は、捏造事実を含む犯罪事実であることが少なくないので、警察も怖くて手を出したがらないようである。まさに犬や猫にも劣る弁護士群である。

　この欄は、女性弁護士の能力が事実上劣っている事実を指摘したが、それでは男性は優れているのか！と言えば、どっちもどっちだ！という意味で書いている。では女性弁護士は、いわゆる勝ち組弁護士と同じで、捏造事実の告訴状は書かないのか？については、良くは知らない。

　弁護士が人権擁護だ、基本的人権だ、と言ってみても、弁護士自身が犯罪事実を捏造する告訴状を作成して金をもらうことも珍しくはない事実があることを記しておく。

　弁護士業界は腐敗していて、社会の皆さんが期待して下さっている程の清廉の士ではないことについては別の欄で述べる。要するに、行政書士は弁護士とは業種が違うだけで職務上、社会的地位において上下の関係にはないのだ、と言いたいのである。行政書士は弁護士の下だ、と思い込んでいると、行政書士の依頼者に、その気持ちを見抜かれるのである。

　依頼者に見下げられない為には、自信を持つことである。その為には若い行政書士、働き盛りの行政書士はとても現状では駄目で、辛くてももっと厳しい修行を積まねばならない。

＜コラム１＞

(注)平成24年東京都行政書士会の機関紙に執筆を依頼されて書いた短文だが、行政書士会が弁護士会の機嫌を損なうおそれがある、との理由で掲載されなかった文章である。

弁護士を追い越した行政書士群

弁護士 坂本廣身

現代の弁護士業界は凋落、没落が著しい。民法や刑法の入門的な知識も無いまま司法試験に合格して司法研修所の卒業試験で不合格になる者が毎年１００人を超している。司法試験の受験生の合格率は３０％程度である。司法試験の人気はガタ落ちで受験生は急激に減少している。弁護士業界には明るい将来の展望が無いからである。

行政書士試験は人気急上昇であり若くて優秀な人材が殺到するため、合格率は何と４％ないし７％という超難関となっている。平成２２年度の合格率は６％だった。将来性があるから試験が難関となるのであろう。

司法試験の合格者は予定では既に年間３０００人の合格であり、間もなく毎年５０００人の合格者を出す予定だったのが、現在年間２０００人の合格者しか出ていないのは、受験生の水準が低下して、これ以上合格者を増やすと「読み書き算数さえ、ヤットコサ！」のレベルまで合格させねばならず、これでは紛争解決どころか、紛争拡大となり市民に有害となるからである。

行政書士の職域は、近年、急速に拡大されてきた。行政書士に依頼者に代わって意思決定をする代理権も与えられて久しいし、準司法機関といわれる手続への立合権もある。弁護士資格との垣根は下を向かないと見えないくらい低くなっている。

弁護士業界が、さらに凋落することは確実視されており、現在の弁護士自治も廃止されることは最早時間の問題となっている。弁護士自体は、裁判制度が「裁判官、検察官、弁護士」という三者構成である限り無

なることはないが、弁護士自治が無くなるので、弁護士会は任意加入の協同組合、共済組合みたいになると予想されている。

　従って「箸にも棒にもかからない」学力の低い劣悪弁護士階層と、合格率数パーセントの超難関試験を勝ち抜いてきた秀才行政書士群の学力、力量の競争となる。これは結局、市民への奉仕の充実度の競争である。この流れは急で、間もなく司法試験合格者の司法研修所が廃止されるので、若い弁護士の能力は更に低下するため、若い行政書士の後塵を拝することになる。

　各士業間の垣根が低くなるということは市民の皆さんが、どの士業の先生に依頼するか！の裁量、選択の幅が、さらに広がると言うことで、規制緩和とは、これを言うのである。

<コラム２>
行政書士倫理綱領の件

東京都行政書士会
会長 中西豊先生

　　　　　　　　　　　　　　　　平成２４年８月８日
　　　　　　　　　　　　　　　　顧問弁護士 坂本廣身

　標記、倫理綱領について、お答え申し上げます。
　文章には格式、格調、美しさについての優劣があります。
　美しさには、体裁や語呂の調子などを必要とします。「五ヶ条」は意味が分かれば良いという種類の文章ではありません。
　以下、見本となる有名な五ヶ条を三種、掲げて検討し行政書士倫理綱領と比べてみます。
　時代の古い順番に倫理綱領の第一号は幕末の太政官政府の五ヶ条の御誓文であることは夙に有名です。これは坂本竜馬の船中八策が叩き台になっている、と言われています。後に有名な軍人勅諭が出来て海軍兵学

校の五省と続きます。

　坂本竜馬の船中八策は江戸時代の文章ですから、ここでは省略です。

　五ヶ条の御誓文も慶応４年制定であり、現代文に馴染んだ平成の日本人にとっては、優れた文章とは言えないものの、この時代としては、日本国内最高の文章だったものと思われます。

　軍人勅諭は明治１５年制定です。

　これが、その後に続く日本全国各地各業界のスローガンの五ヶ条の基本になっています。

　軍人勅諭ほど有名ではありませんが、海軍兵学校の五省も歴史に残る五ヶ条の文言だ、とされています。

　こう言うと現代は軍国主義社会ではない！と反論する人もいると思われますが政治思想の優劣、当否の問題ではなく、当時としては大日本帝国の最高の頭脳集団を動員して作成した作品です。

　その五ヶ条形式の文の格式、格調、優劣、美しさについて検討します。

一、まず五ヶ条の項目の読み方です。

　　一、(ひとつ)…と本文を読み、次の行に行っても、また一、(ひとつ)と読みます。

　　一、(ひとつ)を五回読むのです。

　行政書士会は一（いち）、二（に）、三（さん）と順次番号を読むので五項目ということになり、五ヶ条では無くなっています。

　　これを伝統的な五ヶ条に戻して格式、格調を上げるべきでしょう。

二、五ヶ条形式の表現は語尾を合わせる必要があります。

　　中国の唐の時代に流行した五言絶句は「韻を踏む」と言って語尾の発音を合わせる、という形式の美しさにこだわった、と言われていますが、日本文は漢字だけではないし、漢字の音読みでも中国語

と発音が違うので、「韻を踏む」ことは出来ませんが、語尾のリズムを統一するのは文章の美しさに欠かせません。

　それなのに、五番目は末尾が否定形になっています。それがよいなら一から四も否定形で統一するか、全体を肯定形にするか、で統一した方がよい、と思います。

三、五ヶ条形式の文章はスローガンであり、マニフェストではありません。

　マニフェストは宣伝目的の政策発表であり前述の船中八策や五ヶ条の御誓文がそれです。

　スローガンは軍人勅諭、五省であり、軍人精神、海軍精神を唱和して拳拳服膺するものです。

　行政書士綱領は行政書士の精神として胸中に銘じるものですから軍人勅諭型であるべきです。

　五ヶ条でも上記二種の区別がつかないまま唱和するから、滑稽な文章を読みあげている、と他士業から笑われるのではありませんか。

　ひとに笑われていることについては素直に反省してみる謙虚さは大切な筈です。この綱領は、ひどい駄作と言われているものの「当時の専門家で日本最高権威の作だ」とのことだから、おそらく作詞代金はたっぷり欺し取られたものと思われます。

以上

第六編　行政書士制度と行政書士会

行政書士会倫理綱領（原文）
　行政書士は、国民と行政とのきずなとして、国民の生活向上と社会の繁栄進歩に貢献することを使命とする。

一、行政書士は、使命に徹し、名誉を守り、国民の信頼に応える。
二、行政書士は、国民の権利を擁護するとともに義務の履行に寄与する。
三、行政書士は、法令会則を守り、業務に精通し、公正誠実に職務を行う。
四、行政書士は、人格を磨き、良識と教養の陶冶を心がける。
五、行政書士は、相互の融和をはかり、信義に反してはならない。

行政書士会倫理綱領（坂本案）
一、行政書士は、使命に徹し、国民の信頼に応える。
一、行政書士は、国民の権利を擁護し、義務の履行に寄与する。
一、行政書士は、法令、業務に精通し、誠実に職務を行う。
一、行政書士は、人格を磨き、良識と教養の陶冶を心がける。
一、行政書士は、相互の融和をはかり、信義を守る。
　※「一、」は五ヶ条ともに「ひとつ、」と読む。

行政書士会倫理綱領（比較用、下線部が変更部である。）
一、行政書士は、使命に徹し、(名誉を守り、) 国民の信頼に応える。
一、行政書士は、国民の権利を擁護し、義務の履行に寄与する。
一、行政書士は、法令、業務に精通し、(公正) 誠実に職務を行う。
一、行政書士は、人格を磨き、良識と教養の陶冶を心がける。
一、行政書士は、相互の融和をはかり、信義を守る。
　※「一、」は五ヶ条ともに「ひとつ、」と読む。

第七編　行政書士と弁護士法７２条

第1章　はじめに（いわゆる隣接士業問題）

第1節　隣接士業問題

　従来、弁護士は「司法の担い手」（裁判所における訴訟活動がその中心）、隣接士業者は「法的サービス提供者」（裁判所外での活動が中心）という棲み分けがなされてきた。

　それが、昨今の弁護士人口の増加に伴い、弁護士が「司法の担い手」の役割だけをつとめるのでは生計の維持が難しくなってきた。また、例えば、簡裁代理権を司法書士に付与するなど弁護士法７２条の規制を緩和して隣接士業にも裁判所における訴訟活動の一部の資格を与えたことから、従前の棲み分けの関係が崩れつつある。

　そのため、この現状に危機感を抱いた弁護士会においては、いわゆる隣接士業に対し、弁護士の職域・領分の侵触を防ぐため、厳しく接する傾向が出てきた。東京等の大都市部ではこの問題に関する弁護士会側の対応は比較的寛容であるが、地方都市においては、厳しい傾向があるとされている。

　この弁護士側とほかの法律事務を扱う士業者との間で、取り扱うことができる範囲の問題が、いわゆる隣接士業問題と呼ばれるものである。

　主として、弁護士会が、隣接士業を糾弾する際に持ち出す規定が、弁護士法７２条である。

　これから同規定について詳述するが、その前提として、弁護士及び法律事務に関係する隣接士業の概況について確認する。

第2節　弁護士

第1項　司法制度改革について

　国民の身近に司法を根付かせるとの旗印の下、司法制度改革がなされた。法曹人口を急増させるとともに、司法書士に簡裁代理権を与えるなどしたほか、刑事裁判においては裁判員裁判の導入などが柱である。

第2項　弁護士人口の急増について

　私が弁護士になった時は日本全国の弁護士数は一万人もいなかった。

　平成１２年に約１万７０００人だったのが、この１２年間で約３万８０００人にまで急増した（平成２８年現在）。

　年間２０００人の司法試験合格者が生まれ、そのうちの１５００人ほどが弁護士登録する。残る５００人は登録費用が無い、毎月の会費を払う金も無い、失業状態で生活が苦しく弁護士登録の余裕も無い人たちである。

　一方、裁判所における訴訟事件の件数はほぼ横ばいが続いており、弁護士１人あたりの訴訟事件数は減少傾向にある。このような状況から、訴訟事件以外に活路を見いだす弁護士も増えている。いわゆる組織内弁護士として行政機関あるいは企業内で活動する者である。

第3項　司法書士

　司法書士については法律事務について一般に扱いが寛大である。現在は簡裁なら代理権のある司法書士が多いから、それを越える法律事務のみが問題となる。地方の弁護士会ではしばしば非弁活動を司法書士会に文書で抗議している。

第4項　税理士

　相続税の申告などに関連して法律事務は昔から扱っており弁護士会はこれにも寛大である。ただ、税理士の本業は納税手続であるため弁護士法７２条違反は少ない。

第5項　行政書士

　地方の行政書士は弁護士会から狙われ易い立場にある。
　裁判所、検察庁への提出書類。これは司法書士法７３条、同３条１項１号から５号までの禁止で作成できない。ただし、裁判所や検察庁に提出する書類でも、それらの固有の書類ではないもの、例えば「始末書」「誓約書」「詫び状」などは、この禁止に該当しない筈だが、ヒステリックな解釈をする地方の若い弁護士もいる。
　行政書士が何らかの形で民事訴訟に関与した例（外国人から相談料や手続費用を取った…横浜）。自己破産申請手続（各地で報告されている）。債務整理（これは能力不足でトラブルが多いようだ）。
　訴訟外の代理はどうか？行政書士には代理権がある。地方の弁護士会は行政書士には代理権は無い…と解釈している。書類作成の代理権だ、というのである。東京でも若い弁護士は、そう言っている。書類作成というのは法律行為ではなく事実行為である。書類作成とは字を書くことだから、それ自体は代理行為ではないのである。これは民法の初歩的知識である。地方会の弁護士、近年合格の若い弁護士は、それさえ知らないのである。
　遺産分割事件、離婚事件、不倫問題はどうか？これらの書類作成は「権利、義務…に関する書類の作成」であるから、まさに行政書士の固有業務である。書類作成に至る家庭の紛争性の激しさの程度問題については別の欄で述べる。
　法律相談はどうか？紛争性の無い案件の法律相談なら問題なく、紛

争性があっても書類作成だけの相談なら問題はない。

第6節　隣接士業

第1項　いわゆる七士業及びその人口

　①公認会計士　　　２万９５２５人　　（H28）
　②土地家屋調査士　１万６８６２人（H28.10）
　③司法書士　　　　２万２０１３人　（H28.4）
　④行政書士　　　　４万６３０１人（H28.10）
　⑤社労士　　　　　３万９３３１人　（H27.3）
　⑥弁理士　　　　　１万１７１人　　（H26.3）
　⑦税理士　　　　　７万６３１８人　（H29.1）

第2項　法律事務を扱う士業

　上記のうち公認会計士及び土地家屋調査士については、法律事務を取り扱うことは稀であり、いわゆる隣接士業問題は生じないことがほとんどである。これに対し、司法書士、行政書士、社労士、弁理士、税理士については、法律事務を日常的に取り扱うことがありえ、弁護士との職域をめぐる問題、つまり弁護士法７２条に抵触する事態が生じうる。

第7節　近時の傾向

　弁護士人口増加及び隣接士業への訴訟代理権付与などの影響により、弁護士は既得権益を確保しようとする傾向がある。弁護士とほかの士業者との間で、取り扱い業務をめぐる争いが生じる可能性がある。その際に、必要となるのが、これから説明していく弁護士法７２条の理解である。

第2章　弁護士法72条について

第1節　本条の趣旨

最判昭和46年7月14日刑集25・5・690

「弁護士は、基本的人権の擁護と社会正義の実現を使命とし、ひろく法律事務を行なうことをその職務とするものであつて、そのために弁護士法には厳格な資格要件が設けられ、かつ、その職務の誠実適正な遂行のため必要な規律に服すべきものとされるなど、諸般の措置が講ぜられているのであるが、世上には、このような資格もなく、なんらの規律にも服しない者が、みずからの利益のため、みだりに他人の法律事件に介入することを業とするような例もないではなく、これを放置するときは、当事者その他の関係人らの利益をそこね、法律生活の公正かつ円滑ないとなみを妨げ、ひいては法律秩序を害することになるので、同条は、かかる行為を禁圧するために設けられたものと考えられるのである」としている。

つまり、判例は、弁護士法72条について、国民の公正円滑な法律生活を保持し、法律秩序を維持・確立するという公益的目的をもった規定であると解している（公益目的説）。一言で言うと、三百代言（もぐりの代言人）を禁止する趣旨である。

これに対し、弁護士制度の維持・確立が立法趣旨であるとの説もあるが、これよりも広く国民の法律生活の観点から規定されたと解する方が、単に弁護士制度という限定的な制度を維持させるためと解するよりも妥当と思われる。

第2節　本条の構造（いわゆる一罪説と二罪説）

第1項　総論

本条は、①法律事件に関する法律事務を取り扱う行為、及び②法律

事件に関する法律事務の取扱を周旋する行為の2種類の行為を取り締まりの対象としている。

ただし、法は上記①及び②のうち、全ての行為を禁止しているものではない。本条の別要件である「報酬を得る目的」「業とする」との要件で一定の絞りをかけているのである。そこで、①及び②の行為のうち、本条で禁止される行為とはどのような行為であるかが問題となる。この問題は、言い換えれば、本条の「報酬を得る目的」「業とする」との文言が、①及び②の行為にどのようにかかるのかの問題といえる。

もう一度、上記弁護士法72条の条文に戻ってもらいたい。同条は、「弁護士又は弁護士法人でない者は、報酬を得る目的で訴訟事件、非訟事件及び審査請求、異議申立て、再審査請求等行政庁に対する不服申立事件その他一般の法律事件に関して鑑定、代理、仲裁若しくは和解その他の法律事務を取り扱い、又はこれらの周旋をすることを業とすることができない。ただし、この法律又は他の法律に別段の定めがある場合は、この限りでない」としている。

この条文を素直に読んで、同条の禁止される行為とは
1 その他一般の法律事件に関して…その他法律事務を取り扱う行為については、報酬を得る目的があれば足りる（業としてなされることは必要でない）。
2 その他一般の法律事件に関して…法律事務を取り扱うことを周旋する行為については、業としてなされることで足りる（報酬を得る目的は必要ではない）。

とする見解がある。これが、二罪説と呼ばれる見解である。このような考えを認めるか否かで、下記のとおり見解が対立している。

第2項　いわゆる一罪説と二罪説について
1　一罪説

第2章　弁護士法72条について

非弁護士が、「報酬を得る目的」をもって、法律事務を取り扱い、又はこれらの周旋をすることを、それぞれ「業とする」ことを禁止したものであるとする説である。一つの犯罪類型を規定したものであることから、一罪説と呼ばれている（「報酬を得る目的」及び「業とする」の2つの要件が両方とも必要な見解であり「2要件説」と呼ぶ方が正しいとする指摘がある）。

この見解の実益は「報酬を得る目的」があること及び「業とする」との絞りをかけることで、本条の適用範囲を狭めるところにある。

2　二罪説

「報酬を得る目的」をもってする法律事務取扱いの行為と、法律事務取扱いを周旋することを「業とする」行為の2つの行為を禁止したものであるとする説である。2つの犯罪類型を規定したものであることから、二罪説と呼ばれている（なお、「報酬を得る目的」又は「業とする」のうち、一つの要件で足りるとする見解であることから「1要件説」と呼ぶ方が正しいとする指摘がある）。

二罪説の方が適用範囲が広いことは明らかである。

3　判例

一罪説に立つことを明言した。

「同条本文は、弁護士でない者が、報酬を得る目的で、業として、同条本文所定の法律事務を取り扱いまたはこれらの周旋をすることを禁止する規定であると解するのが相当である。換言すれば、具体的行為が法律事務の取扱いであるか、その周旋であるかにかかわりなく、弁護士でない者が、報酬を得る目的でかかる行為を

業とした場合に同条本文に違反することとなるのであつて、同条本文を、『報酬を得る目的でなす法律事務取扱い』についての前段と、『その周旋を業とすること』についての後段からなるものとし、前者については業とすることを要せず、後者については報酬目的を要しないものと解すべきではない」旨判示した（前掲昭和４６年最高裁判例）。

第３節　本条の成立要件（構成要件要素）

第１項　概観

本条の成立要件は、【主体】①弁護士又は弁護士法人でない者が、【目的】②報酬を得る目的で【行為】③－１法律事件に関する法律事務を取り扱うこと、③－２法律事件に関する法律事務の取り扱いを周旋すること【業態】上記各行為が④業としてなされることである。

第２項　要件①【弁護士又は弁護士法人でない者】

1　意義

「弁護士又は弁護士法人でない者」とは、弁護士法４条以下の資格規定の要件を満たし、かつ、弁護士名簿への登録（８条）を受けたもの以外の者のことをいう。そのため、単に司法試験に合格するなどし司法修習を終えた者で弁護士名簿に登録していない者や、裁判官、検事についても「弁護士又は弁護士法人でない者」に該当する。行政書士や司法書士がこれに当たらないことは明らかである。

また、弁護士に、弁護士法７条の弁護士の欠格事由がある場合も、本条違反となる。

この点に関して、弁護士が、上記欠格事由を有するに至った場合、いつの時点で弁護士資格が無くなるかの問題がある。弁護士

法は、国家公務員法等と異なり、「当然失職する」等の規定が無いことから、弁護士法17条の規定に基づいて、弁護士名簿の登録取消手続が完了するまで、弁護士として活動できるのではないかとも一応は考えられる。

しかしながら、下級審判例は欠格事由の発生と同時に弁護士資格を失うとしており（大阪高判昭27・5・30高民集5巻7号292頁）、法17条は、欠格事由があるにもかかわらず手続が未了の者を保護する規定ではないことから、上記は正当であり、欠格事由発生以後になされた行為は本条違反となる。

2　教唆犯

自己の法律事務の処理を依頼するため、弁護士又は弁護士法人でない者に対し、報酬を約束して事務処理を依頼した者を本条の教唆犯として処罰できるのか。換言すれば、行政書士が非弁行為をしたと仮定したとき、その事案の依頼者も処罰されるのかの問題である。

本条は、刑罰法規に関する規定であり、その成立範囲についてはできるだけ謙抑的に考えるのが正しい。本条の行為類型を考える場合、当然、自己の法律事務の処理を依頼する者が存在することが想定されるが、法が、上記のような行為を処罰する趣旨であれば、当該行為をも構成要件として規定するはずである。

以上から、本項目冒頭に記載した者については、教唆犯として処罰されることはないと考えるべきである。

なお、判例（最判昭43・12・24刑集22・13・1625）も、同趣旨の判断をしている。すなわち「弁護士法72条は、弁護士でない者が、報酬を得る目的で、一般の法律事件に関して法律事務を取り扱うことを禁止し、これに違反した者

を、同法77条によつて処罰することにしているのであるが、同法は、自己の法律事件をみずから取り扱うことまで禁じているものとは解されないから、これは、当然、他人の法律事件を取り扱う場合のことを規定しているものと見るべきであり、同法72条の規定は、法律事件の解決を依頼する者が存在し、この者が、弁護士でない者に報酬を与える行為もしくはこれを与えることを約束する行為を当然予想しているものということができ、この他人の関与行為なくしては、同罪は成立し得ないものと解すべきである。ところが、同法は、右のように報酬を与える等の行為をした者について、これを処罰する趣旨の規定をおいていないのである。

このように、ある犯罪が成立するについて当然予想され、むしろそのために欠くことができない関与行為について、これを処罰する規定がない以上、これを、関与を受けた側の可罰的な行為の教唆もしくは幇助として処罰することは、原則として、法の意図しないところと解すべきである。

そうすると、弁護士でない者に、自己の法律事件の示談解決を依頼し、これに、報酬を与えもしくは与えることを約束した者を、弁護士法72条、77条違反の罪の教唆犯として処罰することはできないものといわなければならない」としている。

第3項　要件②【報酬を得る目的】

1　「報酬」の意義

　　法律事件に対して法律事務取扱いのための労力に対して支払われる対価をいう。金銭はもちろん、物品の提供や酒食の提供などの供応を受けることも含まれる。「報酬」はいかなる名称であるか、金銭の多少のいかんも問わない。そのため、たとえ「実費」名目であったとしても、その範囲を超え、実質的には報酬と認められ

る場合には、「報酬を得る目的」に該当することとなる。

「報酬を得る目的」があるとされるには、事前に約束をした場合に限られない。

下級審判例（東京高判昭和５０年１月２１日東京高等裁判所判決時報刑事２６・１・４）は、自動車事故の示談交渉を１０回にわたり繰り返した事案であるが「所論は、被告人には報酬を得る目的がなかった旨強調するが、…被告人は依頼を受けた事件解決後は特に請求を受けなくても、謝礼を出すのが普通であることを十分知っており、かつ自発的に謝礼が提供されることを当てにしていたこと、のみならず原判示第四の場合には、被告人は示談が成立した際に、普通は示談金の一割の謝礼だが、本件は複雑だからと言って、二割の謝礼を請求して５万円を受領し、原判示第１０の場合は、１５０万円という多額の金員を受領しており、結局原判示のように１０回にわたり報酬を受け取っていることに徴し、所論のとおり被告人が謝礼を請求しなかった点があるとしても、これをもって報酬を得る目的があったと解するのに妨げとなるものではない」としている。

また、現実に対価を得ていなくとも本条違反となる。下級審（東京高判昭５０・８・５）も、被告人が報酬と経費を併せて受領したのに、受領した金員のうちどの部分が報酬かを原審が判示しないのは不当などとして主張して控訴した事件に関して「弁護士法７２条の禁止規定に違反する罪は、弁護士でない者が報酬を得る目的で、業として、法律事務の取扱いをすることにより成立するものであつて、犯人が現実に報酬を得たことによつてはじめて成立するものではない」としている。

なお、大学の法律相談部や、公共団体の職員が無償で法律上の助言や指導を行う場合等は「報酬を得る目的」がないため、処罰

の対象外である。
　また、報酬は、事件依頼者から直接受け取るのではなくて、第三者から受け取る場合でもよいと解される。

2　対価性について
　報酬は、法律事務の取り扱い、周旋との対価関係が必要である。
　社交的儀礼の範囲内とみられる季節の贈答等については、一般に報酬とはいえないと解されている。
　なお、一定の入会金や会費を支払うことを条件として、法律相談に無料で乗るとしたり、無料で弁護士を紹介するような組織を結成した場合、上記入会金と会費について対価関係が認められるかが問題となるが、対価関係にあると解するのが通常である。

第4項　要件③【法律事件に関する法律事務の取扱い又はその周旋】
1　「法律事件」について
(1)　「法律事件」の意義
　　　法律上の権利義務に関し争いや疑義があり、又は、新たな権利義務関係を発生する案件をいう。
　　　下級審（東京高判昭39・9・29）は、「いわゆる『その他一般の法律事件』とは、同条例示の事件以外の、権利義務に関し争があり若しくは権利義務に関し疑義があり又は新たな権利義務関係を発生する案件を指し、右規定にいわゆる『その他の法律事務』とは、同条例示の事務以外の法律上の効果を発生変更する事項の処理を指すものと解すべきである」とした。

(2)　「法律事件」の具体例
　　　・自賠責保険の請求／受領に関するもの

（東京高判昭和３９・９・２９高刑集１７・６・５９７）
- 自由刑の執行延期申請
  （大阪高判昭４３・２・１９高刑集２１・１・８０）
- 債権者の依頼により請求・弁済受領・債務免除等を行うこと（最決昭３７・１０・４刑集１６・１０・１４１８）
- 建物賃貸人の代理人として賃借人との間で賃貸借契約を解除し、建物からの退去・明渡事務を行うこと
  （広島高判平４・３・６判時１４２０・８０）
- 登記（東京高判平成７年１１月２９日判時１５５７・５２）、登録、特許、税務の申請

（注）上記各事例は平成２９年でも維持できる判例であるか、については疑問もあるが、決して無理をせず安全圏で行動することである。

(3) 「事件性」の要否及びその内容

本条は「法律事件」の例示として、訴訟事件、非訟事件を挙げているところ「法律事件」についても、訴訟事件や非訟事件と同等に事件としての実質、つまり紛争性、事件性を有している必要があるのか争いがある。

また「事件性」を必要とする場合、どの程度まで紛争が熟している必要があるのかについても争いがある。

(i) 事件性不要説

紛争性の有無にかかわらず、全ての法律事件が同条の「法律事件」に該当するという立場である。日弁連調査室編集「条解弁護士法」の立場である。

この説に立つ理由としては、事件性の内容があまりに不明確であり、事件性の要件を要求することはかえって刑罰法規

第七編　行政書士と弁護士法72条

の明確性の要件を欠く上、非弁護士の活動一切を禁止すべく制定された趣旨や沿革から、事件性は不要であるとする。

次の下級審判例も、この見解に立っている。

すなわち、浦和地判平成6年5月13日判時1501・52は「被告司法書士会は…弁護士法72条で取締の対象となる行為は、紛争的性格すなわち『事件性』を有する法律事務に限られると主張する。

しかし、弁護士法3条及び72条の『その他の法律事務』に右のような『事件性』という不明確な要件を導入することはかえって処罰の範囲を曖昧にし、罪刑法定主義の精神に反するというべきであり、また、先に詳述した立法及び法制の沿革からみても同法72条は非弁護士の活動一切を禁止しようとする立法目的に立脚して『一般の法律事件』という包括的表現を採用しているのであり、これらのことは法解釈上当然に考慮されるべきことである。

そうすると、弁護士法3条と同法72条とはその表現に若干の相違があるが、3条は、弁護士の職務の面から、また、72条は非弁護士が取り扱ってはならない事項の面から、それぞれ同一のことを規定しているものと解するのが相当であり、これに『事件性』という要件を加えることは相当でない」旨判示した。

なお、この判決は、原審を維持し、控訴審で確定した（東京高判平成7年11月29日判時1557・52）。

(ii) 事件性必要説

事件性の要件を必要とする立場である。最高裁の立場である。

下級審（札幌地裁昭４５・４・２４判タ２５１・３０５）は、「弁護士法第７２条本文前段によつて禁止されている行為は、『訴訟事件、非訟事件及び審査請求、異議申立て、再審査請求等行政庁に対する不服申立事件その他一般の法律事件』に関して代理その他の法律事務を取扱うことであつて、右にいう『一般の法律事件』とは、同条に列挙されている訴訟事件その他の具体的例示に準ずる程度に法律上の権利義務に関して争いがあり、あるいは疑義を有するものであること、いいかえれば『事件』というにふさわしい程度に争いが成熟したものであることを要すると解すべきである。…弁護士法第７２条本文前段の規定が、社会において行われている無数の正常な法律行為の委任およびこれに伴う代理権の授与、そしてその代理権に基づく代理行為のほとんどすべてを禁止し、弁護士でなければこれをすることができない旨定めたものと解することは困難である。そうして、前記認定した事実からすれば、本件根抵当権設定契約および代物弁済契約は金融取引の正常な過程においてなされたものということができるから、弁護士法第７２条本文前段の『一般の法律事件』にあたるということはできず、原告の抗弁は理由がないというべきである」旨判示した。

(ii) - ①狭義説

　事件性の要件を満たすためには、紛争が現実化し、訴訟など裁判所等の公的機関に提起されるなどした場合でなければならないとする立場である。

　東京都立大学の兼子仁名誉教授著「行政書士法コンメンタール」の立場と思われる。同書（第５版）には、「"法的紛

争事件"とは、権利義務や事実関係に関して関係当事者間に法的主張の対立が有り、制度的に訴訟などの法的紛争解決を必要とする案件のことである」としていることから、狭義説に立脚しているとみられる（同書４７頁）。

(ii)‐②広義説

　　紛争性が必要であるが、紛争が訴訟等の形で現実化しているまでの必要はなく、法的紛議が生ずることがほぼ不可避である案件については「事件性」の要件が充足されるとする。

　　最高裁の立場である。すなわち、最判平成２２年７月２０日刑集６４・５・７９３は「被告人らは、多数の賃借人が存在する本件ビルを解体するため全賃借人の立ち退きの実現を図るという業務を、報酬と立ち退き料等の経費を割合を明示することなく一括して受領し受託したものであるところ、このような業務は、賃貸借契約期間中で、現にそれぞれの業務を行っており、立ち退く意向を有していなかった賃借人らに対し、専ら賃貸人側の都合で、同契約の合意解除と明渡しの実現を図るべく交渉するというものであって、立ち退き合意の成否、立ち退きの時期、立ち退き料の額をめぐって交渉において解決しなければならない法的紛議が生ずることがほぼ不可避である案件に係るものであったことは明らかであり、弁護士法７２条にいう『その他一般の法律事件』に関するものであったというべきである」旨判示した。

(4) 簡易少額な民事事件

　　簡易少額な民事事件についてまで、刑事罰を伴う本条による厳格な規制を及ぼさなくても良いのではないかとの議論がある。

下級審の中でも、札幌地判昭４６・２・２３刑裁月報３・２・２６４は、（当時の）弁護士偏在状況などに鑑み『簡易少額な法律事件は、文理解釈からいっても、弁護士法７２条にいう「その他一般の法律事件』に含まれないと解するのが相当である」とし、「法律事件」について制限解釈した。

　しかし、上記下級審の控訴審（札幌高判昭４６・１１・３０刑裁月報３・１１・１４５６、確定）では、この判断を覆した。すなわち、同判決は、「法７２条前段にいう『その他一般の法律事件』とは、同条例示の事件以外の、『権利義務に関し争があり若しくは権利義務に関し疑義があり又は新たな権利義務関係を発生させる案件』を指すと解するのが相当であり（東京高等裁判所昭和３９年９月２９日判決、刑集１７巻５９７頁）、右の点に関する原判決のような制限解釈は、当裁判所の採用しないところである」として、簡易少額な民事事件であったとしても、「法律事件」に該当する旨明言した。

　「簡易」「少額」という概念が、そもそも基準として不明確であることから、地裁判決のような制限解釈は無理があるといわれている。

2　「周旋」の意義

　依頼を受けて、鑑定、代理、和解等をなす者との間に介在し、両者間における委任契約その他の関係成立のための便宜を図り、その成立を容易ならしめる行為をいう。

　法律事件を扱う非弁護士に対して周旋することが禁止されていることはもちろんであるが、弁護士に対して周旋することも禁止されている。下級審（富山地裁高岡支部判昭和３３年２月１８日第一審刑事裁判例集１・２・２４６）は、非弁護士である被告人

が、報酬を得る目的で業として、弁護士に対して事件を紹介した事案において被告人を有罪に処し「弁護士法第72条において、非弁護士の法律事件周旋を業とすることを禁止している所以のものは、周旋業者が弁護士を利用して不当に利得することを避けると共に、基本的人権を擁護し、社会正義の実現を使命とする弁護士の品位が害せられないようにするためであると解する」旨判示した。

第5項　要件④【業としてなされること】

1　「業とする」の意義

反復的に又は反復継続の意思をもって法律事務の取扱い等をし、それが業務性を帯びるに至った場合をいう。

ただ1回の行為であったとしても、理論上、反復継続の意思が認められれば「業とする」に該当する。但し、実務の取り扱いは、1回の行為しか証拠上認められない場合に訴訟上、業務性を認定することはできないことから、立件しない扱いが多いと思われる。

2　具体例

・仙台高秋田支部判29・2・16高刑特報36・88

「弁護士法第72条にいう『業とすることができない』とは継続して行う意思のもとに同条列記の行為をしてはならないという法意であつて、具体的になされた行為の多少は問うところではないから所論のように本件は約3年間にわたり6回の行為に過ぎないのではあるがなお継続して行う意思のもとになしたと認定し得る以上業としたものといわざるを得ないのである」

・名古屋高金沢支部判昭34・2・19日高等裁判所刑事裁

判速報集２４６

非弁護士である被告人が、前後２回にわたり、依頼者１５名のために民事訴訟事件について弁護士を訴訟代理人として周旋した事案で、「被告人の周旋行為は前認定のとおり前後２回にすぎないけれども、被告人が継続して行う意思のもとに周旋をなしたものであることは…各供述調書により之を認めるに十分である」とした（最高裁判昭３４・１２・５日刑集１３・１２・３１７４で確定）。

・東京高判昭４９・１１・２１東京高等裁判所判決時報刑事２５・１１・１０１

「本件が、右にみたように、取立行為をなすに至った動機・経緯、取立の態様、取立額のうち被告人の利得の占める割合などの諸点において、債権の取立としてはかなり特異性のある事案であることに鑑み、さらに、被告人が本件に関与する以前において、法律事務を取り扱ったという証拠もないこと、上記旅館の件も金額は低く被告人自身何らの報酬を得たわけではないことなどをも総合して検討すると、被告人が本件においてその過程に刑法犯に該当する行為があるか否かは別として、少くとも「業として」つまり反覆継続する意思をもって法律事務を取り扱ったものと断定するのは証拠上やや困難であるといわざるを得ない」

・最判昭５０・４・４民集２９・４・３１７

「『業として』というのは、反復的に又は反復の意思をもつて右法律事務の取扱等をし、それが業務性を帯びるにいたつた場合をさすと解すべきであるところ、一方、商人の行為は、それが一回であつても、商人としての本来の営業性に着目して営業のためにするものと推定される場合には商

行為となるという趣旨であつて、商人がその営業のためにした法律事務の取扱等が一回であり、しかも反復の意思をもつてしないときは、それが商行為になるとしても、法律事務の取扱等を業としてしたことにはならないからである。そして、原審の適法に確定した事実によると、被上告人のした法律事務の取扱は、本件行為のみであり、しかもそれを反復の意思をもつてしたものとは認められないというのであるから、これを弁護士法７２条に触れるものとすることはできない」

第４節　本条違反の効果（刑事罰）

弁護士法７７条３号により、２年以下の懲役又は３００万円以下の罰金に処せられる。

第５節　本条違反と民事法上の効果

公序良俗に反するものとして無効である。

最高裁（最判昭和３８年６月１３日民集１７・５・７４４）は、「（委任契約の有効性につき）弁護士の資格のない上告人が右趣旨のような契約をなすことは弁護士法７２条本文前段…に抵触するが故に民法９０条に照しその効力を生ずるに由なきものといわなければならない…」旨判示した。

第３章　弁護士法７２条に関する具体的事例の検討

第１節　弁護士法７２条違反に関する判例について

第１項　総論

以上の条文の理解を前提として、これまで弁護士法７２条違反に該

第3章　弁護士法72条に関する具体的事例の検討

当するか否かが問題となった事例について考察していく。どのような行為が同条違反となり、どのような行為が違反とならないのかは、結局のところ、過去に判例で扱われた事案を検討して、感覚を磨くしかない。そのため、当事務所で入手できる判例のうち、主な事案を、違反事例及び違反しないとされた事例に分類することとする。

第2項　違反事例
① 　非弁護士であるAは、報酬を得る目的で、債権の額やその成立に争いがあり、いわゆる焦げ付き債権とされている債権者が通常の状態で取り立てをすることが困難な債権の回収を依頼されてこれを受任し、債務者に対し請求、弁済の受領及び債務の免除等を繰り返し行い、取立行為を行った。

　　最決昭37・10・4刑集16・10・1418の事案である。債権回収については、「法律事件」の典型例とされている。その上、本判例においては、「通常の手段では回収が困難」なケースであるため、事件性を必要とする近時の最高裁の立場に立ったとしても、本条に違反することは明らかである。

　　なお、債権管理回収業（サービサー）は、弁護士法の特例であり、不良債権処理を促進させるため、法務大臣の許可制を取ることにより、民間業者に対し、債権回収業務に当たらせることとした。

② 　非弁護士のAは、報酬を得る目的で業として、B及びCのため刑の執行延期を申請した。

　　大阪高判昭43・2・19高刑集21・1・80の事案である。なお、自由刑の執行延期については法令の規定は存在しない。しかしながらその実質は、刑訴法482条の自由刑の任意的執行停止と異なるところはないと解されている（判タ224・200の解説参照）。自由刑の執行延期の申請がなされると検察官においてその当

251

否を判断し、検察官の裁量により、その刑の執行開始時期を変更するか否かの判断がなされることとなっている。

③　非弁護士であるＡは、多数の賃借人が存在する本件ビルを解体するため、全賃借人の立ち退きを、報酬と立ち退き料等の経費の割合を明示することなく一括して受領し、受託して賃借人らに不安や不快感を与えるような振る舞いを伴う態様で、立ち退き交渉を行った。

　いわゆる「事件性」の要件を必要とした最判平成２２年７月２０日である。

　ただし「事件性」の内容について法的紛議が生ずることがほぼ不可避である場合には、当該要件を満たすとした。

　この理由付けについて本判例は明らかにしていないが、原審（東京高判平２１・１０・２１判タ１３３２・２８２）は「『その他一般の法律事件』といえるためには、『争いや疑義が具体化又は顕在化したものであることが必要である』という趣旨であれば、かかる解釈は狭きに失すると思われる。例えば、『その他一般の法律事件』に該当することに異論がないと思われる督促手続に関する事件についてみると、その多くは債務名義を取得するために申し立てられるのであって、必ずしも争いや疑義があるわけではない。…実質的にみても不当な圧力その他の事情によって、本来具体化又は顕在化すべき争いや疑義が、具体化又は顕在化するに至らなかった場合に、これをいまだ争いや疑義が具体化又は顕在化していないとして、本条に該当しないものとすれば、そのような解釈は本条の立法趣旨である関係者の法律生活の公正な営みを妨げるものというべきであり、その立法趣旨にもとるといわざるを得ない」旨判示している。

（注）この事件は特種な事情、特殊な背景のある事件であり、必ずしも一般化して判断基準とするには適さないと思われる。

④　非弁護士のAは、前後2回にわたり、報酬を得る目的で業として、裁判所に提起された損害賠償請求事件について、被告に対し、弁護士を訴訟代理人として周旋した。

最決昭34・12・5刑集13・12・3174の事案である。本判決の原審（東京高判昭44・4・21高刑集22・2・215）は、「弁護士法第72条にいわゆる訴訟事件の代理の周旋とは申込を受けて訴訟事件の当事者と訴訟代理人との間に介在し、両者間における委任関係成立のための便宜をはかり、其の成立を容易ならしめる行為を指称し、必ずしも委任関係成立の現場にあつて直接之に関与介入するの要はないと解すべきであるから、所論の如く当事者…の申込を受けた被告人が弁護士…に対したとえ電話連絡をもって右当事者の訴訟事件の代理を依頼した場合であつても同条にいわゆる周旋に該当するものと解するを妨げ」ない旨判示した。

⑤　非弁護士であるAは、報酬を得る目的で、業として、約3年の間、4回にわたり、Bほか3人から、貸金の取立、手形債権の取立、交通事故に基づく損害賠償の請求、土地の売買交渉及びこれに付随する手続等の法律事務に関する委任を受け、同人らから報酬を得てこれらの法律事務を取り扱った。

最判昭51・3・23刑集199・861の事案である。

「業として」なされたかが問題となるが、本件事案の程度の頻度でも「業として」の要件を満たすことになる。

なお、本件は、判例上、具体的な事情が明らかとなっておらず、事件性についてどの程度成熟していたのかについて検討することができない。そのため、上記売買交渉等の行為がすなわち「法律事件」に当たると考えるのは正確ではなく、個別具体的に、紛争の成熟性を踏まえて、法72条に当たるかを検討するべきである。

⑥　Aは、友人であるB弁護士の法律事務所内に机を置いて、「第一

東京弁護士会所属弁護士Ｂ法律事務所経営戦略コンサルタント」なる肩書を付した名刺を用いているが、弁護士、司法書士等の資格を何ら有しておらず、法律事務所の事務員でもなかったのにもかかわらず、Ｃから依頼されて報酬を得る目的で、抵当権抹消登記及び所有権移転登記の登記申請代理人となったほか、相続人間の遺産分割協議に関与しそれらの文面を起案した。

東京地判平６・４・２０判例時報１５２６・１０６の事案である。

⑦　Ａは、自動車の保有者である会員からの依頼を受け、自動車事故を原因とする損害賠償についての示談交渉等の事務を行っていたが、弁護士でないのに報酬を得る目的で、業務として約２年の間に前後３９回にわたり、交通事故を起こした自動車の保有者ら、あるいは交通事故の被害者などである３０名から交通事故の相手方との示談交渉などの依頼を受け、上記会社らを代理して、事故の相手方ら３７名と交渉して和解を取りまとめるなどした。

札幌高判昭４６・１１・３０高裁刑集７８の事案である。
本判例は、詳しい事実認定をすることなく「法律事件」に当たることは明らかであるなどと認定した。

「事件性」に関する平成２２年の上記最高裁判例が出された以上、事件性不要説に立つかのような本判例はそのままの形で、現在も妥当するとまでは考える必要がないと思われる。

本件において、判例を検討しても具体的な事情が出てこないが、具体的な行為態様と、紛争の成熟度に従って、弁護士法７２条に反するかを判断することになると思われる。

⑧　Ａは、電気の利用者から委任を受けて、電力会社に対し、当該利用者の電気料金算定の基礎となる電気需給契約上の契約種別を電気料金の高額な業務用電力からそれが低額な高圧電力へ変更するよう求め、契約種別が高圧電力に変更になると当該電気の利用者から報

酬を受け取るという業務を行った。
　東京地判平成１８年２月２０日判タ１２５０・２５０の事案である。
Ａの業務について電力会社側が非弁行為に当たる疑いがあるとして、弁護士会に非弁調査の申立てを行ったことに対しＡは、この調査申立て等が不法行為を構成するとして不法行為に基づいて損害賠償を求めた事案である。
　上記下級審は、「『その他一般の法律事件』とは、権利義務に関し争いや疑義があり、又は新たな権利義務の発生する案件をいい、『法律事務を取り扱う』とは、法律上の効果を発生・変更する事項の処理をいうものと解されており、非弁行為に該当するためには、少なくともこれらの要件に該当することが必要であるというべきである」とした上で、本件業務は、「その他一般の法律事件」に関する「法律事務を取り扱う」行為に当たる旨判示した。

第３項　違反しない事例

① 相続事件に関し、行政書士が、依頼者から報酬を受け取り、相続財産及び相続人を調査し、相続分なきことの証明書や遺産分割協議書等の書類を作成し、これらの書類作成にあたって共同相続人に遺産分割についての依頼者の意向を伝え、作成書類の内容を説明した。
　東京地判平５・４・２２判タ８２９・２２７の事案である。
事件性の要件を欠くために、弁護士法７２条に違反しない。下級審は、上記の理由について明言しないが、弁護士法７２条に反しないことを前提として「行政書士法１条に規定する『権利義務又は事実証明に関する書類』の作成にあたるので行政書士の業務の範囲内である」とした（東京地判平５・４・２２判タ８２９・２２７）。
　なお、同判例は上記の判示に続けて、共同相続人が遺産分割につ

いての依頼者の意向を了承せず、遺産分割について紛争が生じ争訟性を帯びてきたにもかかわらず、さらに共同相続人と折衝することは単に行政書士の業務の範囲外で、弁護士法７２条のいわゆる非弁活動になる旨判示した。

② Ａは、Ｂ社から買受けたパワーショベルの性能が納得いくものではなかったので、同社に買戻し等の交渉をしたが難航したため、非弁護士のＣに対し、謝礼を与える約束で示談解決を依頼したところ、Ｃはこれを引受けた。そして、Ｃは、報酬を得る目的で、Ｂ社代表者と交渉し、同パワーショベルを１８０万円で買戻すことを承諾させるなどし、その報酬として現金３５万円を受領した。

　最判昭４３・１２・２４刑集２２・１３・１６２５の事案である。本事案において、Ａは、弁護士でないＣに自己の法律事件の解決を依頼し、これに報酬を与えもしくは与えることを約束しているが、この場合に弁護士法７２条違反の教唆が成立するのかの争いがあるが、同判例は、教唆犯Ａについては不可罰とした。

③ 弁護士ではない宅地建物取引業者であるＡは、契約解除の法律行為を１回行ったものの、それ以外に法律事務を取り扱ったと認めるに足りる証拠が認められなかった。

　最判昭５０・４・４民集２９・４・３１７の事案である。
同判例は「原審の適法に確定した事実によると、被上告人のした法律事務の取扱は、本件行為のみであり、しかもそれを反復の意思をもつてしたものとは認められないというのであるから、これを弁護士法７２条に触れるものとすることはできない」として、いわゆる業務性の要件を満たさないとして、弁護士法７２条違反には当たらないとした。

第3章　弁護士法72条に関する具体的事例の検討

第4項　対処方法

　仮に、行政書士の諸先生方が弁護士法７２条違反の嫌疑をかけられた場合、どのように対処するのがよいか。各人には、各人なりの対処方があると思われるが、ひとつの考え方を示したい。なお、以下の記述はいずれも弁護士法７２条に違反しているか、あるいは違反している疑いが濃厚であることを前提とする。嫌疑が事実無根であるなら、徹底的に戦うことは当然である。

　まず、この種の事案は、非弁活動の根絶に名を借りているとはいえ、実質的には依頼者との報酬をめぐる金銭トラブルが原因となっていることが多い。

　このような場合の対処法としては、報酬を依頼者に返還することが肝要と思われる。できれば、全額一括して返還することが望ましい。というのも、このまま放っておくとこの依頼者から警察に対して告訴されるなどする可能性があり、刑事事件にまで発展するおそれがあるからである。そして、早期にこのような依頼者とつきあわないようにした方が良いため、早期に一括で返済するのが望ましい。このようにすれば、大抵の依頼者はそれ以上の追及を止めると思われる。

　このようにしても、依頼者からの追及が止まらない場合でも、報酬の返還をする意味はある。

　仮に報酬の返還をしておけば、報酬をめぐる民事事件においては損害が無くなるため、相手方が裁判上の請求をするモチベーションが無くなるか、僅少となる。その上刑事事件においては、いわゆる「汚い民事くずれの事件」として警察が捜査に積極的に動かない可能性が出てくるからである。また、捜査が行われたとしても事実上の被害回復がなされているとして、検察庁で起訴猶予等の不起訴処分となる可能性も出てくる。

　以上の理由により、可及的速やかに依頼者に対し一括で報酬を返還

することがこの種事案で嫌疑をかけられた時の上策であると考えられる。

　複雑、難作業の案件を処理した行政書士が依頼者に報酬の請求をすると依頼者は「この案件は弁護士資格がないと処理できない。従って弁護士法７２条違反だから報酬は払えない」などと言って報酬を踏み倒す例もある。

　この種、事案は明白に弁護士法７２条違反の場合、違反の疑いがある場合、違反ではないのに単なる言いがかりの場合などがある。

　こういう依頼者は一見の客に多く見られる。

　依頼者とのトラブルが多い行政書士は、その人の性格にもよるが能力不足であったり、行きずりの客、一見の客ばかりを相手にしていたり結局、依頼者層としての人脈という無形の財産を持っていない人に多い。

　弁護士法７２条違反の検察庁での扱いは、依頼者からの告訴によるものが多い。

　次が弁護士会からの告発事案である。弁護士法７２条違反の疑いが強くても依頼者がその行政書士に感謝していて処罰を望まない事案では検察は起訴しないので罰金を科せられることも無いのが実務である。

　従って行政書士として栄えるには正体の怪しい一見の客ではなく信頼関係の出来ている依頼者層を形成しておく必要がある。それには経費もかかるが、その費用は依頼者層の皆さんが稼がせてくれる。行政書士は貧乏していては栄えないのである。自分自身で選んだ道なのだから、栄えるためにはしっかり修行を積んで能力を高め実力をつけて働き盛りの年代に仕事を楽しみながら汗を流して「栄えるサイクル」を築きあげるに限る。

第４章　弁護士法７２条違反の有無の解釈の基本（坂本廣身の見解）

　弁護士法７２条は実質的意義の刑法に属しているので、罪刑法定主義のもとで構成要件は厳格解釈されねばならない。

　同条の目的は究極的には民主主義的要請による国民、市民の利益尊重のためであり決して弁護士の収益確保のためにあるのではない。

　これをしっかり頭に入れておいて頂きたい。そうすると弁護士業界による脅迫的、或いは欺罔的解釈を怖がらず欺されない解釈ができる。くどいようだが弁護士法７２条の解釈は弁護士と行政書士間で綱引きのような自己都合解釈ではなく、市民の皆さんへの奉仕の充実になる解釈はどうなのか！の角度で解釈されねばならない。

　法律の解釈は条文の文理解釈を基本とし、条文は解釈によって補充されることを前提としており、解釈は時代の変遷によっても異なってくる。

　弁護士の社会的地位の低下、弁護士大増員による、いわゆる質の低下、特に学力の低下と、対する近時の行政書士試験の高度化、競争率の激しさという社会情勢の急激且つ重大な変遷は、弁護士法７２条の解釈を大きく変えた。他士業との関係において弁護士法７２条は急速に空洞化しており、判例も弁護士法７２条をゆるめて解釈する方向に向かっている。

　但し、だからと言って弁護士法７２条に違反して良い筈はなく、警察の取調べを受けるようでは行政書士会だけでなく依頼者にも迷惑をかけることになる。

第１節　弁護士法７２条の立法趣旨（最大、昭４６．７．１４の判示）

　弁護士法７２条の解説書は全て、この判例を掲げている。

　確かに、この判例ほど明快に書かれているものは他にない。よってこれを検討する。「弁護士は…を職務とするものであって、そのために弁

護士法には厳格な資格要件が設けられ、かつ、その職務の誠実適正な遂行のため必要な規律に服すべきものとされるなど、諸般の措置が講ぜられているのであるが」(前段) これに続いている以下を中段、後段と便宜上分けておく。

「世上には、このような資格もなく、なんらの規律にも服さない者が、みずからの利益のため、みだりに他人の法律事件に介入することを業とするような例もないではなく」(中段)「これを放置するときは、当事者その他の関係人らの利益をそこね、法律生活の公正かつ円滑ないとなみを妨げ、ひいては法律秩序を害することになるので」(後段) 同条は、かかる行為を禁圧するために設けられたものと考えられるのである。

これを行政書士に当て嵌めると前段は「行政書士は…(弁護士類似の)を職務とするものであって、そのために行政書士法には厳格な資格要件が設けられ、かつ、その職務の誠実適正な遂行のため必要な規律に服すべきものとされるなど諸般の措置が講ぜられているのであるが…」となり、弁護士法７２条の立法趣旨に何ら反するところはない。

中段の「世上には、このような資格もなく、…」ここで弁護士の資格と言わず、「このような資格」と言うのは弁護士という枠をゆるめているのであり、ということは、必ずしも形式的に弁護士という肩書き、資格を有する者に限定せず、実質的に弁護士法７２条の資格と同等の能力を有する者を含むと解することができる。

しかも行政書士は「なんらの規律にも服さない者」ではなく行政書士法の規律に服している。「みずからの利益のため」については「行政書士は他人の依頼を受け報酬を得て」業務を行うのであるから「依頼者の利益のため」であり「行政書士のみずからの利益のため」ではない。

「みだりに他人の法律事件に介入することを業とする」については、「行政書士法を根拠として他人の依頼を受け」て依頼者の利益のためにするのであり「みだりに他人の法律事件に介入」するのではない。

第4章　弁護士法72条違反の有無の解釈の基本(坂本廣身の見解)

よって、この中段の理由には、行政書士に該当するところは何もない。

後段については、反論というより次の判例をあげれば十分であろう。(最判昭３５.１.２７日)無許可で高周波治療を行った行為者(被告人)に対し「同法は人の健康に害を及ぼすおそれがあるから無許可行為を処罰するのであって、本件行為はそのおそれが全くない可能性がある」として原審に差戻している。その判決理由中には、「人の健康に害を及ぼすおそれが全くない行為は、形式的には構成要件に該当するように見えても可罰性が無い」とさえ言っている。

この論法でいくと前記要件後段の「当事者その他の関係人らの利害をそこね法律生活の公正かつ円滑ないとなみを妨げ、ひいては法律秩序を害する」ことがない行為は形式的に弁護士７２条の構成要件に該当するように見えても処罰できない、ということになる。ただし、詳述しないがこの解釈は当分無理である。だが処罰に値するだけの市民への加害性と、その危険性を必要とするので、紛争性の成熟していない法律事件を行政書士が処理することは、どの角度から見ても可罰性を有していない、というべきだろう。その理由は適法行為だからである。

それより、前記の前段の解釈と中段の解釈をつないだ断案ともいうべき結論は、この後段のようにはならない。依頼者が笑顔で感謝してくれる正当な報酬が後段の結果である。行政書士業界の歴史はこの結果(報酬)を弁護士業界に脅され、欺されて締め出されて来た歴史だったのである。

解釈論の別の角度では保護法益の分析による方法や、社会的必要性の検討などもある。これらは刑法総論の部分であり、ここでは省略する(本当はここにも弁護士法７２条の行政書士寄りの解釈論の根拠があるのだが、これは法学部出身行政書士でなければ解説が長くなりすぎるからである)。

第七編　行政書士と弁護士法72条

第2節　弁護士法72条の解釈

　目的犯であるから「目的」という要素を必要とする。

　「訴訟事件、非訟事件…その他一般の法律事件に関して」という5種の事件を並べているのであるから「その他、一般の法律事件」というのは前5種の法律事件と同程度の事件性を有するものでなければならない。

　これは刑法解釈の「ＡＢＣ」「いろは」なのである。こんなことも知らない弁護士が弁護士法72条の解説書を有料で販売しているとは厚かましいと思うが、おそらく客である購買者の弁護士に媚びを売っているのであろう。「鑑定、代理、仲裁若しくは和解その他の法律事務を取扱い、又は、これらの周旋をすることを業とすることができない」が、これらの全てをしてはならないのではなく、前記の事件性を有するものについては禁じられているにすぎない。

　但し書きは、昔は弁護士法の除外規定がなければ全て違反となっていたが、司法書士法の改正と同時に、弁護士法72条は「他の法律に別段の定めがある場合は」除外されることに変更された。

　従って、行政書士法も「他の法律」であるから「行政書士法」の改正により、職域をさらに広げることも可能である。この「但し書き」の改正は司法書士業界の弁護士業界に対する強力で執拗な働きかけの成果だった。司法書士業界は現在も弁護士業界に侵食するべく強力な働きかけをしているが、現在の日弁連執行部に聞くと「行政書士業界からは弁護士業界に侵食するための日弁連に対する働きかけは全く無い」と言っている。逆に「仕事の無い失業状態弁護士救済のため、弁護士が行政書士の領域に侵食する動きが今後加速されそうだ」とも言っている。弁護士業界の失業状態弁護士救済目的で、行政書士業務に組織的に侵食する計画は日弁連では「法廷外業務の拡充」と表現されている。

　話は脱線したが「他の法律」である行政書士法を目的的に拡大解釈す

れば、当然のことながら弁護士法７２条の「違反」とされる職域が狭くなることを付言しておく。

第５章　行政書士業務と弁護士法７２条

第１節　行政書士の「権利義務又は事実証明関係書類作成業務」と弁護士法７２条についての弁護士会の解釈（日弁連の解釈）

第１項　行政書士法１条の２、１条の３は、行政書士の権限として
①権利義務又は事実証明関係書類の作成
②上記①の書類を代理人として作成すること
③上記①の書類の作成について相談に応じること
について規定している。これらの意義について考察する。

第２項　「権利義務又は事実証明関係書類」の意義
　権利の発生、存続、変更、消滅の効果を生じさせることを目的とする意思表示を内容とする書類又は、実生活に交渉を有する事項を証明するに足りる文書をいう。

第３項　「作成」の意義
　単に依頼者からの口授のまま文書を機械的に作成する行為にとどまらないが、その判断作用は依頼者の述べる趣旨を法的に整序する範囲に限られ、それ以上の判断作用を含む行為は行い得ないと考えられている。これは、司法書士が専門的法律判断をなしえないとする高松高判昭和５４・６・１１の裁判例に基づいて、行政書士も同様に考えるべきだとするものである。

第4項　「代理人として作成する」の意義

書類の作成自体を代理すること、というのが弁護士会の見解である。

なお、規定の文言からすると、契約締結の代理まで行えると解釈することはできないとされている。なぜなら、契約締結の代理ができるのであれば、下記の（例）弁理士法の記載のとおり、その旨法律に明示されているはずである。

（例）弁理士法4条3項「契約等の締結の代理若しくは媒介を行い、又はこれらに関する相談に応ずる」ことができるとされている。

第5項　「相談に応ずること」の意義

依頼者の述べる事柄を書面化するに当たり、その内容を法的に整序するために必要な範囲内の相談に限られる。専門的な法的判断を交えた相談行為を行うことは許されていない。

以上が日弁連の機関誌「自由と正義」に掲載されている解釈である。

第2節　権利義務に関する書類の作成権限は紛争性のある書類の作成権限を含む（坂本廣身の見解）

第1項　はじめに、その根拠の要旨を述べる。

1　歴史的沿革がある。

　代書人が紛争性のある事件に関与してその解決案を書面に作成してきた歴史の重みがある。

　明治5年以来の代書人、代言人の歴史、沿革、伝統と、それらを規律した諸法令がある。法廷その他、訴訟的解決が代言人（弁護士）で法廷外の法律事件の処理が代書人であった。

2　弁護士法に定める「弁護士の使命」「弁護士の職責の根本基準」「弁護士の職務」に対する行政書士法第1条の2、を目的的に解釈した比較から導き出される結論も、その根拠である。

第5章　行政書士業務と弁護士法72条

3　行政書士法の「権利義務…に関する書類を作成することを業とする」という条文の解釈論からもこの結論が導かれる。

4　弁護士法７２条の解釈論からもこの結論になる。これまで弁護士法７２条の解釈論は弁護士だけが行ってきた。少数の学者の解説書もあるが、それらは弁護士の書いた本の内容と、そっくり同じものばかりである。学者と言っても昔の超難関だった司法試験に合格できなかった人たちであるから怖がらなくても良いはずの弁護士業界に媚びを売っているとしか思えない。弁護士法７２条の、これまでの弁護士による解釈は不当であって本当は…が正しいと言う勇気のある或いは学力の高い行政書士は、私の知る限り、これまで一人もいなかった。

5　弁護士法７２条自体にも根拠がある。同法但書きに「他の法律に別段の定めがある場合はこの限りではない」との条文である。行政書士法１条の２、１条の３が「他の法律」に該当しているのである。日行連は弁護士業界との力関係を恐れた過去の弱腰体質から、この主張を全くしてこなかった。平成２８年末になっても弁護士業界の言いなりであり闘う姿勢は見られない。

6　弁護士法７２条は実質的意義の刑法であるから、その運用に当たっては罪刑法定主義を大原則とする。弁護士の書いた同条の解説書は刑法の初歩的理解も無い者か、或いは、欺罔ないし脅迫的解釈をしているにすぎないのである。

以上のうち１の沿革上の根拠、２の弁護士法と行政書士法の比較上の結論は、私（坂本）が、これまで凡そ３０年間も言い続けて来た事項である。１については行政書士を業とする者なら代書人が紛争性のある書類を作成して地域社会の民事的な紛争の防止、解決に寄与した沿革を知っている筈である。未だ知らない新人の先生にも必須の入門的な知識なのである。行政書士の登録は古いものの、行政書士の歴史や沿革を全

く知らない行政書士も少なくないが、彼等は行政書士としての収入は乏しく、職業に対する熱意、気力に欠ける傾向がある。

　２も私が言い続けてきたことだが、ここでは順序を逆にして、上記３の「権利…に関する書類作成」というのは明らかに紛争性を有する書類の作成を指していることを明らかにしたい。

　なお、行政書士が「紛争性を有していない権利に関する書類」を作成することは勿論可能ではあるが「紛争性を有しない権利に関する書類」というのは、ほとんどが「事実証明に関する書類」のカテゴリーに入るものと思われる。

第２項　権利の概念

　行政書士は「他人の依頼を受け報酬を得て…権利…に関する書類を作成する」ことを業とする。その行政書士が「権利」とは何かを理解できないようでは行政書士として十分な活躍が出来ているとは思えない。

　「権利」とは闘争概念である。権利概念についての学説は三流学者の珍説を含めると枚挙に遑（いとま）のないほど多いが、通説ないし有力説に従い、しかも行政書士が作成することの多いと思われる民事法規における権利の概念は、概ね次の通りになる。

　権利の本質については意思の力であるとか、法律上保護された利益であるとか、利益の充実の為に与えられた法律上の力、などと考えられている。要するに権利とは「法益を享受するために法によって認められた力である」ということになる（坂本廣身著、立花書房・民法概説３０１頁）。この解釈は民法上の権利の解釈である。

　これを広く社会経済活動のなかで定義づけると「主体的な対立関係にある相手方に対する意思の支配」を指す。この主体的当事者の関係は対等であり上下、主従の関係にはない。民事法規を大学の法学部の

授業より、さらに一歩踏み込んで勉強すれば十分理解できる筈であるが、要するに法律関係は権利、義務関係であり現代民事法規は権利の体系として構成されている。民事法規は法律に根拠のある権利を裁判という国家権力の行使を通じて、その実現を保障している。

　この権利は力の衝突の勝者に与えられたものであり、力と力の対抗関係から成立した歴史を持つ。権利、義務の概念の中にある競争について考察しておく。

　民法の権利の得喪変更の主たる類型は契約である。契約は対立する当事者の申込と承諾の形で成立する合意である。この両者は（少なくとも建前上は）等質者間の競争の要素を持つ。私たちは日常生活において対等、平等な等質者間において競争の原理を前提として成立した生活を営んでいる。私たちがパチンコ遊技や麻雀を楽しむのは対等、平等な立場の者の競争を娯楽として楽しんでいるのである。

　競争は規模の大小、影響の強弱があるもののこの「対等の当事者」というのは多分に擬制化された平等の当事者であり、現実には貧富、上下、貴賤、知識知能の優劣などの差があることは私たちの誰もが承知していることであり、この両者が実質的にも対等であると言える等質性を回復するために設けられたのが行政書士法１条の２の「権利…に関する書類の作成」権限なのである。この理解は大事だから表現を変えて繰り返す。

　「権利…に関する書類の作成」権限の立法趣旨は、文盲、字の書けない人のために行政書士が有料で白い紙に黒い文字を書くことを定めたのではない。

　権利と対立するのは義務である。権利と義務がバランスが取れた公平なものであるか、公序良俗、社会秩序に反していないか、将来の紛争を予見し、それを回避する条項を入れているか？など「権利…に関する書類」とは明らかに紛争性のある書類の作成権限である。この理

解がないと弁護士法７２条の正しい理解ができず弁護士業界の脅し気味、欺し気味の解釈を真に受けることになる。ということは弁護士の他、行政書士も紛争性を有する書類の作成権限を有することになるが、両者の接点と境界線は次項で述べる。

第３項 弁護士法１条の「弁護士の使命」と行政書士法１条の目的を比較すると次のようになっている。

＜弁護士法１条＞

　　弁護士は基本的人権を擁護し、社会正義を実現することを使命とする。

　　弁護士は、前項の使命に基づき、誠実にその職務を行い、社会秩序の維持及び法律制度の改善に努力しなければならない。

＜行政書士法１条＞

　　この法律は、行政書士の制度を定め、その業務の適正を図ることにより、行政に関する手続の円滑な実施に寄与し、合わせて、国民の利便に資することを目的とする。

　　これにより両者の目的は明らかに次元が異なる。だが、弁護士法の「使命」と行政書士法の「目的」の比較だけでは行政書士は紛争性のある法律事務を扱うことが弁護士法７２条違反になるか否かについて明らかにはならない。

　　弁護士法２条は「弁護士の職責の根本基準」として、「弁護士は常に、深い教養の保持と高い品性の陶冶に努め、法令及び法律事務に精通しなければならない」とされている。隣接士業のいずれの業種も、この条文は当て嵌るのに、他士業にはこの規定はない。あっても著しくトーンダウンしている。例えば司法書士法２条は「司法書士は常に品位を保持し、業務に関する法令及び実務に精通して、公正且つ誠実にその業務を行わなければならない」

第5章　行政書士業務と弁護士法72条

となっている。

　次に弁護士と行政書士の資格試験について比較する。この比較からも後述する通り法律事務の全てを弁護士が独占しているものではないことを裏付けているし、紛争性のある事項の全てを弁護士が独占している訳でもないことが明らかになる。

　弁護士になるには司法試験に合格せねばならない。司法試験法第1条の目的は「裁判官、検察官又は弁護士となろうとする者に必要な学識及びその応用能力を有するかどうかを判定することを目的とする国家試験とする」とされ、第3条の（試験科目等）では（判、検、弁に）「なろうとする者に必要な専門的な法律知識及び法的な推論の能力を有するかどうかを判定することを目的とし…（第1項）必要な専門的な学識並びに法的な分析、構成及び論述の能力を有するかどうかを判定することを目的とし…（同条2項）。（判、検、弁に）なろうとする者に必要な学識及びその応用能力を備えているかどうかを的確に評価するため…法律に関する理論的かつ実践的な理解力、思考力、判断力等の判定に意を用いなければならない（同条4項）」とされる。

　対する行政書士法の行政書士試験は「総務大臣が定めるところにより行政書士の業務に関し必要な知識及び能力について毎年1回以上行う」(同法3条1項)とされ、司法書士の場合は「法務大臣は毎年1回以上、司法書士試験を行わなければならない」(同法6条1項)とされ同条2項は試験科目を掲げている。

　両者を比較すれば、弁護士と行政書士、司法書士の資格試験の性質に著しい差があることに気づく筈である。なぜか？ここにも行政書士が紛争性のある書類作成を可とする裏付けがある。

　前述の司法試験で試験目的（第1条）や試験の判定目的（3条1項）から採点の判定方法（3条4項）まで法律で規律するとい

う特異な形態をとっているのは、戦後、民主主義のマッカーサー法令によるソリシター、バリスターの制度を念頭において作られた法曹一元化の制度だったのである。つまり弁護士は法廷活動が業務であり、法廷外の紛争解決は行政書士、司法書士など旧代書人の領域とされているのが基本的なシステムだったのである。

つまり、前述の司法試験法の試験目的や試験の判定（採点方法）まで法律で規定して枠をはめているのは、それが「裁判制度の適切な維持」を目的とするためであり、そうでなければ、他士業の規定と同様に杓子定規な規定で十分な筈だからである。

つまり弁護士は法廷活動を生業（なりわい）とし、法廷外の紛争的法律事件は、戦前は代書人の権限とせられ、戦後は行政書士、司法書士の職域とされているのである。ただ、弁護士は弁護士資格において行政書士業務や司法書士業務を行う権限があるとされていることから、弁護士が法廷外で紛争性のある法律事務を取り扱うことも適法とされてきたに過ぎないのである。

実は弁護士業界内部の主流派（いわゆる勝ち組のことである）は現代でも、紛争性のある事件に介入して、その紛争解決に必要な書類を作成することは、司法書士や行政書士の業務の範疇に属することを認めているのである。

今日、この時点で行政書士が関与できる法律事務は事件性、紛争性があってはいけないのか？との質問をすれば東京の６０歳以上の弁護士の過半数は「事件性があっても著しい紛争でなければ可」と答える筈である。ただし、こんなことを表明して何の良いことも無いのに行政書士のために進んで発言する弁護士がいる筈はない。

一方では、「行政書士は法律知識が乏しく事件性のある紛争を解決する能力がない」という立場をとり続けて、行政書士の職域

をせばめてきたのは何と過去の歴代の日行連会長達だったのである。ここでは過去の日行連会長達の不始末は書かないが現在の弁護士業界がエリートグループ、秀才組（弁護士業界では勝ち組と呼ばれている）と貧困弁護士（市民派と名乗っている）層の対立関係になっていること、この両層によって弁護士法７２条の解釈論が天と地ほど違っている事実を明らかにする。

　この経緯は歴史的な事実の積み重ねの必然現象から生じている。この歴史の流れを知らねば理解し難いものがあるので少し脱線するが御容赦願いたい。

第４項　ＧＨＱのマッカーサー（アメリカ陸軍軍人、元帥）の弁護士法により弁護士の業務範囲が法廷外の紛争性のある書類の作成にも及んだのは、弁護士業界の底辺にいる落伍者弁護士の生活救済のためだった。

　明治５年に代言人、代書人制度が発足した。その頃、江藤新平の活躍により短期間に日本の司法制度確立の基礎が築かれたものの、法制度そのものが徳川時代の御法度から太政官制による太政官布告（その一部は今日でも法律の効力を有して生きている）制であり今日の現代国家の現代法は未だ無かった。

　学齢児童の４年間の就学を義務づけた尋常小学校の学制も明治５年からである（注、文部省唱歌の「仰げば尊し」は明治１６年に作曲されている）。

　明治末期に代言人は弁護士に昇格して権限も強化されるのだが、名称は変わってもその実体は、あくまで代言人であった。

　裁判官と検察官は高等文官試験の司法科に合格した者に限られていた。弁護士試験は旧代言人、代書人の資格試験と同程度であり学力も低く、弁護士のことは三百代言と呼ばれて軽蔑されていた、とも言わ

れる。

> （注）弁護士業界では三百代言とはニセ弁護士のことであるとして弁護士の俗称であったことを断固否定するが、明治、大正の書物などには、当時の弁護士が三百代言としばしば揶揄されている。戦前の昭和時代でも司法書士、行政書士等を三百代言と表示して侮辱する小説や漫画が散見されたが、それには弁護士も含まれていた。

　裁判官、検察官になろうとする者には司法官試補として判、検事の見習修習の期間が２年間あった。この２年間の司法官試補というのは日本人の平均寿命が４０歳の時代の２年間である。現代なら３年間という感覚であろうか。

　一方、弁護士には研修は何も無く先輩弁護士の事務所に弟子入りしてオン・ザ・ジョブ・トレーニングをすることを常とした。

　弁護士の弟子入り制度は勤務弁護士制として今も続いているが、昭和３０年代になる迄、弟子の弁護士は無給だったのである。生活費は、まれに依頼者がくれるチップだけだったそうだから極貧生活だったと思われる。

　判、検事が当時、国内最難関といわれた高文司法科試験に合格せねばならなかったのに比べ、偏差値がはるかに低くても合格できる弁護士試験は国立大学法科大学（法学部のこと）を出ておれば当然に（無試験で）弁護士になることができたし裁判官、検察官は、いつでも弁護士になることができた。

　そのため弁護士業界は弁護士試験合格組と元裁判官出身と元検事出身で構成され、組織内部で目茶苦茶な珍騒動、激しい内紛を生じた。この騒ぎが現在の東京の弁護士業界で弁護士会が三組織も存在する原因となっている。この弁護士会の内紛の実態は随分醜いものだったようだが、今では弁護士業界のきれい事の歴史として格好よく書き改められている。私が弁護士になったばかりの頃は当時を知る弁護士や、明治時代の弁護士の子弟も現役として活躍中で、彼らから聞かされた

第5章　行政書士業務と弁護士法72条

実話の昔話と弁護士会発行書物による弁護士業界の歴史とは随分違ったものになっている。私が聞かされていた事実は以下の通りである。

これと行政書士法の「紛争性のある書類の作成権限」と関係があるのか！については、「関係あり」である。現代の弁護士業界での弁護士法７２条の解釈に二派あり正反対の解釈が行われていることについては代書人、代言人の沿革、歴史を知らねば正確な理解ができないからである。

明治期に訴訟制度が確立して現在の司法制度と概ね同じになったのは大日本帝国憲法が制定されてからである。

代言人から弁護士に昇格した旧代言人弁護士群と高文司法科の難関を突破し学力が保証されている元裁判官、元検察官から弁護士になった者を比べると元判事、元検事の方が国民からの信頼が断然厚く千客万来となっているのに比べ弁護士試験合格組の旧代言人事務所は閑古鳥が鳴く有様だった。

旧代言人弁護士は芝居小屋で幕間に弁当や菓子を売る売子のアルバイトで生計を立てる者もいたそうで、これは後の活動写真（映画）の普及で、映画の休憩時間に客席の通路で「おせんにキャラメル」などと連呼して販売する売子は、ほとんどが当時の旧代言人弁護士のアルバイトだったと言われている。

元裁判官、元検察官は、立派に法廷で活躍しているのに対し旧代言人出身の弁護士は、憲兵や、警察官に「この野郎、恥を知れ！正業に就け！」と怒鳴られて叱られた事実は弁護士業界の歴史として、しばしば書かれているところである。但し官憲による弾圧としてである。

私は大野最高裁判所元判事（故人）の自宅を訪問したことがあるが同氏の著書に、こんな記述がある。

満州国（現在の中国の東北地区）が建国されたとき「満州国の法務官は日本国内の弁護士を充ててくれ！」と生活苦の当時の旧代言人出

身弁護士層から法務省に対して強力な陳情が繰り返されていた、というのである。

但し満州国法務官は、ほとんどが日本国内の判検事出身弁護士によって占められ旧代言人出身弁護士層からは、大戦末期の人手不足に若干、採用されただけのようである。

(注)　大野最高裁判事の自宅にお伺いしたことはあるが、本書に記した司法改革の舞台裏は彼から聞いたのではない。

代言人が弁護士になったのは司法制度が現在の訴訟制度となる明治の大日本帝国憲法の施行の後からである。この頃の訴訟制度の実体は泉鏡花の小説「滝の白糸」(注、正確には義血俠血を脚色し川上音二郎一座が浅草座で初演したのが最初と言われる。「滝の白糸」は何度も映画化されたが、小説の題名は「滝の白糸」ではなかった)に刑事事件の法廷が詳細に再現されている。その映画の場面では壇上に青い冠をつけた裁判官が座り、その右側(被告人席から見ると向かって左側)に赤い冠をつけた検事が座っている。弁護士は壇の下の被告人と同位置である。現代の刑事事件の法廷の検察官席の検事が壇上の裁判官の隣に座っていると思えばよい。

明治、大正期の日本の人口は約４０００万人である。現代の３分の１であり、全ての職域において人数が少ない。裁判官相互、検察官相互は都市部においても全員顔と名前が一致する知人、友人、先輩、朋輩、後輩の関係である。法廷に出廷した弁護士が旧代言人出身の弁護士か、それとも判検事出身の弁護士であるのかは、現職裁判官、現職検察官なら一目瞭然である。裁判官も検察官も判検事出身弁護士を優遇し旧代言人出身弁護士を見下げて、あからさまに差別したそうである。当時は官尊民卑どころか制度的に身分が世襲で固定化されていた時代だから、もともとそんな差別がありそうだが、どこの社会にも存在したように判、検事の先輩、朋輩の意識もあったのだろう。だが高

文司法科の合格者は大学卒だったのに比べ旧代言人出身弁護士の弁護士試験合格者は中学卒であったという学力の差も歴然としていたのだから差別されても当然だったとも思われる。

　この両者（判検事出身弁護士と旧代言人出身弁護士）は同じ東京の弁護士会内にいて組織内部で常に対立している。弁護士会としての意思の統一さえも出来ない混乱が続いた末に遂に組織が分裂状態になった。見かねた検事局（当時の弁護士は検事局の監督下にあった。検事局とは現在の検察庁である）の仲裁で東京に限り弁護士会を二分することになった。

　このうち判検事出身弁護士で新しく作った組織が現在の第一東京弁護士会である。その後、この二つの弁護士会は、それぞれがさらに内部分裂を起こし第三の弁護士会が誕生する。それが第二東京弁護士会である。

　前述の判事、検事出身者で占められた第一東京弁護士会は、官尊民卑思想傾向を含む保守的傾向は現在も続いていて、いわゆるヤメ検、ヤメ判（裁判官退職弁護士、検察官退職弁護士）は今でも、ほとんどが第一東京弁護士会に入会している。面白いことに昭和の末期まで第一東京弁護士会の会員の寄り合いで元検事総長が着席した席から上座には元検事正や平検事は着席しなかった、と言われている。東京の三弁護士会は東京弁護士会をトーベン（東弁）、第一東京弁護士会をイチベン（一弁）、第二東京弁護士会をニベン（二弁）と呼ぶ。前述の歴史的沿革から一弁は保守的傾向が強く、そのため一弁に勤める従業員、つまり職員には今でも労働組合もない。東弁、二弁は管理職以外全員組合員である。これらの経緯から、さらに日本の敗戦と裁判制度の民主化、弁護士自治の強化と弁護士業界を極左政治勢力が支配したこと、それを排除しようとする勢力との衝突が司法改革のスタートだったこと、これらの経緯を詳細に検討すると、ここにも行政書士も

司法書士も税理士も紛争性のある書類作成権限を含む根拠が見えてくる。

但し、言論の自由とは言っても本音で生々しい過去の事実を書くと弁護士業界で結束力の強い極左勢力を敵に廻すことになり行政書士会に迷惑をかけるからここでは活字には出来ない。

第５項 以下、マッカーサー制定の弁護士法の経緯と司法改革の目的、現状、それに対応すべき行政書士像について述べる。

マッカーサー元帥（ポツダム宣言受諾による連合軍総司令部、ジェネラル・ヘッド・クオーター、略してＧＨＱの最高司令官）は大日本帝国の将来をアメリカ合衆国に軍事的にも政治的にも経済的にも対立するだけの能力を持ち得ない弱小国家にしようとした。

その一環が軍事的には憲法上の戦争放棄であり、経済的には為替相場１ドル３６０円や財閥解体、労働三法の制定などであり、政治的にはいろいろあるが、その一つが弁護士自治であった。

ＧＨＱのマッカーサー元帥の統治時代の７年間は占領米軍と在日韓国、朝鮮人の犯罪はほぼ治外法権であった（在日米軍兵士の性犯罪は完全な治外法権で、日本の警察はその調査や犯罪事実を記録したり統計を取ること自体が厳禁されていた）。

警察権力その他の日本国の権力は、彼等には及ばないのである。

その他にもマッカーサー司令部は、弁護士業界に自治権を与え、新聞社にも権力は如何なる規制も出来ないようにした。

現代も日本の国家権力が日本人に及ばないのは弁護士業界と新聞業界だけである。テレビ業界は電波を使用することにより電波法による規制を受けている。

新聞業界は国による規制が全く無いことから、しかもテレビ業界を支配下において世論をリードし、政治を支配し、行政に介入し、国家

第5章　行政書士業務と弁護士法72条

権力の行使にまで介入する力を得た。そして、その体質は左翼政治思想である。

　朝日新聞も読売新聞も毎日新聞も新聞は左翼思想の労働組合の闘士が記事を書くのである。これらの大新聞の社長は歴代各新聞社の労働組合委員長である。老害と言われる読売新聞の社主も読売労組の勇ましい委員長出身である。民間の労働組合も一昔前までは総評（日本労働組合総評議会）が恐ろしいほどの政治力を持っていた。

　公務員労働組合も強力な政治闘争集団となっていた。それらの職域の利権は、税金の分捕り合戦であったり、高額な鉄道運賃のように国民からのふんだくりだったりした。

　旧国鉄（現在のJRの前身の日本国有鉄道）には労働組合幹部に共産党員も腰を抜かす程の超極左思想集団が巣くっており、それらは相互に内部抗争で殺人事件を繰り返していた。これには超極左弁護士集団がついていて、刑事諸手続について、現実の実務の運用ではなく六法全書の条文を超厳格に解釈する運用の刑事手続を要求してくる上に、マスコミも彼等に好意的であって、警察権力も国鉄内部の権力抗争には手が出せない。

　公務員労働組合も極左が支配し、戦後の学校教育支配も極左勢力が支配するに至っていた。学校教育を極左勢力が支配したことにより、日本が独立した後にも大日本帝国の旧日本陸軍の勢力が復活することは無かったことだけは、極左勢力の功績であったろう。これらの極左勢力の背後にいて、それらの勢力を裏で支えているのが弁護士自治を武器にして暴れ回る弁護士業界内部の極左勢力なのである。この弁護士業界が現代日本の全領域で無法無謀で不法な利権を求めて暴れ回っている極左勢力の諸悪の根源なのである。

　弁護士業界自身には内部に巣くう極左弁護士集団を排除する能力はない。つまり弁護士業界独自の自浄能力はない。

今や世界はヨーロッパでEU加盟国は国境を自由に往来し、通貨は共通で、まるで連邦国家みたいになっている。資源の乏しい日本が外国との交流を密にするには、国内の極左勢力を排除せねばならない。

「万国の労働者よ団結せよ」のスローガンで、労働者の団結こそが明るい希望の未来を作る！との幻想を与えて欺し続けた旧ソ連が崩壊し、共産主義思想が誤りだったことは旧ソ連自体が認めている。

それでも日本の極左勢力集団は勢力を維持している。昔は極左政治勢力間の勢力争いで特に革マル派と中核派間で殺人事件が多発していた。それらは何人殺しても警察に検挙されないのである。それらの極左勢力は都心部の大学や旧国鉄労働組合を拠点として活躍していた。それらの無法者グループの精神的よりどころが弁護士自治を後ろ盾とする左翼弁護士集団であった。だが、最近は極左勢力自体の弱体化により内部抗争による殺人事件は、あまり起こしていない。この極左勢力の排除に積極的に協力を申し出たのが日本共産党である。

日本共産党は弁護士大増員に賛成し積極的に弁護士数を年間５０００人迄増員することを望んでいる。この背景で、現実の弁護士自治の実態について述べる。

私が弁護士会の副会長をしている時に、弁護士が依頼者の金を数千万円横領する懲戒事件が実に十数件係属していた。それらは、いずれも審理が５年８年と長引くのである。まず依頼者は警察に告訴に行く。警察は「弁護士業務は弁護士自治といって警察が弁護士業務の当否を調べることが出来ないので弁護士会に行って相談してください」といって門前払いにする。弁護士会の運営は左翼勢力が占めている。弁護士業界全体を左翼勢力が占めている訳ではないが弁護士業界の約２０％程度の左翼弁護士勢力が弁護士会を支配しているのである。

上記、依頼者の金を数千万円横領した弁護士に話を戻す。

弁護士会には役職のポストの奪い合いと懲戒請求を受けたときの、

第5章　行政書士業務と弁護士法72条

もみ消し目的のための派閥がある。

　派閥の主流派は左翼勢力が占めている。弁護士会の会務に熱心なのである。たとえば左翼思想の弁護士ばかり１０人の事務所があるとすれば、そのうち２〜３人は常勤で弁護士会の会務に専念するのである。その生活費は所属事務所に残っている他の７〜８人の弁護士の供出によって支えられる。そして弁護士会業務の任期の１年とか２年が終わると事務所に帰り、今度は他の弁護士と交替して別の弁護士が会務に専念する。

　懲戒請求を受けた弁護士を仲間うちで庇い合うのは、主としてこの派閥である。懲戒申請人に対し、この証拠を出せ、あの証拠を持ってこい、この旨を書いた上申書を出せ！などと無理難題を続ける。

　懲戒請求者は、数千万円を横領された上に弁護士会が懲戒処分に熱心でないことに気づく。事実調査と称して難癖ばかりつけられ３年〜５年と経過していく。そうなると弁護士会の調査期日のスパンもほぼ一年と周期が長くなり、懲戒請求者も期間の長さのため、憤慨が諦めに変質して行く。

　そして懲戒申請に対する判決に該当する結論は「…の事実は証拠上認められない」となるのがオチである。

　懲戒請求者は懲戒申請から１０年近くも引き延ばしをされ、さんざん労力を浪費させられ疲れて怒る気力も失くしている。

　警察は、弁護士会の懲戒委員会が、「懲戒申請の横領事実無し」とした決定を、「それは違う、真実は横領しているのだ！」とはしない。

　弁護士自治に属する事項には介入しなかったのである。弁護士自治は、こうやって悪用されてきた。

　近年になって、弁護士自治としての懲戒委員会の決定が、「懲戒事実は証拠上認められない」ばかりでは世間に通用しなくなってきた。

　例えばＡ弁護士が依頼者甲の預り金を５０００万円着服し、別の依

頼者乙の預り金を３０００万円着服した、として懲戒請求されたとする。まず綱紀委員会での審査に３〜４年かかる。

綱紀委員会とは、検察官の役目をする委員会であり、裁判所に該当する懲戒委員会にかけるのが良いか否か、を審査する機関である。

現実に数千万円を数人から横領しておれば、それなりの証拠も提出されているから「証拠不十分」とばかり言えないこともある。従って３年ないし５年後くらいに懲戒委員会にかけられることになる。

ここでも、懲戒請求者は横領された事実の証明に苦労させられ、さんざん歳月を引延ばされた挙句に横領額の２割とか３割の返却を受けて、その不正弁護士の懲戒処分は「業務停止３箇月」という程度で一件落着なのである。今の日本で、数千万円の金を横領したら、直ちに解雇とか資格剥奪と決まっているが、弁護士業界は、こんなに寛大なのである。これが弁護士自治の実態なのである。

新聞、テレビに出てくる横領で弁護士逮捕というのは、こんな不始末を１５年〜２０年と続けて最早、弁護士自治でも庇いきれなくなった事案である。

この話は行政書士業務と無関係のようでも、行政書士に対する依頼者が若し「俺は弁護士は嫌いだ。あいつらは左翼の集団だ、弁護士自治といって、弁護士同士で馴れ合って、庇い合い、事実を曲げて不正は何もなかったことにして終わる。あいつらは国からライセンスをもらった泥棒稼業が実態だ」などと言ったら、これらの事実を並べて解説してやればよい。

余談だが依頼者は常に行政書士や弁護士の能力について関心を持って、細かな言葉や動作を見ている。

弁護士の不始末についての不満は既に社会常識となっている。仮にそれが話題になったとき、前述の知識があるのと無いのとでは、依頼者との信頼関係を強めて安心させるか、この先生はさほど知識が無い

第5章　行政書士業務と弁護士法72条

と思われるかの差となる。

　別の欄でも述べたが、依頼者が欲しているのは、白い紙に黒い文字を代わって書いてくれることではなく、従業員の人手の足りない中小企業の経営者にとって、知恵、知識の不足を補ってくれ、微妙な判断に的確な助言をしてくれる行政書士の先生との人間関係の継続なのである。

　主として中国人や行きずりの人を相手にし、手数料の値下げ競争を続けるだけで依頼者との継続的な人間関係の形成が出来ない形態の仕事をしている先生方は、概して収入が乏しいようである。

　話を戻すが、弁護士自治が現代日本の社会秩序に、どれ程、害悪のたれ流しをしているのか！について、御理解頂けたと思う。

　さらに、その裏付けがいくらでもあるのだが、本書はここで左翼勢力と政治闘争を展開するのが目的ではないし、行政書士の先生方の繁栄、収入増大を目的としているだけであるから、これ以上は述べない。

　読者に理解して頂きたいのは、このような左翼的闘争活動の中心勢力、極左勢力の中核となって弁護士業界に巣くい、弁護士自治を最大限利用して暴れ廻った勢力の排除を目的として動き出したのが司法改革なのだということである。つまり弁護士自治の排除なのである。

　戦後の日本政治の本流である保守政党（自民党）と司法官僚、検察官僚らと、それらに全面協力の弁護士業界のいわゆる勝ち組グループによって、この改革の流れが作られた。

　この司法改革の潮流は、まさに大河の流れであり荒海の怒涛の勢であり、これに立ち向かう左翼弁護士勢力は、まさに蟷螂の斧でしかない。

　ただし、司法改革の進行は順調とは言えず裁判員裁判システムは失敗している上に弁護士大増員システムの法科大学院制度も大失敗で弁護士の増員スピードが大きく遅れている始末である。

余談だが、弁護士自治の排除の為に司法改革が行われ、その源泉は自民党、司法官僚、検察（法務）、官僚、弁護士業界の勝ち組ら、と言ったが、これを支持する政治勢力に日本共産党も入っている。革マル、中核、その他の超極左勢力には破壊活動防止法の適用はなく、共産党は同法の適用団体であることを思うと、奇妙な組合せになっている。

　司法改革は当分混乱し、予定したレールを脱線したまま進行を続けることになりそうである。

　行政書士は、この混乱に乗じて上手に立ち廻る必要がある。

　行政書士会の組織活動は、行政書士業界としての活動の質を高めることが急務である。そして行政書士法固有の領域を離れて町の法律家として、混乱期、新時代に即した幅広い活動領域の開拓を、個々の行政書士は自己努力でするべきである。

　行政書士会は、各士業関係の混乱期、端境期に即応する研修や重要な情報の提供を充実させることにより、行政書士全体の質の向上に努めるべきであるが、行政書士の質の向上は本来は一人一人の行政書士の個人の負担と責任ですることである。

　一人一人の行政書士の質の向上には、ＯＪＴ（オン・ザ・ジョブ・トレーニング）制度の無い行政書士には辛いところではあるが、各人は、それを意識して奮励努力するしかない。

第6項　法廷外紛争解決システムの歴史

　法廷外紛争は明治、大正、昭和の戦前は代書人が仲裁の労を執って和解させていた。その隙間の代書人の不足を町内の有力者や、侠客、つまり博徒の親分などが、紛争解決、仲介の労を執っていた。現代では暴力団追放ムードが社会の隅々まで行き届いていて侠客の存在が歴史から消されているが、本当は博徒、香具師の親分衆は組織の規律を厳格に守らせて堅気の衆には迷惑はかけなかったのである。要するに、

清水次郎長、国定忠治みたいな人が、いたるところにいたのである。戦後も裁判所のほとんどの支部においては弁護士はいないため行政書士、司法書士等に一任だった。

　よってこれらの代書業者が紛争事件を処理してきた実体があり、公然と社会の認知を受けていた。

第7項　主要な外国はどうか

　諸外国の制度と比較しても「権利、義務に関する書類作成を業とする」代書型のロイヤーは、いずれの国でも紛争性のある書類の作成を含んでいる。

　私が調べた諸外国とはフランス、ドイツ、スウェーデン、アメリカ、タイランドなどである。フランスでは最高裁長官と会ってきたし、ドイツはベルリン高裁長官（女性だった）、スウェーデンは通常事件の最高裁長官と会った。これらは、いずれも二弁の数人の弁護士と一緒だった。

　アメリカのサンディエゴの裁判所を訪問したときは二弁の弁護士約７０人で法廷見学をさせてもらった。この弁護士一行の団長は私だった。団長といっても当時の二弁会長と筆頭副会長は参加していないので次席副会長だった私が団長になっただけである。

　私は英語は出来ないし英米法に詳しい訳でなく、対裁判所でも対弁護士会でも英語の達者な者を中心に担当者が事前に決められているので、団長と言っても私の役目は出発時の成田空港の挨拶だけという形ばかりの団長だった。

　ただし、形ばかりとは言っても団長の肩書きは役に立った。アメリカ側で準備してくれた通訳は女優さんかと思う程の美貌女性であり、驚く程、上手な日本語だった。感じの良い声で上品な日本語を使い頭の回転も見事だった。

一体どこで日本語を憶えたのか？と尋ねたら、通産省（当時）の上層部にいて日米間の取引に関して通訳をしていたとの事だった。

法廷では女性裁判長のもとで刑事事件を審理していた。こういう時に、英語の分からない者には意味不明である。英語が出来ても、それぞれの分野には専門用語があり観光地で買い物が出来る程度の英語では通じ合わないのである。刑事部の裁判長から裁判の閉廷後に、先ほど法廷で傍聴させてもらった刑事事件の解説を受けて、次に私達は弁護士会に向かった。

弁護士会で私達一行に説明してくれたのも女性弁護士だった。通訳は同行の二弁所属弁護士がした。

私の側には前述の日本語の上手な声のきれいな女性がいてくれたので、私は彼女に「アメリカのロイヤーの事務所内部の役割分担は、どうしているのか、を聞いて欲しい」と頼んだ。つまり、彼等は弁護士、行政書士、司法書士等を包括する概念として「ロイヤー」と言っているので、ロイヤーオフィスの内部の分担はどうなっているのか？ロイヤーとは法廷の他は主として、どんなことをしているのか？を聞きたかったが、質問が悪かったせいか、明快な回答は得られなかった。

「老齢のロイヤーは、どんな仕事をするのか？」については「マーケティングです」が回答だった。マーケティングとは何のことか？とまで聞くのは遠慮したが、営業マンとなって、依頼、注文を取ることだろうと勝手に理解した。仕事は訴訟と訴訟外事件の比率はどうなっているのか？とも尋ねたが、それぞれのオフィスによって大きく異なる旨の返事であり、各事務所は、それぞれ個性が強いのか？とも思った。

今、この本を書くに当たって、あの時、今一歩踏み込んで尋ねておけば行政書士の先生方にアメリカの行政書士（ロイヤー）事情を正確に説明出来たものを！と惜しまれる。

タイランドの地裁の裁判長とは裁判官室で会ったが、通訳が不完全で意思の疎通が十分にいかなかった。他に弁護士会の幹部と会ってきたのは、オーストリアのウィーン（ウィーンについては後述する）、フランスのパリ等の各弁護士会である。いずれも少人数の弁護士で行った。それらは二弁会長代行の立場で、公的な訪問のような形で会ってきたため、過分な待遇を受けた。

そこで法廷外の紛争解決の実態について、それぞれの国で聞いてみたが、正確な実情を把握するには、事前に文書で照会しておいて、通訳には専門用語の理解も出来る優秀な人を複数同行せねばならず、これら諸国の調査と言うには不完全なものに終わった。

フランスの最高裁長官とは名刺交換させてもらったし、スウェーデンの最高裁長官は別れた直後、追いかけて来てくれて、「私の名刺を持っていないとレポートを書く時に困るだろう」と言って名刺を渡してくれた。

だが、いずれの国においても代書型の資格者の権限は紛争性のある書類の作成を含んでいる、と理解して帰国している。

第3節　隣接士業の「権限拡大要望」

第1項　司法書士が拡大要望をしているもの
・簡裁事物管轄に限定されない法律相談権限の確立
・合意管轄による簡裁における代理権等
・家庭裁判所における代理権も水面下で要望を続けている

第2項　今後の弁護士と隣接士業との棲み分け
　法曹人口の増大をふまえ、隣接士業との棲み分けについては、下記の3つの案が考えられる。

> A案

　法律事務は弁護士が担い、隣接士業は限定された専門性の範囲で単独であるいは弁護士と共同して法律事務を担っていく。
　現行の枠組みであり、司法書士が限定された範囲で訴訟代理権を付与されるケースなど。

> B案

　弁護士は訴訟を中心とした重装備の法律事務を担い、隣接士業が主として訴訟外の法律事務を担う。イギリスにおけるバリスター（法廷弁護士）、ソリシター（事務弁護士）の分担。イギリスでは法廷弁護士と事務弁護士との間には分業体制が確立している。事務弁護士は、依頼人から直接依頼を受け法的アドバイスや法廷外の訴訟活動を行う。これに対して、法廷弁護士は、依頼人に法廷での弁論が必要になったときに、事務弁護士からの委任を受けて初めて事件に関与する。事務弁護士が、法律的な論点についての専門的助言を得るために法廷弁護士に依頼することもある。

> C案

　弁護士の法律事務独占を見直す、または、隣接士業の参入を容易にする。

第4節　現実の紛争解決サービスと弁護士法72条

1　国会議員から村会議員までの議員先生の仲介による解決。選挙の票欲しさに面倒を見てくれるようである。
2　大臣、財界のグループ会議、銀行の頭取などの仲介。族議員や利権の集団を思わせてイメージは良くない。

3　類似他士業者の業務に付随する仲介、周旋。
4　隣接商店間の紛争につき商店会会長、町内隣人のケンカにつき町内会会長などの仲介。
5　暴力団の仲介による解決。これは侠客と呼ばれた昔の話で現代暴力団は単なる落ちこぼれ集団、街のダニ集団、夜の紳士群、覚醒剤や無法ＳＥＸ集団であり、仲介を依頼する人は、まずいない。
6　無資格で弁護士を装うニセ弁護士、資格剥奪された弁護士など。これは長年弁護士事務所に勤めた職員で非弁の取り調べを受けて解雇された者が非弁を職業としている例などがある。
7　その他
　それらのうち１、２、４は報酬における無償性のため違反せず、３の他士業による有料の仲介、周旋は、紛争性の強弱により判断されることになる。

第５節　弁護士法７２条違反の処罰の実態

　弁護士法７２条の解説をするのは長い間、弁護士だけだった。学者は実務を知らないから執筆の能力を欠いていた。裁判官の書いた弁護士法７２条違反の論文もあるが、どれも弁護士の書いたものをコピーしたような内容だった。そして弁護士の書いた弁護士法７２条の解説は、７２条に違反すると恐怖の制裁が待っている旨の脅迫的な解説ばかりだった。ただし、悪質な弁護士法７２条違反をした行政書士の先生が「坂本弁護士や兼子仁先生が、行政書士には代理権があるから、この程度のことをしても弁護士法７２条違反ではない、と言ったからした」などと弁解した例が少なからずあるが私も兼子先生も弁護士法７２条は「死文化」しているなどと言ったことはないし、代理権の有無と紛争性のある法律事務取扱権限とは次元が違うのである。私がいつも言っているのは、法７２条は大袈裟に解釈されている、と言っているのである。

第1項　近年の処罰の舞台裏

　昭和の時代の弁護士法７２条違反は全国でも常に一桁の処罰しかなかった。平成になって、ようやく毎年１０件前後の処罰となった。

　私が弁護士会で非弁取締委員会の委員長（東京三弁護士会合同非弁護士取締委員会では副委員長だった）の頃は、他士業の業務に付随する弁護士法７２条違反は「見て見ぬふり」だった。

　ただ、この頃も非弁と暴力団がセットになっているもの、詐欺師が非弁をしたものなどは摘発した。現在は、弁護士大増員のため、仕事のない若い弁護士達が、職域拡張を唱えて、隣接業種の非弁類似行為の排除に熱心だが（将来はともかく）、弁護士業界の重鎮は今も寛大である。寛大な理由は、代書人も紛争性のある事件を扱ってきた歴史の重さと、紛争性がありさえすれば弁護士以外は扱えないというのでは市民の皆さんが迷惑であり、そんな解釈は弁護士のエゴだ、と言い続けていることは何度も述べた。

　但し、誤解してはいけないのは弁護士法７２条は死文化している、とは言っていないのである。同条について、ほぼ本書の記述と同じことを言っているのである。

第2項　弁護士法違反で逮捕されている人たち

　暴力団、詐欺師、事件屋、示談屋、整理屋などと呼ばれる闇の紳士達である。行政書士、司法書士等が弁護士法７２条違反で逮捕された事案は皆無に近い。まれにあるのは暴力団や詐欺師と組んで仕事した事例や紛争性のある事案を扱って詐欺や横領をした事案である。

第3項　非弁行為だと脅して有利解決を図る弁護士と本当に怖い警告の見分方

　弁護士のほとんどは「非弁行為は弁護士法７２条に違反する」など

と脅して、有利な解決を企む。他士業の人を必要以上に怖がらせるのである。弁護士に脅された人は、正直に依頼者に告げて辞任することはせず、ほぼ弁護士の言いなりの妥協で解決することが多いようで、これは依頼者との関係で危険である。これには犯罪にはならない脱法行為的対策があるが、そんなことは乱用されるおそれがありここには書けない。

　弁護士会の非弁委員会の措置は各弁護士会によって異なるものの概ね、軽い順に「注意」「勧告」「警告」「告発」である。警告が来たら直ちに止めて謝罪、反省、誓約することである。但し謝罪、誓約は口頭でするに限る。なるべく文書にはしない方が良い。「告発」を食らうと警察が動く。警察が動く見込みで告発するからである。警告が来たら直ちに謝罪して中止すること。

第４項　非弁行為にならない方法
　　イ．弁護士に任せる
　　ロ．弁護士と共同でする
　　ハ．弁護士の協力を得て行う。これは要領よくやれば法廷外だけの話だが行政書士が弁護士と同じことができる…但し、相手の責任追求型の案件は「脅し」と見られ易いので危険であり、弁護士に委せた方がよい。行政書士が事実上、弁護士と同じことをしているときは依頼者との信頼関係が十分な場合に限る。行きずりの客では紛争性のある案件を承知で依頼しておきながら、成功すると非弁を理由に報酬を払ってもらえない例もあった。

第６節　弁護士法７２条の崩壊
　法律事件は弁護士の独占で、例外は弁護士法に規定があるものに限ら

れていた。それが今では、司法書士、税理士、弁理士、社労士、債権回収専門会社（サービサー）、示談代行付保険（交通事故の保険業者）、行政書士（行政の聴聞代理）などに法律事件につき代理権が与えられている。弁護士法７２条は簡裁の司法書士によって大穴があけられた他に上述の各士業によって穴だらけとされて空洞化したのである。

第1項　司法書士

　弁護士に近い資格であり前述の通り弁護士法７２条は司法書士を突破口として穴が開いた。

　司法書士会の政治勢力は強く簡易裁判所の弁護士資格を与えろという運動は２０年前から行われていた。

　これに弁護士自治を潰せ、という弁護士勢力があって、協力関係はないままだったが弁護士法７２条に大穴があいた。弁護士法７２条に穴をあけたのは司法書士業界である。

　弁護士大増員は司法書士に簡裁代理権を与えない為にやむを得ないのだ、などと一般の弁護士を騙して司法試験合格者を年間３０００人に増員し、さらに年間５０００人合格に大増員する計画だったが、年間２０００人合格の段階で失敗して混乱状態にある。この弁護士大増員は司法書士、行政書士らの資格と弁護士資格を共にロイヤーに統一して同一資格にする為…これが目的である。つまり司法書士も行政書士も弁護士になるのである。だが、こんなことでは一体いつのことやら先が読めなくなっている。

　司法書士の訴訟の状況は、平成２０年度の全簡裁事件総数５３万７６２６件のうち弁護士、司法書士がついたものは１６万８０００件で約３１パーセント、このうち司法書士がついたものは約８万件すなわち約半分で、簡裁事件は弁護士と司法書士で半分ずつ分け合っている。

平成20年度の少額訴訟事件は約1万7000件で、ほとんどが本人訴訟である。代理人がつくのは約10パーセント、これも弁護士、司法書士が仲良く半分分けである。簡裁の調停事件は平成20年度、約16万件でこれは弁護士が有力で司法書士の受任は約1パーセントである。

第2項　税理士の税務訴訟の出廷陳述権
　弁護士と一緒でないと法廷に出られない。税理士会が単独で出られるように政治運動をしているようだが税理士会はあまり熱心でないようである。

第3項　弁理士の知的財産権訴訟への関与
　弁護士と共同であれば訴訟代理人となることができる。しかし、弁理士が訴訟手続きに不慣れの為、まだあまり利用されていない。ただ、将来は知財訴訟専門の弁護士として期待されている。だが、弁理士制度そのものが、高く評価されているとは言い難い。

第4項　社労士（労働事件）
　労働事件の専門家の地位をほぼ確立したと言えそうである。労働事件については特定の研修を受けた特定社会保険労務士と認定されれば、弁護士と共同で訴訟代理人となることができる。

第5項　債権回収専門会社（整理回収機構）
　民間の会社が債権回収の弁護士資格を得ている。日弁連元会長の中坊公平（故人）が事故を起こしたのも、この会社である。サービサー法により、取締役の一人以上が弁護士でなければならないとされている。

第6項　示談代行付保険

これについては、行政書士業務と関係がないか少ない。

第7項　行政書士

代理権は得たが裁判の代理権ではない。行政の聴聞代理であり、この代理権は他士業とのバランス上、法務省が代理権をつけた（総務省でもなく、日行連の活躍によるものでもない）。

行政書士に行政訴訟の代理権を与えろ、と主張する先生もいるが行政訴訟で最も多いのは租税訴訟であり、行政訴訟の市民の勝訴率は極めて低く、しかも特殊な訴訟であり、現在の行政書士では歯が立たないのではないか！と思われる。行政書士がこれを主張するのは滑稽であるから、この主張はしない方がよい。

第7節　国際化と将来像

アメリカはロイヤー制になっていることは御存じのとおり。

イギリスはソリシター、バリスターであり、フランスで税理士と言っても税理士の制度がないので訳す言葉がない。弁理士も同じ（ロイヤーと訳す）。

日本政府は税理士や弁理士などの実態は単なる営業マンに堕落し、実務の書類作成は事務員がしている、と見ている。これでは資格制度の趣旨に反している。

ただし、国政選挙の票は欲しいようで、司法書士の政治連盟の成功を見ればよく分かる。

日本の七士業は近い将来、外国のロイヤーが押し寄せてくるのを受けて立たなければならない。これに対して弁護士大増員の他に策はないようである。これは私がオーストリアのウィーンの弁護士会において女性

弁護士から聞いた話だが、「ドイツのフランクフルトではイギリス人ロイヤーの集団が大活躍である。ウィーンにも外国弁護士が大挙として押し寄せて来るのを防ぐにはウィーンにおけるオーストリア人弁護士を増員してウィーン市民は自国の弁護士に依頼するようにするべきである」と言うのである。

　私にはドイツ語が分からないので通訳を介する会話になるが「その弁護士大増員の目的は何のためか？」の質問には「市民が自国の弁護士に依頼する為です」の答えでは納得できなかったが、私の勝手な理解では「ウィーン市民がウィーン市民である弁護士に払う金銭はウィーン市民の弁護士がオーストリア国内で消費する、つまり、その金はイギリスなど海外に出て行かせない、その為だ」と言っているようだと推測したが、確かにそうかと言われると、その場で同じ質問を三度も四度もするのをためらい消化不良のままに終わっている。

　外国には巨大なローファームがある。英米のロイヤーは昭和５０年代から日本にも来ているが日本人の閉鎖性から栄えていない。ところが国際化が進みＥＵのヨーロッパのように国境が無くなれば大波のように押し寄せてくる外国人ロイヤーを受けて立つためには弁護士大増員が不可欠となる（弁護士大増員と行政書士の将来については何度も述べた）。

　外国人ロイヤーが大挙日本に押し寄せて来るのを防ぐ方法はない。

　日本は外国の植民地ではないので日本法で外国人ロイヤーの国内活動を禁止すればよい、というのは無知すぎる。

　徳川時代のような鎖国が出来る筈はないのである。仮にだが鎖国したら石油はどうなる！日本経済は原始社会に戻るというのだろうか！

　弁護士自治の崩壊のために弁護士を大増員して弁護士会を共済組合のように任意加入制にすればすむことだが、外国から大挙押しよせるロイヤーに対しては日本の七士業の司法書士、行政書士らをロイヤーにして、日本国内の紛争は日本人ロイヤーに担当させればよいのである。

そうすれば日本国内でロイヤーに支払われた報酬は日本人ロイヤーによって日本国内で消費されることになり日本国の国益にもかなうことになる。

　弁護士大増員のブレーキになっているのは左翼系弁護士（いわゆる市民派）の他は東京、大阪を除く田舎の弁護士たちである。彼らの子供たちは、近頃は司法試験の合格が易しくなって学力が低くても合格出来るようになったから弁護士になっているのが多い。自分達の子供達にも楽して稼げる環境を残しておいてあげたい、このエゴなのである。だが時代の流れで大波のように押し寄せるうねりに、既に骨抜きにされている日弁連では立ち向かう能力はない。弁護士法72条の改正で外堀が埋められていたことに田舎の弁護士は気付いていない。

　内堀しか残っていなければ、最早、落城寸前である。弁護士業界の左翼集団が全国全弁護士宛にFAXした文書（2013年11月15日付）「○○さんの日弁連会長選立候補妨害は許されない」によると、文章の締めは「全国の皆さんのご支援をお願いします」で結ばれており、その上の行は「いま日本の弁護士が大変な困難に直面していることに多言は要しないでしょう。職業としての弁護士が崩壊しようとしています。多くの人々が、そんな弁護士の状況を憂えています」と記されている。

　しかも弁護士法72条は、加速度をつけて外形だけの空洞化が進んでいる。この部分は機密事項を含むから市販の本書で軽率には表現できないが、この現実の認識の有無は大事である。

　日本経済も少子高齢化でアメリカのように大量の移民を受け入れる方針だと言われている。この大量の移民の受け入れと大挙押し寄せてくる外国人ロイヤーを前にして弁護士大増員反対などと本気でやっている田舎の弁護士は気の毒なほど無知なのである（政府の本音では移民の大量受け入れはない、とされている）。

　弁護士大増員と七士業の整理統一に関する問題は、事実であっても、

公開はタブーとされている部分もある。特に今後の方法論は、非公開で進行させる見通しである。

　行政書士については、将来もロイヤーではなくて今のまま、ないし代書人で残れないか？という意見もある。背景は、太平洋戦争で大きな島には米軍が上陸してきたが小さな島は相手にされなかった、これと同じで外国人ロイヤーは行政書士業務にまで干渉しないのではないのか？というのである。だが、そうはならない。時代は大河の流れのように動いており、七士業の統一を阻止することは出来ない。七士業の統一で損をするのは弁護士で、儲かるのは行政書士の筈だが、弁護士の地位、収入を低下させ行政書士のランクを上げた時点で合同するから、概ね損得のない平等な併合にすることが予定されている。

【参考文献リスト】
「条解弁護士法」［第4版］日本弁護士連合会調査室編著（弘文堂）
「弁護士法概説」［第2版］髙中正彦（三省堂）
「自由と正義」平成21年11月号日本弁護士連合会
「行政書士法コンメンタール」［第5版］兼子仁著（北樹出版）
なお、判例の出典については、本文中に記載した。

第八編　東京都行政書士会顧問として行政書士の先生方への新年の御挨拶

　以下の五編は、平成２５年から毎年、東京都行政書士会の会報の１月号で行政書士の先生方に挨拶文として掲載したものである。東京の隣接県の先生方にも、ほぼあてはまる。それ以外の県の行政書士の先生方についても人口の過多の部分は異なるが、基本的部分は共通の話である。

1．共に都民の皆さんへの奉仕の充実を　　（平成２５年１月号）

　　あけましておめでとうございます。今年も行政書士の先生方と力を合わせて、社会的地位の向上と職域の拡張の為に頑張りたいと思います。本紙が公的組織の機関誌ですから、こう書かざるを得ませんが、本音は「しっかり稼ぐ」ということです。
　　この「稼ぎ」については二通りの策を考えています。
　　一つは、中西会長とも相談、協力の上でのアクションですが、組織として、行政書士会としての職域拡張問題です。
　　司法改革によって他士業は弁護士独占の領域にどんどん侵蝕しています。税理士も弁理士も不動産鑑定士も法廷への出廷権を得ましたし、司法書士に至っては簡裁だけではあるものの弁護士資格も得ています。法的資格を持つ士業のうち弁護士領域に一歩も踏み込めないままでいるのは行政書士だけです。
　　行政書士が弁護士領域に一歩も二歩も近づくのは行政書士法改正問題もありますが、弁護士法７２条の適正妥当な解釈と運用の問題も見逃せません。既に出遅れている行政書士会にとっては緊急の課題です。これは日行連のすることではないのか？などと言っているから仕事も収入も増えないのではありませんか。

東京は世界有数の大都市です。地方の４６道府県とは経済構造が違います。都の書士会は地方会と違う独自の稼ぎ方の工夫があって然るべきだと思います。私は弁護士法７２条問題は日行連の力を頼らなくても都独自で十分戦えると思っています。また、そうしないと収入増は、いつのことやらわからなくなります。
　二番目は「しっかり稼ぐ」とは、結局、各先生方一人一人の問題だということです。
　都書士会が奮闘して行政書士の日進月歩の職域拡張に大きく成果をあげて躍進することが出来たとしても、会員一人一人の収入増となることを保証するものではありません。
　各人の収入増は御自分で努力し工夫し汗を流して稼ぐという自己責任の自覚が基本となります。
　昨年は、この「しっかり稼ぐ」の重点を行政書士会入会直後の先生方に対して士業としての「稼ぎ方の入門」みたいなことをしてきました。
　行政書士の資格を得ても、たちまち「商売繁昌」「一攫千金」とはならないことは理解して頂いたようですが一般的、抽象的な「稼ぎ方」をレクチャーしても、それを、どのように応用するかは各人の個性もあり、未経験、無知の人に一度や二度の研修で身につけて頂くのは容易ではないようでした。
　今年は、市民法務部とも相談の上、働き盛りのベテランの先生方を重点に、さらに収入を増やす方向で業務研修を充実させたいと思います。その各論は、法律家なのだから（成熟しているものを除き）紛争性のある案件に進出することだと思います。
　紛争性のあるものを扱う為には、弁護士法７２条の壁について確かな理解と、倫理観を持ち、越えてはならないラインは越えない、それでも収入は、大きく増える筈です。

但し、民法の知識と説得の力量を必要とし、それなくして紛争事案に介入すればトラブルだらけとなり自業自得の結果ともなり得ます。

昨年、新入会員の為のOJT（オン・ザ・ジョブ・トレーニング）を一人当り2週間時給1300円でしましたが、行政書士の実務の能力の無い人にOJTは無理であり、それを有給としたため、誤解を招きました。

今年は働き盛りの中堅どころを重点に研修することになりそうで、OJTではなく「生の業務を見学させる」という形態に変更させて頂きたいと思います。

私は今年も「稼げる行政書士」を目標に頑張りたいと思います。

幸い中西会長も「行政書士として、しっかり稼ぐ」という方針に考えが一致し、力強く思っております。市民法務部と力を合わせ研修の充実に頑張りたいと思います。

このようにして、研修の充実により力量を付けることが、都民の皆様への奉仕の充実になるはずです。

皆様の御協力を宜しくお願い申し上げます。

２．行政書士の生活の質を高めて都民の皆さんへの奉仕の充実を

（平成２６年１月号）

あけましておめでとうございます。今年も行政書士の先生方と力を合わせて社会的地位の向上と職域の拡張の為に頑張りたいと思います。目的は都民への奉仕の充実です。行政書士が都民の皆さんへの奉仕をさらに充実させる為には、行政書士としての業務遂行にプロとしての力量を備えていることが必要です。それによって、しっかり稼ぐことです。稼いだ金は都民の皆さんへの奉仕の充実に使うことです。そうやってリピーターを増やし、親切と感謝の人間関係の人脈を広げ

ることによって、さらに稼ぎを増やすことを心懸けることです。この手段、方法には東京都行政書士会の活躍によって職域を拡張し、それによって行政書士の皆さんの収入を増やすという抽象的な増収策と、各人各様で一人ひとりの行政書士の努力と工夫でする具体的な方法があります。

　現在の行政書士は弁護士法７２条が現行条文に改正された時から法律家になっています。白い紙に黒い文字を代筆するだけの資格は法律家とは言いません。若い皆さんは知らないようですが、行政書士が依頼者から代理権を授権される資格を得るために皆さんの先輩行政書士が１０数年の歳月をかけて代理権を勝ち取ったときは、行政書士会や各支部では、大の男達が嬉しくて泣いていました。こうして勝ち取った代理権が「白い紙に黒い文字を書く代理行為」と解釈される有様で行政書士の増収につながっていません。まるで名刀を台所の俎板（まな）の上で使っているようなものです。これは、もっと有効に使わねばなりません。

　次に行政書士は法律家であり法律家とは法律の専門家、つまりロイヤーです。アメリカでは行政書士、司法書士、税理士、公証人という資格がないので法律家とは前述の資格に弁護士を加えたものを指しています。行政書士は法律家に格上げされたのですから弁護士法７２条の解釈も変遷することになります。司法書士は簡裁だけですが弁護士資格を得ています。税理士や社労士、弁理士なども法廷出廷権を得て部分的な弁護士資格を得ています。これらは弁護士法７２条の改正前は明らかに犯罪行為だったのです。つまり弁護士法７２条は大きく変遷しているのに、それを行政書士の先生方は気がついていません。ここに行政書士の先生方の収入を飛躍的に拡大する策があります。但し弁護士法７２条は変遷はしても勿論、廃止にはなっていません。従って決して同法同条に違反してはいけません。そのためには民法など紛

争解決の為の法律知識を身につけ紛争性の相談事案を扱える力量を持ち、そして同法同条に違反しない順法精神を維持することです。

　行政書士の歴史、伝統によれば弁護士（代言人）を除く代書人の本流は行政書士だったのです。税理士や司法書士は代書人の枝分かれです。弁護士、弁理士、公認会計士、及び税理士となる資格を有する者は行政書士となる資格を有することになっています（行政書士法２条）。これらの資格は行政書士より上級の資格だ、と思い込んでいる行政書士の先生も少なからずいるようですが、これらの資格は現代の各士業の認定制度と同じなのです。昔のことで現代の認定制度が無かったので一部の代書人に、この資格を与えたにすぎません。但し弁護士（旧代言人）、公証人（旧証書人）は認定行政書士の変形だとは言えないようです。

　「しっかり稼ぐ」とは各人の職務遂行に満々たる自信とプライドを持つことです。その為には民法や行政法規の基礎を身につけ説得の力量を磨き、しっかり精神を鍛えることです。自信のなさ、臆病な気持ちを依頼者に見抜かれて「頼りない先生」と思われては栄えません。

　私は本年も行政書士の先生方が「しっかり稼ぐ」為に頑張りたいと思います。

　どうか、先生方も、本年はさらに各人の力量を磨き都民の皆さんへの奉仕がさらに充実できるよう頑張って頂きたいと思います。

３．東京の行政書士は全国行政書士の模範生でありたい

（平成２７年１月号）

1．現代は急激な弁護士大増員の巻添えで他士業も例外なく増員を続けている為、資格の重複分野の綱引きや、同業者間の仕事の奪い合いが激しくなっている。

　　行政書士業界では、仕事の受任に「値段で勝負」の安売り競

争が定着化していると聞いている。

　新年を迎えるにあたり、この現状を打破する増収の策を述べる。

2．行政書士は行きずりの依頼者、一見の客相手の仕事を基本とする体質を改めて、良質の人脈を形成し、いわゆる地盤を作って、そこから受任する形態にすれば、依頼者とのトラブルも防止できるし報酬も高く頂けることになる。

　ただし、人脈の形成と、その維持には労力も時間もかかる上に金もかかる。だが、うまく行けば、その費用はその人脈の人たちが支えてくれることになる。

　では、人脈、地盤は、どうやって作るのだ！女郎蜘蛛のように待っているのではなく、蜜蜂のように行動せねばならない。良質の人脈、地盤が出来たら、行政書士法の外に出て街の身近な法律家・身近な便利屋となって稼ぐことである。法律家の文字に拘泥することはない。弁護士法７２条や司法書士法など法によって禁じられている領域以外はどんどん受任すれば良いのである。

　実は弁護士業界でも栄えている、いわゆる勝ち組と呼ばれる事務所はどこも法律事務ではない仕事も受任してしっかり報酬を取っている。その領収書の但し書部分は、ちゃっかり法的事件関連の報酬であるような雰囲気の表現になっているだけである。行政書士も、これをしっかり見習わせてもらえば良いのである。

　これは私が昭和の時代から繰り返し言っていることだが、いくら言っても通じない人が多く逆に私の悪口がはね返ってくることばかりだった。

3．そうやって、しっかり稼ぐ行政書士となって、それを地方会所

属行政書士に波及させることにより行政書士の社会的地位を向上させねばならない。

　現代の東京は世界のトップクラスの経済都市である。貧乏青年が成金長者になれる環境がある。東京と地方では既に大きな経済格差がある。

　行政書士業務は第三次産業の頭脳労働者である。それを白い紙に黒い文字を書く単純軽労働者と理解するから稼ぎが少ないのである。

　第一次産業は農業、漁業、林業のことであり、第二次産業は第一次産業製品の加工業、土木・建築などの製造業的形態であり、第三次産業は商業、芸術、頭脳労働者など第一次、第二次産業以外の仕事である。農業、漁業、林業は田舎の仕事であり、第二次産業の加工業、生産業は工場を必要とするから郊外型、地方型である。東京こそ、第三次産業の頭脳労働者である行政書士にとって地方の行政書士とは異なる恵まれた経済環境にあるのに、それが十分活用されていないようである。

　白い紙に黒い文字を書いて、書いた量によって報酬が決まる、という形態は止めた方が良い。経営者に対し経営全般、生活全般に対する適切な助言者として信頼関係を築き、その経営への協力、奉仕の対価として報酬を頂けば、「書いてナンボ」の報酬ではないので、書類作成分量と報酬額に比例の関係はないから高額の報酬を取り易い。

　ただし、大企業は、どこも法務部ないし、それに相当する部署があるので行政書士の職域は中小企業の経営者ということになる。この業務形態の成功者、いわゆる勝ち組行政書士グループが出来ると他の者にも良好な影響を与える筈である。行政書士業で巨万の財を築く人が早く現れてくれないものか、と思っ

ている。御健闘を祈ります。

4．行政書士業界の飛躍的向上のために　　（平成２８年１月号）

　新年おめでとうございます。今年も行政書士の先生方と力を合わせて社会的地位の向上としっかり稼ぐ行政書士へと体質の改善に協力したいと思います。

　しっかり稼いで豊かな生活が出来れば、自らその人物の社会的地位は向上し「衣食足りて礼節を知る」「貧すりゃ鈍する」などの副作用から免れることができる。

　行きずりの人相手の値段で勝負の安売り競争の生活から抜け出し、良質の人脈を形成して健全な仕事で高額の報酬を感謝されて受領し、しかもリピーターになってもらえる。貧乏していては社会的信用度は低いのである。それでは良質の仕事は頂けない。

　しっかり稼ぐには行政書士本人の能力、人柄の問題がある。健康問題、年齢などもあるが、それは、ここでは述べない。能力、学力が高くなくてはならないことは説明する迄も無いが、それも省略。人柄は特に大事である。こちらが依頼者の人柄を見抜くように、依頼者も行政書士の人柄を見抜いている。性格で好まれるのは謙虚さと明るさである。「謙虚さ」とは自信の無さではなく、「明るさ」と言えば笑ってばかりいることだ、と理解する人は行政書士に向いていないおそれがある。謙虚さも明るさも依頼者を暗い気持ちにさせない品性、性格である。

　「しっかり稼ぐ」と言っても金を欲しがってはいけない。良質の依頼者にしっかり奉仕することで、しっかり稼ぐとは、その結果、金が貯まることでなければならない。

　行きずりの依頼者には、しっかり奉仕することは出来ず、しっ

かり奉仕して只働きみたいなことをさせられたり、しかも、難癖をつけられてタカられるなどを繰返すと廃業コースに向かうことになる。実は、そんな行政書士も珍しくないのだが、その話は省略する。

　行政書士は他士業との競合分野では、ほとんど他士業に取られている。特に弁護士との競合分野では弁護士に独占されている。弁護士業界も金になる事件は、いわゆる勝ち組弁護士の独占で負け組や新人弁護士は世間に相手にしてもらえず、負け組弁護士、新人弁護士の実情は惨状を呈している。

　ハローワークに出向いて行きずりの失業者の皆さんに名刺をばらまき、前の職場を退職した際に請求できた残業代を請求することを勧誘する弁護士連中がいる。着手金がゼロ、成功報酬２０％、３００万円前後の返還事例を述べて誘っている（週刊現代７月４日号、表現を一部変えている）。ここ数年の新人弁護士は大量生産、粗製濫造により学力も低く依頼する人がいないので、まれに法律相談があると、針小棒大な解説をして濫訴であることを秘し高額の着手金を取るケースが目立つと言われている。

　行政書士業界も、社会的地位の向上の為には、建前上のきれいごとはともかく、良質の依頼者層に恵まれ親切感謝の人間関係で財を成す勝ち組グループを育成して、彼等を機関車のようにして中間層に「後に続け」と牽引車の働きをしてもらうのが良策であろう。

　紛争性のある仕事はどうすればよいのか？については弁護士を従業員として雇えばよいのだが、それについても省略。

　要するに高額の報酬を頂いて感謝してもらえる行政書士になることである。それには充実した奉仕ができて親切感謝の関係

が維持できる力量を備え、安心感を与える資力と信頼される人柄が必要である。

5．法律家としての行政書士業務の発展、充実の策について

（平成２９年１月号）

　あけましておめでとうございます。

　今年も行政書士の先生方と力を合わせて、社会的地位の向上と職域の拡張の為に頑張りたいと思います。

　行政書士制度の目的は行政手続を円滑にさせて市民の利便に奉仕して業務の適正化を図ることにあります。それを円滑・迅速に遂行するには、それに見合う収入を必要とします。つまり、良い仕事をして、しっかり稼ぎ依頼者に感謝して頂くことです。

　昔は行政書士が法律家と名乗ると主務官庁から厳しいお咎めを受けていたが、司法書士が簡裁だけとはいえ弁護士資格を得たときから、行政書士も法律家と名乗って良いことになった。

　これは革命的な資格の変更であるのに全国４万数千人の行政書士の皆さんは、それに気付いていないようである。

　明治５年の代書人からスタートした行政書士は当時の無知、無能の文盲の人に変わって代書、代筆を業としており、その時代の地方の裁判所支部においては、ほとんどが弁護士不在地域なので代書人が弁護士の代役をしていた。

　その事実は私が司法修習生の頃、古参の裁判官から聞いたこともあった。そんな支部では裁判所の忘年会には代書人も呼ばれていたという。御祝いを多く包んでいたのかもしれない。

　法律家とは法律のエキスパートである。市民社会における法律は紛争の予防や発生したトラブルを解決する為にあり、法律家とはその運用者を言う。従って法律家は法律に関する専門的

知識を有し、法律を縦横無尽に扱うエキスパートのことである。

　私は昭和の時代から行政書士は行政書士法にこだわらず、資格と無関係な領域にどんどん出て行くように奨めてきたが、近年は相続や離婚や成年後見、公正証書による契約書の作成などにも行政書士の進出が著しい。

　弁護士法７２条違反に問われるのは、法曹の領域まで踏み込むからである。

　人間関係の実質は親切も感謝もあるが、経済関係は利害の打算であり、笑顔の挨拶を交わしていても大なり小なり紛争性を帯びている。紛争性とはトラブルのことである。

　トラブルを未然に防止し、生じたトラブルは仲裁者となって折れ合い点を探し妥協させる。それが法律家である。

　そのためには民法等の法知識も要するが、それ以前に依頼者から信頼してもらえるだけの人格者でなければならない。

　行政書士がしっかり稼ぐには一見の客、行きずりの客ばかり相手にするのではなく、経済的に豊かな人達の人脈を造っていなければならない。その人達との間で信頼関係を形成するのである。

　行政書士は口下手では稼げない。表現は簡潔で分かり易くなければならない。文章も上手でなければならない。一般的知識が豊かで理解が早く物事の予知能力があり、判断力が正確で思慮分別をわきまえていなければならない。それを常に意識して己を磨いていなければならない。冠婚葬祭などマナーの本もしっかり読んでおかねばならない。これらが揃って依頼者の皆さんと信頼関係を構築していないと市民の皆さんに十分な奉仕をすることができない。

　行政書士業務は頭脳労働者と呼ばれる第三次産業である。東

京は世界のトップクラスの経済都市である。ここには巨万の富が乱舞している。相変わらず白い紙に黒い文字を書くだけの代書、代筆業から法律家に脱皮すれば勝ち組と呼ばれる豊かな生活が出来て、気が付けば己自身が皆さんから人格者・知識人と呼んで頂けるようになっている。

　そういう人に早くなって頂きたい。

第九編　行政書士と文書

一　はじめに

　行政書士知らずが行政書士に向けて行政書士語りをする。
　行政書士法（昭和２６年法律第４号）を紐解くまでもなく、行政書士にとって、同法１条の２第１項に規定する法律文書の作成が業務の中核にして最重要部分であることは、昔も今も変わりはあるまい。
　行政書士の業務の実態を皆目知らない私である。
　故に、法律文書の作成業務に日々携わる行政書士の皆さんに、私が何か語ることがあるとすれば、それは、精々、ここ数十年、裁判文書の作成に携わって来た者として、私の拙い経験談をお話することで、皆さんが法律文書を作成するうえで、何らかお役に立つこともあろうかと思い、小稿の筆をとった（小稿では、書類、文書、書面を同義語として使う）。
　開業未だ日浅い若手の行政書士の皆さんにはご自身の自己研鑽、実力向上について何らかヒントになることを語ることが出来れば幸いだし、長年経験を積んだ行政書士の皆さんには、行政書士業界全体のより一層の発展向上のため、若手行政書士の育成という観点からの将来展望の一助になれば幸いだと思っている。
　大筋は、私の経験を踏まえ、新米の裁判官が一人前の裁判官に育てられて行くその過程、環境、そして、その中身は如何なるものか、ということにする積もりだが、さて、上手くお話が出来ることやら。
　殆どが私限りの経験談・懐古談になるがご容赦願いたい。

二　略歴

　開口一番、私の経歴を少しお話しておこう。

　私は、ここ数年、法科大学院で学生相手をして来た。

　主に民法財産編にある財産法の講義や演習であった。

　今は、それも終え、旧知の坂本廣身弁護士の好意で同弁護士事務所（東京銀座）に籍を置く。

　その前の３６年間、途中３年間の訟務検事としての経験を挟むが、一貫して裁判官として各地の地裁・家裁・高裁で勤務した。

　主に法廷で審理される民事訴訟事件である。

　訟務検事とは業界用語（俗称）である。法務省の訟務局及びその傘下の各法務局（全国に８つある管区法務局）の訟務部に配置される検事身分の国の弁護士だと思えば良いだろう。私は、管区法務局訟務部に配置されたこれも業界用語でいう部付検事であった。

　裁判所にいると判事補も判事も、判事さん、と呼び掛けられるが、訟務検事になると途端に、検事さん、と呼び掛けられ、当初は何だか勝手が違って些か戸惑う。

　裁判所から行くコースは、判事補又は判事を一旦依願免官となり、改めて検事に任命されるのだが、一応の予定期限が来れば大抵は、この逆を辿って裁判所に戻る。

　訟務検事は、弁護士とほぼ同様、国（国に限らず、都道府県・市町村、公法人を含む）を一方当事者とする行政訴訟事件・民事訴訟事件に法務大臣から事件毎に指定され、指定代理人として関与することが執務の中心である（国の利害に関係のある訴訟についての法務大臣の権限等に関する法律）。国の各部門から持ち込まれる法律相談案件も担当する。

　検事といっても、刑事事件の捜査、公判、刑の執行に関与することは

一切ない。

　この３６年間、裁判官、訟務検事として実に多くの裁判文書を作成してきた。

　作成する裁判文書は、裁判所にいれば判決書(はんけつがき)、審判書(しんぱんがき)を始めとする各種裁判書(さいばんがき)であり、訟務部門にいれば訴状、答弁書、準備書面等々の当事者サイドの裁判文書である。

　法曹の卵である司法修習生の時代（私の時代の修習期間は２年）を含めれば経験年数はもう少し長くなる。

　修習生時代にも配置される地方の修習地の指導官（裁判官、検察官、弁護士）の指導監督の下、実際の事件（進行事件ともいう）について、民事事件・刑事事件を問わず、判決、起訴状、訴状、準備書面、控訴理由書などの裁判文書の原案作成（起案という）を経験した。無論、この場合は最終的には指導官の名をもって作成される文書である。

　だが、何といっても裁判官としての経験年数が圧倒的に長い。

　その中では、事件数は兎も角、期間として一番長く関与した事件は、地裁の民事訴訟事件（これには簡裁からの控訴事件も含む）である。高裁の民事控訴事件の関与期間は通算すると５年少々となる。

　事件数の方は、民事訴訟事件を措けば、種類別では多い方から、家裁の少年事件・家事事件（調停・審判）、地裁の執行・保全・破産事件、令状事件（逮捕状・勾留状・捜索差押令状等の発布。令状事務ともいう）等という順序になるであろうか。

　刑事公判事件に至っては、関与期間も事件数もごく僅かである。事件に関与すれば、殆どの場合、地裁では判決書、家裁では審判書その他各種の裁判文書を作成することになる。

　殆どの場合と言ったが、法廷で発する決定・命令形式の裁判は、弁論期日（口頭弁論期日）における裁判所、当事者（訴訟当事者）の行った訴訟行為の要領を記載する弁論調書（定型用紙）に記載される。弁論調

書の作成権限は日本では裁判官にはなく専ら書記官（裁判所書記官）にある。ドイツでは裁判官にも各種調書の作成権限があると聞く。

　裁判官は調書にはその右肩に認印(にんいん)をする。

　今申し上げたような事情から、小稿では、主として裁判官としての民事訴訟事件の審理判決の経験、それもどちらかというと、新米時代のことに比重を置いてお話したいと思っている。

三　書いた判決5万件

1

　裁判官は、半分、文筆業だと今でも思っている。

　多くの裁判文書を作成してきたと言ったが、それでは30有余年の裁判官在職中、私が作成した判決を始めとする各種裁判文書が総じてどのくらいの分量になるのか。だが、私としてこれを量ったことはないし、量りようがない。

　ただ、こんな戯(ざ)れ唄がある。

　『裁判所小唄』とか『裁判官小唄』とか何とか言ったと思う。虚覚えだから、歌詞の正確さも保証の限りではないが、これをご紹介することで、その辺りの数字を取り繕っておこうか。

　　　研修所出てから十余年
　　　今じゃしがない裁判官
　　　裁判所通いの徒然に
　　　書いた判決5万件

ハナ肇とクレージーキャッツの例のあの「五万節」のリズムに乗せて

歌う。実は、この前に「学校出てから十余年、今じゃしがない修習生……」で始まる一番もあるのだが、今の若い弁護士は、一番も二番も知らないようだから、この戯れ唄は、疾うの昔に忘れ去られてしまったのかも知れない。この後、三番、四番で、検事小唄とか弁護士小唄とかがあったかどうか、それは元々知らない。

　事の序でに寄り道の寄り道。私も疾うに忘れていた戯れ歌がもう一つあった。

　神楽坂はん子の「芸者ワルツ」に乗せて詠う『修習生ワルツ』とかいう戯れ歌である。つい最近、坂本弁護士から言われて、何十年か振りでそれを思い出した。

　　　電車に揺られて研修所通い
　　　起案に重たい古カバン
　　　出さなきゃ良かった判決起案
　　　これが苦労の始めでしょうか

　研修所とは最高裁司法研修所のことである。

　私の当時は、千代田区紀尾井町の荒れる司法研修所（司法修習生が卒業式に抗議行動を起こして罷免問題が起きた）から移った文京区湯島の旧三菱財閥の岩崎邸庭園内にあった（今は埼玉県和光市）。

　私は、いわば湯島１期である。

　裁判官は、１５名の最高裁裁判官（最高裁長官及び最高裁判事）を除き、全て任期を１０年として任命される。

　最高裁長官は内閣の指名に基づき天皇が任命し、最高裁判事は内閣が任命し、下級裁判所の裁判官（高裁長官、判事、判事補及び簡裁判事）は、最高裁の指名した者の名簿により内閣が任命し、そして、最高裁判事及び高裁長官は天皇の認証を受ける（憲法６条２項、８０条１項、裁判所法３９条１項ないし３項、４０条１項、２項）。

司法修習を終えた者のうち、裁判官の途を歩む者は、まず判事補に任命される（裁判所法４３条）。

　判事補任官５年を越える裁判官は、そのうち最高裁の指名を受けた者は判事補身分のまま判事と同一の権限を有するものとされる（裁判所法２７条１項、判事補の職権の特例等に関する法律１条）。

　その指名を受けた判事補を俗に「特例判事補」という。

　その指名を未だ受けていない判事補任官５年未満の判事補は、これを俗に「未特例判事補」という。未特例判事補が任官して最初に配置される裁判所のことを新任庁とか初任庁とかいい、そこに在職中の２年又は３年の間は「新任判事補」という場合がある。この研修所出てから云々の戯れ唄に出て来るその主は、その中に十余年とあるが、未特例判事補であろうと思う。

2

　ところで、裁判官が作成する民事事件の裁判文書の中で、固有にして最も重要な文書が訴訟事件における判決（書）であることはいうまでもない。判決は、色々な意味で重要な裁判文書だ。

　ここで最も重要だというのは、殆どの場合、判決（離婚等の人事事件や行政事件の判決も同様）の確定により訴訟当事者の意思如何に拘わらず、個人の権利義務ないし法律上の地位（行政書士や弁護士も法律上の地位である）の存否・帰属が確定的に決せられる、決められてしまうからである。

　よく、マスコミ報道などを見たり読んだりしていると、判決が出れば従いますよ、などと胸を張って横柄な態度で揚言する知名度の高い事件当事者やその関係者が出てくる。

　あんたねー、嫌だ、従わないと言ってもねー、従わさせられるんです

よ判決には、と言って遣りたい衝動に駆られることが時にある。

　判決以外に決定・命令の形式の裁判があることもご承知であろう。決定・命令も、無論これに従わなければ各種各様の不利益を受ける。

　因みに、判決と決定は裁判所の裁判であり、命令は裁判長・裁判官（受命裁判官、受託裁判官、準備手続裁判官等）の裁判である。

　判決には裁判官が署名押印をする（民訴規則１５７条１項）。

　一つの事件の中でも、判決に至るまでには第１回弁論期日の指定に始まり、様々な場面で決定・命令形式でされる様々な裁判があり、これに伴い裁判書が作成されるが、これら決定・命令には、法廷でされる決定・命令を除き、裁判官が記名押印をする（同５０条１項）。

　家裁事件、少年事件でも、その審判書には裁判官が記名押印をする（家事事件手続法規則５０条１項。少年審判規則２条１項、２項）。

　この場合の「審判」とは、審理と裁判の合成語ではなく、家裁における最後の裁判、終局決定を意味する。

　上訴権（抗告）が発生する裁判と考えれば良い。

　裁判官には職印というものはない。したがって、それが官給されることもない。裁判官が裁判文書の押印用に用いる印鑑は、全て、各自、自前である。

　一つに限るとか、三文判ではだめだという制約などもない。だが、同じ裁判書の中で複数の印鑑を使用することなど論外だ。裁判書の中には、署名・記名の下の押印のほか、複数枚にわたるものであればその間に契印をするし、所々、誤字脱字があってそれを訂正加除するときは同じ印鑑で訂正加除部分に押印をする。

　そうでなくとも、始終、印鑑を取っ替え引っ替えすることは決して好ましいことではあるまい。三文判も避けるべきが相当だろう。

　もっとも、私はある異動の時、カバンに印鑑を入れ忘れ、赴任当日と

その後2、3日は、急遽近所の文房具屋に走って三文判を調達し、それで間に合わせたことがあった。
　これ以外では私は、何かの記念に母方の祖母から貰った印鑑を長らく使っていた。だが、この祖母は、とても信心深いお婆さんで、当タリ（上部を示す窪み）のある印鑑は身を削ることに繋がるからダメだとか何だとか言って、当タリのない印鑑をくれたものだから、押印をする度に、一々、天地・左右を確かめるために印面（文字を刻した面）を見て確かめざるを得ず、祖母が死んだのを機に、もううるさい小言も言われまいとばかりに、当タリのある印鑑を新調し、これを最後まで使っていた。
　記名用のゴム判（縦や横の「櫻井登美雄」又は「櫻井」）は、事件部用と事務局用にそれぞれ複数個が官給され、これは、転勤（裁判官の転勤を転補という）に伴い持って歩く。補給もされる。
　通常、事件用に使うものは書記官が管理し、裁判文書であれば書記官がこれを裁判文書の関係箇所に押印した上で、その名下に裁判官が押印をする。記名印だけで済ませる裁判書はない。
　書記官は、自分の印鑑（これも自前のようだ）を用いるほか、庁印（角印。「○○地方裁判所之印」などと刻されているもの）を用いる場面がある。庁印は、裁判書の正本・謄本の作成に使う。
　逮捕状を始めとする各種令状には裁判官が記名押印をするが、これには同時に書記官が庁印を押印する。
　要するに、判決・決定・命令の内容が記載された紙媒体に裁判官が署名押印又は記名押印をすることにより、当該裁判の内容が確定するから、誤解を恐れずに言えば、署名押印又は記名押印が裁判だといえばいえるだろう。
　このようなことをあれやこれや思い出しながら、上記の戯れ唄にある「書いた判決5万件」を「押した判子が5万回」とでも勝手に読み換えて考えてみると、私の場合、地裁に加え家裁・高裁での執務期間を通算

第九編　行政書士と文書

すれば、5万件も当たらずとも遠からずというところかも知れない。極めてアバウトだが。
　この数字には、訟務検事や司法修習生時代に作成した裁判文書を含まない。

四　文書作成の心得

1

　裁判官が作成する裁判文書には不動文字で印刷された定型様式1枚ものの裁判文書が数にすれば圧倒的に多いことは多いだろう。先程の第1回弁論期日指定の裁判もこの類いに属する。中には1枚の用紙に複数回にわたり、いずれ行われることが予定・予測される決定・命令にも対応出来るように枠付きの決定欄・命令欄が複数設けられている（印刷されている）ものもある。
　しかし、判決であれば、流石に1枚ものの判決書（一枚判決といっておく。私の造語である）という訳には中々いかない。家裁の審判書の場合も同様である。
　家裁の審判には、少年事件では、少年院送致、教護院（今では自立支援施設等という）送致、虞犯少年の保護観察（少年法24条、3条1項3号）など、家事事件では、乙類審判事件（家事審判法当時の同法9条1項乙類事件。今では家事事件手続法別表第二の事件が概ねこれに当たる）に属する婚姻費用（生活費）分担、子の親権者変更・面会交流（少し前までは面接交渉といっていた）、離婚に伴う財産分与、遺産分割事件などが、一般的には事情が複雑で処遇・解決が極めて難しく、悩まし

い事件の部類である。

　これまた流石に一枚審判で済ませるという訳にはいかない。私には並の判決よりも分量の格段に多い家裁事件の審判書はいくらでもあった。無論、１００ページ前後になる判決も何件かあった。

　だがしかし、実は、私は一枚判決をかなり出した。これまた正確な件数を全く記憶していない。多分、件数にして数十件はあったろう。
　例えば、極めて単純な事案だと以下のような具合である（民訴法１５９条１項本文、２４４条項条本文）。

　　本件は、平成２年３月１日、原告が被告と５０万円で売る契約をした男物腕時計１個（○○社製。○○型）の売買代金の支払いを求める事案であり、民訴法１５９条１項本文により、被告は請求原因事実を自白したものとみなす。よって、本件請求は理由がある。

　いわゆる擬制自白（民訴法１５９条１項）が成立するものとして被告不出頭のまま言渡しがされた欠席判決の場合の例である。擬制自白、欠席判決のご説明は追々しよう。
　この事案と判決は、各所で引き合いに出す積もりなので、「参考事案」とか「参考判決」とかいうことにする。
　原告から提出された訴状（民訴法１３３条１項）を、第１回弁論期日に出頭した原告に陳述（朗読ではない）させ、被告が欠席であれば即日結審し、次回判決言渡期日を指定し、次回期日に判決言渡しの運びとなる。
　ただし、第１回弁論期日に双方ともに不出頭の場合にはこの措置はとれない。
　被告には第１回弁論期日前に訴状副本とともに同期日の呼出状も送達されているから、反論の機会は十分確保されている（民訴法１３８条１項、民訴規則５８条１項）。

欠席判決とは、裁判所から適式な方法で弁論期日の呼出を受けたにも拘わらず被告が期日に出頭せず、原告の主張する事実を争う態度を明らかに示さないものと判断された場合にされる判決であり、欠席判決は業界用語である。

参考判決は、上記のような手続を経て判決言渡しとなった場合を想定したものである。

無論、通常であれば、最低、必ずといって良いほど、同時に利息や遅延損害金など金利の請求（付帯請求という）もされるが、今は説明の便宜のためにこれを省略する。

判決に摘示(記載)すべき当事者（ここでは原告）の主張（1行目の「本件」から3行目の「事案」までの部分。民訴法２５３条）と裁判所の理由説示（3行目の「民訴法１５９条１項本文」から末行目最後までの裁判所の判断部分）は、如何にも味も素っ気もないように思うだろうが、殊に当事者の主張はこの段階において、５０万円の売買代金（以下には売買代金といわずに単に代金という）を請求するに当たり、原告が主張立証すべき事実としてはこれで必要かつ十分でありこれに尽きる。

これで十分だというのは、原告の請求内容が５０万円の代金支払請求であり、その請求の法律上の根拠、つまり、何故代金５０万円の支払の請求が可能なのか、その説明として法律上必要とされる事実が最低限折り込まれている、満たされているということだ。この事実とは、つまり、売買契約の締結（売買の合意）の事実である。

それは、民法５５５条が売買契約を、「当事者の一方（原告）がある財産権（男物腕時計１個の所有権）を相手方（被告）に移転することを約し、相手方（被告）がこれに対してその代金（５０万円）を支払うことを約」することにより成立すると規定しており、そこで規定する要件に適う具体的な事実である（括弧内は筆注）。

因みに、５５５条は、右に掲げた部分以降に「‥を約することによっ

て、その効力を生じる」と規定する。これは、売買契約が成立する趣旨に解されており、その成立に何ら障害がなければ、売買契約として有効であることをいうものである。

　この売買契約が客観的に存在すれば（正しくは存在したと過去形をもって表現すべきこと）、契約書を作成せずに口頭であったとしても（巷間言われる口約束とは意味が違う）、件の腕時計を被告に引き渡していなくとも、合意された代金の支払期限前でも契約をしたという事実それ自体から同時当然に５０万円の代金請求権自体は発生するものと観念される。

　民法では代金債権といい、民事訴訟では代金請求権という。

　巷間、請求する、ということが良くいわれる。代金５０万円を請求するとは、原告が被告に対し５０万円の代金請求権を有し、この代金請求権を行使する、行使しているという意味である。これは、訴訟外で請求する場合でも変わりはない。

　ここでは、事実と権利の関係に触れておこう。

　平成２年３月１日、原告と被告が男物腕時計１個の売買契約をしたという事実から原告に代金請求権が発生する関係となるが（反対に被告には腕時計の引渡請求権が発生するが、こちらは一先ず措く）、あの時生起したあの売買契約の事実はその時限りで、それは消え去り、それ以降未来永劫に我々の前に再び姿を現すことはない。

　しかし、この事実に基づき発生し、原告に帰属した（取得された）代金請求権という権利自体は、一旦発生した以上そのままで「お前百までわしゃ九十九までともに白髪が生えるまえで」の諺どころか、未来永劫存続する。

　これと相容れない新たな事実が発生しない限りである。これが、事実と権利の関係における大原則である。

一寸脱線。この大昔からある諺の中の「わしゃ」はお爺さんで、「お前」はお婆さん、だとばかり思っていたが、どうやらこれは逆なようで、「わしゃ」がお婆さん、「お前」（お前様）がお爺さんだそうだ。随分優しいお婆さんですね。でもねー、お婆さんはお爺さんよりも一日でも長く生きなければダメですよ。

　上記は、売買の冒頭規定である民法５５５条（民法第３編債権第２章契約第３節売買の冒頭にある規定）において、売買契約を、合意だけで成立する諾成契約と規定したことの当然の帰結である。ここが、売買が金銭の貸借などと大いに異なるところだ。
　金銭貸借は消費貸借であるが、消費貸借に関する冒頭規定である民法５８７条は、「当事者の一方が種類、品質及び数量の同じ物をもって返還することを約して相手方から金銭その他の物を受け取ることによって、その効力を生ずる」と規定している。例えば、貸金として５０万円を交付しなければ、消費貸借契約は成立しない。ここに、効力を生ずるとあるその趣旨は、売買に関する民法５５５条の箇所でご説明したのと同趣旨である。その意味で、消費貸借契約は要物契約とされるのである。
　５０万円を貸します、借りますという合意、つまり双方の意思の合致があっただけでは、消費貸借契約は成立しないとされるのである。
　そして、後に詳しくご説明するが、この代金請求権が訴訟であれば、審理の対象となるのであり、審判の対象のことを学問用語では「訴訟物」といい、民訴法の法文上は「請求」とも表現され、訴状及び判決の必要的記載事項である（民訴法１３３条２項２号、２５３条）。
　これが訴状に正しく記載されておらず、弁論期日前の段階において裁判長の補正命令が発令されても、なおこれに従わないのであれば、「訴状却下」命令となる（民訴法１３７条）。
　どういう請求をしているのかを明らかにしなければ態々（わざわざ）、国が時間と

労力と費用を掛けて設営する裁判制度を利用させるには及ばない、端から裁判の土俵に上げてやらないということだ。

参考判決は、被告が不出頭の場合であったため、第１回弁論期日で審理は終結され、次回期日に判決言渡しがされた場合を想定した。

しかし、被告が出頭し（これが通常の場合である）、代金請求権の存在を争えば、審理はこの代金請求権の存否（成否及び消滅等の帰趨）を巡って展開され、代金請求権の成否ないしその帰趨に関する根拠となる事実の存否に関して当事者双方が主張立証を尽くすことになる。

判決書を始めとする裁判書の様式は法定されている訳ではない。

法律が必要的記載事項（民訴法２５３条１項）と規定する事項を漏らすことはできないが、判決のスタイル自体は裁判官各自の判断に任されている。だから、世間の評判は兎も角、私流の参考判決も判決は判決だと思っている。こんなスタイルではダメだとの風評（主に弁護士からの風評）を耳にしたことはない。判決には、この外、主文は無論、上記の必要的記載事項及び裁判官の署名押印部分等があるが、この程度の事案であれば、工夫して１枚に収めることは可能であった。

欠席判決が出来る参考事案の程度の事件であれば、今は、判決書を作成せず、いわゆる「調書判決」（民訴法２５４条１項、同規則１５５条３項）で済ませることが多いと推測する。欠席判決を調書判決の形で、第１回弁論期日で即刻言い渡すのである。判決の言渡しは、公開法廷で、民事判決であれば判決書の原本（裁判官の署名押印のあるそれ自体）に基づいて主文を朗読して行う。理由を告げることは必要ではない（憲法８２条１項、民訴法２５２条、同規則１５５条１項）。

刑事判決の言渡しは判決原本に基づくことを要しない（刑訴法３４２条）。判決原本がなくとも判決言渡しは出来るということである。

ただし、主文及び理由を朗読するか、主文の朗読と理由の要旨を告げ

ることを要する（刑訴規則３５条２項）。

　判決原本が未作成であれば、原稿に基づき判決を言い渡す。

　しかし、民事訴訟では、欠席判決が出来る場合には判決原本に基づかず（判決原本を作成せず）、次回判決言渡期日を指定することもなく、第１回弁論期日において原告の訴状陳述後、即座に主文及び理由の要旨を告げるだけで判決の言渡しに代えることが出来るとされている（民訴法２５４条、同規則１５５条３項）。

　それを書記官が弁論調書に記載するが故にこれを調書判決という。

　最早、制定から２０年、施行から１８年も経った現行民訴法（平成８年法律第１０９号、平成１０年１月施行）のことを、「新民訴」という業界用語も些か陳腐化した感があるが、新民訴により新たに導入された制度である。

　しかし、私は、調書判決を余り好まず殆どしなかった。判決内容に正確を期し、過誤防止を図るためである。それには面倒でも判決書を作成することに如かずと考えたからだ。

　調書判決以外では判決理由を告げる必要はないといったが、事件によっては、当事者が出頭していれば（出頭当事者は法廷内にある事件毎の出頭カードにその旨記載する例である）、法廷で簡単に理由を説明するサービスをしたことも何度もある。

　世間が注目するような事件では、時に地元記者クラブの要請を受けて、判決書とは別に多くてＡ４判１枚程度に納まるマスコミ用判決要旨を作っておいて、言渡直後これを確か事務局に渡し事務局から記者クラブ所属のマスコミ各社（記者）に配布することもある。

　事務局に任せるのは、同一時間帯に他の事件の判決の言渡しや審理があるから、マスコミが殺到して法廷内や書記官室が輻輳（ふくそう）・混乱することが懸念されるからだ。

　事件当事者に判決正本の送達未了の段階のことだから異論もあるだろ

うが、司法に対する一般国民・社会のより一層の信頼・理解・協力を得る目的・要請もあり、時勢柄ということであろう。無論、これは、当該事件部の意向如何である。私もマスコミの意向は意向として、かかる判決要旨を作成せず無視したこともある。

　かかる判決要旨の作成・配布に特段異論はなかったが、これは広く公開されることになるから、事案により個人の特定と混同を避ける表現に改めるなど面倒な作業を要するからだ。

　で、件の一枚判決。

　私は、ある時から一枚判決を自ら思い立って止めた。判決確定後の確定判決原本の保存のことを思ったからだ。ある時、何かの機会に保存に付された判決の原本綴りを見たことが契機となった。

　裁判所（官署）内部での判決原本の保存期間は、曽（かつ）ては永久保存、平成４年１月の「事件記録等保存規程」（最高裁規則）の改正により５０年に短縮された。

　確定判決（書）を保存に付するときは、確か判決原本に書記官が原本認証（謄本認証ではない。一枚紙のその旨の認証文書を判決原本に付する）をするのだが、薄い一枚判決に薄紙の原本認証を付けただけでは管理がし辛く、時に紛失等の事故の生じることを懸念するようになったからである。無論、裁判所部内から、一枚判決では管理に支障が生じるから止めてくれなどと言われたことは一度たりともなかった。

2

　一枚判決を止めはしたが、それは、すべてを一枚に収めることを止めたのであって当事者の主張、裁判所の判断部分自体を先程のようにコンパクトにすることを止めたのではない。そもそも一枚判決は判決を１枚

とすることが目的で始めたことではない。判決には、何が必要なことで、何が不要なことかを追究する中で自ずと私の中で私流に形成されて行ったその成果であるに過ぎない。

だから、そこで自分なりに工夫した主張事実の整理摘示や裁判所の事実認定・判断の仕方は、一枚判決を止めた後の裁判書にも大いに生かされて来たと思っている。

それは、仮に審理に関与せず裁判記録に目も通していない者が見ても、事件内容と判断内容が即座に分かるようにすること、要するに、まず一口でいうとどういう事案であるかを、「事案の概要、争点及び争点に対する判断」欄を設けて、訴訟物、争点、事実及び理由まで含めて簡潔に示す工夫である。

高裁では、原審の判断と異なる点があれば、原審（地裁）と当審（高裁）の判断をその中に併記したこともある。

法科大学院で学生相手をしていて分かったことがある。

その当時、授業は毎回Ａ４版１枚程度をビッシリ埋めた事例問題を出し、予め事前答案を提出させたうえで、まず授業の冒頭、アトランダムに数人を指名し、この事例を一口でいうとどういう事案かを口頭で説明させる。

此方は、文章にすれば、丁度、参考判決の程度かそれより多少多目のところを要求した。

そうすると、大抵はああでもないこうでもないと、一向に要領を得ず、却って問題文より分量の多い説明を長々とする。中には何時まで経っても説明が終わらず、此方が引き取る場合もあった。

だが、毎回此方の期待に近い分量で説明する学生が何人かはいる。

そして、面白いことに、こちらの期待に近い分量で説明出来る学生の事前解答に限って、押し並べて事案を良く理解し、論点も的確に把握し、それに対する解答も簡潔明瞭に記述されているのである。無論、普段か

四　文書作成の心得

ら口が酸っぱくなるくらい修練させていたことだが。

　一口で事案を纏めるということは、その事案を十分理解していないと出来ないことだということが、学生相手をしていても良く分かる。

　参考判決は、傍から見ると先程の箇所は僅か４行程度だし、さぞや簡単で楽だろうと思いきや、しかし、実はドッコイ、そうではない。
　短文にすればする程、その中で、何が原告が主張する審判（審理及び裁判）の対象である権利（法律上の地位を含む。以下同じ。参考事案では代金請求権）であるのか、そして何がその権利の根拠となる事実として最低限必要とされる事実かを、常に正確に把握するように務めざるを得なくなる。
　下手な鉄砲も数打ちゃ当たるで必要なことを落とすまいとして、何でもかんでも判決に書いておけということではこういうことは出来ないし、それでは却って必要な事実を漏らす弊害を招くし審理判断が冗長になる。
　これが、訴状に過不足なく記載されていなければ、権利、参考事案では代金請求権の根拠が示されていないことになるから、欠席判決をすることがそもそも出来ない。

　それに、これは、民事訴訟とは何か、という民事訴訟の根幹、原則に直結することだ。
　一部繰り返しになる。参考事案は、審判の対象が代金請求権であると言った。参考判決に摘示された上記事実（売買契約の成立）は、５０万円の代金請求権が発生した（発生して存在する）ことの直接その根拠となる過去に発生（発現）した事実である。
　一般に権利、ここでは代金請求権であるが、直接その発生の根拠となる事実は、直接事実とか法律要件事実、略して要件事実というが、中で

も訴訟で請求されている請求権等の権利自体に係る要件事実を請求原因事実という。

　直接事実があれば間接事実もあるし、事情と言われる事実（事情に属する事実、事情にわたる事実とかいう）もある。

　間接事実とは直接事実を推認させる事実であり、事情とは周辺事実であるが、直接事実、間接事実、事情の区分は、我々の周囲で生起する事実を、特定の権利発生の有無の観点から検討整理する場合のその区分と思えば良い。

　間接事実と事情の話は一先ず措こう。

　参考事案で、何故、欠席判決が出来たのかもあとでご説明しよう。

　いずれにしても、いくら間接事実や事情を主張し積み重ねても、肝心要な要件事実が主張され立証（証明）されなければ、代金請求権アリとの判断には至らない。

　何故、斯くも権利とその根拠事実の関係を繰り返して議論するのか。

　それは、本来、権利（又は法律上の地位）というものは、観念的なものであって、それ自体は人間の五感の作用をもってしては認識することができないもの、したがって証拠による証明が不可能なものだとされることに端を発する。

　だから、皆さんがこの腕時計は自分の所有物だ自分の所有物だと何回繰り返して訴えても、更には周りの誰もがこれはあなたの所有物だと証言してくれても、それでその腕時計が皆さんの所有物と認められるものではない、ということである。権利者は自分だ自分だと言っているに過ぎない。

　だがしかし、人は権利それ自体を直接認識し証明することはできないとしても、権利を生じさせた根拠・原因となる事実、即ち権利の発生原因事実はそれが事実である以上、五感の作用をもって認識し証拠により

四　文書作成の心得

証明することは可能である。このような事実は、その多くが、我々が日常生活を営む中で意思作用の結果として生起する事態であるから、我々にとって五感の作用で認識が可能である。

　それが、繰り返すが参考事案では売買契約、具体的には平成２年３月１日、原告と被告との間で男物腕時計１個を５０万円で売る契約（合意）をしたという事実である。

3

　それでは、そもそも、実際の裁判の場において、裁判所、そして、当事者は、参考事案のような訴訟では、一体、何をしているのか。

　参考事案では被告が弁論期日に不出頭の場合であったが、出頭して原告の請求を争う場合を考えよう。

　このような場合、世間の大方は原告が売買契約（締結）の事実を主張立証し、反対に被告が売買契約がなかった事実を主張立証し、裁判所がそのどちらの言い分が正しいかを判断するものだと思っていることだろう。

　しかし、この場合先程のところからすれば原告が被告に対し、代金請求権を有すると主張し、代金請求権の行使として５０万円の支払を請求するというのであるから、その根拠として原告が先程のとおり売買契約の成立の事実を請求原因として主張立証しなければならないことになる。

　被告には、原告に代金請求権がないことを主張立証しなければならないことはない。

　その意味で、参考事案の場合売買契約の事実の主張立証は原告にあるというのである。

　世間では、責任という言葉を極めて曖昧、無限定、多義的に用いる傾

向があるが、民事裁判における立証責任（主張責任のことはさて措く）とは、判断を回避することが許されない裁判所の立場として、ある要件事実が審理を尽くした結果としても真偽不明（そのような事実があると判断することも、逆になかったと判断することも出来ない状態）の場合、真偽不明であることによる不利益を、原告、被告いずれに負担させるのかということにつき、その負担を被る地位を立証責任というのである。

　何か証拠を出さなければならない義務という意味ではない。上記の意味で売買契約の事実の立証責任は原告にあるというのである。

　売買契約の事実が有ったか無かったか分からない、判断が付きかねるのであれば有ったという前提で判断することはできない。その結果として、請求は棄却される。

　念のため、売買契約が有った（された）とは認められないということは、無かった（されなかった）ことではない。

　神仏ならぬ裁判官は、悲しいことに常に真実を見抜く智恵・能力を神仏から授かっている訳ではない。真実らしくいう嘘を嘘と見抜くことができない場合もあれば、渾身から血を吐く思いで訴える真実の声を真実の声と受け止めてやれない場合もある。だから、敗訴当事者を評して、ほら見ろ嘘つき、などというのは愚かなことだ。

　また、同一事実、参考事案では売買契約の事実について、一方で原告がその存在を主張立証する責任を負い、他方で被告がその不存在を主張立証する責任を負担するということはあり得ない。したがって、被告には売買契約のないことの主張立証責任はない。別な観点からいえば、主張立証責任があるということは、主張する事実を立証できなければ敗訴につながるということであり、主張立証責任がないということは、主張する事実を立証できなくともそれにより敗訴になることはないということである。

　それでは、その先、被告において、原告が売買契約をしたと主張する

日には朝早くから遠方に出張していて帰社したのが夜遅くなったから、原告が主張するような午後の早い時間帯に原告の時計店に赴いて、契約など出来るはずはなかったと反論したとして、この反論はどういう意味を持つのか。

図式的に言えば、この被告の反論は、原告が上記のとおり主張立証して裁判所に自分に有利な心証を抱かせようとするのに対し、下から裁判所の足を引っ張り、さような心証を裁判所に抱かせまいとする作業をしているのである。

その結果、被告の主張立証が奏功したら、それが奏功したが故に原告が敗訴となるのではない。原告の立証責任に属する売買契約の事実が認められない(証明できない)ことになるから、代金請求権の発生事実を認めることができないことになるのである。

これは、原告の主張立証事実と被告の主張立証事実が相反する場合であり、被告のこのような反論事実は、積極否認事実といい、これを主張立証することを反証(を提出する)という。

その結果、代金請求権を認めることが出来ないことになるから、立証責任の原則に従い、結局上記のとおり原告敗訴の判決となる。

4

しかし、被告の争い方は、上記に尽きない。

例えば、被告は、売買契約はしたが、それは、①スイス製腕時計だと思って契約したが日本製であったと錯誤を主張することもあろうし(民法９５条項本文)、②売買代金は支払済みと弁済を主張することもあろうし(民法４７４条以下)、③まだ代金の支払期限が来ていないと主張することもあろうし、はたまた、④腕時計を渡さなければ代金は支払わないと同時履行の抗弁権を主張することもあるだろう(民法５３３条)。

だから、上記のように、売買契約の事実だけで代金請求権が発生し、これを行使することが可能となると解して一向に不都合はない。

これらは、訴訟上の抗弁といわれるものであり、原告の主張する請求原因事実を仮定的にせよ認めたうえで、したがって、代金請求権の存在を認めたうえで①の場合（権利障害事実・権利障害抗弁という）であれば、契約は無効であるから代金請求権は最初から発生しなかったと主張することになるし、②の場合（権利消滅事実・権利消滅抗弁という）であれば、代金請求権は発生したが弁済により消滅したと主張することになるし、③の場合と④の場合（権利阻止事実・権利阻止抗弁という）であれば、代金請求権は発生しているが、未だ期限前だから今のところ代金は支払わない、あるいは売買目的物である腕時計と引き換えでなければ代金を支払わないと主張し、それぞれその事実の立証をすることになる。

それで、双方の主張立証は終わり、後は裁判所の判断（判決）を待つことになるのかというと、いやいやドッコイ、これではまだ終わらない。

これに対し、原告は上記①に対してはその事実を否定することが多かろうが、同時に①の錯誤の事実の存在を前提として、⑤腕時計の裏側には日本のメーカー名が大きく刻まれてあり、日本製腕時計のコーナーに飾られていたもので、原告がそのように錯覚したことには重大な過失があるから被告自ら売買契約の無効を主張することは許されないと主張し（民法９５条但し書）、上記④については、⑥腕時計を引き渡す前に被告が売買代金を支払う旨の代金支払の先履行の合意がされたと主張し立証するなどの場合が考えられるだろう。

これらの主張は、被告の抗弁事実を仮定的であるにせよ前提としてそのうえで現時点において、代金請求権が存在し、それを行使することが許されることをいう主張であって、これらは再抗弁（再抗弁事実）といわれる。

考えられる抗弁、再抗弁はまだ外にあるだろうし、また、再抗弁に続

けて再々抗弁（被告の主張立証に属する）、更には再々々抗弁（原告の主張立証に属する）も考えられようが、この辺りで止めておく。

　参考事案では被告が出頭すれば場合によりこのように代金請求権の成否、帰趨を巡って訴訟が展開されることになる。

　これでお分かり頂けると思うが、民事訴訟用語としての抗弁とは、一般でいうところの抗弁、所謂、言い訳とか弁解とかいう意味ではない。原告が主張する請求権及び請求原因事実の存在（仮定的にせよ）を前提として、これを永続的・一時的に潰す被告が提出する事実主張が抗弁、抗弁事実の存在を前提として、これを前同様潰す原告が提出する事実主張が再抗弁である。再々抗弁以下も順次これと同様である。

　訴訟物である請求権の存在を前提として、抗弁以下の主張事実は上記のような関係を持ち機能を果たすものである。

　無論、事件によっては請求原因事実の存否の争いに終始する事件も多い。このような事件は、請求原因事実とこれに対する被告が主張する積極否認事実が、テレビ番組流で言えばガチでぶつかる事件である。

　抗弁、再抗弁以下に対する積極否認事実も想定される。

　訴訟に現れた事実のうち、それが請求原因、抗弁、再抗弁等々のいずれに位置付けられる事実であるか、積極否認事実に位置付ける事実であるかは、訴訟物である権利と民法その他の法規の規定の在り方により、事件毎に具体的・客観的に決せられることであり、抗弁以下は直接訴訟物の根拠となる事実ではないが、訴訟物と請求原因の関係として述べた先程のことがここでも妥当する。

　総じて、原告と被告がどのような事実を、どのような形でどの段階で主張立証すべきかが、立証責任の分配といわれる問題である。

　このようにして見てくると、原告と被告はもともと知り合いであったのか、契約をするに当たり始めて知ったのか、原告は時計屋か、契約は何処でしたのか、売買契約をする経緯はどうであったのか、契約書を作っ

第九編　行政書士と文書

たか、契約をしてから今までに代金を請求したことがあるのかなどは参考事案の限りでは一切不要であることが分かるだろう。

　以上の関係を、絵心オンチのこの私がヘタな４コマ漫画文にしてみようか。

　　何一つない遙か南方洋上（１コマ目）、海底火山がマグマの成長（請求原因事実）に伴って今まで何もなかった海面上に美しい姿形の小島（代金請求権）として隆起出現し（２コマ目）、あぁ、領土領海が広がった、このままの姿でズーとあって欲しいなーと喜んでいたら、海底マグマが大爆発（抗弁）を起こして島影（代金請求権）は跡形もなく消え去って海面下５ｍに沈んでその姿を消し（３コマ目）、何たることかとガッカリしたところへ、今度は、その辺りで起きた超巨大地震（再抗弁）で海底が再び隆起して同じ元の位置の海面上に元と同じような姿形の小島（代金請求権）が出現し（４コマ目）、美しい花が咲き乱れ、鳥が舞う南国の楽園となった。

　誠に拙い４コマ漫画を披瀝して申し訳ないが、地球の大いなる営みに例えてみた。果たしてイメージして頂けたでしょうか。

　要するに、当事者の主張立証の進展に応じて、代金請求権が浮かんだり沈んだりするのである。ただし、海面に小島として隆起していた当時のその位置には、沈んだ後のコマにも海底から隆起して海面に浮かぶ小島の形を海底から頂上まで破線で描いておいて頂こうか。

　これが民事訴訟における主張立証の基本構造、攻撃防御の構造といわれるものである。

　裁判に時間がかるその主要因は、こうして事実を確定する作業に時間がかかるからだ。

　世間から良く日本の裁判は時間がかかり過ぎると批判叱責される。ど

四　文書作成の心得

れだけの見識があって批判しているのか知らぬが、地裁を一審とする民事訴訟事件の判決が出るまでの平均審理期間は、平成２６年度では、民事８．５箇月（過払金事件を除くと９．２箇月）だそうだ。これで良しとはしないが、各国の実情に比べれば短い方だろう。

　国により訴訟手続が異なるから、一概にはいえないが、アメリカ（連邦地裁）８．５箇月、イギリス２２．４箇月、フランス９．６箇月、ドイツ６箇月から１年とする統計報告もある。

　審理期間を短縮するということは、それだけ当事者に主張立証の機会を与えないことに直結する。判決の効果は先程のとおり重大だ。それで良いだろうか。

　審理期間の短縮ばかりを声高に言うのは如何なものか。

5

　そして、上記のことに加え、民事訴訟上、自白法則とか自白の拘束力といわれるものがある。

　自白は刑事訴訟ばかりではなく、民事訴訟でもいわれることである。仮に、参考事案で被告が出頭し、一旦、上記請求原因事実の存在（存在したこと）を認めたとする（認める陳述をする）と、以後、原告は、その事実を証拠で証明する必要がなくなる（民訴法１７９条）一方、これは、自白、正しくは訴訟上の自白というが、被告のみならず裁判所の判断をも拘束する。

　被告は、一旦した自白を撤回して、やはり売買の事実はなかったものとしてこれを訂正否認することは原則として許されないし、裁判所も売買契約の事実の存在を前提とした判断をすべく拘束される。これを、自白法則とか自白の拘束力という。

　自白の拘束力は、請求原因事実に対する陳述に限定されない。抗弁事

実、再抗弁事実等々に対しても同様である。

　自白の対象は異論はあるが、飽くまでも事実、その中、要件事実に限られ間接事実や事情に属する事実、法的評価はその対象ではない。

　ただし、被告が出頭して原告の主張する代金請求権の現在時点における存在それ自体を認める場合がある。これは、請求原因を認めるのではなく、その請求原因を根拠として発生した代金請求権という権利それ自体を認める陳述である。「請求の認諾」というが（民訴法２６６条、２６７条）、自白とは別である。

　参考判決は、被告の応訴態度から自白と見做すものとして民訴法が定める擬制自白（１５９条）の場合であって、その効果は通常の自白と異なるところはない。

　したがって、裁判所は被告に対し、参考判決のとおり原告に売買代金として５０万円の支払を命じる欠席判決をすることになった。

五　行政書士の地位

1

　ここで、行政書士とは何たるか、ということをお話するのではない。
　以上の関係は、仮に皆さんの行政書士としての地位が争われるような場合にもそのまま妥当するだろうということについてである。
　例えば、皆さんが行政書士として依頼者に約束通り法律文書を作成した後、約束した報酬を請求したら依頼者が案に相違し、あなたは行政書士でないから報酬は支払わないと言い出した、そこで、やむなく訴訟を提起してその支払を求め、その訴訟においても、依頼者は同様に主張し

五　行政書士の地位

て請求を争う場合を考えてみようか。

　これは、行政書士として、(準)委任契約(民法643条参照)に基づく報酬請求権を行使する場合と解される。つまり、訴訟物は報酬請求権となる。

　準委任といったが、民法は法律行為の委任を規定している。委任した受任者の行為の結果として、委任者の権利義務に変動を及ぼす、そのような行為が法律行為であるが、法律文書の作成自体はこのような性質の行為ではない。だが、民法はこのような行為の委任を排除しているものではないと解されている。このような行為の委任を準委任として、民法の委任の規定によりその法律関係を律することになる。

　ここでは、皆さんが行政書士であること、報酬支払の合意をしたこと、約定した法律文書の作成が完了したこと(委任事務の履行)が請求原因事実と考えてもらいたいが、後2者は脇に置いて皆さんが行政書士であるかどうかという一点に絞って考えてみよう。

　皆さんとしては、行政書士としての報酬支払を求める以上、自分が行政書士であることを主張立証しなければならない立場にある。

　行政書士であることを主張立証するということは、参考事案に関してご説明したことと同様行政書士の地位の取得原因事実を主張立証することである。

　さて、皆さんだったらどうしますか。多分、この場合、皆さんとしては、日行連(日本行政書士会連合会)に行政書士として登録(行政書士登録)をした事実(行政書士法6条1項)を具体的に主張し、これを証明すべきものであってこれで必要かつ十分と考えられる。

　登録の事実が証明されれば、自動的に皆さんが行政書士である地位が証明されたことになると観念されるからである。

　因みに、私が担当裁判官であれば、訴え提起時に提出されていないのであれば(民訴規則55条2項)、この点の主張立証については、行政

335

書士としての登録年月日、登録番号等が記載されているのであれば単位行政書士会発行（作成）の会員証（行政書士法施行規則１３条）又は日行連（又は単位行政書士会）が発行するその旨の証明書の提出を促すことになるだろう。

　これがこの場合の最も適確な証拠であろう。このような証拠で立証すべきものであり、これを最良証拠の原則という。その提出がなければ、行政書士登録の立証がないものとして請求は棄却される可能性がある。他の方法による主張立証を許さないということだ。

　病気で従業員が会社を長期欠勤する場合、いくら誠実で信用出来る従業員であったとしても、私は病気だと本人が幾ら言ったところで会社は必ず医師の診断書の提出を求める筈である。診断書がこの場合の最良証拠だ、と言えばこのことは分かってもらえるだろう。

　したがって、もともと訴状には、会員証やこれに代わる証明書に記載された上記のような事項（これが事実である）を引き写して記載することで、行政書士である旨を主張し、かつ、当該会員証等を証拠として提出しておくことが肝要である。

2

　だが、皆さんの多くは登録（行政書士登録）をする前に、試験（行政書士試験）に合格し（行政書士法３条以下）、その後登録をしている訳だ。

　だから、登録した事実だけでなく、試験に合格したことも、自分の方から主張立証しなければならないのではないかと疑問に思う方もいるかも知れない。試験に合格した事実も請求原因事実を構成する事実ではないかとの疑問である。

　しかし、それは理論的にいえば多分そうではないだろう。試験に合格した事実を、皆さんの方から主張立証する必要はないと思う。

別な言い方をすれば、皆さんが試験に合格したという積極的事実を何ら主張立証しなくともその点で敗訴判決を受けることはないということである。

　この点は、被告（依頼者）が皆さんが試験に合格していないという消極的事実を権利障害抗弁として主張立証すべきだろう。

　試験に合格していないから、それを前提とする登録も無効であり、したがって行政書士でもない者が行政書士としての報酬請求権を取得することもないという趣旨の主張として現れる。

　行政書士である皆さんにとって、このいわば試験不合格抗弁を潰す積極否認事実を主張立証（反証）することは容易だろう。

　だから、皆さんから合格証書に基づきこの点も主張立証することは出来る訳だが、それは主張立証責任があるからしていることではないことになる。

　行政書士試験の合否という同じ事柄を、皆さんが積極的事実として請求原因事実に位置付けて主張立証すべきことなのか、依頼者が消極的事実として抗弁事実に位置付けて主張立証すべきことなのかということである。

　行政書士試験の合否などは、比較的主張立証が容易な部類に属する事柄であろう。しかし、実はこの問題は、これをどう考えるかによって、往々訴訟の帰趨を決してしまう重大問題である。

　例えば、近隣住民による工業地帯にある何十という工場企業を被告として提起された煤煙被害訴訟では、個々の工場の煤煙排出と住民個々に生じた健康被害の因果関係が常に問題となる。

　この場合、原告住民側でその因果関係の存在を逐一主張立証すべきものなのか、それとも個々の被告工場企業が自社工場からの煤煙排出と周辺住民に生じた健康被害との間の因果関係の不存在を主張立証すべきなのかであるが、曾ては新聞紙上を大いに賑わせた事件のことを思い出し

て頂ければ、問題の所在、重大さをお分かり頂けると思う。

六　行政書士の法律文書

1

　以上は要件事実論といわれるものを中心にして、長々とご説明をしてきた。
　法律文書の作成を業務とする行政書士の皆さんにとっても、以上の訴訟物、法律要件事実、主張立証責任ないしその分配の原理原則は、是非、理解しておいて頂きたいところだ。
　皆さんは、普段、官公署に対する許認可申請に関する法律文書を多数作成していることだろう。
　このような場合、依頼者には行政法規で定められた特定の事項について行政上の許認可を受ける権利があり（警察に対する告訴・告発などもここでは取り敢えず同様に考えよう）、その権利から、ある許認可申請権が発生すると考えたらどうか。そのうえで、そのような申請権の発生に必要とされる事実は何かということを考えるのである。そうすれば、殆どの場合過不足なく必要とされる事実が法律文書に漏れなく記載され、これを漏らすという事態を極力防止することが出来るだろう。
　これは、当該許認可申請書だけに限らない。その許認可申請に係る関係文書が須（すべから）く、この観点から統一的に作成されるべきものである。ただ、事案（許認可申請）は生き物であり、許認可の判断は官公署が握っている。
　一言説明するだけで相手（官公署）が理解する事実（事態）もあれば、多角的な視点から種々工夫して説明しなければ相手が理解しない事実も

あるが、それは、事案毎の工夫である。それが、肝にして要なる法律文書、分かり易い法律文書、過誤のない法律文書の作成に大いに寄与することは間違いのないことだ。

短文を作成することで、何が申請内容なのか、何を申請内容とすべきか、何がその場合に必要とされる事実かを常に考えるようになりそのことで文章力が自ずと養われるだろう。

以上のことからすれば、行政書士の歴史的経緯に遡ることになるが、警視庁令・代書業者取締規則（同府令第６０号。明治３９年９月５日法律新聞第３７５号）が、その４条４項６号で「・・故ラニ（ことさらに。筆注）文書ヲ冗長ニシ若ハ紙数ヲ増加スルコト」を、また、東京都行政書士条例（昭和２３年３月１８日東京都条例第３４号）がその９条４号で「書類の紙数を増加する目的で故らに記載を冗長にし、若しくは必要でない書類を作成すること」を代書人に禁止する規定を置いていることも（地方自治制度研究会編『新詳解行政書士法』ほか）、これを今の時点に立って、単なる取締法規に過ぎないものとして一蹴するのではなく、以上に縷々お話して来た観点から改めてその趣旨を、上記のような趣旨として理解し、座右の戒めとすべきだと思う。

2

冒頭に行政書士法１条の２第１項を引いた。

これを、もう少し、具体的にみると、「行政書士は、……公官署に提出する書類（……）その他権利義務又は事実証明に関する書類（実地調査に基づく図面類を含む。）を作成することを業とする」とある。

行政書士法の解説書の１、２（前掲詳解、兼子仁『新５版行政書士法コンメンタール』（北樹出版））に目を通していて、行政書士が作成する書類が、如何に広範囲にわたり、多彩であるかについて驚かされる。

第九編　行政書士と文書

　行政書士が、極めて広範に社会と関わり、社会のニーズに応えていることが、これだけでも良く分かる。

　これら解説書から借りると、要するに同項の規定する法律書類は①官公署提出書類、②権利義務書類、③事実証明書類ということになり、なお、③の事実証明書類には、実地調査に基づく図面類を含む。

　この規定を受けて行政書士が作成する書類の例として、許認可・免許・登録・認定、補助金交付等の申請書、請願書・陳情書・上申書、警察あて告訴・告発状など（上記①）に始まり、売買・示談等の各種申込・申請・契約書類、会社等法人の設立関係・議事録など（上記②）、名簿・資格証明、会社・社員履歴調書、会社業歴書、財務諸表・営業報告書、見取図・平面図・測量図など（上記③）があげられている。無論、これら書類に限らないことだろう。これら書類が、実際にどのような形式の書類として作成されるものか、その多くを知らないが、今、これを含めて皆さんが作成される書類を定型書類と非定型書類に分けてみよう。

　定型書類としては、予め諸官庁などが定型書式を用意していて、それにレ点を付し、それに加えて精々、単語や１、２行程度の文章を数箇所に記入すれば書類として完成する類のもの、いわばマークシート形式を基本とするような書類を想定する。これに対し非定型書類としては、事案毎に事案に応じた事柄を最初から書き進むような書類を想定する。

　皆さんは、定型書類の方が簡単に作成することが出来、楽だと思うであろうか。しかし、これは大いなる見当違いというものだ。先程、そのことの一端はお話した積もりである。私に言わせれば、定型書類の方が余程気を引き締めて取り組まないと大失態を冒すことにもなり兼ねない。

　先程来、縷々、お話して来たところによれば、コンパクトな書類であればある程、一つ間違えれば、その書類で伝えようとする趣旨が大いに違ってしまう。所期の目的を達することが出来ず、申請を却下されてし

まう可能性すらある。そこまで行かなくともその補正に大層面倒を強いられる。

　そもそもこの複雑極まりない社会で書類まで作成する程の生活場面であれば、本来その書類をコンパクトなものとすること自体に無理があるといえるかも知れない。

　このことは「私の中にある言語幻想・文字幻想」としていずれお話する機会もあるだろう。言語や文字の持つ意思伝達能力など我々が考えるより遥かに劣っている、その結果、人間はとんでもないものを発明したという話しだ。

　その昔、確定申告の際、定型の確定申告用紙に記入する仕方が分からず、閉口したことがある。同じ職場にいる国税局からの出向職員に面倒だと言ったら、あれは誰でも書けるようになっているんですよ、と一蹴されたことがある。その方面に精通している者にはそうであっても、素人には一向に分からない。分からないままに不正確な記載をして思わぬ不利益を被ることがないようにしたいものだ。

　近頃は、難民審査の異議申立て後の異議審に関与するようになった。

　皆さんの中にも難民審査に関する書類作成に関与する方もおいでだろう。難民審査では、入管当局が難民認定申請書の統一書式を用意している。あれなど、入管当局は、誰でも分かる直ぐにでも作成出来る書式として用意し提供している積もりであろうが、申請者には随分と分かり難い作成し難いものと映るに違いない。

　私など、法律のホの字も知らずもしかするとまとまった文章など書いたこともないかも知れないのに、来日早々、申請者は良くもまああのような分量も多い申請書を作成するものだと感心させられるくらいだ。だから、レ点の箇所、単語、文章を書く欄を間違え申請の理由もはっきりせず、良く理解できない申請書などざらだ。

　いずれにしても、行政書士として定型書類を自ら作成するにも、依頼

者にその指導をするにも、先程の要件事実への理解が不可欠だろう。

3

　無論、非定型書類の作成の場合にも要件事実の理解が不可欠であることは、言うまでもない。
　ところで、今まで法令の規定や訴訟の理屈などを長々とお話して来たが、もう一度読み返して頂ければお分かり頂けると思う。そこでは、事実、即ち、過去に実際に起こった事態を常に問題として来た積もりだ。事実が如何に大切かということだ。
　いろはカルタにもあるように「論より証拠」である。論、即ち、理屈より、証拠、即ち、事実である。
　事実が全てを決してしまうと言っても過言ではない。理屈は、所詮、事実が果てたその先事実が分からなくなった部分を取り繕う技法に過ぎないといったら語弊があるだろうか。したがって、法律文書を作成する上では事実を十分に調査・確認し、事実を見誤らないようにしなければならない。
　私は、裁判官として民事訴訟事件では審理の進行中から殆ど全ての場合、裁判記録に基づき事件関係図（取引関係図、親族関係図など）とともに詳細な時系列メモの作成に着手し、審理の進行に応じてそれに加除訂正を加え判決の起案に着手する時点ではこれを完成させておき、まず、これに基づいて起案をし、その後再度裁判記録と照合して正誤を確認することにしていた。
　刑事事件、家事事件、少年事件でも、少しでも複雑な事件であれば同じようにしていた。
　事件関係図と時系列メモを作成することにより、事件を時間・空間から立体的に観察・検討することが出来る。時系列メモは、Ａ４版用紙１

枚に４０行以上、判決が１００丁を越えるような事件では、それだけでも１０枚前後にもなることがある。

　詳細な時系列メモを作っておくと、例えば甲事実の次に丙事実が出てくるが、通常であればその間に乙という事実があって然るべきなのに乙事実が当事者の主張立証に何ら現れていないことに往々気付かされる。

　そのような場合には、乙事実を提出出来る立場にある当事者に釈明（説明）を求める。求釈明の結果、当事者が釈明すればそれで良し、そうでないなら、本来説明出来る筈の事実を説明できないことから、その当事者の主張の全体構図が揺らぐ方向に働くことにもなる。その事実が先程の要件事実であれば、それは訴訟の帰趨を決することにもなる。こうなると、その段階で時に代理人弁護士に対し、このまま判決をすることで良いかどうか、和解（裁判上の和解）の可否を検討するように促すことにもなる。

　事件によっては、時系列メモを当事者双方に渡して、裁判所の理解する双方の主張立証がこの時系列メモ通りで良いかどうか確認を求めたこともある。それで良しとするもの、此れ此れの点は裁判所は主張や事実のとらえ方を誤解をしていると指摘されるもの、然々の点はもう少し主張立証を追加したいというものまで、様々であった。

　訟務検事としての経験談になる。

　私は、私が関与する前の一審（地裁）で国敗訴の控訴審事件を何件も担当した。そのような事件は、控訴審では殆ど一審判決を取消して原告（相手方）の請求を棄却する国側勝訴の逆転判決を貰っている。このような事件はその殆ど全てがそうだが、一審段階では当事者（国）としての事実の調査が疎かで、事実に基づく主張も等閑にされ、それが故一審では敗訴判決を受けたのだと思わざるを得ない事件ばかりであった。事実を的確に把握しこれを裁判所に理解してもらうことが如何に大切かということだ。

事実が大切だということを言い続けてきたが、それと同時、否、それ以上に大切なことは事実を探求すること、つまり事実認定、である。

　だが、我々が問題とする事実は、常に過去に生じた事実である。その過去の事実は、あの時誰かの眼前に確かに姿を現したものだったが、しかしそれはその時、そのたった１回限りのこと、その時それ切り、未来永劫、再び誰の眼前にも再び姿を現すことはない。先程その一端はご説明した。故に事実認定とは、それは過去に生じた事実の想像作業なのである。

　想像である以上、各人各様でいかような想像も可能といえば可能だ。

　だから、ここでいう事実認定は、飽くまでも経験則、論理則に適い一般社会の承認が得られるようなものであることを要する。

七　趣味との交叉

1

　皆さんは、建物その他の地上工作物の建築・建設工事に伴う法律文書の作成に関与することが多いのではないかと推測する。

　このことに無関係とは思われないので、閑話休題の意味合いを込めて、些か迂遠とは思うが思い付いた私の趣味の領域のことをお話しよう。

　私は、学生時代、法学部に籍を置いてはいたが、今から考えると法律の勉強を全く疎かにして、あちらこちらで遺跡の発掘や遺跡の探訪などばかりをしていた。

　遺跡の発掘というと、皆さんは、縄文・弥生遺跡のことを思うかも知れない。だが、私が主に携わった遺跡の発掘は、中世に属する鎌倉・室

町・戦国、時に安土桃山期の城郭・居館・寺院跡・墳墓の類いであった。それを、中世考古学などと称していた。

　墳墓の発掘であれば、火葬骨、土葬骨が出土する。遺骨が出土すれば、その都度、警察に届ける。私も何度か、届出書提出だったか、そのような場合の対応措置の相談であったか、誰かが警察に行くとき付いて行ったことを憶えている。

　警察も警察で、事件性がない遺骨であることは疾うに分かっているから気が楽なようで、今回はどうですか何か良い物でも出ましたか、という調子だ。珍しい良い焼き物でも出土しましたかということだ。

　発掘には遺骨以外にも、様々な遺物の出土が付きものだ。中でも土器、広く言うと焼き物（土器・炻器・陶器・磁器など）だが、その破片は大小様々なものが必ずと言って良い程に出土する。出土した土器の破片からその遺跡の年代を推測することもする。

　ただし、私が師事した恩師は、日本考古学協会の会員であったが、都内屈指の有名美術館の学芸員で陶磁器研究の第一人者であったから、我々の関心も、寧ろ焼き物（時代的には陶磁器の出土が比較的多い）自体にあったように思う。

　因みに、日本考古学協会会員を責任者とするものでないと各地の文化財保護委員会は今でも発掘調査を許可しないのではないか。

　出土した焼き物の破片が幾つか出土すると、同じような位置から出土した数個、数十個の破片を繋ぎ合わせる、いわゆる土器接ぎ作業をする。

　1片だけでも、どの種類のどのような形のもので何年代に何処の窯で焼かれたものか大体分かるものもある。

　近頃、テレビ番組で問題となった天目茶碗の破片も時に出土する。発掘されるのは、無論日本製、瀬戸の猿投辺りで焼いた黒釉（鉄釉）のかかった天目である。曜変天目は、中国福建省の建窯で焼いたものである。

　しかし、大抵は数個、十数個の破片を繋ぎ合わせないと想像出来ない

場合が多いし、結局最後まで分からない場合もある。だから、常に各地の博物館、美術館を訪れ、伝世や発掘された本物の、完全な形（完形という）のものや大き目な破片を見ることで、目を肥やしておく。

　序でに、発掘調査には発掘調査報告書の作成が付きものである。出土した焼き物を始めとする主立った遺物の計測もするが、殊に発掘された遺跡自体の状況を、計測して詳細な平面図や立面図として残す。

　私は、毎回補助程度であったが、平板に向かいアリダートやトランシット（レベルも使っていたかも知れない）を覗き、ポールや箱尺を立て、方位を測定し、巻き尺で距離を測定し、それを平板に三スケ（三角スケール）を使って縮尺して落とす（記入する）作業もかなりしていた。

　それが、後々、大変役立った。裁判までの過程では図面の出番は極めて多い。私は、裁判官仲間の間では、図面の意味の読取り速度がかなり速いと秘かに自負していた。

　どこで、何時のことだったとは言わない（裁判官として関与した事件ではない）が、ある時、人身交通事故の実況見分調書を見て、その図面通りだとするとそのような正面衝突事故など起きようがないことを即座に読み取り、私から直接担当警察に確認したことがある。

　加害運転者（とされた者）は、事故の怪我で入院中であったか退院後間もないということであったか忘れたが、被害運転者（とされている者）だけの立会で行われた実況見分であった。

　加害運転者を警察として未だ十分な取調が出来ておらず、立会もない状況において、これを奇貨として被害運転者が自分に過失がないことにするため警察官に事故状況を枉げて指示説明をしたとしか思えず、その警察官もそれに気づかず指示説明を鵜呑みにしたためだと思えた。

　交通事故の実況見分に当たる警察官は常日頃、危険を顧みず事故現場で一生懸命職務を遂行してくれていることに違いはないのだろうが。

　検討しますという回答だったと思うのだが、その処理結果を知らない。

七　趣味との交叉

　先程の私の恩師のことだが、今は亡きその恩師の還暦祝いの席上、指導を受けた者を代表して祝辞を述べた先輩が、○○先生は、昔は先土器時代遺跡、つい最近までは原始（縄文時代）・古代（弥生・古墳時代）遺跡、そして今は中世（鎌倉・室町・戦国時代）遺跡の発掘を手掛けて中世考古学をされているから、このままいくと、あと１０年もすれば、近世（安土桃山・江戸時代）考古学、いや、近代（明治時代以降）考古学をおやりになっているのではないか、とユーモアたっぷりに祝辞を述べたことを良く憶えている。

　終わって恩師が答礼に立った。この恩師とは始終、今は亡きこの先輩ともそれまでに時々会う機会があったのだが、改まった還暦祝いの席上、この先輩、御三家筆頭尾張徳川家の当時の当主だが、幾分畏まってその恩師を○○先生、と呼び、呼ばれた恩師、越後椎谷の定府（参勤交代が義務づけられておらず江戸に常住すること）の譜代大名堀家の当時の当主（明治になって大昔の姓に複姓している）が、徳川くん、と気軽に呼んでいたのが何とも面白かったことも良く憶えている。

　学校を卒業してから、考古学とは全くといって良い程縁遠くなっていたが、つい最近小稿執筆のためではないが、ふとした機会にある歴史関係施設の書棚一杯に並べられた夥しい数の都心部における発掘調査報告書を見た。江戸期、明治・大正期における主に大名屋敷遺跡や寺院遺跡の発掘調査報告書である。

　近世考古学とか近代考古学とか、あの時は聞き慣れない言葉だと思ったものだが、それが今や現実のことになっているのだと思うと、考古学の近時における目覚ましい発展・成果とともに、昔日の感一入であった。

2

　そして、今回は小稿の執筆である。
　建物などの建築・建設に伴う地面の掘削では遺跡の発見は付きものだろう。遺跡が発見されれば、発掘調査ということになる。それが、近世・近代遺跡ということになれば、東京に限らず、全国どこでも、薄皮（表土）一枚剥げば全てそれら遺跡にぶち当たる。それに伴って、屢々、建築・建設計画に大小様々な変更なども生じ、その度に行政書士の皆さんの活躍の場面も多くなっているものと推測する次第である。

　私には、事件の審理に必要不可欠な事実認定、即ち事実確定の作業と遺跡の発掘調査の過程における、殊に土器接ぎ作業とは極めて似通った作業だと思われ、それが今でも大いに役立っていると思っている。
　例えば、a（被告が原告に５０万円程度の男物腕時計があるかどうかを電話で照会した事実）、b（被告がその翌日原告店で昨年来展示していた５０万円相当の男物腕時計を見ていった事実）、c（原告がその日その腕時計と同型の新品の腕時計を問屋に注文した事実）、d（その翌日その新品が原告店に納入されたため、原告がこれを包装して紙袋に入れ、それに被告名を書いたシールを貼り同時に５０万円の被告宛の作成日付け空欄の領収書を作成した事実）、e（同日原告から被告に電話で納品のあったことを知らせたら被告が分かりました、有り難うと答えた事実）、f（翌日被告は銀行預金から５０万円を引き出した事実）があるとしよう。
　これら事実の一つひとつは、参考事案における代金請求権発生の直接その根拠となる事実ではない。売買契約の事実それ自体ではない。
　a事実だけでは５０万円の男物腕時計１個の売買契約があったことを

認める（推認する）ことは出来なくとも、それにb、あるいはc、さらにはd、eという事実が順次加われば、これを打ち消す事実がない限り、原告と被告間で男物腕時計1個の売買契約がされた事実を認めても良いだろう。これらが間接事実というものであり、これら事実から売買契約の事実を推認出来るかどうかということである。

また、例えば、a（高台部〈の破片〉が1個出土した）、b（口縁部が3個出土した）、c（胴部分が2個出土した）、d（腰部分が4個出土した）としようか。aだけでは何だか分からないが、順次、b、c、dが出土し、しかも、一部分でも、概ね口縁部から高台部に繋がりそうであれば、これが皿か茶碗か、茶碗でも底の浅い井戸茶碗のようなものか、それとも底の深い天目茶碗のようなものと推測が付く（皿や茶碗の部位名は、上から下へ口縁、胴、腰、高台の順である）。

同時に、ほぼ同一場所から、首（頸）部、肩部が出土すれば、これは皿、茶碗の類いではなく壺や瓶の類いの可能性や、皿・茶碗との混在の可能性が出てきたことになる。

一つ一つ土器の破片をつなぎ合わせ積み重ねてそれがどのような用途に用いられたどのような形をしたものかをイメージする作業と、一つ一つ事実を拾い集め積み重ねて事件をイメージする作業とは、このように、分野は両者全く異なるが、思考ないしその過程は極めて似ている。

だが、繰り返すことになるが、呉々も、これは推認作業である。

ここに、今茶碗があって、これを態と床に落としたとしよう。それが3つに割れた。割れた破片を繋ぎ合わせた。しかし、繋ぎ合わせたそれはもう割れる前の茶碗それ自体では決してあり得ない。一旦割れてしまえば、割れる前の茶碗は永遠に我々の目の前にその儘の姿を現すこと、再来することはないのだ。

後は、もとの形はどのようなものであったか推測（推認）する作業があるだけである。その推測が、経験則、論理則に適い社会の承認が得ら

れるようなものかどうかということだ。
　寄り道が随分と過ぎた。

　行政書士の皆さんであれば、これから作成する法律文書に折り込む事実が依頼者の言うとおりで良いかどうか、依頼者の認識すること、説明することに誤りがないのかどうかを十分に検討して頂くことになろうが、詳細な時系列メモは、事件関係図と共にその意味でも極めて有用だ。
　図面の作成も皆さんの業務のうちだが、これとの関係で、事件関係図のことは別な機会に譲ろう。

八　未特例判事補の教育環境

1

　司法研修所を卒業して判事補に任命され、未特例判事補として裁判官生活のスタートを切る。
　任官当初から、未特例判事補一人で関与（担当）する事件もある。民事では執行、保全、破産事件など、刑事では各種令状事件である。また、３人の裁判官で構成する合議体の一員である左陪席（左陪席裁判官）として関与する合議事件もある。左陪席裁判官は、法廷の傍聴席から見て右側に座る裁判官である。
　しかし、未特例判事補の教育指導・研鑽（研さんと書く）の場は、何といっても合議事件、殊に法廷で審理判決される訴訟事件である。合議事件は、訴訟事件に限らない。決定で終わる事件（法廷における審理が必要的とされない事件）のうちにも合議事件として審理される事件があ

るが、民事訴訟事件を念頭に置こう。

　３人の裁判官で審理判決をする合議事件（裁判所法２６条３項）に左陪席として関与する中で、未特例判事補は、裁判長、右陪席（右陪席裁判官。左陪席と右陪席同士の関係を相陪席という言い方をする）の指導を受け、研鑽を積んで行くのである。

　合議体は、地裁では概ね経験２０数年以上の一番経験を積んだベテラン判事を裁判長、経験５年を越える特例判事補か経験１０年以上の中堅どころの判事を右陪席、そして経験５年未満の新米の未特例判事補を左陪席とし、この３人で構成される。通常の規模の裁判所（官署）であれば、この３人が同時に一つの裁判部の構成員である。

　裁判長を務める裁判官は、同時に司法行政上その裁判部の責任者であり、正式には「部の事務を総括する裁判官」といい、年毎に最高裁からその旨の指名を受けるが、通常、事件の内外を問わず、部長と呼ばれる。部内限りの業界用俗語である。もっとも、事件で出頭したその裁判所の地元の弁護士によっては、時に裁判長を部長！と呼ぶことがある。

　本来、裁判長とは審理される事件限りでの言い方である。

　裁判部は、地裁であれば、民事部として１、２箇部程度、刑事部として１箇部程度の裁判部が置かれているのが普通であろう。未だに分からないことなのだが、どう言う訳か裁判部が数箇部あると、何処でもそうだろうが、地裁では民事第１部とか民事第２部などという言い方をするが、高裁では第１民事部とか第２民事部とかいう言い方をする。刑事部も同様である。

　一つの裁判部に属するこの３人（時に４人以上である場合があるが、合議事件は構成を変えて合議体を複数作り、Ａ合議、Ｂ合議とか仮称を付けて区別する）は、一つの大部屋の裁判官室に机を並べている。

　ただし、私の初任庁は全国的に極めて珍しく、アメリカ進駐軍の肝煎りで出来たそうだが、合議事件がなく単独事件ばかりのアメリカ式庁舎

に倣って、未特例判事補を含めて裁判官全員が個室にいた。これは例外である。机も椅子も大層立派で、机など裁判官が使う普通のサイズの1.3倍はあったのではないか。大部屋の裁判官室では、机の並べ方など各裁判部で各様である。

　私がある時期所属したある裁判部など、裁判官が４人のところに、４箇月毎に２人、３人と増減しつつ入れ替わる司法修習生に加え、同時に新任研修の簡裁判事２人も入れ替わりして、４箇月毎に始終机を並べ替え、その都度机の位置を変え、島型形式にしたりコの字・ロの字型形式にしたりしていた時期がある。

　最新のＯＡ機器対応フロアは有り難いことだが、机の位置変えに伴うパソコンや電話の配線の位置換え・位置決めは相当に厄介なことで、毎度腰を痛める。文句を言える筋合いではないのだが。

　そんな大部屋では、裁判長だからと言って特別に上等な机・椅子が与えられている訳ではない。新米の未特例判事補と同じ規格のものが与えられている。

　もっとも、裁判長席にはほかの誰よりも裁判記録が集中するし、未済の司法行政文書も集中する関係で、時には脇机が一つ多く添えられる。それも有り合わせで規格違いのもので間に合わせる。脇机ならまだ益しな方で、往々、どこから見付けてきたのか、古い汚い長机が置かれていることも往々にしてある。

　地裁でも高裁でもこの点は変わりは無い。

　最高裁の１５人の裁判官も高裁以下の裁判官と比べれば大き目なものだが、格別上等なものを使っているようには到底思えない。

　その上には、やはり上告事件の裁判記録、最高裁調査官の事件報告書、それに司法行政文書などが積まれている。無論、最高裁裁判官も裁判官として、事件内容・判決内容を検討する。

　仕事の邪魔になるかと思い早々に退散しようとすると、時には、まあ

八　未特例判事補の教育環境

良いじゃないですか、まだ、折角来てくれたんだから、などと引き留められることもある。

　広いだけが取り柄の裁判官室に独りぽっちでいるのが寂しいのかも知れない。

　そうかと思うと、秘書官にどうぞと促されて裁判官室に入る。

「よおー、櫻井くん、来たなー、元気でやってた」

「ご無沙汰しております。この度、○月○日付けで○○に着任いたしました」

「おお、そういうことになったんだよね今度はね、まあ、身体に気を付けてね、頑張ってや」

「お忙しそうですね」

「うん、早く決裁してやらんとね、折角来てくれたのに悪いね、今度、また、ゆっくり話そうや」

　どうやら、開廷時刻が迫っているようで、積まれた決裁文書に判子を押しながらチラリチラリと私の方に笑顔を向け、最後は、退出する私に決裁文書から目を離し、判子を持ったままの片手を高く上げて、ニコッとして、じゃーまた元気でね。

　忙しいのは私ばかりだと思っていたら最高裁判事も結構忙しいんだ。そんな冗談はまたお目に掛かる時にでもしようか。今は本当にお忙しそうだから。またまた少々、横道に逸れた。

2

　合議事件は、刑事事件では法律で定められた重罪事件である法定合議事件もある、というか法定合議事件が大部分だろう。

　民事事件ではこのような法定合議事件はなく、簡裁からの控訴・抗告事件等を除けば、全て裁定合議事件である（裁判所法２６条２項１号）。

合議体で審理裁判する旨の決定（付合議決定という）を合議体でした事件がこれである。合議に回すという言い方をし合議に回した事件を付合議事件という。

マスコミで大きく報道される民事事件の大方は裁定合議事件である。

もともと、事件は裁判官一人で審理する単独事件が原則である（裁判所法２６条１項）。

合議事件とは別に単独事件を持つ裁判長と右陪席に一旦配布（配填という）され、その後それらの中から、合議事件とするのに相応しいとされた事件（これは法定要件ではない）が合議事件として審理裁判されることになる。付合議決定がされる時期は事件により様々である。

事件は、裁判所の事件受付部門（訟廷という）で受理された後、予め裁判官会議の議を経て定められた裁判事務の事務分配規定に基づき、各裁判部の単独事件を担当する裁判官の係り（単独係という）に配填されるが、配填直後、ほぼ同時に付合議決定がされる場合もあるし、単独事件としてある程度審理が進行した時点で付合議決定がされる場合もある。前者の方が圧倒的に多いだろう。

時には、未特例判事補の教育用に基本的な問題点を含み、教科書あるような知識でも一応何とか起案が可能と思われるような事件も合議に回されることはある。しかし、裁定合議事件は、概ね事実認定、法令の適用に種々難しい問題点があり、判決の起案にもかなり時間・労力を注ぐことを要求される事件である。審理期間も相当に長期になるし、記録も積めばヒトの背丈を超える高さになる事件も珍しいことではない。

本来、右陪席、裁判長をもってしても、一筋縄ではなかなか処理が難しい事件が多い。

事件数（現に係属して審理している事件数）は、裁判所の規模や時期によって様々である。これまた全くの虚覚えだが、私の初任当時、比較

八　未特例判事補の教育環境

的小規模庁でもあったためだとは思うが、係属する事件は合議事件が６０件前後、裁判長と右陪席の単独事件が各１５０件前後、１箇月間の新受事件（１箇月間に新たに配填される事件。新件ともいう）は、合議事件が４、５件、単独事件は、各２０件前後というところであったと思う。

　それが、任官１２年目（その直前の３年間は訟務検事であった）以降の右陪席としての３年間は、係属事件は合議事件が１００件超、単独事件は各３００件程度（１箇部で係属事件合計が７００件程度ということになる）、新受事件は少ないときでも合議事件は１５件程度、単独事件では各３０件を越え、多い時には各４０数件に上った。

　だから、赴任当初の半年近くは、裁判記録の全てを一通り読み、判決を起案することで、一日の睡眠時間が、精々３、４時間しかない状態がかなり長く続いた。前任者から引き継いだ分厚い事件記録を精査し、そういう事件は大抵次回か次々回弁論期日には結審して後は判決をする段になるから、判決書を作成しなければならないのである。

　それに今度は、左陪席の起案した判決原案が裁判長に回る前に、右陪席として自ら手を入れ、裁判長に上げなくてはならない。無論、単独事件の数倍も分厚い裁判記録を精査しなければ左陪席の起案に手を入れることなど到底出来ない。

　新受事件に見合う事件を判決その他で処理しないと係属事件は増加し、それを上回る事件を処理すれば係属事件は減少する関係にある。

　平成２５年度の司法統計（最高裁）によると、終局区分（一審での事件終了区分）は、概ね、判決４３％強、和解３４％強、訴え取下げ２０％強の順のようだ。

　１箇月の新受件数が３０件であれば、月に１３件程度、新受件数が４０件であれば、月に１７件程度の判決を起案して言い渡している勘定だ。

　事件を滞留増加させることは、憲法と法律の付託を受けて事件を審判

する責務を負う裁判所として、この付託に応えられていないということであり、何よりも裁判所を信頼して裁判所に事件の解決を委ねた事件当事者のために何としてでも避けなければならない。

最高裁も、判決内容にとやかく言うことは当然のことながら一切ないが、事件処理の停滞増加には極めて神経質だ。当たり前のことだが。

裁判官が忙し過ぎるから、裁判官を増員せよ増員すれば解決することだということが日弁連を始めとして各方面で良く言われる。

しかし、私はこのような議論に直ちに加担する積もりにはなれない。

１箇月の新受事件が３０件あったところに裁判官を一人増員して２人にすると裁判官の負担は半減され、事件がより一層適正迅速に処理出来るようになるということだろう。

しかし、そういうことには全くならない。増員当初は一時的にはそうなっても、数年もすればそうではなくなることは必須だ。私自身にもその経験がある。いずれ近いうちにまたまた増員問題が浮上することは火を見るより明らかだ。

人間とは、裁判官であっても、所詮、本来は怠惰な生き物だ。

小稿の趣旨から離れるのでまたの機会にしよう。

3

裁判官は多忙だが、しかし、常に机にかぶりつき、裁判記録を読んだり文献に目を通したり、判決その他の裁判書を起案ばかりしている訳ではない。

テレビに出てくる綺麗な女優さん、可愛らしい女性タレントには無論無関心ではない。この私もご多分に漏れない。寧ろ、この方面に到っては極めて詳しいというか、造詣が深いというか、そういう裁判官が結構いる。誰々のショーに行ってきたと聞かされることもある。

ある時、陪席裁判官同士が、エーケービー何とかかんとか話しているものだから、何度か聞いたことはあるのだが、思い切ってそのエーケー何とかかんとか言うその何とかとは一体何のことだと聞いたら、へー、部長！ＡＫＢ４８も知らないんですかと、即座にやられた。その時、教えられて、エーケービーホーティーエイトがアイドルグループで、ＡＫＢ４８と書くことを始めて知った。
　偶には職場仲間と連れだってカラオケにも行く。

　私は、元来、酒を好まぬ質だ。
　だがしかし、どういう訳か大昔から酒の方が私の方に擦り寄って来る。困ったものだ悪友というものは、熟々。
　私だけの手には到底負えないので、初任のころから、配属されている司法修習生、刑事部の左陪席、さらには腕利きの職員何人かと連れだって、始終、悪友退治に悪友の出没するネオンというか提灯というかそんなものの瞬く界隈を徘徊、いや、事件現場の検証に出かけていた。
　大抵、悪友に散々引き回され打ちのめされた揚げ句、人事不省に陥り、時には雪を布団代わりにして寝入り、職員に両脇を抱きかかえられて病院に搬送、いや、裁判官宿舎に送り帰されることも何度かある。
　右陪席となって以降は、自分の配属部を始め、他の裁判部の陪席、司法修習生、事務局、裁判部を問わず職員の多くが私の意のあるところに一層の理解を示し、先程同様、屡々、夜の街で時間外勤務に就いた。
　もっとも、裁判官に休暇とか勤務時間というものはない。こういう場合は、正しくは、事件現場において、検証期日（民訴法２３２条）、新民訴法施行の今では、進行協議期日（民訴規則９５条以下）を開いていたといった方が適切であるかも知れない。
　結局、裁判長になってからも、協力し合う輪は広がりを見せることはあっても、減少傾向を示すことは唯の一度たりとしてなく、悪友が私を

第九編　行政書士と文書

見限る日は、在任中、遂に訪れることはなかった。

　これとは別に、宴席は裁判所（官署）部内でも、公的、私的にかなりある。宴席に限らず、少し前まではテニス、卓球、ソフトボール大会、旅行等々様々な催し物が盛んであった。

　私は、謡曲サークルに入れられ生まれて初めて謡曲、そして、紋付袴まで揃えて能舞台で仕舞いまでする羽目になった。

　各種催し物の設定は、裁判部の部内や裁判官の内輪のことであれば、大抵未特例判事補が幹事役となる。

　私は、謡曲サークルとは別に、初任庁では同好の士と一緒にユニホームまで揃えてソフトボールクラブを立ち上げた。チーム名は、確か、コーターズ、であったと思う。官公庁や企業のチームと対戦することが多く、出ると負けチームであった。

　法曹三庁（三庁会）というものがある。

　裁判所、検察庁、弁護士会のことである。

　全国何処でもそうだろうが、1年に1度は三庁ソフトボール大会がある。この場合にも裁判所の幹事役は未特例判事補である。

　優勝回数は、概ね、弁護士会、裁判所、稀に検察庁の順だろう。この点は、少し記憶があやふやだ。検察庁からは、しっかり証拠を見てから判断しろと抗議があるかも知れない。

　三庁ソフトボール大会には、三庁の長は、試合にはレギュラー出場しない例だ。ピンチヒッターが精々である。ピンチヒッターでも打てばピンチヒッターのピンチランナーが出る。一塁から始めるピンチランナーではない。打った途端にホームベースのところから一塁ベース目指して走るピンチランナーだ。

　だが、ある時、私が打ったらピンチランナー予定の女性裁判官が、一塁側ダッグアウト近くでバッター（私）に背を向けて女性弁護士と井戸端会議に熱中していて一塁まで私が自走する羽目になったことがある。

　　　　　　　　　　　　　　　　八　未特例判事補の教育環境

お陰で、ホームベースまで走らされた。あの時は、確か塁を進めて次のバッターの外野フライでタッチアップしたら、ホーム直前でタッチアウトになったのだ。

　一見してやる気のない出場者がいる。大昔から、どこでも、検事正、所長、会長の順と相場が決まっている。その代わり、三庁出場者の中では次席検事が一番張り切って大声でナインの検察官を叱咤激励しているのはどこでも同じだ。

　「ねー、今日は検事正はどうなさったの」検察庁チームに近づいて聞いたら、ダッグアウトの片隅に静かに目立たないように検事正がチョコンと座っていることに気付かされるという光景はザラだ。ピンチヒッターでも勘弁してくれんか、というところだろう。だが、これは互いの作戦の一環だ。対戦チームの好機に、何とかしてそのチームの長（この場合は検事正）をピンチヒッターに引っ張り出そうという作戦だ。これに成功すれば、ピンチヒッターは、大抵、三振してくれるか、良くて凡打だ。

　でも、自慢する訳ではないが、裁判所を離れる最後の年だったと思うが、その時のソフトボール大会では、私が監督の裁判所チームが優勝し、私は栄えある優勝チーム監督賞を受賞した。

　裁判官には、在任中、表彰というものは一切ない。これは、私の在任中の唯一の個人賞の受賞だといっておこう。その時の大会では、２試合ある１試合は、私が７回最後までピッチャーを務めた（ソフトボールは７回戦）。

　終われば表彰式を兼ねた細やかな宴会となる。宴席など呑まない者からすれば、大声で長時間凡そ意味もない下らないことばかりを滔々と言い合い、時には喧嘩となり、実に馬鹿げた場に映るに違いない。ご無理ご尤も。

　だがしかし、宴席は遠い神代（かみよ）の昔この方、お互いの人とな

りをより深く知り理解し合える絶好の機会であるばかりか、数多の論文を読んだり、ものしたりしたとしても到底得ることができない貴重な情報が入り交じっている。

宴会その他各種催し物を積極的に企画立案しそれに参加するような裁判官に限って（裁判所の職員もそうだ）、面白いことにというか、不思議なことにというか、私は別だが、殆どといって良い程仕事が良く出来る裁判官だ。どうしてそういうことになるのか、それは何となく分かるような気がする。

裁判（民事裁判）には、先程の訴訟物、請求原因、抗弁などに対する理解が不可欠だ。これを理解していなければ民事裁判はできない。だがそれを幾ら知っていたとしても、それだけで事件が適正迅速に処理出来るというものでは決してない。

小稿では、紙数の関係などもあり、和解（裁判上の和解。民訴法２６７条）の話はしない。

しかし、和解を良く成立させる裁判官、和解率の高い裁判官というものは、裁判記録を極めて深く精査すると同時に、少しでも当事者の立場や気持ちに寄り添い理解しようとする裁判官だと言って良いだろう。そしてそういう裁判官は今お話したような傾向にある、いわば仕事以外のことにも積極的に取り組む裁判官である（酒がダメでも宴会には顔を出す）。

何よりも、裁判の場というものは、裁判官自身、裁判官の人格が試されている場、外ならぬ裁判官自身が審理の対象だといったら、この辺りのことが多少なりとも分かって預けるだろうか。

4

　そのうえで、この項の最後に、一寸、触れておこう。
　そもそも、裁判官それ自体には上下はない。先程、裁判長も陪席も同じ机・椅子が与えられているといったが、そのことは、その現れの一端だと思う。だからだろうが、裁判官は基本的には出世とか昇進とかいうことに関心はない。というか、生涯一兵卒である。裁判記録を読んで判決を起案するという基本的なパターンに変わりはない。裁判長になれば陪席が合議事案の判決を起案するが、自分も記録を読み、陪席の起案に手を入れる。自分で端から書き下すよりは陪席の起案に手を入れる方が遥かに大変なことなのだ。それに部下という存在がない。陪席裁判官は部下ではない。書記官を部下というなら部下は誰でも2名限度だ。裁判官の中に出世とか昇進とかいう観念・実態がそもそも存在しないのだ。
　ただし、誰でも昇給に無関心ではない筈である。
　その一方、長年豊富な経験を積んだ先輩と経験浅い新米との間には、知識・経験から来る、直ちには何とも乗り越え難い力量の差というものが自ずから厳然として存在する。そのことは、全ての裁判官の中に共通の意識・感覚として育まれ存在する。
　後輩裁判官が先輩裁判官に礼節をもって接するのは、そのようなところから発する専ら畏敬の念の然らしめるところなのであって、上司・部下の関係にあるからではない。
　無論、部長や所長は、司法行政上、上司といえば上司である。だが、上記のような観念や実態からすれば、裁判官の意識の中には上司・部下という意識は極めて稀薄だろう。だから、上命下服などと言う言葉が普段一人歩きするようなところではないと言って良いだろう。
　時に、最高裁裁判官（最高裁長官、最高裁判事）や高裁長官の視察が

ある。視察があれば、来訪者として通されている所長室に此方から出向いて挨拶するのが通例ではある。しかし、予め事件の審理が予定されていれば、事件を差し置いて挨拶に出向くことはない。調整をすることはするが（私の場合）、視察予定を知らされた後に視察時間帯に事件の審理期日が入ることもある。視察予定があるから、その時間帯には事件審理を入れないなど決めてかかることもしない。こんな機会には、昼には会食、夕方以降には宴席が設定されることが良くある。事件の審理が長引いて会食の時間に食い込んでも、誰も切り上げて会食の席に出るようなことはしない。

　昼休みが終わりかけようとすると、午後の早い時間帯に事件があれば、会食の席に、時に最高裁裁判官、時に高裁長官、それにお傅役の所長を置き去りにして、三々五々、席を起って出て行く。寧ろ、事件のある方はどうぞご遠慮なさらず、と先方から言われる。夜の宴席も、別に用事があるということで出て来ない裁判官もいる。会食も宴会も、出て来なかったからと言って、所長以下、誰からも別に何とも言われない。

　無論、裁判所の玄関まで出て、出迎えたり見送ったりする者は、裁判官の中には誰もいない。所長は、その裁判所の司法行政上の責任者として、そういう場合には相手をするのだが、私の記憶でも最高裁裁判官や高裁長官を玄関前で送迎した記憶がない。もしかしたら見送りくらいはしたかも知れないが。

　所長室で管内の情勢の説明をした光景は憶えているものもあるが。所長や部長からは、裁判官に対し、その都度、改めて、飽くまでも事件優先であることを呉々も言われる。

　このような感覚が未特例判事補の時代から裁判官の中に自然と育まれて行く。

九　未特例判事補の教育実践

1

　それでは、このような職場環境に置かれた未特例判事補は、毎日毎日、一体如何に執務に取り組み研鑽を積んで行くのか。

　以下は、飽くまでも、私限りの、しかも例え話としてご了解願いたい。

　一口にいうと、合議事件の主任裁判官として裁判記録を精査することから始まる。

　訴訟物は何か、当事者の主張立証の整理、判例・学説の調査、これに基づく合議メモの作成（裁判長・右陪席に配布する）、期日直前を始めとして幾度となく繰り返される評議に臨み、事案及び争点の説明、意見の開陳（裁判所法７６条）、当事者に対する求釈明事項の検討、次回弁論期日の進行説明、法廷での尋問、最後は判決の起案に当たる。

　主張の整理は、特に事実整理というが、先程のとおり請求原因、抗弁、再抗弁、再々抗弁事実を、この順序で整理し、主張が不足し又は趣旨不明の主張があれば、それを当事者に追加補充させ意味を明確にさせるべく求釈明ということになる。無論、主張された事実に対する証拠となる文書の有否の確認も求釈明の対象である。

　事項によっては、予め書記官室を通して代理人弁護士に連絡をして、事項によっては期日前、それが間に合わなければ期日での提出を促す。

　評議に臨みと言ったが、どこの裁判部でも概ね同様で、裁判長と右陪席の単独事件は週２開廷、合議事件は週１開廷予め定められた曜日に開廷する。これに応じて、次の開廷日に予定される合議事件の纏まった評議は、予め決まったその直前の決まった曜日の決まった時間帯に行うのが通例である。

合議体の裁判官３人が他の事件の審理を入れず、評議のために必ず空けておく時間帯である。いわば定例評議といったところだ。

だが、裁判官室の机は、概ねコの字形式か島型形式に置かれているから、これとは別に問題が生じれば、「部長！あの事件ですが」、「サクライくん、例の事件だけどねー」となって、その都度評議をする。右陪席が法廷に入っているなどして席にいなければ裁判長と左陪席、裁判長が同様に席にいなければ右陪席と左陪席がいわば２人評議をすることなど日常茶飯事である。それでも解決できない問題があるときなどであれば、「そのことは、○○さん（右陪席）が戻って来たらまた検討しよう」、「部長が戻ったら部長の意見を伺いましょうか」、ということになる。

大抵の裁判所での評議はこのとおりであるが、ただ私の初任庁は、先程のとおり全員が個室であったから、廊下一列に隣り合わせで並んだ裁判長や右陪席の部屋にちょくちょく出向いてこういうことをしていた。裁判長も右陪席もちょくちょくヒョッコリと私の部屋に現れる。

定例の評議は裁判長の部屋でした。裁判部によっては、毎日毎日朝から夕方まで３人で評議ばかりをしているところもあると聞いた。本当かな？

この過程では、右陪席の指導も無論受けるが裁判長から指導を受ける機会が圧倒的に多いし、その比重も圧倒的に大きい。

評議では、参考事案を引き合いに出すが、例えば次のようなものだ。これは、飽くまでも私のことだ。

「君の合議メモには、請求原因として原告が腕時計を被告に引き渡したと書いてあるが、どうして腕時計の引渡しの事実が請求原因になるのか、支払時期について何か特約でも主張されているのか」、「いえ、ありません」、「売買契約を詐欺で取り消したということが抗弁に出て来るが、君のメモには何時、どういう方法で取消しの意思表示をしたかが書かれていない、その点は主張されているのか」、「はい、主張されています」、

九　未特例判事補の教育実践

「そうかそれじゃーそれは良いとして、内容証明郵便で取り消したというならその到達日の主張はあるのか、それは証拠として提出されているのか」、「いえ、その点の主張立証はまだ出ていません」、「それじゃ、その点はどうする」、「では、次回期日に求釈明をお願いします」、「その程度のことだけで期日を開くのか、主任（主任書記官）に言って期日前に被告から出させたらどうか、その点の主張立証がされれば、あとは人証（証人尋問、本人尋問）に入れるのか」等々、質問が矢のように飛んで来る。

　答える未特例判事補（私）はしどろもどろ汗だくだくである。これは、毎度のことだ。定例評議の日は、評議が終わると、疲れが一気にドカッと襲う。開廷日の法廷での審理が終わった時点の比ではない。

　裁判長は、無論、裁判記録を予め精査している。へー、部長はそんなところまで目を通して検討しているんだ、と驚かされることが幾らでもある。それでも、出来る限り何とかしてまず左陪席に考えさせ、説明させ、答えさせようとするのである。

　下手に思い付きでものを言うと、「そもそもそれが争点になるのか、最終的にそこが争点となるとしても、もう少し当事者に主張立証させるべき事実関係があるのではないか、それに、その点は○○の問題であろうから、その点の判例・学説はどうなっているのか、これは次回は良いとしても次々回までには一通り当たっておくべきだな」ということになる。

「まあ、こんなところですかな、今日は」
「○○さん（右陪席）、こんなところで良いですか、外に何かありますか」
「いや、結構です、最後の判例・学説の点は、あと、どんな主張が出て来るかによるでしょうが、まあ、最終的には問題にならないかも知れませんね、でもね、櫻井さん、これ中々面白い問題だから、この機会に調べておいた方が良いですよ、何だったらね、僕のところにも別件で調

べた時の資料が少しあったと思うから、探して持ってきますよ」

　評議において裁判長が自分の意見を陪席に押し付けるなどということは、私の経験の中にはないし外でもそうだろう。

　合議事件では、裁判は、裁判官の過半数の意見をもって決することと定められている（裁判所法７７条１項）。しかし、私の経験の中では、途中で論点について色々意見を戦わせても、原告勝訴意見が２、被告勝訴意見が１、よって原告勝訴判決としますなどというしかつめらしい評議をした場面は一度もなかった。

　大体、裁判所法の規定は上記のとおりであるが、裁判というものは、基本的には説得の場であるから、凡そ上記のような評決などないと断言はできないが、そのような場面は極めて少ないであろう。

　物の見方には多種多様なものがあるということだ。だから、結論如何ではなく結論も大事なことだが、まずその思考過程と説得力如何が問題ということになる。

　意見が合わない時など、結論を急がず裁判長自身が率先して記録を再検討し、次回の評議に備えるし両陪席も同様である。

　意見が相違する点は、結論を急ぐことなく、自分の認識する事実問題、法律問題に関する考え方がそれでいいのか、どうしたら疑義を唱える合議体の構成員を説得出来るのかをもう一度記録に当って、検討するのだ。裁判長も、一例だが、「そういうところですかな、この事件は、じゃー、お二人の線でいきましょうか、○○さん（右陪席）良いですね」、「はい」、「櫻井くんもね」、「はい」、「じゃあ、櫻井くん、その方向で起案してもらいましょうか、ご苦労だが頼みますよ」ということになることもある。

　そうして、愈々、結審（審理終了）となる。

2

　結審すれば、主任裁判官である左陪席が本格的に起案に取り掛かる。
　私の当時、原案は、原稿用紙様の表裏のある起案用紙（横罫のないもの）に縦に鉛筆で手書きしていた。少ないものでも、表に一行置きに書くと数十枚にもなる。一行置きにするのは、裁判長と右陪席の手が入るからだ。
　その起案が終わると、原則として、原案を先ず右陪席に回す。右陪席から指摘され、その時点で修正すべき点は修正して、もう一度右陪席に回し、右陪席が点検してそれで良ければ右陪席から直接、又は左陪席に戻されてから裁判長に上げられる。
　裁判長が未特例判事補の起案を見終わるまでには、これまた幾度となく「君の起案のこの部分は何を言わんとしているのか、当事者の主張するところはこれで良いのか、君の起案では当事者の主張が正しく摘示されていないのではないか、この甲号証（原告の提出した証拠の文書）は、被告が成立（文書が作成者とされる者の意思により作成されたこと）を争っているのに、判断が抜けているではないか、弁論の全趣旨（審理全体の状況）で簡単に成立を認めて良いような書証（文書）ではないではないか、この部分の見解は判例・学説があるのか君独自の見解か、どうしてこの点を主張欄に掲げたうえで判断しないのか」等々、これまた、裁判長から矢継ぎ早に質問が浴びせられ、叱責を受けることも屡々である。
　こうして、愈々、裁判長の手の入った私の起案した判決原案が裁判記録とともに私のところに戻される。
　「ご苦労さん、大変だったね、よく点検してね、何かあったら言って来て下さいよ、○○さん（右陪席）にも見てもらってね、良かったら私

第九編　行政書士と文書

の所に戻して下さい、いいね」、「はい、どうも有り難うございます」となる。

　これ以降の成案になるまでの間にも、事件によっては何度も評議が重ねられるし、書き直して裁判長に戻したものにさらにまた手が入ることもザラだ。

　3人がこれで良しとなると、浄書に回される。私の頃は専門のタイピスト（技官）がいて全てタイプ浄書していた。今は殆ど裁判官自身がパソコンで成案を浄書する場合が多いだろう。

　浄書されたものに、まず左陪席が署名捺印した上で各丁間に契印をし、それが右陪席、裁判長の順に回されそれぞれこれに署名押印がされて判決書の原本が完成する。

　それでは、戻って来た私の起案した当初の原案は一体どうなったか。

　結論からいうと、成案になるまでに、主として裁判長の手になるのだが、徹頭徹尾書き直され僅かに句読点が残る程度、良くて僅か数行だけが残る哀れ無残な姿（これは大袈裟な表現ではない）で戻って来るのが常であった。私の場合である。

　ページ一杯に斜線が大きく引かれて抹消されるようなことは殆どない。一行一行、私の文章を可能な限り生かしつつ、それらを長い矢印で繋げ、語句、文章を挿入する余白がなければホッチキスで留めて継ぎ足した新たな用紙に書き足し、もとの原案からその箇所の始点までを長い矢印で繋げ、挿入箇所の終点から、また長く矢印を伸ばして原案の然るべき箇所に繋げるということの繰り返しである。継ぎ足し用紙は、ページとページの間に挟んだり、横に出たり上に出たり下に出たりと様々で、さながら折り詰め弁当の包装紙を開くような感じだ。こうして、私の起案した原案の文章と訂正後の文章との意味関連が良く分かるようになっている。

　裁判長が手を入れた後の文章は、その構成といい、文章表現といい、

九　未特例判事補の教育実践

事実認定といい、法的評価の点といい、何もかも全て見事としか言いようがないものばかりであった。

　私も何時になったら部長のようになれるのか、永遠に来ることはあるまいと暗澹たる思いで毎日を過ごす。

　学生時代の勉強、司法試験受験時代の勉強、そして司法修習生時代の勉強など、何の役にも立たない、何たる不勉強か、不勉強を嫌というほど思い知らされ、己の不甲斐なさに打ちのめされる。

　長い裁判官生活のスタートは、このことの繰り返しであり、最も重要な時期だ。そんな時、司法研修所を同期で卒業して弁護士になった連中の多くは、皆イソ弁とか言ってるが、一体事務所ではどんな指導を受けているのか、フッと思うことが何度もあった。

　未特例判事補の時代、私が指導を受けた裁判長は一人ではない。お互い人事異動などがあるから、未特例判事補は原則として誰でもこの５年間に複数の裁判長の指導を受けることになる筈だ。

　指導期間の長短、時期の重複もあり、民事事件ばかりか刑事事件、それに家裁には裁判部が置かれていない小規模庁には上席裁判官という地裁でいえば裁判長ほどの経験のある裁判官が配置されており、家事事件では上席裁判官からも指導を受けたから、未特例判事補時代、私は、７、８人程の裁判長の指導を受けたことになる。

　右陪席からもその後の執務の指針となる貴重な教えを数々受けた。

　私は、未特例判事補当時に指導を受けた裁判長の数を分母として、その後の私がある、と今でも心底そう思っている。

　無論、右陪席となってから後にも、その時々の裁判長からはこれまた数々の指導を受けた。その指導は私の中の宝物だ。

　これらの裁判長の中でも、初任当時の民事部、刑事部の両裁判長の印象が強い。

　私は民事部所属であったが、刑事部の左陪席に差し支えであった合計

第九編　行政書士と文書

8箇月間、刑事合議事件に左陪席として関与した。裁判官が種々の理由で一時的に欠けた場合、それを別な裁判官で臨時に補充することを、填補という。同じテンポでも転補は転勤異動、填補は臨時の助っ人である。

　無論、予め定められた裁判官の事務分配規定に従って填補する。

　私もこうして刑事公判事件に関与したことはある。

　一口にいうと、初任当時の裁判長は、民事部の裁判長は極めて精緻な文章を書く人であったし、刑事部の裁判長は実に流麗な文書を書く人で、いずれもそれは見事であった。

　初任庁を離れた後に知ったことだが、油絵で個展も開くというこの刑事部の裁判長は（ここまではお世話になっていた当時も知っていたことだ）、作家大岡昇平の作品『事件』（日本推理作家協会賞受賞作品）が世に出る後押しをした人だ。

　これは、石田あゆみ、大竹しのぶ、若山富三郎らが共演してテレビ放映されたから皆さんの中にもご存知の方が多かろう。

　この大岡作品『事件』は当初は『若草物語』という題名で出版されたが売れ行きが芳しくなく、程なく神田の古本屋街の店頭に並べられるようになった。それを、偶々、通り掛かったこの裁判長が見付け、これ程の作品がこのまま埋もれてしまうことを大層惜しみ、作者本人に直接だったか第三者を介してだったか忘れたが、再出版することを勧め、最高裁刑事局も賛助を惜しまず、『事件』と改題して再出版したところ、大好評を博した。

　そういうことが私が目を通した文学雑誌に掲載されていた。確かこの裁判長自身の著作（無論判決ではない）だったと思うのだが、そこにも同じようなことが書かれてあったのを読んだ微かな記憶がある。

　櫻井くん、絵の構図というのはね、「○と△と□」からなっているんだよ、起案もそういうことだな。ある時、机の上の茶碗を手に取り、掌に乗せて軽く回しながら、この裁判長からこう言われたことがある。だ

が、絵心の全くないが故か、私にはその辺りの奥義が未だにトンと分からない。

通して『事件』を読んだのは、今は亡きその裁判長にお世話になって４０年近くが経って裁判所を辞した後のことである。

3

しかし、初任の未特例判事補の裁判事務は、合議体の構成員としてのそれに尽きない。

先程お話ししたように、未特例判事補は、法律で定める特別な場合以外は一人で裁判をすることができないという制約を受ける（裁判所法２７条１項）。

一人で裁判が出来る特別な場合として、民訴法は、判決（審理手続を含む）以外の裁判は判事補が一人でこれをすることが出来ると定めている（１２３条。刑訴法４５条は同趣旨の規定）。先程も触れたが、執行・保全事件や令状事件などである。

現に、どこの裁判所でもこれらの事件は未特例判事補が担当するものと定められているものと思う。因みに、どの種類の事件をどの裁判官がどの割合で担当するのかという事件の分配（事務分配という）は、開廷日割・法廷使用区分（何曜日にどの裁判官がどの法廷を使って開廷するのか）などとともに、その裁判官所属の裁判所の裁判官全員（未特例判事補を除く）で構成する裁判官会議で決議されたところにより定める。

未特例判事補は裁判官会議の構成員ではないが、裁判官会議には必ずオブザーバーとして出席陪聴する。

そして、裁判、裁判官というものは、何時でも何処でも常にそういうものだが、未だ経験浅い新米の未特例判事補であっても、一人で関与する裁判であれば、裁判官として生まれたその日から、唯一人、その名そ

第九編　行政書士と文書

の責任において審理判断に当たる。誰からも指示・命令を受けることは事実としても一切ない。

　私も、未特例判事補の時代から裁判所を辞するまで、合議事件では合議体の裁判官の間で意見を戦わせることは当然のことだが、合議事件にせよ単独事件にせよ、外部から指示・命令を受けた経験は全くない。

　その意味で裁判官は独立である（憲法７６条３項）。

　未特例判事補であっても、１億２０００万人を擁するこの日本国という国の国家意思を当該事件の裁判を通して、唯一人その名において体現する職責を負わされている。それが裁判官というものだ。

　裁判官の独立ということを、一般には如何なる者いかなる勢力からも、殊に国会、内閣、時には最高裁からも、何らの影響を受けることなく独立して公正・公平な裁判を行うことという視点から論じられる。

　それに間違いはないのだが、これだと、題目としてはそうだと了解されても何となく今一つ抽象的過ぎて感覚として分かり難いかも知れない。これを、上記のようなことを踏まえて考えてみると、少しはその意味合いというか実態が具体的・動的なものとして浮かんで来るだろうか。

　裁判官の独立に触れたが、それは同時に一つには国の政治勢力との関係、一つには最高裁との関係において裁判官の独立が実質的にどれほど確保されているかということに直結する問題でもある。微妙な問題を孕むことだが、小稿の趣旨と些か離れるしこの点は別の機会に譲ろう。

　話をもとに戻す。

　無論、修習生時代、裁判の現場を内側から間近に何度も見聞きして来たことは来たのであるが、いざ自分の名で裁判をするとなると、まるっきり勝手が違うように思え、不安このうえもないというか何をどうして良いかさっぱり分からない。

　裁判は、どの審級にある事件であっても、裁判官だけで審理が進行し

九　未特例判事補の教育実践

裁判（判断）がされるというものではない。必ず、書記官が付く。調書の作成権限が裁判官にもあたえられているドイツにおいては、裁判官一人で手続が進行して行くということであるのであろうか。

未特例判事補が一人で出来るとされる上記のような事件であれば、比較的経験が豊かな書記官が付く。こちら１年生（零年生と言うべきか）あちら２０年生というところだ。裁判所（官署）はどこでもそのような配慮はしているのが通例であろう。その書記官に何から何まで教えを乞う。親切に何でも教えてくれるし関係する資料も集めてくれて大助かりだ。

時にはというか、ちょくちょくというか分からないことがあれば合議体の構成員（裁判長、右陪席）は言うに及ばず、民事・刑事・家事・少年事件を担当する誰彼構わず外の裁判官を、相手の都合も構わず訪ねて行って何でもかんでも只管聞きまくり教えを乞う。

しかし最後はたった一人でその事件の判断を出す。

このように、生まれたばかりの新米の裁判官は、合議事件に左陪席として関与する中で研鑽を積み、そして一人で関与する事件を通して、これまた、自己研鑽を積んで行くことになる。

それ以外に、任官１年目、３年目、５年目、１０年目と、節目節目に司法研修所に集められて、いずれも数日間だったと思うが、研鑽（３年目研鑽などという）を受ける。

研鑽内容を殆ど忘れている。１年目研鑽のそれは憶えておらず、３年目研鑽は家裁事件の担当、５年目研鑽は単独事件（訴訟事件）の担当、１０年目研鑽は判事任官をそれぞれ控えた研鑽である。これ以外には、その時期は忘れたが最初の総括指名を控えた時期の前後に裁判長研鑽というものがあった。これも、その内容を殆ど忘れている。

こういう研鑽は、研鑽内容を殆ど忘れているくらいだから、無駄な研

修とは言わないまでもさして役立つ研鑽であったようにも思えない。参加者側からすれば、精々、久し振りに仲間に会えるし、各裁判所の実情などの情報交換が出来る限りで意味がある程度だろう。数日程度の研鑽など、所詮その程度のものだと思っていた方が、企画側も参加者側も良いだろう。

　ただし、私が新任当時、同期の新任判事補を全員、時期を分けて東京地裁に集めて民事・刑事の各裁判部に配置し、新任判事補研鑽と称して４箇月間、原庁（本来の所属裁判所）と同様、左陪席として事件に関与しつつ指導を受けた。これは、世間の評判（新任判事補の思想統制だとの批判）に拘わらず、私にとって極めて有意義な研鑽であった。

　東京地裁には、裁判長にしろ、右陪席にしろ、それなりの裁判官が配置され、人的物的施設が整っており、この時期に多くの有為な裁判官と面識を得、指導を受けることが出来たことは、これまたその後長く私の中に大切な財産として有り続けた。

4

　だが、裁判官の研鑽がこれで終わるものではない。裁判官が裁判所内部で辿るコースは各人各様である。中には、裁判所と法務省（本省）を行ったり来たりする者、法務省に行った切り居続け、中々戻って来ない者などもいる。

　私はそのコースを辿ることはなかったが、地裁の裁判長経験者が高裁の陪席に異動することもある。

　そうすると、今まで散々地裁で未特例判事補の起案に手を入れていたその同じ裁判官が、今度は、控訴事件で自ら主任裁判官となって判決を起案し、高裁の裁判長から散々に直される。もう、次は所長に出るだろうと思われているような裁判官がである。時には、所長から高裁の陪席

九　未特例判事補の教育実践

に異動する裁判官もいるが、このような裁判官も同様である。私は、地裁の裁判長を経験する前の任官２５年目辺りで高裁の陪席になり、そこで裁判長に散々起案を直された。どうやら、裁判官は裁判官である限り、死ぬまで（退官するまで）、完璧な判決書を作成することはできないもののようだ。

　だが、行政書士向けのこの本の趣旨には沿わないかも知れないが、弁解とも自慢話ともつかぬ話をチョコッとだけさせてもらおうか。
　私の刑事訴訟事件の経験は、民事訴訟事件に比べれば、圧倒的に少ないことは先程お話した。だがしかし、私の起案した被告人控訴の刑事控訴審の控訴理由書、刑事一審判決は至って好評であった。
　前者は、司法修習生時代、弁護士事務所での修習中（弁護修習という）の起案である。日本中の注目を浴びた著名な大型再審事件を手掛けて再審無罪を勝ち取った実績のある高名な弁護士で、当時は老齢となっておられた。この指導官の弁護士には、櫻井くん、大層、立派な控訴理由書が出来たじゃないか、と大いに褒められた。指導官の手が入ったのは、参考判例を指摘する部分の僅か２０字くらいであったと記憶する。
　この事件は、傷害致死事件で一審は実刑判決であった。結果は重大だが、寧ろ被害者に責められるべき点があったし、前科前歴もなく、それまで誠実に生きてきた青年が冒した事件にしては、実刑は如何にも可哀想に思われる事件であった。
　事実誤認（被害者死亡の原因は、被告人の暴行によるものではなく、その直前に敢行された第三者の暴行に起因する）、法令適用の誤り（旧刑法２０７条同時傷害致死罪の適用不当）、量刑不当（実刑不当）が控訴理由であった。
　裁判所にとっても事実認定が難しい事件であったのであろう。現にその事件では、刑事控訴審では滅多にない証人尋問の申請が採用され、高

裁からは遠方所在（一審裁判所・弁護人事務所所在地）の医師に対する証人尋問が実施され、私も事実上それに立ち会った。証人尋問が採用された時、手応えアリと思ったのだろう、指導官からは、中々難しい事件だが君の控訴理由が分かってもらえたね、と喜んで頂いた。無罪とはならなかったが、高裁では執行猶予の判決となって確定した。

　後者は、何件かあるが、修習生の起案に手を入れて実にのびのびとした良い起案だねー、と褒められた。

　合議事件では右陪席も時に主任裁判官となることがある。私にも大型事件でそのような経験がある。未特例判事補の分際で、右陪席判事の起案をあれこれ直すのは流石に気がひける（これは私限りのことだろう。そのようなことをしてはならないということを言われたことはないし、無論、そんな決まりがある訳でもない）。

　そこで、私なら判決はこう書きます、といって別案を起案して裁判長に提出した。何件かある。その度に、裁判長からほほー、櫻井くん、なかなかなもんだねー、君たち（左陪席）が良い起案を出してくれるとねー、判決が引き締まるんだよ、とこれまた大いに褒められたものだった。

　褒められることは善し悪しである。お陰で、刑事部には期間限定で本来の左陪席が長期不在（東京地裁での研鑽）の後を填補するだけの積もりであったものが（当時は地裁と家裁を兼務し、地裁で給料をもらい、家裁に席を置き、主として家裁で執務していた）、命じられて強盗殺人死体遺棄事件の否認事件の判決まで起案することになった。

　これは、有り難いことだと思わなければならないことだが。毎日、白蝋化した被害者の遺体の写真と対面しながら過ごした。分厚い裁判記録は、その積もりがなくとも、記録を手にしたり、動かすと写真の貼ってある箇所がどういう訳か自然に開くのだ。

　そればかりではない。大の麻雀好きのこの裁判長に始終付き合わされて、何度もテツマー（徹夜麻雀）をする羽目になった。

素面（しらふ）でテツマーをやる訳にも行くまいと、また例の悪友の誘いに乗って対戦に及ぶ。夜が白々と明ける頃、妻に気付かれずに音を立てずにソッと宿舎の玄関ドアを開け、布団に潜り込み登庁（出勤）するまでの暫しの間ひたすら寝入る。

十　終わりに

　以上、縷々、私の裁判官時代の拙い経験を語ってきた。
　今は弁護士の立場にある。
　弁護士には、イソ弁といわれる存在があることはご存知だろう。
　弁護士過多時代といわれる近頃、ノキ弁とかソク弁とかいう存在も良く耳にする。ノキ弁は知らぬが、数は少なくともソク弁は昔からあったことだろう。
　弁護士になっていきなり独立して弁護士事務所を開業する弁護士のことだ。
　私は、司法修習生当時、学者肌の弁護士の教官（司法研修所の弁護教官）から、弁護士は世間で言うように儲かる仕事ではない、儲けたいなら事業をやるほうがよほど儲かる、弁護士は儲からないことを承知なら君たちの誰にでもどんな形であっても出来る、と聞かされた。
　それが、今もそのまま言える時代かどうか本当のところは分からない。
　しかし、私は弁護士は縁があって先輩弁護士の指導を受ける機会を得ることが出来るなら、是非その好意に甘えイソ弁を経験すべきだと思っている。これは裁判官在任中から思っていたことだ。
　経験豊かなボス弁といわれる先輩弁護士に付き、その指導を受けることは、若い弁護士の将来にとって極めて有用で掛け替えのないことであ

第九編　行政書士と文書

るばかりでなく、弁護士業界全体の将来展望にとっても極めて有用なことだと思うからである。

　出来れば、中堅どころの弁護士も在籍している弁護士事務所で、その弁護士の薫陶を受けることも極めて有意義だと思う。

　このような態勢の弁護士事務所は、イソ弁にとってばかりでなくボス弁にとっても一つには老練な弁護士の豊富な知識経験、一つには中堅弁護士のエネルギッシュで実践的な弁護活動、そして若い弁護士の新鮮な感覚が相俟って息が通う良き弁護士事務所というものであろう。このような弁護士事務所は、都会地に限らず数の多少は別として何処にでもあるのではないのか。

　そこには、裁判所と弁護士事務所という違いはあるものの、次代を担う若い裁判官、若い弁護士を育成し今ある社会の信頼・期待を次代に繋げて行くその秘訣とでもいうべきものがあると思う。

　それと同じことが行政書士の場合にもいえはしまいか。行政書士事務所の経営の実態を全く知らない。行政書士には行政書士なりに特有の事務所の経営事情というものがあるのであろう。

　しかし、若し、行政書士事務所の態勢が、現に上記のようなところにないのであれば、取り敢えずは弁護士事務所の上記態勢をその一端でも良いから取り入れる試みをしてみる価値は十分にあるだろう。

　ボス行政書士にイソ行政書士と言ったところだ。これは、若手行政書士の育成にとっても、行政書士業界全体の将来にとっても欠くべからざることではないかと思う。どうであろうか。

　そのために、今、何が出来るかだ。前掲新詳解行政書士法などを見ると、他の士業との共管業務の範囲はかなり広範囲にわたる。その中で行政書士には社会の付託に答えて行かなければならない社会的使命がある。他の士業との連携も大切なことに相違はないし、決して蔑ろすることが出来ないものだ。だが、将来を見据えてまずは個々の行政書士が行政書士

十　終わりに

としての地歩を十分に固め、力量を発揮することが先決のように思う。
　行政書士知らずが拙い行政書士語りをした。
　小稿が皆さんの執務、将来展望にとって何らかお役に立てば幸だ。

以上

付　録

目　次

第1　司法職務定制（明治5年8月3日太政官無号達抜粋）……381頁

第2　制定当時の行政書士法（昭和26年法律第4号）…………381頁

第3　他士業における業務制限に関する根拠法令（抜粋）………390頁

第4　民事上取り扱うことが多いと思われる事案についての解説
　1　法律相談……………………………………………………392頁
　2　内容証明郵便の要点………………………………………402頁
　3　合意書作成の要点…………………………………………410頁
　4　後見………………………………………………………419頁
　5　遺言………………………………………………………429頁
　6　相続、遺産分割……………………………………………436頁
　7　遺言執行者…………………………………………………442頁

第5　御長老行政書士先生への進言…………………………………447頁

付録

第1　司法職務定制（明治5年8月3日太政官無号達抜粋）

第10章　證書人代書人代言人職制

第四十一條　證書人

第一　各區戸長役所ニ於イテ證書人ヲ置キ田畑家屋等不動産ノ売買貸借及生存中所持物ヲ人ニ贈與スル約定書ニ奥印セシム

第二　證書奥印手數ノ爲ニ其世話料ヲ出サシム

第四十二條　代書人

第一　各區代書人ヲ置キ各人民ノ訴状ヲ調成シテ其詞訟ノ遺漏無カラシム

但シ代書人ヲ用フルト用ヒサルトハ其本人ノ情願ニ任ス

第二　訴状ヲ調成スルヲ乞フ者ハ其世話料ヲ出サシム

第四十三條　代言人

第一　各區代言人ヲ置キ自ラ訴フル能ハサル者ノ爲ニ之ニ代リ其訴ノ事情ヲ陳述シテ枉冤無カラシム

但シ代言人ヲ用フルト用ヒサルトハ其本人ノ情願ニ任ス

第二　代言人ヲ用フルモノハ其世話料ヲ出サシム

證書人代書人代言人世話料ノ數目ハ後日ヲ待テ商畳スヘシ

注）證書人は現在の公証人、代言人は現在の弁護士にあたる。公証人、弁護士以外の他士業は、全て代書人から派生した士業であり、行政書士のルーツもこれにあたる。

第2　制定当時の行政書士法（昭和26年法律第4号）

（業務）

第一条　行政書士は、他人の依頼を受け報酬を得て、官公署に提出する書類その他権利義務又は事実証明に関する書類を作成することを業とする。

2　行政書士は、前項の書類の作成であっても、その業務を行うことが他の法律において制限されているものについては、業務を行うことができない。

（資格）

第二条　第四条の規定による行政書士試験に合格した者は、当該都道府県において行政書士となる資格を有する。

2　左の各号の一に該当する者は、いずれの都道府県においても、行政書士となる資格を有する。

　一　弁護士となる資格を有する者
　二　弁理士となる資格を有する者
　三　公認会計士となる資格を有する者
　四　国又は地方公共団体の公務員として行政事務を担当した期間がこれを通算して八年以上（次条第一号に該当する者にあっては五年以上）になる者

（行政書士試験の受験資格）

第三条　左の各号の一に該当する者は、行政書士試験を受けることができる。

　一　学校教育法（昭和二十二年法律第二十六号）による高等学校を卒業した者その他同法第五十六条第一項に規定する者
　二　国又は地方公共団体の公務員として行政事務を担当した期間がこれを通算して三年以上になる者
　三　都道府県知事の定めるところにより、前号に掲げる者と同等以上の知識及び能力を有すると認められた者

（行政書士試験）

第四条　都道府県知事は、毎年一回以上行政書士試験を行わなければならない。

2　前項の試験は、行政書士の業務に関し必要な知識及び能力につい

て行う。

3　行政書士試験を受けようとする者は、政令の定めるところにより、試験手数料を当該都道府県に納めなければならない。

4　前三項に規定するものの外、試験の科目、受験手続その他行政書士試験に関し必要な事項は、都道府県規則で定める。

（欠格事由）

第五条　左の各号の一に該当する者は、行政書士となることができない。

　一　未成年者
　二　禁治産者又は準禁治産者
　三　禁錮以上の刑に処せられた者で、その執行を終り又は執行を受けることがなくなつてから二年を経過しないもの
　四　公務員で懲戒免職の処分を受け、当該処分の日から二年を経過しない者
　五　第十四条第一項の規定により登録取消の処分を受け、当該処分の日から二年を経過しない者

（登録）

第六条　行政書士となる資格を有する者は、行政書士となるには、その資格を有する都道府県において備える行政書士名簿に、住所、氏名、生年月日、事務所の所在地その他都道府県知事の定める事項につき、登録を受けなければならない。

2　行政書士の登録を受けようとする者は、政令の定めるところにより、登録手数料を当該都道府県に納めなければならない。

3　一の都道府県において行政書士の登録を受けている者は、重ねて、他の都道府県において、行政書士の登録を受けることができない。

4　この法律に定めるものを除く外、登録の申請、登録事項の変更、行政書士名簿その他登録に関し必要な事項は、都道府県規則で定め

る。

5　第二条第一項の規定により行政書士となる資格を有し、行政書士の登録を受けた者は、やむを得ない事由がある場合に限り、第二条第一項の規定にかかわらず、他の都道府県において、その都道府県知事の認可を受けることにより、行政書士となる資格を有することができる。

（登録のまつ消）

第七条　都道府県知事は、行政書士の登録を受けた者が左の各号の一に該当する場合には、その登録をまつ消しなければならない。

一　第五条第二号から第五号までに掲げる事由の一に該当するに至つたとき。

二　前条第五項の規定により他の都道府県知事の認可を受け当該都道府県において行政書士の登録を受けたとき。

三　その業を廃止しようとする旨の届出があつたとき。

四　死亡したとき。

五　前条第三項の規定に違反して登録を受けたとき。

（事務所）

第八条　行政書士は、登録を受けた都道府県において事務所を設けなければならない。その事務所は、一箇所とする。

2　行政書士は、都道府県知事の認可を受けた場合に限り、出張所を設けることができる。

（報酬）

第九条　行政書士が受けることのできる報酬の額は、都道府県知事の定めるところによる。

2　行政書士は、その業務に関して、前項に規定する額をこえて報酬を受けてはならない。

3　行政書士は、その事務所又は出張所の見易い場所に、報酬の額を

（帳簿の備付及び保存）

第十条　行政書士は、その業務に関する帳簿を備え、これに事件の名称、年月日、受けた報酬の額、依頼者の住所氏名その他都道府県知事の定める事項を記載しなければならない。

2　行政書士は、前項の帳簿をその関係書類とともに、帳簿閉鎖の時から一年間保存しなければならない。行政書士でなくなったときも、また同様とする。

（依頼に応ずる義務）

第十一条　行政書士は、正当な事由がある場合でなければ、依頼を拒むことができない。

（秘密を守る義務）

第十二条　行政書士は、正当な理由がなく、その業務上取り扱った事項について知り得た秘密を漏らしてはならない。行政書士でなくなった後も、また同様とする。

（立入検査）

第十三条　都道府県知事は、必要があると認めるときは、日没から日出までの時間を除き、当該吏員に行政書士の事務所又は出張所に立ち入り、その業務に関する帳簿及び関係書類を検査させることができる。

2　前項の場合においては、都道府県知事は、当該吏員にその身分を証明する証票を携帯させなければならない。

3　当該吏員は、第一項の立入検査をする場合においては、その身分を証明する証票を関係者に呈示しなければならない。

4　第一項の規定による立入検査の権限は、犯罪捜査のために認められたものと解釈してはならない。

（登録の取消等の処分）

第十四条　行政書士が、この法律若しくはこれに基く命令、規則その他都道府県知事の処分に違反したとき又は行政書士たるにふさわしくない重大な非行があったときは、都道府県知事は、左の各号の処分をすることができる。
　一　一年以内の業務の停止
　二　登録の取消
2　都道府県知事が前項の処分をしようとするときは、当該行政書士又はその代理人の出頭を求めて、公開による聴聞を行わなければならない。
3　前項の場合において、都道府県知事は、処分をしようとする事由並びに聴聞の期日及び場所を、その期日の一週間前までに、当該行政書士に通知し、且つ、聴聞の期日及び場所を公示しなければならない。
4　聴聞においては、当該行政書士又はその代理人は、釈明をし、且つ、証拠を提出することができる。
5　都道府県知事は、当該行政書士又はその代理人が正当な理由がなくて聴聞の期日に出頭しないときは、聴聞を行わないで、第一項の処分をすることができる。

（行政書士会）
第十五条　行政書士は、都道府県の区域ごとに、会則を定めて、行政書士会を設立することができる。
2　行政書士会は、行政書士の品位を保持し、その業務の改善進歩を図るため、会員の指導及び連絡に関する事務を行うことを目的とする。

（行政書士会の会則）
第十六条　行政書士会の会則には、左の事項を記載しなければならない。

一　名称及び事務所の所在地
　二　会の代表者その他役員に関する規定
　三　会議に関する規定
　四　会計に関する規定
　五　行政書士の品位保持に関する規定
　六　その他重要な会務に関する規定

（行政書士会の会員）

第十七条　行政書士会の区域内に事務所を有する行政書士は、その行政書士会の会員となることができる。

（行政書士会連合会）

第十八条　行政書士会は、共同して特定の事項を行うため、会則を定めて、全国を単位とする行政書士会連合会を設立することができる。

（行政書士でない者の取締）

第十九条　行政書士でない者は、業として第一条に規定する業務を行うことができない。但し、他の法律に別段の定がある場合及び正当の業務に附随して行う場合は、この限りでない。

2　行政書士でない者は、行政書士又はこれと紛らわしい名称を用いてはならない。

（総理府令への委任）

第二十条　この法律に定めるものの外、行政書士の業務執行、行政書士会及び行政書士連合会に関し必要な事項は、総理府令で定める。

（罰則）

第二十一条　第十九条第一項の規定に違反した者は、一年以下の懲役又は一万円以下の罰金に処する。

第二十二条　第十二条の規定に違反した者は、六月以下の懲役又は五千円以下の罰金に処する。

2　前項の罪は、告訴がなければ公訴を提起することができない。

第二十三条　左の各号の一に該当する者は、五千円以下の罰金に処する。
　一　第九条第二項、第十条又は第十一条の規定に違反した者
　二　第十三条第一項の規定による当該吏員の検査を拒み、妨げ又は忌避した者
　三　第十九条第二項の規定に違反した者

附則
1　この法律は、昭和二十六年三月一日から施行する。
2　この法律施行の際、現に第一条に規定する業務を行っている者（第五条第一号から第四号までの一に該当する者を除く。）で、同条に規定する業務を行った年数を通算して三年以上になるものは、この法律の規定による行政書士とみなす。
3　前項の規定により行政書士とみなされた者は、この法律施行の日から二月以内に、その業務を行っている都道府県において、第六条の規定による登録を受け、及び出張所を設けている者にあっては第八条第二項の規定による認可を受けなければならない。当該期間内にその登録の申請をしない場合においては、当該期間経過の日において、行政書士の資格を失う。
4　第二項に掲げる者を除く外、この法律施行の際現に第一条に規定する業務を行っている者（第五条第一号から第四号までの一に該当する者を除く。）は、この法律施行後一年を限り、行政書士の名称を用いてその業務を行うことができる。この場合においては、その者に対して、第七条から第十四条まで及び第二十二条の規定並びに第二十三条第一号及び第二号の罰則を準用する。
5　前項の規定により行政書士の業務を行うことができる者は、この法律施行の日から二月以内に、その業務を行っている都道府県にお

いて、第六条の規定に準じて都道府県知事が定めるところにより、登録を受けなければならない。当該期間内に登録の申請をしない場合においては、当該期間経過後は、前項の規定にかかわらず、行政書士の業務を行うことができない。

6　都道府県知事は、この法律施行の日から六月以内に、最初の行政書士試験を行わなければならない。

7　この法律施行の際、現に第一条に規定する業務を行っている者又は同条に規定する業務を行った年数を通算して一年以上になる者は、この法律施行後三年を限り、第三条の規定にかかわらず、行政書士試験を受けることができる。

8　この法律施行の際、現に第一条に規定する業務を行っている者のその業務に関する報酬の額については、第九条第一項の規定により都道府県知事が報酬の額を定めるまでは、従前の額をもつて同条同項の規定により定められた報酬の額とみなす。

9　この法律施行前にした行為に対する罰則の適用については、なお従前の例による。

10　建築代理士に関しては、この法律施行後でも、当分の間、条例の定めるところによるものとし、その条例は、第一条第二項及び第十九条第一項但書の規定の適用については、法律とみなす。

11　地方自治庁設置法（昭和二十四年法律第百三十一号）の一部を次のように改正する。

第三条に次の一号を加える。

九　行政書士に関する事務を処理すること。

（内閣総理大臣・法務総裁・外務・大蔵・文部・厚生・農林・通商産業・運輸・郵政・電気通信・労働・建設大臣・経済安定本部総裁署名）

第3 他士業における業務制限に関する根拠法令（抜粋）

○弁護士法

（非弁護士の法律事務の取扱い等の禁止）

第72条　弁護士又は弁護士法人でない者は、報酬を得る目的で訴訟事件、非訟事件及び審査請求、異議申立て、再審査請求等行政庁に対する不服申立事件その他一般の法律事件に関して鑑定、代理、仲裁若しくは和解その他の法律事務を取り扱い、又はこれらの周旋をすることを業とすることができない。ただし、この法律又は他の法律に別段の定めがある場合は、この限りでない。

第77条　次の各号のいずれかに該当する者は、2年以下の懲役又は300万円以下の罰金に処する。

（略）

3　第72条の規定に違反した者

（略）

○税理士法

（税理士業務の制限）

第52条　税理士又は税理士法人でない者は、この法律に別段の定めがある場合を除くほか、税理士業務を行つてはならない。

第59条　次の各号のいずれかに該当する者は、二年以下の懲役又は百万円以下の罰金に処する。

（略）

3　第52条の規定に違反した者

（略）

○司法書士法

（非司法書士等の取締り）

第73条　司法書士会に入会している司法書士又は司法書士法人でない者（協会を除く。）は、第3条第1項第1号から第5号までに規定する業務を行つてはならない。ただし、他の法律に別段の定めがある場合は、この限りでない。

（略）

第78条　第73条第1項の規定に違反した者は、1年以下の懲役又は100万円以下の罰金に処する。

○社会保険労務士法
（業務の制限）

第27条　社会保険労務士又は社会保険労務士法人でない者は、他人の求めに応じ報酬を得て、第2条第1項第1号から第2号までに掲げる事務を業として行つてはならない。ただし、他の法律に別段の定めがある場合及び政令で定める業務に付随して行う場合は、この限りでない。

第32条の2次の各号のいずれかに該当する者は、1年以下の懲役又は100万円以下の罰金に処する。

（略）

6　第27条の規定に違反した者

（略）

第4　民事上取り扱うことが多いと思われる事案についての解説

　以下では、行政書士業務においても度々遭遇するであろう、民事上の業務について簡単に解説すると共に、参考書式を掲載しておく。

第1節　法律相談

　まずは、法律相談について述べる。

　この分野は、何といっても経験がものを言うところである。

　誰もが、先輩弁護士がどういう相談をしているのかを盗む、そしてそれを実践する、とこういうことを繰返しているのではないだろうか。

　他方で、法律相談にはこういう相談が正解と、こういうこともないと思われる。

　ただし、法律相談が、解決策の提示や最終的にはトラブルの解決という目的をもっている以上、理想の形というのはそれなりにあるのかもしれない。

　読者の中には、未だ登録間もない先生と、ベテランの先生がおられるかと思う。経験の浅い先生方は、ベテランの先生方の相談を盗み、自分のものとしていくという意識が必要だと思われる。

　さて、ここで、私が触れる法律相談は、少々理屈ぽく感じられるかもしれない。というのも、法律相談というのは、これまで、経験がものをいうあるいは、各自が自己流で習ってきたという節が強いと思慮される。確かに、経験がものを言う、聞くより慣れろというところだと思われる。

　もっとも、近年では、リーガルカウンセルとかリーガルカウンセリングとかいう研究がされており、法律相談を少し理論的に検証しようという動きがある。ここでは、そんな研究分野の一端を交えてお話をしようと思う。1点ご注意いただきたいのは、理論を学んだからといって、よ

い法律相談ができるわけではないことである。
　先輩の法律相談技術を盗み、自分でも経験を積み、あくまで、その過程で、このような理論があったと、一つの助けにしていただければ幸いである。
　1　法律相談に臨むにあたって
　　(1)　法律相談の目的
　　　・相談者のニーズ
　　　　法律相談の目的が相談者のニーズをかなえることにあるのは論を待たない。
　　　　従って、法律相談では、相談者のニーズがどこにあるのかを探ることが第1にある。
　　　・相談者との協働、信頼関係の形成
　　　　次に、十分な聞取りを行うこと、これが紛争解決のためには必要である。
　　　　そのためには、相談者と信頼関係を築き、協働関係を築けるかどうか、ここがポイントになる。
　　　　信頼関係を築く上で注意する点がいくつかある。
　　　　まず、法律相談＝法律的な問題を相談に来る。と考えてはいけないこと。
　　　　素人に、その人が抱えている問題が果たして法律問題なのか判断させることはできないのであるから、そもそもこのような考え方は矛盾をしている。聞いている内に、実は法律問題であったということもあるので、入り口の段階で窓口違いの判定をするのは避けなければならない。
　　　　次に、法律家は、どうしても結論から話を聞きたがる。一方で相談者は、ものの始まりから経緯を細かく説明しようとする傾向が強い。

ここで重要なのは、ある程度は、相談者に話をさせてあげるということも必要だということである。弁護士が割って入る時期を、考えなければならない。あまりに初期の段階で割って入ると、相談者は話をろくに聞いてもらえなかったと不満を募らせ、信頼関係を形成することは難しくなる。
・解決策の提案
　　法律相談が相談限りで終わるのであれば、それが最終の目標である。
　　場合によっては、継続相談、事件として受任すると、こういう方向に進む可能性もある。
・事実の抽出→法規へのあてはめ
　　依頼者からの聞取りをもとに、事実の整理、その事実を法規に当てはめて、一定の結論を出さなくてはならない。
　　依頼者と信頼関係を築くといっても、だらだらと永遠に話しをさせていたのでは、時間不足のみならず、何の解決にもならない。多弁な依頼者の対処法については後で述べるが、かならずと言っていいほど、こちらで交通整理をする必要が出てくる。
・問題解決と法的解決
　　解決策の提案と多少関連するが、法律ではこうなる、という視点を重視しすぎると、あくまで法律的な解決にすぎず、問題、紛争解決にならない場合がある。木を見て森を見ず、とこういうことになりかねない。これを避けるためには、相談者がどのような解決を望んでいるのか、これをしっかりと把握する必要がある。
(2)　相談者の特性
　　次に、具体的に法律相談に臨むにあたって注意すべき点を考えたい。

相談者の特性である。
- トラブルに巻き込まれて正常な精神状態にないこともある
- 裏切りや傷心→不信感
- 防衛的、攻撃的
- 説明の上手下手

要するに、こちらが聞きたい情報というのを、話してくれるとは限らないのである。

こちらとしては、このようなことを踏まえて、聞取りを行わなければならない。

2　法律相談の流れ
 (1)　相談の開始
- あいさつ
- 言葉遣い
- 服装
- アイスブレーキング

相談者は、紛争に巻き込まれ、しかも法律相談という場に来ている訳であるから、多かれ少なかれ緊張している。だから、まずは、相手の緊張をほぐすという気遣いが必要である。また、話し易い雰囲気を作る、ということから始める必要がある。

なお、当然のことながら、服装は、清潔感があり、言葉遣いも丁寧な方が良いだろう。あまりにカジュアルな服装は相談者に対する敬意を欠き、相当とは言えないだろう。

 (2)　聞取りの開始
- オープンQ（クエスチョン）
「何がありました」「それからどうなりました」といった質問の仕方をする。

まずは、相談者に自由に話をさせることから始まる。この間に、こちら側では、相談内容のおよその見立てを立てていく。また、相談者のニーズがどこにあるのか、注意して聞く。
　この段階では、あまりこちらから介入するのは避けた方が良い。話を聞いてもらえなかったと不満をもたれてしまうかもしれない。また、早期段階から交通整理を始めると、相談者を誘導してしまい、聞き漏らしなどをしてしまうおそれもある。
・共感
　時折、相談者の話に共感を示すことも信頼関係の形成に有効である。
　話を聞いてくれる人だと、安心感を与えることができる。
・話題の絞り込み、時系列に整理
　話が進み、事態の大枠をつかめてきたら、自分の頭を整理するために、時系列に話をまとめてみたり、問題になりそうな話題に相談者の話を絞り込むよう仕向けて行く。場合によっては、時系列の簡単なメモを作ることが有効である。
・相談者の求めているものを把握
・クローズドQ（要件事実に沿った聞取り）
　「●●はどうしました」と相談が終盤に進むにつれて、話題を絞って細部情報の聞取りを行う。
・誘導尋問
　相談の段階では、誘導尋問は避けるべきである。誘導するのは、相談者の発言が不明確でそれを正す程度にすべきである。
・資料の提示を受ける
　資料の提示を受ける時期は、事案や書面の種類によって様々である。
　相談者が作成した事案の概要などは早い段階で見たほうが良

いだろう。

　契約問題など、直接証拠になりそうなものは、その話題が出たときに確認しておくことが良いと思われる。

　逆に、資料をたくさん持参しているようなケースでは、まずは資料の提示を受けず話を聞いてから時間があれば、資料を見るというほうがいいだろう。なまじ資料の開示を求めると、資料の説明で膨大な時間を費やしてしまうおそれがある。

(3)　判断結果の伝達・解決策の提案
　・情報不足の場合　継続相談、追加資料の提示を求める
　・特殊、専門外の相談　調査のために時間をもらったり、別の弁護士を紹介することも考える。なお、未知の分野については、後で述べるが、未知の内容にもよるが知らないことははっきりと調査させて欲しい旨断ることが必要である。このことを恐れて、いい加減な回答をするのはＮＧである。

　もっとも、知らなければ恥をかくような事柄については、研鑽を積み、知らないということがないようにしなければならないことはいうまでもない。

(4)　相談の終了

3　よりよい法律相談のために
　(1)　コミュニケーション技法
　　①反射
　　　「ということですね」「というわけですね」と、相談者の話を確認、ときには反復してみる。これにより、相談者に、しっかりと話しを聞いてもらえると感じさせることができ、安心感を与えることができる。
　　②明確化

③支持

　　相談者の話に「あなたのおっしゃることはもっともだと思います」「大変でしたね」と支持をすると、相談者をリラックスさせ、自信を持たせることができる。

　　ただ、安易に支持を繰返すと、相談者の気持ちが大きくなり、あるいは、場合によっては不当な要求をこちらが歓迎、賛同しているかのような印象を与えかねないので、支持のしすぎは注意が必要である。

④リード

(2)　質問技法

①オープンQとクローズドQ

　　オープンクエスチョンは、相談者の回答を拘束しない質問の仕方である。「どうしました」とか、「それからどうなりました」という質問である。逆に、クローズドクエスチョンは、「はい」「いいえ」という質問がその典型である。

　　ＯＱは、相談の前半部で事案の概要を総括的に聞くときに、ＣＱは、終盤に入り、細部まで聞く必要があるときに使用するのが一般的である。ただ、ＣＱの場合は、誘導尋問になるので、情報の操作、必要な情報を聞き漏らす可能性があるため、質問の時期に注意が必要である。また、ＣＱをあまりに繰返しすぎると、相談者としては、取調べを受けているような感覚を覚える可能性があり、萎縮させないように配慮が必要である。

②誘導尋問

4　困難事例と対処法、注意点

(1)　未知の相談に遭遇したとき

①一時的に思考が混乱してしまったケース

ex）理論武装した相談者

　こちら側が混乱してしまったケースである。知らない問題に直面し焦ってしまったり、事案が複雑過ぎて頭が整理できないような場面があり得る。

　自分を落ち着かせるというのが当然の対策になるが、頭が真っ白になってしまったような場合には、そんな対策すら講じることは難しい事があり得る。

　こんなときは、相談者の話をよく聞くことが第1である。その場をごまかすというわけではないが、相談動機や紛争の背景、場合によっては相談者の職業等、あくまで相談と関連があるように装って幅広く聞取りを行う。場合によっては、これにより別の解決の糸口がみつかり、あるいは、別の論点として相談を継続することができるかもしれない。

　それでも解決しない場合には、調査が必要である旨告げるなどして、別の日程で再度相談に来てもらうしかないだろう。調べることなく誤った解答はしないように注意することである。

　ところで、公的な法律相談などでは、録音をする相談者がいないとも限らない。実際に、弁護士会の法律相談では、録音を希望する、あるいはこっそり録音をしている相談者がいる。

　弁護士会では、一貫して録音は拒否すること、それでも録音をするというのであれば相談を拒否するという案内を出している。

　相談での回答が誤っていたために、後に損害賠償請求をされたという事案も聞かない訳ではないので、録音はお断りするのが賢明だろう。

②特殊な業種、専門用語が理解できないケース
　ex）建築業界の専門用語

③知識不足のケース

　①のケースとだいたい同じだが、少なくとも、どこが分からないのかを自分自身がしっかり把握しておかなければならない。その上で、分からない点と調査を要する理由（場合によってはこじつけのような場合もあるかもしれない。）を告げるようにすれば、信頼を失うことは避けることができる。

④専門外のケース

(2)　相談者が複数の場合
- 人間関係、利害関係の把握　特に潜在的な利害相反のケース
　　相続人、共同不法行為者等
- 聴取方法の検討（質問の順番、退席の指示等）

(3)　相談者が多弁な場合
- 相談時間の制限

　　相談時間の制約と、情報が多すぎてかえって事態の把握が困難となることがあり得る。

　　また、相談者自身が混乱状態に落ちいっていくということもある。

　　このような場合に有効なのは、一定のところで話を区切り、こちら側で話を要約して、確認しながら話を進めるのが効果的である。

- 脱線した話の戻し方

　　相談者の話をしっかりと聞いている姿勢を維持した上で、適宜こちらから介入していく必要性が生じる。

　　話の腰を折られたとの印象を与えないようにするためには、「この点は、とても重要なので」といった前振りをすることも効果的。

- 事実を聴取すること

気持ちの問題だけが前面に出て、客観的事実が全く話されないということもあり得る。このような場合は、法律相談としては、情報不足に陥ってしまう。
(4) 相談者がなかなか話そうとしない場合
・事柄の性質上話しにくい
　　性的な問題など。「あなたにとって重要です」と焦らず徐々に聞いていく。場合によっては継続相談とすることもあり得る。
・相談者との信頼関係形成に問題はないか
・手を尽くしても事態が改善しないとき
　　あなたの話を前提とすれば、こういう結論になると条件を付けた回答をせざるを得ない。
(5) 法的対応が難しいとき
・相談者のニーズが過剰、違法・不当なケース
　　ある程度話を聞いた上で、法的に請求することが難しいということを率直に伝えるべきである。相談の段階でこの点をあやふやにすると、ズルズルと受任の方向に傾いてしまうおそれがある。説明の際には、判例や他の事例を紹介するなどして、根拠を示して説明するのが効果的と思われる。
・相談者に思考の偏り、強い思い込みがあるとき
　　あまりにもひどい場合には、具体的な回答を避けることも検討しなければならない。
　　そのときには「裁判所を説得するためには、証拠がいりますから、証拠を再度探してみてください」などと言って、相談を終了させることもある。

第2節　内容証明郵便の要点

1　内容証明郵便とは何か
　(1)　何のために出すか
　　「どんな内容の手紙」を「いつ出したか」を後日証明するために出すものである。
　　内容については、特に重要なのは意思表示である。契約解除や時効中断、あるいはクーリングオフなどがある。
　　「いつ出したか」については、もっと正確に言えば、意思表示が「到達したこと」を証明するためにある。民法97Ⅰで「意思表示は、到達したときに効力を生ずる」からである（到達主義）。因みに、契約の成立時期については、承諾を発した時に生じるので注意が必要である（民法526Ⅰ）。
　(2)　心理的効果
　　次に、内容証明郵便には、相手方に心理的なプレッシャーを与えるというという効果があることは否定できない。例えば、金銭の請求をしようとするときに、これまでなしのつぶてであった相手が、内容証明を送ったら素直に支払ったというようなことはない話ではない。
　　本来、内容証明郵便は、強制力を持たない言わばただの手紙である。
　　しかし、内容証明郵便という形式張った体裁をとることによって、または、自己に法的な不利益が生じるという先入観でもあるのか、もっと言ってしまえば、今後訴訟が控えているかのようなイメージを与え、こちらの要求が実現されるのかもしれない。
　　このような事は先生方には周知の事実だと思われるが、むしろ気をつけていただきたいのは、後でも述べるが、内容証明郵便の効力を過信してはいけないということである。

依頼者の中には、私たちが内容証明郵便を出せば、それだけでトラブルが解決すると勘違いしている方がかなりいる。

勘違いをしそうな依頼者であると思われるような場合には、あらかじめ内容証明郵便の意義を説明しておくことが無難かもしれない。

このことは、今後の紛争解決の見通し、訴訟までやる必要があるかどうかを説明するという点からも重要になってくる。

筆者の場合だと、例えば金銭請求の場合、弁護士のところに依頼に来るケースでは、内容証明で形がつくケースというのが少ないから、「とりあえず内容証明を出してみましょう。おそらく払って来ないでしょうから、その場合は訴訟になりますが、いいですか」と確認をするようにしている。

次に、どのような場合に内容証明郵便を送るのかということを考えてみたい。

まず、法律上、内容証明郵便を送らなければならない、あるいはこちらの期待する法的効果が生じないとされているものがある。

2　内容証明郵便の活用法
(1)　法律上、内容証明郵便ですることが定められている場合
　　・債権譲渡の通知（民法４６７Ⅰ）
　　　特に、第三者対抗要件については、「確定日付ある証書による通知」が必要だとされている。

　　　この確定日付ある証書というのが内容証明郵便である。

　　　債権の二重譲渡のケースでは、少なくとも内容証明郵便で通知をしなければ対抗できないし先に到達した譲受け人が優先する。ご存知のように、この通知というのは、譲渡した人からし

ないと効力が生じないので、譲渡した人が確かに内容証明郵便を送ったかどうか確認しなければならない。実務上は、債権の譲渡契約の際に、内容証明郵便を作成しておいて、譲り渡し人から押印をしてもらい、譲り渡し人が郵便局に持ち込むということが多いし、この方が安全である。

　なお、債権譲渡は、承諾によっても対抗力が生じるが、やはり、このときも第三者対抗要件には確定日付が必要であるから、承諾書を公証役場に持ち込んで、確定日付を押してもらうことが必要である。

(2)　内容証明郵便で出すのが望ましいケース

　次に、法律で要件とまではされていないが、内容証明郵便によるのが望ましいものについて述べたいと思う。端的に言えば、内容証明郵便で意思表示又はこれに準ずるものをする場合である。

・契約の解除（民法５４０Ⅰ）

　まず、契約の解除がある。解約権の行使やクーリングオフも内容証明郵便でしておくべきである。これらは、法律上は口頭ですれば足りるものだが、後日紛争になることを考えると口頭でしたことを立証することは困難である。

　なお、履行遅滞の場合の解除には、相当期間を定めた催告（５４１）が必要である。

　相当期間とは、判例によれば１週間である。すでに履行期を迎えているため、債務者は履行しなければならないことを理解しているからこの程度で十分とされている。

　他方で、期間を定めない金銭消費貸借契約の場合だと、弁済期は、「催告後、相当期間経過したとき」（５９１）となる。この場合の相当期間は、２週間程度と考えておくのが相当である。債務者は催告によって初めて弁済しなければならないことを認

識し、弁済資金を準備しないといけないからである。
・債権放棄

　債権放棄については、自己に不利なことを証拠化する必要がどこにあるんだと、疑問にもたれる方もおられるかもしれない。たしかに、回収する意思があるにもそんな内容証明郵便を送ったら、バッチを剥奪されてしまうかもしれない。ここでは、相手が倒産またはこれに準ずるようなケースを想定していただきたい。例えば、Ａ会社がＢ社に対して売掛金債権を持っていたとしよう。売掛金債権は、Ａ社の資産に計上されているから、債権を持っている反面、税務上損をしてしまう。その上、債権回収の見込みがないというのではＡ社はたまらない。そこで、このような場合は、債権放棄をして損金処理をするしかない。Ｂ社が破産をしたとか、裁判上の倒産処理をしたのであればこのような手段は必要ないが、倒産寸前の会社は、破産申立てのための費用すら工面できずに事実上放置されている会社は少なくない。このような場合には、このような処理をするほかないだろう。また、債権放棄をしたといったところで税務署は納得しないから、そのとき内容証明郵便を証拠として示すのである。

　ただ、こんな筋合いの内容証明だから、急いで出す必要はない。債権を失うことは間違いないので、送る時期は慎重に検討してほしい。

・時効中断（民法１５３）※６箇月間の暫定的な中断にすぎないことに注意

　時効中断についても、後の訴訟に備えて内容証明郵便でしておくことが必須である。ただ、内容証明郵便の場合、法律上「催告」にすぎないから、注意が必要である。内容証明を送った時点で、到達の日から６箇月以内に訴訟を提起するというような

意識を持つことが必要である。

　6箇月以内に裁判上の請求をしないと、時効中断はなかったことになるから、注意して頂きたい。

　通常の時効期間は、民事10年、商事5年である。ただし、よく依頼のあるケースで、短期消滅時効にあたる場合があるので注意してほしい。幾つか紹介すると、

　　①月払いの家賃は2年（169）

　　②給料は2年　退職金は5年

　　③請負代金　2年（173②）

　　④運送費、飲食代金　1年（174④）

(3)　心理的な圧力をかけたいとき

　　cf）裁判所内郵便局から出す

(4)　相手方の思惑を探るために

　相手の反論、出方がわからず方針がたてられないときに使う。このときは、相手方から回答が来ないと意味がないので、質問の形式をとったり、ときには下手に出て相手を持ち上げる、あるいは相手を怒らせるなどの工夫が必要である。

　　cf）相手方が回答をせざるを得ないように工夫すること

(5)　証拠づくりのために

　　ex）連帯保証人への御礼の手紙、わざと請求金額を間違えて書く

　保証否認のケースを想定してほしい。例えば、Aさんに100万円を貸したとする。Aさんには父親であるBさんを保証人にするようお願いしておく。契約のとき、AさんはBさんの署名押印（印鑑証明書が添付されていても基本的には同じ。）のある連帯保証書を差入れた。

　後日、Aが返済をしなくなったので、Bさんに保証債務の履行

を求めた。案の定、Bは保証なんかしていないと保証を否認してきた。Bは、この署名は私のではない、実印もAが勝手に押したものだと言う。裁判となれば、保証書の成立について激しい争いになることは避けられない。結論も微妙である。

　これを避けるためにはどうすればよかったのだろうか。

　①まず、信販会社なんかがよくやる手だが、契約直後にBに電話をして保証の意思を確認する。しかも、通話の内容は録音されている。これなら裁判になっても十分に勝訴できそうである。そもそも、裁判にする必要なくBが保証契約を認めるかもしれない。

　②ただ、電話＋録音というのは私人にはとりにくい方法である。そこで、契約後に、Bに対し、保証人受諾の御礼の手紙を内容証明で送るのである。内容証明でしておけば、到達したことが明らかだから、Bが保証をしていないのであれば、直ちに異議が出るはずである。それに、異議を出さないのであれば、裁判になっても保証契約の成立が推認される可能性が高い。

3　回答の要否

　基本的には回答をしなくてよい。ただし、法律上、回答をしないと不利益を被ることがある。

　よく、依頼者から聞くのは、弁護士からの内容証明には「●●日までに回答下さい」と期限が定められている点について、「ここまでに回答をお願いします」とか「回答しないとどうなってしまうのでしょうか」というような質問を受けるが、期限までに回答しなかったからといって、それだけで不利益はない。そもそも、先方の勝手な事情で期限を区切っているだけであるからこれに従う必要はない。当の弁護士も、期限までに回答があることは期待していない。

私自身もそうである。

　結果、裁判を起こされたとしても、それは回答しなかったからではない。

　むしろ、先方はこちらからの回答を裁判で証拠として提出しようと企んでいるかもしれないので、回答をするのであれば、先方の期限にとらわれることなくしっかりと調査をした上で回答をする方が重要である。

　もっとも、以下に列挙したものは、法律上、回答をしないと一定の法的効果が生ずるとされているものである。回答をしないと不利益を被る可能性があるので、内容によっては速やかに回答することが必要である。

- 制限行為能力者に対する催告権（民法２０Ⅰ）
　追認したものとみなす（１箇月以内）
- 無権代理の相手方の催告権（民法１１４）
　追認拒絶をしたものとみなす（相当期間）
- 抵当権消滅請求（民法３７９）抵当権消滅

　平成15年の民法改正で滌除が廃除されて新たにこの制度になっている。

　２箇月以内に回答しないと第三取得者の指定する金額を弁済して抵当権が消滅。承諾しないときは、抵当権を実行して競売の申立をしなくてはいけない。

- 選択債権の選択請求（民法４０８）　選択権の移転
- 解除権者に対する催告権（民法５４７）　解除権の消滅
- 受遺者に対する遺贈の承認又は放棄の催告（民法９８７）
　承認したものとみなす
- 隔地者間（商人）における契約の申込み（商法５０８Ⅰ）
　申込みが効力を失う

・契約の申込みを受けた者（商人間）の認否通知義務（商法509Ⅱ）
申込みを承諾したものとみなす

4　内容証明郵便の注意点
(1)　相手方の証拠になる

　　当方に不利な事実を記載してはならないことは言うまでもない。当方で作成した内容証明が決定的な証拠となって訴訟で敗訴あるいは、交渉が不利な方向に進むとなれば、依頼者に目もあてられなくなってしまう。

　　また二次的な争いを生ずる可能性があることにも注意しなくてはならない。どういうことかというと、内容証明の記載が原因で、名誉毀損、不法行為の損害賠償を請求される、あるいは、懲戒の請求がある等のケースを考えてみてほしい。実際に、ヤミ金や消費者トラブルにおいて、悪質な業者は、嫌がらせ等の目的でこのようなことをしてくる可能性がある。

　　対策としては、例えば、詐欺や不法行為であることを指摘する際には、「詐欺、不法行為にあたる可能性があります」と少し逃げた記載にしておくのが無難である。このような業者相手では、内容証明だけでトラブルは解決しないので、無理をして、強い内容証明を出す必要はないのである。

(2)　内容証明郵便の効果を過信してはいけない

　　依頼者に理解してもらうことが必要である。

(3)　次の手を考えておく

　　場合によっては、直ぐに仮差し押さえ等の保全処分をした方がいいような場合、直ちに直接交渉に入った方がいいような場合がある。このような時は、内容証明を送るのにとどまることなく、

直ちに次のステップに移らなければならない。交渉に入るのであれば、交渉の障害にならないような内容証明を送っておいた方がよいだろう。

つまり、次の手を考えながら文面を起案するということが大切だと思われる。

(4) 受取り拒否と保管期間満了で戻ってきた場合

受取拒否→到達（民法97Ⅰ）○

保管期間満了→　　　〃　　　×

(5) 居所不明のときはどうするか

公示送達（民法98条）公示から2週間で「到達」とみなす

ただし、最後の住所地を調べる必要がある。

最後の住所地の簡易裁判所が管轄、申立書に最後の住所地を書かないといけない。

実際に、最後の住所地が分からなければ受けてもらえない。

第3節　合意書作成の要点

1　契約総論

(1) 民法の典型契約は13個

贈与、売買、交換、消費貸借、使用貸借、賃貸借、雇用、請負、委任、寄託、組合、終身定期金、和解である。

ただ、ほとんど使わない契約もあるし、典型的な契約、例えば、売買、金銭消費貸借、賃貸借について扱うということが多いのではないだろうか。全部の類型について理解する必要はなく、基本的な類型について、理解をし、その他についてはその応用で対応すれば十分だと思う。

(2) 諾成契約と要物契約

契約書は、契約の成立を証するものだから、契約書という紙の

中に、契約の成立が一見して明らかかつ、必要な事項がもれなく記載されていなければならない。法律家が契約書を作成する場合はなおさらである。ここで、まず契約の入り口部分つまり、契約が成立したかどうかについての問題を考えてみたい。

諾成契約と要物契約という分類がある。

前者は、意思表示の合致だけで成立する、後者は契約の成立には目的物の交付が必要だというものである。諾成契約の典型は、売買契約である。要物契約の典型は、消費貸借や使用貸借である。

消費貸借では５８７条で「金銭その他の物を受け取ることによってその効力を生ずる」、使用貸借でも「あるものを受け取ることによってその効力を生ずる」とされている。売買が５５５条で「約することによって、その効力を生ずる」とされているのと比べてみてほしい。

なお、使用貸借と同じく物を貸す賃貸借契約は「約することによって効力を生ずる」諾成契約だから注意して頂きたい。

要物契約では、物の交付がないと契約が成立しないわけであるから、契約書には、物の交付があったことを明示しなければならない。借主が金銭を受領したことを明記する。具体的には、「甲は乙に●●円を貸付け、乙は、これ（金銭）を受領した」と表記することが多い。

なお契約の別の分類の中に、要式契約と非要式契約というのがある。契約の成立に一定の要式が必要かどうかの問題である。書面や届出という要式がある。

契約自由の原則から、ほとんどの契約は非要式契約である。先の典型契約もすべて非要式契約である。

身近なところだと、婚姻や養子縁組は、届出が要式とされる要式契約である。ただ、これらについては、役所定型の書式がある

のであまり問題にならない。

　実務上注意を要するのは、保証契約は書面でしなければならない要式契約だということである。446Ⅱである。まだ判例の蓄積は少ないが、保証意思の明確化と保証契約の際に慎重にさせるという趣旨から、保証意思が明らかであれば必ずしも契約書による必要はないとされている。

(3)　契約の要素＝要件事実

　契約書を作成する際に、一番大事なことは、契約の要素をもれなく記載するということである。

　売買であれば、売主と買主の申込みと承諾、つまり意思の合致を記す。

　さらに、双方の債権債務を明確に記載しておくことが必要である。

　金銭の支払義務であれば、何時、誰に、幾ら、どのように支払うのか。

　また、利息や遅延損害金についても明記しておかなければならない。

　契約書は、双方の確認のために作成するということもあるが、一番の目的は、後の紛争に備えて作成されるものである。だから、契約書を作成する際には、裁判所に提出されて証拠となる、究極には、勝訴敗訴の判断の決め手にされる可能性があるということを意識しながら作成しなければならない。

2　契約書作成の基礎

(1)　当事者の特定

　債権債務は一定の当事者間に成立するものであるから、当事者に誤りがあるようでは話にならない。当事者の確認がまず必要で

ある。
- 代理人

    ex）父母、成年後見人、任意代理人など

    代理人のした意思表示は直接本人に帰属する。この際、代理権の存否、代理権の範囲を確認することは当然である。また、代理人による意思表示の場合には、そのことを明らかにするため、代理人の肩書きを明記しておくべきである。
- 法人

    ex）代表取締役、支配人（会社法１１）

    法人の登記事項証明書で代表権の存否を確認しておくことが必要である。

    署名押印と記名押印というのがある。

    署名というのは自署、記名というのはワープロタイプしたり本人以外の人が名前を書くことをいう。法律をみると、例えば手形では署名（手形１）のみが要求されており（記名捺印に代えられる（手形８２））、振出人・裏書人の押印までは要求されていない。しかし、ほとんどの場合押印までされている。また、契約書では、記名押印という方式が多いと思われる。

    ただ、契約書は、後の紛争に備えるというのであるから、一番堅い方法によるのが無難である。本人の自署、すなわち署名と押印である。しかも押印は、実印でしてもらい、印鑑登録証明書を添付してもらえば完璧である。

(2) 給付の特定

    特に金銭給付の場合には、金額を確定するのに必要な事項を明示する。

    cf）元本、利率、起算日、終期など

    履行場所　不特定物－持参債務　特定物－取立債務（484）

→契約で変更ができる。

　　裁判管轄　通常は債務者の住所地（民訴４）、ただし合意管轄（民訴５）

(3)　履行期の定め方
　・確定期限
　・期間
　　　期間２年－２年後の応答日（１４３Ⅱ）
　　　法律の理解が不足しているとトラブルの元
　　　できれば、確定日でした方がよい。
　・同時履行（民法５３３）「○○と引換えに」

(4)　利息
　　利息制限法の規定に注意。
　　→利息制限法を超える利率は、強行法規違反として超過部分につき無効
　　※利息制限法１条
　　　　元本１０万円未満　　　　　　　２０％
　　　　元本１０万円以上１００万円未満　１８％
　　　　元本１００万円以上　　　　　　１５％

(5)　目的物の特定
　・不動産　登記簿の記載の引用（所在、地番、地目、地積など）
　・自動車　自動車登録事項等証明書の記載の引用（車名、型式、車体番号など）
　・有価証券　発行者、額面金額、数量、名称、記号番号など
　・動産　製造者、製造年月日、形式、商品名、構造、番号、馬力など
　　　ただし、他の動産と区別できる程度に特定する。

(6)　期限の利益喪失約款

「借主が前項の金員の支払を１回でも怠った時は、借主は期限の利益を喪失し直ちに１項の金員から既払い金を控除した金額を支払う」

一定の信用不安事実が生じた場合に期限の利益を喪失するとする場合もある。

差押え、任意整理、手形不渡等である。

(7) 無催告解除特約

催告（民法５４１）をすることなく解除ができる。

ただし、賃貸借契約における無催告解除特約では注意が必要。

○「催告をしなくても不合理とは認められない事情がある場合には無催告解除特約は有効」（最判 S43.11.21）

○「滞納家賃が３箇月以上に達したときは、無催告解除特約は有効」（最判 S37.4.5）

(8) 遅延損害金

・特約がなければ法定利率（民事－年５％／商事－年６％）のみしか請求できない

・利息制限法による制限

上限金利の１．４６倍を超える部分は無効（利息制限法４Ⅰ）

(9) 有害な条項

・公序良俗違反（民法９０条）

　　ex）人倫違反行為、射倖行為、暴利行為など

・強行法規違反

　　ex）利息制限法、借地借家法借地９、１６、借家２１

　　　例えば建物買取り請求権（１３）を廃除する規定は無効となる。

　・不明確な規定

　　ex）利息の起算日が不明確、要件が不明確なもの（「著しく

遅滞した」など）

　期限の利益喪失約款

　示談書では、以上述べた他に清算条項というものが加わる。

　甲と乙は、相互に何ら債権債務関係にないことを確認するといったところである。

　示談の目的以外に金銭債務等がある場合には、「本件に関し」と限定して記載する。そうでないと、今後、甲と乙の間では一切何も争えなくなってしまう。

契約書例　土地売買契約書

土地売買契約書

1　甲は乙に対し、後記表示の土地を売り渡すことを約し、乙はこれを買い受ける。
2　売買価格は、公簿面積を基準として１平方メートル当たり金■円とし、乙は、甲に対し、売買代金総額□■□■円を以下のとおり支払う。
　⑴　本日手付金として金□円（残代金支払のとき売買代金に充当）
　⑵　売買代金の残金■□■円を平成○○年○月○○日までに、後記土地の所有権移転登記手続きと引換えに支払う。
3　甲は乙に対し、後記土地につき、平成○○年○月○○日までに、前項⑵の残金の支払いと引換えに所有権移転登記手続をするものとし、同日、後記土地を現状有姿にて引き渡す。
4　後記土地の所有権は、第２項⑵の残金の支払いのときに、乙に移転する。

上記の成立を証するため本契約書２通を作成し、甲乙各１通を保有する。
　平成■□年□月□■日

　　　　　　　　　　　売主（甲）　住所・・・・・・・・・・
　　　　　　　　　　　　　氏名　　　甲野太郎　　　㊞

　　　　　　　　　　　買主（乙）　住所・・・・・・・・・・
　　　　　　　　　　　　　氏名　　　乙山次郎　　　㊞

不動産の表示
（公簿面）
所在　・・・・・・・・・・
地番　・・番
地目　宅地
地積　・・・平方メートル
（現況）
更地（別紙図面のとおり）

第4節　後見

1　後見とは、判断能力（事理弁識能力）の不十分な者を保護するため、一定の場合に本人の行為能力を制限するとともに本人のために法律行為をおこない、または本人による法律行為を助ける者を選任する制度である。

　後見には、未成年後見と成年後見の２種類があるが、行政書士業務において問題となりうるのは認知症の進んだ高齢者や精神上の疾患にかかったものに対する成年後見がほとんどであると思われる。

　成年後見は、家庭裁判所による後見開始の審判により開始する。

　後見開始の審判を受けると、本人は成年被後見人となり、家庭裁判所により成年後見人が選任され、成年後見人は、成年被後見人の財産を管理し、また成年被後見人に代わって財産上の行為を行うことができる。居住用建物・敷地の売却等の処分を行う場合には家庭裁判所の許可が必要である。

　また、成年被後見人の行った財産上の行為は、成年被後見人自身や成年後見人が取り消すことが出来る（但し、日用品の購入など日常生活に関する行為は除かれる）。

2　成年後見開始の審判申立ての大まかな手続は以下のとおりである。

①本人の精神鑑定・・・医師の診断の上、家庭裁判所の指定書式に従い診断書を作成して貰う。

②添付書類の収集

③家庭裁判所への申立て

　ア　申立時期　被後見人の判断能力の低下が認められていれば任意の時期でよい。

　イ　申立人　本人、配偶者、4親等内の親族、未成年後見人、補佐人、補助人、検察官、市町村長、任意後見人（後見監督人、後見受任者）

ウ　申立先　本人の住所地を管轄する家庭裁判所

　エ　申立書類　後見開始申立書（各裁判所のＨＰで書式がダウンロードできる）

　オ　添付書類　戸籍謄本（申立人、本人、成年後見人候補者のもの）
　　　　　　　　本人の戸籍附票、登記されていないことの証明書、診断書
　　　　　　　　成年後見人候補者の住民票、身分証明書
　　　　　　　　８００円の収入印紙（申立費用）、２６００円の収入印紙（後見登記費用）
　　　　　　　　予納郵便切手３２００円分又は４１００円

　※但し、各地の家庭裁判所によって若干運営に差違がある。

3　成年後見人就任時の主な職務

①家事審判事件記録の閲覧・謄写

　　成年後見人選任の審判についての記録を入手する。

②関係者・本人との面談

　　被後見人の財産及び収支状況、生活・心身の状態等を把握する。

③管理すべき財産関係の書類や印鑑等の引渡し

　　成年後見人は被後見人の財産全てを管理するのが職務であるから、被後見人の全ての財産を引き渡してもらう。預金通帳、有価証券、登記済権利証、実印、銀行届出印、印鑑登録カード、金庫の鍵、生活に必要な最低限の範囲を除く現金等全てを引き取る。

④金融機関等への就任の届出と必要に応じて口座開設

⑤財産目録の作成

⑥年間支出額の予定と支払金確保の計画

⑦後見監督人がある場合の債権債務の申出

　　後見監督人が選任されている場合は、後見人は、被後見人の財産調査に入る前に後見監督人に対し、被後見人に対する債権債務

があれば、それを報告しなければならない。
4　成年後見人の具体的職務について
　①財産管理
　　　財産管理は、成年後見人の最も基本的な職務である。
　　　財産管理の状況については、一定期間毎に家庭裁判所に報告を求められることがあるので、その都度金銭出納帳等に記録しておく必要がある。また、専用の管理口座を開設するなどして、後見人の個人財産等と混同しないようにする。
　②身上看護に関する職務
　　　成年後見人は、あくまで判断能力の低下した被後見人の法律行為を助けるための制度であり、介護行為等の事実上の看護をするわけではない。
　　　成年後見人が行う身上看護に関する職務は、例えば医療契約や、介護施設の入所契約などの諸契約の締結行為などである。
5　成年後見人の報酬について
　　成年後見人が後見事務処理に対する報酬を得るためには、家庭裁判所の審判を得る必要がある。この審判は、後見人選任の審判とは別に申し立てる必要がある。
　　報酬についての審判を得た場合、被後見人の財産から報酬が支払われることになる。
6　後見の終了
　　成年後見の終了事由は、①本人、後見人の死亡、②後見開始審判の取消し、③辞任、④解任、④資格喪失による場合がある。
　　このうち、③辞任、④解任は無制限に出来るわけではなく、前者は条文上、辞任についての「正当な理由」が、後者は「不正な行為、著しい不行跡その他後見の任務に適さない事由」が必要である（民法８４４条、８４６条）。

また、④の資格喪失とは、具体的には民法847条各号に該当する状況に陥った場合である（行政書士資格を失ったからといって後見人の資格を失うわけではない）。

7　任意後見について

(1) 任意後見契約とは

現在、判断能力の低下が認められないものでも、将来認知症に罹患するなどした場合に備えて、予め自ら後見人になってもらう人物を選んでおき、その者に後見事務を行って貰いたいというニーズが存在する。そのような場合に選択される手段が任意後見である。

これは、「任意後見契約に関する法律」によってあらたに創設された制度である。

任意後見契約とは、委任者が、受任者に対して、精神上の障害により事理を弁識する能力が不十分な状況に置ける自己の生活、療養看護および財産の管理に関する事務の全部又は一部を委託し、その委託にかかる事務について代理権を付与する契約である。任意後見契約に関する法律4条1項により、家庭裁判所により任意後見監督人が選任されたときから効力を発する。

(2) 利用形態

現実には、民法上の委任・代理権授与契約と任意後見契約を同時に締結し、締結時から任意後見監督人の選任時までは、前者の契約に基づき財産管理等の事務を行わせ（いわゆる見守り契約も含まれる）、任意後見監督人の選任と共に、前者の任意後見契約に基づく事務処理に移行させるという移行型の形態を取ることが多い。

(3) 方式

任意後見契約は、法務省令で定められた様式による公正証書によってしなければならない。

公証人は、任意後見契約の公正証書を作成したときは、その登記の嘱託をする。

(4) 任意後見監督人の選任

　上記のように、任意後見契約が発行し、任意後見が開始されるには、家庭裁判所により任意後見監督人が選任されなければならない。

　任意後見監督人の選任は、本人の事理弁識能力が不十分な状況となった場合に、申立権者の請求により家庭裁判所が行う。申立権者は、本人、配偶者、4親等内の親族、任意後見受任者である。

任意後見契約書文例

委任契約及び任意後見契約公正証書

本公証人は、委任者〇〇〇〇(以下「甲」という)及び受任者〇〇〇〇(以下「乙」という)の嘱託により、次の法律行為に関する陳述の趣旨を録取してこの証書を作成する。

第1　委任契約

第1条　(契約の趣旨)

　　甲は、乙に対し、平成〇年〇月〇日、甲の生活、療養看護及び財産の管理に関する事務(以下「委任事務」という。)を委任し、乙はこれを受任する。

第2条　(任意後見契約との関係)

1　前条の委任契約(以下「本件委任契約」という)締結後、甲が精神上の障害により事理を弁識する能力が不十分な状況になり、乙が第2の任意後見契約による後見事務を行うことを相当と認めたときは、乙は、家庭裁判所に対し、任意後見監督人の選任の請求をする。

2　本件委任契約は、第二の任意後見契約につき任意後見監督人が選任され、同契約が効力を生じたときに終了する。

第3条　(委任事務の範囲)

1　甲は、乙に対し、別紙代理権目録記載の事務を委任し、その事務処理のための代理権を与える。

2　財産管理の事務は、甲が乙に第4条第1項の証書等を引き渡した日から開始する。

第4条　(証書等の引渡し・保管)

1　甲は、乙に対し、本件委任事務の処理のために次の証書等を引き渡す。

①預金通帳、②登記済権利証、③印鑑登録カード、住基カード、④実印、銀行印、⑤各種キャッシュカード、⑥有価証券及びその預り証、⑦年金関係書類、⑧その他債権・債務に関する書類

2　乙は、甲に対し、証書等の預り証を交付し、本件委任事務の処理のために保管・使用する。

第5条　（費用の負担）

　　乙が本件委任事務の処理のために必要な費用は、甲の負担とし、乙はその管理する甲の財産の中からこれを支出することが出来る。

第6条　（報酬）

　　甲は、乙に対し、本件委任事務処理に対する報酬として毎月末日限り金〇〇円を支払うものとし、乙は、その管理する甲の財産からその支払いを受けることが出来る。

第7条　（報告）

1　乙は、甲に対し、〇箇月毎に本件委任事務に関する以下の事項について書面で報告する。

　①乙の管理する甲の財産の状況

　②甲の身上看護について行った措置

　③費用の支出及び使用の状況

2　乙は、前項に定めるほか、本件委任事務処理について甲の請求があるときは、その求められたことについて報告する。

第8条　（契約の変更）

　　本件委任契約に定める代理権の範囲を変更する契約は、公正証書によってする。

第9条　（契約の解除）

　　甲及び乙は、いつでも本件委任契約を解除することが出来る。

第10条　（契約の終了）

　　本件委任契約は、第2条2項に定めるほか、以下の事由により終

了する。
①甲又は乙が死亡又は破産したとき
②その他法定の終了事由が生じたとき

第2　任意後見契約

第11条　（契約の趣旨）

　　甲は、乙に対し、平成○年○月○日、任意後見契約に関する法律に基づき、精神上の障害により事理を弁識する能力が不十分な状況における甲の生活、療養看護及び財産の管理に関する事務（以下「後見事務」という）を委任し、乙はこれを受任する。

第12条　（契約の発効）

1　前条の任意後見契約（以下「本件人後見契約」という）は、任意後見監督人が選任された時からその効力を生ずる。

2　本件任意後見契約締結後、甲が精神上の障害により事理を弁識する能力が不十分な状況となり、乙が本件人後見契約による後見事務を行うことを相当と認めたときは、乙は、家庭裁判所に対し、任意後見監督人の選任の請求をする。

3　本件任意後見契約の効力発生後における甲と乙との間の法律関係については、任意後見契約に関する法律及び本契約に定めるほか、民法の規定に従う。

第13条　（後見事務の範囲）

　　甲は、乙に対し、別紙代理権目録記載の後見事務を委任し、その事務処理のための代理権を与える。

第14条　（身上配慮の責務）

　　乙は、後見事務を処理するに当たっては、甲の意思を尊重し、かつ、甲の身上に配慮する。乙は、その事務を処理するため、甲と面接し、ヘルパーその他の者から甲の生活状況を聞き、甲の主治医など医療

関係者から甲の心身の状態について説明を受けるなどして、甲の生活状況や健康状態の把握に努める。

第15条　（証書等の引渡し・保管）
1　本件任意後見契約発効後の、証書等の引渡し・保管については、第4条1項、2項を準用する。
2　乙は、甲以外の者が甲の証書などを占有・所持しているときは、その者からこれらの証書等の引渡を受けて、自ら保管することが出来る。

第16条　（費用の負担）
　本件後見事務処理のために必要な費用の負担については、第5条を準用する。

第17条　（報酬）
　本件後見事務処理に関する報酬については、第6条を準用する。

第18条　（報告）
1　乙は、任意後見監督人に対し、○箇月毎に、本件後見事務に関する以下の事項について書面で報告する。
　①乙の管理する甲の財産の状況
　②甲の身上看護について行った措置
　③費用の支出及び使用の状況
2　乙は、前項に定めるほか、本件後見事務処理に関して任意後見監督人の請求があるときは、その求められたことについて報告する。

第19条　（契約の解除）
1　甲又は乙は、任意後見監督人が選任されるまでの間は、いつでも公証人の人証を受けた書面によって、本契約を解除できる。
2　甲又は乙は、任意後見監督人が選任された後は、正当な事由がある場合に限り、家庭裁判所の許可を得て、本契約を解除することが出来る。

第20条　(契約の終了)
1　本件任意後見契約は、次の場合に終了する。
　①甲又は乙が死亡又は破産したとき
　②乙が任意後見人を解任されたとき
　③甲が任意後見監督人の選任後に法定後見(後見・保佐・補助)の審判を受けたとき
　④その他法定の終了事由が生じたとき
2　任意後見監督人が選任された後に前項各号の被雄が生じた場合、甲又は乙は、速やかにその旨を任意後見監督人に通知するものとする。
3　任意後見監督人が選任された後に第1項各号の事由が生じた場合、甲又は乙は、速やかに任意後見契約の終了の登記を申請しなければならない。

付録

代理権目録

1　甲の有する一切の財産の管理、保存
2　下記金融機関、郵便局との全ての取引
　(1)　○○銀行○○支店
　(2)　○○信用金庫○○支店
　(3)　○○郵便局
　(4)　甲が取引をするその他の金融機関
3　家賃、地代、年金その他の社会保険給付等定期的な収入の受領、家賃、地代、公共料金等定期的な支出を要する費用の支払い並びにこれらに関する諸手続等一切の事項
4　生活に必要な送金及び物品の購入等に関する一切の事項
5　保険契約の締結、変更、解除、保険料の支払い、保険金の受領等保険契約に関する一切の事項
6　登記の申請、供託の申請、住民票、戸籍謄抄本、登記事項証明書の請求、税金の申告・納付等行政機関に対する一切の申請、請求、申告、支払等
7　医療契約、入院契約、介護契約、施設入所契約その他の福祉サービス利用契約等、甲の身上看護に関する一切の契約の締結、変更、解除、費用の支払等一切の事項
8　要介護認定の申請及び認定に対する証人又は異議申立に関する一切の事項

第5節　遺言

街の法律家たる行政書士業務において、遺言の作成について相談を受けるケースも少なくないと思われる。
　遺言作成に当たり、遺言者の意思を十分に理解し、また相続人間の関

係（特に、後日遺言の内容で紛争が起こる可能性の予見・予想は重要である）、遺産の範囲、評価等を十分に調査することが重要である。

以下では、そのような調査を前提に、遺言書作成の段階に入った時点で問題になりうる事項について記載する。

1 遺言事項について

遺言書に記載することで法的な効力が認められる事項は法定されている。

よって、遺言作成に当たっては、遺言者に対して遺言によって出来ることと出来ないことがあることを説明しなければならない。もっとも、それ以外の事項が記載されていても、民法上の遺言の効力は生じないが、相続人達には大きな影響力があることが少なくない（例えば、遺言者の葬儀の方法や、相続人への別れの言葉を付言事項として記載する等）。法定の遺言事項は以下のとおりである。

(1) 法定相続事項の修正に関する事項
　・相続人の廃除、廃除の取消（893、894条）
　・祭祀主宰者の指定（897条）
　・相続分の指定（902条）
　・特別受益の持ち戻しの免除（903条）
　・遺産分割方法の指定（908条）
　・遺産分割の禁止（908条）
　・遺産分割における担保責任に関する特段の定め（914条）
　・遺留分減殺方法に関する別段の意思表示（1034条）
　・遺言執行者の指定（1006条）

(2) 相続以外の財産処分に関する事項
　・遺贈（964条）
　・相続財産に属しない権利の遺贈についての別段の意思表示（996、997条）

- 財団法人設立のための寄付行為（一般社団法人及び一般財団法人に関する法律第１６４条２項）
- 信託の設定（信託法２条）
- 生命保険金の受取人の変更（保険法４４）

(3) 身分関係に関する事項
- 認知（７８１条２項）
- 未成年後見人の指定（８３９条）
- 未成年後見監督人の指定（８４８条）

2 遺言の方式

　遺言書の作成は、民法上厳格に法定されている要式行為であり、下記のいずれかの方式に従ったものでなければ効力は生じない。なお、以下に記載する方式は通常の遺言方式であるが、他に、疾病等で死亡の危急に迫った場合や、船舶が遭難した場合などの危急時遺言という特殊な方式による遺言も存在するが、実務では皆無といってよい。

(1) 自筆証書遺言

　最もオーソドックスな方式であり、一般人がイメージする遺言書の方式であろうと考えられる。

　自筆証書遺言が有効となる要件は、①遺言の内容となる全文、②日付、③氏名の全てを自署し、④押印することである（修正、加除等の変更についても、遺言書の署名押印が必要である）。この自筆の要件は厳格で、パソコン、タイプの書面の添付、引用があれば自筆証書ではないとされ、無効とされる（判例）。

　このような自筆証書遺言は、方式が簡単で、費用もかからないという利点があるが、容易に偽造・変造、破棄隠匿される上に、遺言者が単独で作成する場合、専門家のサポートが無いために内容に不備が出てくる可能性がある。特に、不動産を特定して相続させる場

合は、登記簿上の表示通りに記載する必要があり、間違いがおきやすい。表示のミスで遺言が無効になることはないが、その遺言書だけでは相続登記はできなくなる。

(2) 公正証書遺言

その名の通り、公正証書の形式で作成される遺言である。

有効要件は、①証人2人以上の立会いがあること、②遺言者が遺言の趣旨を公証人に口授（くじゅ）すること、③公証人が、遺言者の口授を筆記し、これを遺言者及び証人に読み聞かせ、または閲覧させること、④遺言者及び証人が、筆記の正確なことを承認したあと、各自これに署名し、印を押すこと、⑤公証人が、その証書は①〜④の各要件に掲げる方式に従って作ったものである旨を付記して、これに署名し、印を押すことである。

このような公正証書遺言については、公証人の費用がかかるというデメリットはあるが、公証人というのは、裁判官、検察官出身者で構成されていて権威があり、内容に不備が生ずるおそれがないということと、原本が公証役場に保管されるので、偽造・変造等のおそれがないというメリットがある。また、自筆証書遺言の場合、裁判所の検認手続が必要であるが、公正証書遺言の場合は不要である。

(3) 秘密証書遺言

秘密証書遺言は、自筆証書遺言と公正証書遺言の折衷型の遺言といえる。

その有効要件は、①遺言者による証書への署名押印、②遺言者が、その証書を封じ、証書に用いた印象を以てこれに封印すること、③遺言者が、公証人1人及証人2人以上の前に封書を提出して、自己の遺言書であること並びにその筆者の氏名及び住所を申述すること、④公証人が、その証書を提出した日付及び遺言者の申述を封紙に記載した後、遺言者及び証人と共にこれに署名し、印を押すこと

が、その要件とされる。

　この秘密証書遺言は、公証人を含む第3者に遺言の内容を知られず、全文を自署する必要がないというメリットがあるが、内容について公証人のチェックがされず、不備のおそれがある上に、原本が公証役場に保管されるわけでもないので、偽造・隠匿等のおそれもある。さらに公証人の費用までかかってしまうというデメリットがある。

(4)　どの方式がよいか

　上記3つの方式のうち、どの方式を選択すべきか。

　依頼人のニーズに応じて適宜使い分ければよいが、基本的に秘密証書遺言は、自筆証書遺言と公正証書遺言のデメリットを合わせたようなもので、使い勝手が悪いことが多いであろう。

　公正証書遺言によることがもっとも安全で間違いがないが、費用面で問題があったり、相続人による偽造や破棄隠匿等のおそれが無く内容的にも簡単な物である場合には、自筆証書遺言によることもありうる。

3　遺言書が複数ある場合の処理について

　遺言書が複数ある場合、両者の遺言内容が矛盾抵触する部分については、最新のものが優先する。両者の遺言内容が両立する部分については、両者とも有効な遺言として扱われる。

遺言書例

遺言書

第1条　遺言者は、遺言者の所有する下記の不動産を、妻○○○○（昭和○年○月○日生）に相続させる。

記

(1)　所在　　○○県○○市○○町○丁目
　　　地番　　○番○号
　　　地目　　○○
　　　地積　　○○平方メートル
(2)　所在　　○○県○○市○○町○丁目
　　　家屋番号　○番○号
　　　種類　　○○
　　　構造　　○○
　　　床面積
　　　　1階　○○平方メートル
　　　　2階　○○平方メートル

第2条　遺言者は、○○銀行○○支店に対する遺言者名義の預金債権を全て長女○○（昭和○年○月○日生）に相続させる。

第3条　遺言者は、前2条記載の財産を除く遺言者の有する不動産、預貯金、現金その他一切の財産を、長男○○○○（昭和○年○月○日生）に相続させる。

第4条　遺言者は、本遺言の遺言執行者として、次の者を指定する

記

　　　○○県○○市○○町○丁目○番○号
　　　　行政書士　行政太郎（昭和○年○月○日生）

2　遺言執行者は、遺産である預貯金について本遺言執行のため名義変

更・払戻し・解約の権限その他この遺言執行のための一切の権限を有するものとする。

付言事項
　この遺言は、遺言者がよく考慮した上での事であるから、全相続人はこの遺言に従って、遺産を分割し、仲良く暮らすことを望みます。
　　　　　　　　　　　　　　　　　　　　　　　　　　　以上

平成○年○月○日
　　　　　　　　　　住所　・・・・・
　　　　　　　　　　遺言者　○○○○　　　　㊞

第6節　相続、遺産分割

　遺言の作成と同様に、街の法律家たる行政書士が相談を受けるケースが多いと思われるのが、この相続ないし遺産分割であろうと思われる。
1　受任時の注意点
(1)　潜在的な利害関係

　　例えば、親の相続が発生し、その子ども複数人が共同で相談しに来た場合のように、相談者が複数の場合がありえる。

　　このような場合、相談時では相続人らの協力関係が築かれており利害相反のおそれがないとしても、後々の分割方法の検討の場面に入った段階などで、相続人間の思惑が一致しなくなり、内部分裂してしまうことがありうる。

　　こうなってしまうと、相談を受けていた行政書士としても自らの立ち位置が危うくなり、辞任ということもあり得る。

　　よって、相談を受ける行政書士は、相続人の利害対立の可能性を十分に吟味すると共に、場合によっては辞任の可能性もあり得ることを説明しておく。

(2)　時効や起算点について

　　相続においては、以下のように緊急性を要する場合があり得る。
　　・相続放棄

　　　相続財産が債務超過の場合には、相続放棄した方が得策である。しかし、相続放棄は、原則として自己のために相続が開始したことを知ったときから３箇月以内に家庭裁判所に相続放棄の申述をしなければならない。

　　　よって、相続放棄の可能性があるか否かは直ちに聴取するべきである。

　　　相続財産が３箇月間では判明し難い場合、例えば資産も多いが負債も多いときなどは、相続放棄の申述期間の延長申請をし

ておかなければならない。

・遺留分減殺請求権の消滅時効、除斥期間

　すでに、遺言や遺産分割により遺産の帰属が決定している場合、相続人に遺留分減殺請求権が発生しうる。

　遺留分減殺請求権は、遺留分侵害の事実を知ったときから1年で時効消滅するので急ぐ必要がある。この請求は内容証明郵便であること。遺留分侵害の事実に気づかなくても相続開始の時から10年たてば除斥期間によって消滅する。

2　前提問題の調査・確定

　相続問題の処理は、概ね①相続人の範囲②遺産の範囲、評価③分割方法の確定の順で行っていく。

　①については、戸籍謄本、改正原戸籍により行う。また、相続放棄がなされている可能性もあるので、家庭裁判所に相続放棄の申述の有無を照会する必要もありうる（管轄は被相続人の最後の住所地である）。なお、相続人の範囲が確定できた時点で相続関係図を作成することが有益である。

　②については、不動産については登記事項証明書、名寄帳、固定資産税納付通知書などにより確定する。預貯金については、残高証明書や取引履歴を取得する必要がある。なお、銀行については、支店を特定する必要がある。有価証券については、各種証券の他、配当通知書等が手がかりとなる。

　なお、生命保険は、遺産に含まれないことに注意が必要である。

3　解決手続について

　まず、債務超過である場合は、相続放棄や限定承認の選択肢を示すべきである。なお、限定承認は手続きが煩雑な上に通常は修了まで長期間を要し、費用も安くはないため利用するものは少なく、単純に相続放棄してしまうことが多い。

次に、債務を差し引いても相続人に財産が残る場合は、当該遺産を相続人間で分配することになる。その場合、まず遺言があればそれに従い、なければ相続人間で遺産分割を行うことになる（もっとも、遺言があったとしても、相続人間で遺言とは異なる合意をすることは可能である）。

　遺産分割の進め方は、相続人間のみで行う協議分割、裁判所の調停によって行う調停分割、裁判所の審判で行う審判分割がある。通常は、まず協議分割を試み、それでまとまらなければ調停、審判と移行していくことになる。

4　分割方法について

　分割方法については、特に決まったルールは無く、相続人間の話し合いで自由に決定することが可能である（法定相続分にも縛られない）。

　主な分割方法については、以下のようなものがある。

- 現物分割・・・不動産はAに、預金はBに、その他の財産はCにというように、どの相続財産を誰が相続するかを現物によって決める方法
- 換価分割……遺産を換価し、その代金を分割する方法。
- 代償分割……一部の相続人が相続財産を全部又は相続分を超えて相続し、そのために不公平が生じた部分について、多めに相続したものが他の相続人に代償金を支払う方法。
- その他……上記各種分割方法のミックス型も多い。

5　分割協議書の作成

　相続の相談を受けた行政書士が最も、気を使う場面が遺産分割協議書の作成段階であろう。

　分割協議書作成の段階で注意すべき事項を以下にまとめておく。

(1)　被相続人及び相続人の特定

- 氏名、本籍、住所、生年月日、被相続人との続柄
- 氏名、住所は、住民票や印鑑登録証明書記載のとおり正確に記載する

(2) 遺産の特定
- 不動産は登記事項証明書記載のとおり正確に記載する
  ∵登記申請において、登記原因証明情報になるので
- 預貯金は、金融機関名、支店名、口座種類、口座番号で特定する
- 有価証券は、銘柄、数量等で特定する
- 遺産が多岐にわたる場合には、別紙遺産目録を添付し、遺産目録の番号を引用することも検討する

(3) 署名、押印、押印する印鑑は実印とし、印鑑登録証明書を添付する

(4) 預金の解約、証券の名義変更には、各社毎に指定様式で請求するよう言われることがあるので、遺産分割協議日までにこれらの書式も入手しておく。遺産分割協議書＋印鑑登録証明書でも受け付けてくれるが、時間がかかることもある。

(5) 後日、新たな遺産が発見された場合の対処法にも約定しておく。改めて協議するのか、あらかじめ誰が相続するのかを決めておく。

　　後日発見された遺産が、遺産総額に対して大きい場合には、元の遺産分割協議の錯誤無効も問題となる。

(6) 代償分割の場合には、代償金の支払期限、支払いを担保することも検討する

遺産分割協議書例

遺産分割協議書

　被相続人○○○○（平成○年○月○日死亡、本籍地○○県○○市○○町○○丁目○番○号）の遺産につき、共同相続人○○○○及び○○○○は、遺産分割協議の結果、被相続人の遺産を以下のとおり分割した。

1　次の不動産につき、○○○○が持分5分の3、○○○○が5分の2の割合で共有取得する。
　登記費用は持分割合に応じて負担する。
　⑴　所　　　在　　東京都千代田区霞が関○丁目
　　　地　　　番　　□番△
　　　地　　　目　　宅地
　　　地　　　積　　○○○．○○平方メートル
　⑵　所　　　在　　東京都千代田区霞が関○丁目■番地
　　　家屋番号　　□番△
　　　種　　　類　　居宅
　　　構　　　造　　木造瓦葺2階建
　　　床　面　積　　1階○○．○○平方メートル
　　　　　　　　　　2階○○．○○平方メートル
2　次の預金につき、○○○○が取得する。
　○○銀行　□□支店　普通預金　口座番号123456
　金・・・万円（相続開始日の残高）

3　次の自動車は、○○○○が取得する。
　登録番号　品川ま○○―○○
　車台番号　第○○○○○号

名義人　〇〇〇〇

　　登録年月日　平成〇〇年〇月〇日

4　〇〇〇〇は、〇〇〇〇に対し、遺産取得の代償として、金３００万円の支払い義務を負担することとし、これを平成〇年〇月〇〇日限り、〇〇〇〇方に持参又は〇〇〇〇の指定する銀行口座に振込の方法により支払う。振込の費用は〇〇〇〇の負担とする。

本遺産分割協議の成立を証するため、本協議書３通を作成し、各自が各１通を保有する。

　　平成〇年×月□□日

　　　　　　　　　住　所　・・・・・
　　　　　　　　　氏　名　〇〇〇〇　　㊞
　　　　　　　　　住　所　・・・・・
　　　　　　　　　氏　名　〇〇〇〇　　㊞
　　　　　　　　　住　所　・・・・・
　　　　　　　　　氏　名　〇〇〇〇　　㊞

第7節　遺言執行者

　行政書士業務の中で遺言書作成の依頼を受けた場合、同時に自らを遺言執行者に指定してもらうケースもよく見受けられる。
1　遺言執行者とは
　　民法１００４条以下に「遺言の執行」という節があり、その中で遺言執行者という身分が登場する。
　　この遺言執行者の法的地位をいかに解するかについては諸説あるが、民法１０１５条には「遺言執行者は相続人の代理人とみなす」という規程があることから、少なくとも遺言執行者の行為の効力が相続人に帰属することは争いがない。
　　また、遺言執行者は「相続財産の管理その他遺言の執行に必要な一切の行為をする権利義務」を有し（民法１０２１条１項）、遺言執行者が指定されている場合には、相続人は、相続財産の処分その他遺言の執行を妨げる行為をすることができない（同１０１３条）。遺言執行者が選任されているにもかかわらずなされた相続人の遺産に関する処分行為は絶対的に無効である。
2　遺言執行者の要否
　　遺言事項によって、遺言執行者が必要な事項と不要な事項がある。
　⑴　遺言執行者がいなければ執行できない事項
　　　・認知（民法７８１条）
　　　・推定相続人の廃除・廃除の取消し（同８９４条、８９３条）。
　⑵　遺言執行者が任意的な事項
　　　遺言執行者がいれば遺言執行者が執行し、いないときは相続人が執行する。
　　　・法定相続分を超える相続分の指定
　　　・遺贈、寄付行為、信託の設定
　　　・祭祀主宰者の変更

・生命保険金受取人の変更
　⑶　遺言執行者が不要な事項
　　　そもそも執行を観念し得ない遺言事項は、当然遺言執行者は不要である。
　　　例えば、遺産分割における担保責任に関する定め（民法９１４条）や、未成年後見人の指定（８３９条）などは、遺言事項ではあるが、遺言執行者の行為を要せずして直ちに効力が発生するので、遺言執行というものは観念できない。
　　　また、特定の遺産を特定の相続人に「相続させる」という遺言がよくなされるが、判例上、その効力は、遺贈と異なり、遺言執行を要せずに直ちに当該相続人に所有権が移転すると解されており、そのため、移転登記手続も遺言執行者を介さずに当該相続人が単独で行うことができる。
３　遺言執行の費用
　　遺言執行に要する費用は、相続財産から支弁される（民法１０２１条）。遺言執行に要する費用としては、概ね以下のものがある。なお、遺言執行費用は遺留分を害することは出来ず、相続財産で負担しきれない部分は受遺者が負担することになる。
　　・遺言書の検認手続費用（同１００４条）
　　・相続財産目録の調整費用（同１０１１条）
　　・相続財産の管理費用（同１０１２条）
　　・訴訟費用（同１０１２条）
　　・遺言執行者の報酬（同１０１８条）
　　・その他、登記費用、測量費用、各種手数料等
４　遺言執行者の報酬
　　遺言執行者の報酬は、遺言で定められたときはそれに従い、定めがなければ、相続人間の協議を行い、それで定まらなければ、家庭

裁判所の審判で定められる（民法１０１８条）。
5　遺言執行者就任時の手続
　(1)　遺言書の確認
　　　まずもって、遺言執行者は遺言の内容を実現することを職務とするものであるから、就任後直ちに遺言書の内容を確認すべきである。その結果、そもそも自筆証書遺言の場合、要式性に不備があり遺言書の有効性を満たさないことが発覚する場合もあり得るし、そのような事情が無くとも、遺言執行の必要があるか否かを吟味する必要がある。なお、自筆証書遺言で検認手続が行われていない場合は、直ちに検認手続を行わなければならない。
　(2)　相続人及び関係先への通知
　　　冒頭で述べたとおり、遺言執行者が選任されたにもかかわらずなされた相続人の遺産に関する処分行為は絶対的無効となる。よって、相続人が遺言執行者が選任されたことを知らずに遺産を第３者に処分してしまうという事態を防止するために、遺言執行者は、就任後直ちに相続人及び関係先に対して遺言執行者就任の通知を出すべきである。そして、相続人に対しては、遺言執行者がいる場合には、相続人は遺産の処分ができないことを説明し、受遺者に対しては、遺贈を受けるか否かの意思確認を行うことになる。
　(3)　財産目録の調製
　　　遺言執行者は、就任後遅滞なく執行の対象となるべき相続財産の目録を記載して、相続人に交付しなければならない（民法１０１１条１項）。
　　　よって、遺言執行者は、就任後直ちに遺産を調査し、遺産目録を作成し、これを相続人に交付する。
　　　なお、目録をどの程度詳細にするかについては、特に規程はな

く、遺言執行者の管理に付されている相続財産を特定し、その状態を明らかにすればよく、それ以上に、個々の財産の価額を記載する必要等はない。

また、債務については、原則として遺言執行の対象となるものではなく（債務のみを切り離して特定の受遺者に遺贈することはできないと解されている）、ゆえに財産目録に記載する必要はないが、例外的に包括遺贈によって積極財産と共に債務も遺贈の中に含まれる場合はこれを記載する必要がある。

6　「遺贈」と「相続させる」旨の遺言について

遺言執行者就任時の事務が終了した後、個別の遺言事項の実現に着手することになる。遺言事項は多種多様であり、個々の遺言事項実現のために必要な手続については、ここでその全てを解説することはできない。

以下では、実務上よく問題になり、かつ理解の困難な「遺贈」と「相続させる」旨の遺言について簡単に解説する。

(1)　総論

実務上、特定の遺産を特定の相続人に「遺贈する」という遺言書と、「相続させる」という遺言書がよく散見される。

この両者は、どちらも特定の遺産を特定の相続人に確定的に帰属させようとするもので、その法的効果は同一であるとも思われる。

しかし、以下に述べるように、登記実務上その効果には微妙な差違がある。

(2)　「遺贈」について

遺贈とは、受遺者に対して対象となる遺産を無償で譲与する単独行為であり、遺言者の死亡と同時に、目的物の所有権が直接受遺者に移転する。

その権利移転登記については、判例は、遺贈を実質的に遺贈者から受遺者に対する意思表示による権利移転行為と考え、通常の贈与とパラレルに、受遺者が登記権利者、遺言執行者又は共同相続人が登記義務者となる、共同申請の方法により行われるとする。

(3) 「相続させる」旨の遺言について

「相続させる」旨の遺言については、その法的性質について争いがあったが、現在では判例上、これを遺贈と解するべき特段の事情がない限り遺産分割方法の指定であるとされている。そして、その効力として、当該遺産は、特段の事情のない限り、何らの行為を要せずして、被相続人の死亡の時、直ちに相続により承継される。

登記手続については、判例は、「相続させる」旨の遺言を分割方法の指定と解し、あくまで相続制度の枠内で処理する立場であるため、受遺者による単独申請で足りる。つまり遺言執行者の出番がないのである（もっとも、当該受遺者が当該遺言に基づく登記を備える前に、他の相続人が相続持分に基づく相続登記をしている場合などには、遺言執行者が当該相続登記を抹消する必要があり、その場合には、さらに受遺者への移転登記手続きを行うことも判例上許されている）。

(4) まとめ

以上のように、「遺贈」と「相続させる」旨の遺言とでは、その実体的な効力は似通っていても、登記実務上大きな差違があり、遺言執行者に就任した場合、その扱いには注意を払う必要があろう。

なお、「遺贈」に基づく登記と「相続させる」旨の遺言に基づく登記とでは、前者では登録免許税が不動産の１０００分の２０であるのに対して、後者は１０００分の４で足りるという差違もある。

付録

第5　御長老行政書士先生への進言

1．はじめに

　昔の代書人（明治5年制定）から行政書士に近代化されたのは昭和26年だから、平成28年で既に65年を経ている。

　現在は弁護士人口は、弁護士業で生計が立てられる弁護士収容力の極限を超えているから、弁護士過剰で弁護士と言えば貧困者、貧乏人の代名詞になりつつある。

　一方、行政書士は、昔の司法試験が日本では最難関と言われた時代に行政書士の社会的地位を確立し、全国各地で地域の皆さんの信頼を得て街の名士と呼ばれてきた。

　現在は弁護士業界の混乱の余波により、行政書士業界も収入減で苦労している若年行政書士が多くなっている、と言われている。

　これは行政書士業界だけでなく他士業も同じようである。

　相変わらず儲かっているのは「勝ち組」と呼ばれている少数の弁護士グループだけと言われている。

　現在の御長老行政書士の先生方は、年齢が80代の人は戦争経験者（陸海軍将兵）も少なくない。何しろ昭和20年2月の硫黄島の激戦で活躍した少年兵の最若年は13歳だったのである。

　そこで行政書士業界の御長老先生方には、これまで修練を重ね技術を習熟させ敢闘精神を鍛え良質の依頼者層を形成し、しっかり稼ぐノウハウを会得してきた、そのノウハウを若年行政書士、働き盛りの行政書士の皆さんに伝授して行政書士業界全体のレベルアップに尽くして頂きたい。

　その為には、まだまだお元気で長生きして頂きたい。

　御長老各位が、さらに若返って、さらに行政書士業界で御健闘頂く為の要領について、御進言申し上げる。

２．まず体を健康に保って、若々しく且つ脳細胞も若く保つ要領から申し上げる。

　私の周囲にはお医者さんが多く、以下はお医者さんの皆さんから聞いた不老長寿の策だが、私にその秘策を教えてくれたお医者さんは、いずれも長生きではなかった。彼等は不老長寿の策をマニュアルで憶えていただけのようだった。

　以下の秘策は、それらのマニュアルにつきストレスという精神的要素の比重、バランスの加減を私流に改訂したものである。

　まず、いつまでも青春を謳歌するつもりで人生を楽しむことである。

　毎日を楽しんで暮らすには金が要る。

　俺にはそんな金はない、と言うのは少し違うようである。

　自由になって青春を謳歌するには、少し金が必要となる。

　年金暮らしの耐乏生活で天寿を全うされた人たちの遺産は、５０００万も１億もある人が多い。

　貧乏な生活をしていても、預貯金や土地、建物、保険金などの合計はそれくらいあることは、行政書士、司法書士、税理士など相続に絡む仕事をする人達ならみんな知っていることである。

　財産を奥さんのために残す必要があるのは勿論だが、奥さんは女性であり老人であるから、ほとんど贅沢はしない。従って生活費さえ残しておけば、あとは自分で使い果たすことである。

　ほとんどの人は子どもや孫のために遺産を残す必要はない。従って金に不自由はない筈である。

　次に女性関係について。

　今の若い人達には女性が足らない。地方に行ったら、女性の不足はもっとひどい。若い男は収入が少ないから、嫁に来てくれない。これは深刻な社会問題となっている。私達の年代は幸い女性が余っており男が足らなかった。これは７０年前の戦争で大勢の若い男が戦死したことと、当

時の「産めよ増やせよ」のピラミッド型の人口構成の結果である。

　人間の体は哺乳類の体である。哺乳類の雄の体は繁殖の能力を失った時が、お役ご免、つまり寿命である。これは、医学書で、老化予防にはSEXを頑張れ、とよく書かれているので皆さんは何度も聞いたことがあると思う。要するに健康な長寿を望むなら頑張ることである。

　「俺は電信柱と同じで家の中で立つことはないのだ」という人は、家の外で立てて下さい。しっかり努力しないと若い時の6連発が、火縄銃となり最後には水道の蛇口になった時が繁殖能力を失った時である。そこで死ねば、それはそれでその人の御立派なゲームセットだが、死なせてもらえずボケ老人や寝たきりの長生きでは皆さんに御迷惑だけになる。

　御本人もトイレにも行けない生活では幸せではない。

　「よし分かった。ではどうやってやるのだ」については、皆さん一人一人工夫してほしい。

　一般的に言えば、人の奥さんと未成年者はタブーであって、素晴らしいのは、いい女と満月の夜、満ち潮の時に致すのが一番良いようである。

　そうやって不老長寿、生気溌剌、豊かな知識、経験で後輩を指導して尊敬が集まれば、気分爽快でストレスと相殺されるどころか、ストレスを忘れさせる幸せを感じさせて頂ける。

　女性関係は金を使うことである。それによって関係が円滑、円満に行く。

　こういう気分、精神状態が精神も身体も健全、健康に保たせてくれる。

　それなら死ななくて済むのか？

　そうはいかない。あなたも必ず死ぬ。

　死ぬまでを上手に楽しめ、と言っているのである。

　では死を迎える心構えはどうするのだ！ハイ、申し上げます。

　これを怖がるとストレスとなりボケを早める。自信を持って幸せを意

識して暮らす人が元気に長生きしている。
　そのためにはどうすればよいか。
　酒はある。女は居る。金には困らないのだから、したい放題させて頂いている訳である。
　あとは死ぬことを怖がらねばよい。そもそも１回死んだら２度と死ななくてよいのだから、１回だけ辛抱すればよい訳である。死ぬことは若い人と違ってマイナス要素はほとんどない。「孫に会えなくなるではないか！」と言っても、死期を迎える時期は、小遣い銭をたかる時以外は、孫がじいさんをうっとおしく思う年頃になってきている。
　逆に、プラス面が沢山ある。私達は、十分、世のため人のために奉仕してきた。その御奉仕から解放されて楽にしてもらえるのが死である。死ねば病気が治る。これは嬉しいことである。
　６０を超えるとみんな複数の成人病を持っている。７０を超えるともっと増えて、毎日飲む薬の量も増える。高血圧や糖尿病、痛風、水虫、関節痛、腰痛、前立腺肥大、白内障、緑内障、それらは全て完全に治る。
　冬の寒い朝、寝不足なのに起きなければならない。そんな不都合もなくなる。
　そして貧乏からも解放される。貧富の差がない生活となる。
　何十年も昔に死んだ、じいさん、ばあさん、お父さん、お母さんにも会えることになる。死ぬ、ということは、こんなに良いことばかりのようである。
３．行政書士業界の将来性は？
　御長老行政書士の諸兄に申し上げる。
　七士業とか八士業とか言われる業界で最も収入の乏しいのは行政書士だ、と言われている。
　私は昭和５３年から行政書士業界の収入増加の為に尽くして来た。
　僅かながら手応えは感じたが、満足できる成功ではない。今考えてい

るのは行政書士の、いわゆる「勝ち組」グループを育成して、そのグループを機関車のようにして大勢の行政書士を引っ張って行政書士業界の経済水準を引き上げる、という策である。
　このブレーキになっているのが行政書士業界内にある。
　これを取り除くことを急がねばならないが、その人たちの悪口を言うことになるから私では、書けない。それを意識している行政書士は貧乏から抜け出している。
　だが御長老各位は、こんなことを心配せず安心して成仏して頂ければ良い。
　死んでも、まだ行政書士業界発展の為に奉仕して頂ける、と言うなら次の仕事をして頂きたい。
　行政書士は行政書士法1条の行政手続だけしかしてはいけない職業だ、と理解している後輩行政書士は少なくない。
　明治、大正、昭和の大日本帝国の代書人は、当時の尋常小学校の就学率の低さから文盲の大人が少なくなかったので、白い紙に黒い文字を書くだけの代筆、代書業でも飯のタネになった。
　現代日本は大学進学率が５０％を超えている。
　従って日本人には文盲はいない。そこで在日中国人が行政書士のお得意さんになっている。
　日行連や単位会は、それぞれ会長名で繰返し繰返し「行政書士は行政書士法を守れ」「行政書士法からはみ出してはいけない」と会報の冒頭で述べ続けている。
　こんなことを書く会長の皆さんも悪いが、行政書士は行政書士法に書かれていること以外はしてはならないのだ、と理解している行政書士の皆さんは、仕事が少ない、とぼやきながら貧乏人生を送っている。
　人生をエンジョイしているのは仕事が生き甲斐となり、酒とオンナに不自由しない生涯を送れる人達である。

幸運は、性格が明るく豊かな生活をしている人達のところに行く。
　貧困で暗い性格の人には、病気とか不幸とかいう運命がついて廻る。
　行政書士は代書、代筆もして良いが、弁護士法７２条、司法書士法７３条等、法によって禁止されている事項を除けば仕事はいくらでも有るのだ！と御仏の力で教えてやって頂きたい。
　では宜しくお願い申し上げます。チーン。

以上

あとがき

　本書を読んで頂いて、それが若い行政書士、働き盛りの行政書士の先生方にお役に立てるのか？と案じている。

　本書の記述中に若い人には初めて聞くような事実が出て来て半信半疑で読んだ人もいるようだから、それを説明する。

　まず日本の司法制度につき、その方向を定め、その意思決定をするのは学校の教科書に書いている建前論ではなく表では見えない力によって動いている、という現実がある。

　例えば最高裁判所には１５人の最高裁判事がいるが、そのうち３人前後は判決の書き方も知らず裁判のＡＢＣさえ知らない人たちである。残りの裁判官のうち５人の裁判官出身者が事実上の最高裁の運営担当者である。最高裁長官は、この５人の中の誰かであり任命権者は天皇である。

　最高裁判所の仕組みは、こうなっている。まず司法行政と判決について述べる。日本全国５０の地方裁判所、家庭裁判所、簡易裁判所に係属する訴訟は高裁を経て最高裁に上告事件として上がってくる。

　その数は毎年、民事が約４０００件、刑事が約３０００件である。民刑合算して約７０００件を１５人の裁判官で審理できる筈はない。ところが、現実には滞りなく消化している。

　その種明かしをすると、判決を書いているのは彼等ではないのである。

　では最高裁判決は誰が書いているのか？

　確かに裁判官が書いている。最高裁事務局にいる法服を着ていない裁判官達である。裁判官の中の優秀な者を集めており彼等の出世コースとなっている。

　前述の判決の書き方も裁判のＡＢＣも知らない最高裁判事が３人前後いると申し上げたが判決を読み上げる能力さえあれば勤まる仕事であ

る。

　最高裁判事は１５人と言ったが、その１５人が揃うのは大法廷と言って憲法判断、判例変更など特殊例外な場合のみで、通常は最高裁判事５人がワンセットになって第一、第二、第三小法廷となっている。この小法廷と呼ぶのは、そんな法廷もあるが、各小法廷が最高裁を三分割した組織となっている。

　最高裁と高裁の判決は常に合議体である。合議体というのは判決主文を決めるのは常に複数の裁判官の協議（合議という）によるのである。各小法廷には合議用の会議室があり５人の豪華な机が巧みに上下主従がないように並べられている。ところが現実の合議はほとんど行われていないのである。

　最高裁の判決を書くのは最高裁事務局の若い裁判官であることは既に述べた。その判決を最高裁事務局の事務官が黒塗りの最高裁の乗用車に乗って５人の最高裁判事の官舎を廻ってハンコをもらうのである。

　合議というのは会議を経て評決を行うことを言う。協議、評議、評決は、いずれも討論、採決の過程を経る用語である。

　私は、ここで彼等の法令違反を非難するつもりはない。

　訴訟の実務では事務局の書いた判決を事務官が乗用車でハンコをもらって廻る程度で十分な事件も少なくないからである。

　では、最高裁判所は誰によって運営されているのか？

　検事出身最高裁判事は検察庁という公権力で超強力な組織を背景としているから一目置かれているようである。

　弁護士出身最高裁判事は弁護士業界の重鎮候補であり退官すれば弁護士業界を裁判所に対して好意的にリードする重要な任務を背負っている。

　東大教授や外務省出身などの司法試験合格組でない者は権威のある肩書をもらって得意になっている程度の小者だが、最高裁判事の官舎は狭

いところでも３５０坪の土地があり官舎は木造平家である。そして７０歳で退官する迄、給料は大臣と同額で退職金、年金は格別に優遇されている。

　最高裁判事を現実に動かして（むしろ操っている、と言う方が適切か？）いるのは最高裁事務局の次の最高裁判事候補者を頂点とする事務局グループである。ここは判決も書くが全国裁判官の人事その他の権限を独占している。ここには最高裁判事も従順なのである。ここに指揮命令を下せるのは最高裁長官と裁判所外の、あと一人だけである。

　あと一人と言うのは最高裁長官の在任期間の長短にもよるが最高裁長官が最高裁判事を自分に忠実な子分衆裁判官で固めて、しかも後任の最高裁長官を自分に最も忠実な人物を指名したときである。そうすれば裁判官を定年で退官した後も、最高裁長官に事実上、指揮命令することが出来るし、最高裁事務局にも現実に直接指揮命令を下し事務局一同は、それに従うことになる。事務局が若し逆らっても機嫌を損ねた最高裁長官から同じ内容の指揮命令が来ることが明白だからである。

　最高裁長官退官後も院政を敷いて最高裁を長く思いのままに動かしたことで有名なのは鎌倉に住んでいた剣道の名人の石〇和〇氏や、陸軍士官学校、京都大学出身の矢〇〇一氏らである。

　ついでに裁判官の人事についても見ておこう。

　全国５０の地方裁判所の裁判官は東京の三宅坂にある最高裁で人事が決められている。家裁、簡裁の裁判官人事は各高裁単位で行われている。全国の地方裁判所の約３０００人の裁判官については最高裁事務局では一人一人について思想傾向、食べ物の好み、喫煙の有無から本数まで、飲酒の量から酒は何を飲んでいるのか、休日は何をしているのか、など一日２４時間、一年３６５日の行動の全てが分かっている。

　どうしてそんなことが出来るのか？

　さすが最高裁事務局は秀才が揃っているのである。

その最高裁事務局から全国8箇所の高等裁判所に裁判官が配属される。任期は3年程度が多いようである。翌年も8箇所の高裁に配属され、そうやって毎年8箇所の高裁から最高裁事務局に裁判官が帰還してくる。
　その裁判官が最高裁事務局に各地方の各裁判官一人一人の人物を詳細、正確に報告するのである。
　何故、裁判官の私生活まで詳細に知っているのか？
　地方の裁判官は少し窮屈な生活を強いられる。たとえば現に刑事事件が係属中の肉屋で肉を買ったり、民事事件で魚屋と魚屋が争っているとき裁判官夫人が片方の店の常連となって魚を買い続けるのは誤解を招く。暴力団経営の店には近づかない方がよい。これらは着任早々の裁判官夫婦には知識が無い。
　こういう場合に備えて裁判官夫人は互助会的なサークルのようなものを作っており着任する裁判官の夫人の為に引越しの片付けを手伝い歓迎会を催し、その地域の特徴や生活上の便、不便の知識を授け、転勤で去って行く裁判官夫人の為に荷造りを手伝い、女性たちの送別会を催す。
　この女性たちが結局、東京の三宅坂の最高裁事務局の人事の資料となるアンテナの役割を果たしているのである。

　次に、弁護士会を動かしているのは誰か？について述べる。
　都市部の弁護士会には会内の人事をめぐる争いに勝つ為と懲戒請求を受けた時に備えて綱紀委員会、懲戒委員会で有利に扱ってもらうことを目的とした派閥がある。この派閥は二弁では左翼勢力の活動が熱心であるが、東弁や一弁では大派閥の意向で弁護士会が動いていると聞く。
　表向きは年一回の会員総会、毎年行われている臨時会員総会が最上級機関だが、4千人とか7千人などの巨大組織でありながら総会出席者は数十人しかおらず他は白紙委任状である。

あとがき

　毎月常議員会も行われている。正副会長会も行われている。どの弁護士会も概ね会長の意向で決定されているようであるが、…現実はそれらの組織上の意思決定機関ではない隠れた力によって組織が動かされているのである。

　この2〜3年のことは知らないが東弁も一弁も正副会長の意向で弁護士会が動くのではなく現職会長が出身母体の派閥のボスに伺いを立ててから、その指示を仰いでアクションを起こすのである。

　勿論、日常の些細なことは指示を仰ぐことは無いが重要事項は正副会長らでは無断で決める力はないのである。

　これだけ書けば、もう検察庁については書く必要はあるまい。

　本来の司法改革については国民の代表者である唯一の立法機関である国会によって法律で改革が実行されるべきである。ところが、現実は立法機関ではない裁判所の上層部と検察庁の上層部と弁護士会の重鎮たちの密談で司法改革の骨組みが作られていると言っているのである。

　次に司法改革によって七士業がロイヤーに統一される…これはとても信じられない…本当なのか？奇抜なことを書いて本書の売上げを増やすつもりはない。

　アメリカ、フランスなどのロイヤー制にする方向に進んでいるのである。但し本文の通り脱線して進行しているので、いつになるやら予測が困難になっている。これについては、確かな証拠が無いではないが人に迷惑はかけられない上に、少し時間が足りない。読者諸兄も七士業の変化について気をつけて見ていると、ロイヤー一本化に向かっている兆しのようなものに気付く筈である。

　例えば、弁護士会に限らず各士業は強制加入団体から任意加入団体に変質する方向に向かっている、と言う事実に気付けば、…これはロイヤー

に統一する準備行為なのである。本文にも書いたが、弁護士の地位を低下させ収入を減らして他士業と同程度にする方向に向かっている。広い意味の司法改革は税理士業界から弁護士を排除するなどの方向に順調に進んでいるのである。

　弁護士の地位を低下させることは、ほぼ成功している。旧司法試験合格組の五分の一は、いわゆる勝ち組であるが、司法改革により司法試験制度は真実は廃止されていることは本文で述べた。司法試験、司法修習生、司法研修所など旧司法試験と同じ用語を用いるから騙されているが、旧司法試験合格者は日本最上級のキャリア公務員だったのだが、現在の司法試験合格者は、そもそも公務員でさえ無く、その中の極く少数の優秀な者だけが単に裁判官、検察になる可能性がある、というだけの存在である。

　弁護士にはなれるが本文で書いた通り、ほとんどが現実には極貧生活で弁護士にもなれないのである。

　本書を読んで頂いて、もう少し平易な文章で書けないのか？司法改革や七士業に関する知識がない初心者には難しすぎる、などの意見も聞く。

　だが、これには応じられない。詳述した通り今や司法改革で裁判官、検察官は昔のままだが弁護士業界は旧司法試験のキャリア出身組と制度の異なる非公務員修習生の現行組では学力、能力において隔たりが甚だしく現行司法試験組には、本来の弁護士業務を遂行する能力が無いのである。

　これまで七士業の中核には弁護士がいた。それが上述の状況にある。七士業は互いに職域が合法的に重複する領域がある。行政書士は法廷外活動において特に弁護士の職域と重なることが多い。

　ここで弁護士の力を過信し弁護士を怖がるから仕事を取られるのである。

あとがき

　本書を読んで頂いて「もっと平易な文章で」などと言っているようでは没落著しい現行司法試験組と競争しても勝てないことになる。
　彼等に勝つにはケンカに勝つのと同じ三要素を必要とする。一力二技三度胸である。一は実力、力量であり、二は技術であり、三は精神面である。
　行政書士がしっかり稼いで勝ち組として地域社会の皆さんの指導者となって親切、感謝の人間関係の人脈の中で皆さんに奉仕を充実させる人生を送るためには、若いうちに己に厳しく、しっかり力量をつけ精神を鍛錬することに尽きる。

（注１）　本書に嘘を書いたところは無いが正確な事実を書くと紛争を生ずるおそれのある部分などは、ぼかした表現にしたが、それでも本書の全体を読めば間接的ながら、その事実を裏付けているようにした。
（注２）　本書の執筆は、ほとんど坂本廣身が書いた。但し、弁護士法７２条の解説は坂本廣身法律事務所に所属していた検察官出身弁護士が書いてくれた。
　　　　　第九編を書いてくれたのは櫻井登美雄元裁判所長である。
　　　　　本文中に僅かながら「私(坂本)は」という表現があるのは、坂本のことである。
（注３）　本書の付録部分の執筆は坂本廣身法律事務所所属弁護士らによった。

【著者略歴】

坂本　廣身（さかもと　ひろみ）

　　昭和１４年高知県生れ
　　法政大学法学部卒　明治大学大学院法学研究科
　　民事法専攻、法学修士
　　昭和４９年弁護士登録
　　第二東京弁護士会所属　第二東京弁護士会常議員
　　日本法律家協会会員
　　第二東京弁護士会非弁護士取締委員会委員長
　　第二東京弁護士会税法研究会初代代表幹事
　　日本弁護士連合会代議員
　　日本弁護士連合会税制委員会副委員長
　　第二東京弁護士会副会長
　　（財）暴力団追放運動推進都民センター参与
　　関東弁護士連合会常務理事　東京調停協会連合会理事
　　小金井カントリークラブ理事
　　東京地方裁判所民事調停委員
　　法政大学校友会副会長　法政大学評議員
　　東京民事調停委員連合会理事
　　国士舘大学評議員など歴任
　　坂本廣身法律事務所所長

＜主要著書＞
　　「中華民国（台湾）六法全書」（倉田卓次元判事、劉振榮元判事と共著）（雄進書房）
　　「中華民国親族相続法」（劉振榮元判事と共著）（令文社）
　　「民法概説」（立花書房）
　　「行政書士の繁栄講座」（弁護士会館ブックセンター出版部）
　　「ノンフィクション太平洋戦争」（愛育社）
　　「短編小説集　金色の愛」（非売品）

【著者略歴】

櫻井　登美雄（さくらい　とみお）

　　昭和１９年東京都生れ
　　学習院大学法学部法学科卒業
　　福井地方裁判所判事補
　　東京地方裁判所判事補
　　東京法務局訟務部付検事
　　横浜家庭裁判所判事
　　横浜地方裁判所判事
　　東京高等裁判所判事
　　福岡高等裁判所宮崎支部長
　　山口地方裁判所所長
　　静岡家庭裁判所所長
　　日本大学法科大学院教授
　　第一東京弁護士会所属
　　難民審査参与員

＜主要著書＞
　　「青色申告に係る課税処分の取消訴訟における処分理由の差替えの許否」
　　　　　　　　　　　　　　　（税務弘報ＶＯＬ３２－ＮＯ１　中央経済社）
　　「壁面線による建築制限」（裁判実務大系２９ 公用負担・建築基準関係訴訟法　青林書院）
　　「いじめと不法行為責任」（裁判実務大系１６　不法行為訴訟法（２）　青林書院）
　　「過去の扶養料の求償手続　最判昭和４２・２・１７民集２１・１・１３３」
　　　　　　　　　　　　　　　　　　　　（家事事件重要判例５０選　立花書房）
　　「登録刀剣の即時取得に関する一考察：刀剣法による登録を受けた刀剣
　　は民法１９２条の動産に当たるか」(日本大学大学院法務研究科紀要（８））

【著者略歴】

松岡　正高（まつおか　まさたか）

　　　昭和５６年埼玉県川越市生れ
　　　明治大学法学部卒
　　　参議院議員秘書
　　　駿河台大学法科大学院法務研究科卒
　　　平成２１年弁護士登録
　　　日本弁護士連合会代議員
　　　第二東京弁護士会所属
　　　第二東京弁護士会「子どもの権利に関する委員会」委員
　　　東京都子どもの権利擁護調査員
　　　日本弁護士連合会「子どもの権利に関する委員会」委員など歴任

坂本廣身法律事務所
〒１０４－００６１
東京都中央区銀座６丁目１３番４号　長山ビル５階
電　話　０３（３５４２）３６６１
ＦＡＸ　０３（３５４６）０４４３

新版 行政書士の繁栄講座

本体：1852円+税

平成29年4月11日　第1刷発行
著　者　坂本 廣身
編　集　株式会社 イーネ
発行所　株式会社 愛育出版

印刷所　中央精版印刷株式会社
　　　　〒335-0032 埼玉県戸田市美女木東1-1-11
　　　　TEL.048-421-1611/FAX.048-449-1084
ISBN　978-4-909080-15-8 C0033

万一、乱丁・落丁などの不良品がありました場合はお取り替えいたします。
本書の一部または全部の複写（コピー）・複製・転訳載および磁気などの記録媒体への入力などは
著作権法上での例外を除き、禁じます。